当代社会主义的历史走向

DANGDAISHEHUIZHUYIDELISHIZOUXIANG

刘昫献 著

河南大学出版社
HENAN UNIVERSITY PRESS
·郑州·

图书在版编目(CIP)数据

当代社会主义的历史走向/刘昀献著. —郑州:河南大学出版社,2014.1

ISBN 978-7-5649-1454-7

Ⅰ.①当… Ⅱ.①刘… Ⅲ.①社会主义—研究 Ⅳ.①D091.6

中国版本图书馆 CIP 数据核字(2014)第 020250 号

责任编辑 贾怀廷
责任校对 田 园
封面设计 马 龙

出 版 河南大学出版社
地址:郑州市郑东新区商务外环中华大厦 2401 号
邮编:450046　　电话:0371—86059701(营销部)
网址:www.hupress.com
排 版 郑州市今日文教印制有限公司
印 刷 开封智圣印务有限公司
版 次 2014 年 2 月第 1 版　　**印 次** 2014 年 2 月第 1 次印刷
开 本 720mm×1000mm 1/16　　**印 张** 28.25
字 数 448 千字　　**定 价** 66.00 元

(本书如有印装质量问题,请与河南大学出版社营销部联系调换)

目　录

导　言 …………………………………………………………… (1)

第一章　资本的历史形式及文明作用 ………………………… (7)

一、资本的起源和含义 ………………………………………… (8)

（一）资本的起源 ……………………………………………… (8)

（二）资本概念的含义 ………………………………………… (11)

（三）资本的分类 ……………………………………………… (19)

（四）资本不等于资本主义 …………………………………… (22)

二、资本的伟大文明作用 ……………………………………… (27)

（一）资本是推动人类社会从第二种形态向第三种形态过渡的力量 ……………………………………………… (28)

（二）资本推动人类社会进入一个新时代 …………………… (36)

（三）资本推动了社会的全面发展 …………………………… (39)

（四）资本推动生产的国际化和人类文明的传播 ………… (41)

三、资本的历史局限性 ………………………………………… (43)

（一）资本的贪婪导致社会两极分化，使劳动者受到了极大伤害 …………………………………………………… (44)

（二）资本具有限制生产力发展的趋势 ……………………… (46)

第二章　资本主义的体制转变与社会主义的曲折发展 ……… (49)

一、自由竞争资本主义与科学社会主义的诞生 …………… (50)

（一）资本主义市场经济的发展和资本主义制度的确立 ……………………………………………………………… (50)

（二）社会主义从空想到科学的发展 ………………………… (52)

二、资本主义从自由竞争到私人垄断的转变与社会主义

理论和实践的东西分野 …………………………………… (56)
(一)资本主义从自由竞争发展到私人垄断阶段 ……… (56)
(二)社会主义理论和实践的东西分野 ………………… (58)
三、资本主义从私人垄断到国家垄断的转变与东西方社会主义的发展 ……………………………………………… (62)
(一)资本主义从私人垄断发展到国家垄断阶段 ……… (62)
(二)欧洲共产主义的发展和民主社会主义的演变 …… (65)
(三)东方社会主义的曲折发展 ………………………… (73)
第三章 时代主题转换与资本主义发展的新阶段 ……………… (77)
一、当今世界的时代方位 ………………………………… (77)
(一)国内学术界关于现时代及其性质问题的主要观点 …………………………………………………… (77)
(二)马克思主义时代观与世界历史发展的新时代 …… (79)
(三)当今世界的时代方位 ……………………………… (82)
二、资本主义由国家垄断发展到国际垄断阶段 ………… (86)
(一)对中外学者关于当代资本主义发展阶段观点的评析 …………………………………………………… (86)
(二)资本主义由国家垄断向国际垄断的发展 ………… (100)
三、国际垄断资本主义的基本特征 ……………………… (101)
(一)跨国公司成为世界经济的主导力量 ……………… (102)
(二)国际直接投资成为国际投资的主要形式 ………… (103)
(三)生产和资本的集中正在形成全球寡头垄断市场 …………………………………………………… (105)
(四)资本家国际垄断同盟的形式更加高级化 ………… (107)
(五)以美国为首的西方发达国家建立了以综合国力为后盾的全球霸权 ……………………………………… (109)
第四章 当代资本主义经济的新变化 …………………………… (113)
一、推进科技创新,抢占经济增长制高点 ………………… (113)
(一)重视前沿研究领域,推动科技创新 ……………… (114)
(二)培育新兴产业,抢占经济增长的战略制高点 …… (115)

二、发达资本主义国家经济结构的巨大变化 …………………（118）
（一）社会产业结构和就业结构发生了巨大变化………（118）
（二）生产的组织形式和管理体制发生了变化…………（120）
（三）劳动方式发生了深刻变化……………………………（121）
（四）人民大众的生活水平有了普遍提高…………………（121）
三、发达资本主义国家生产关系方面的变化 ………………（125）
（一）发达资本主义国家所有制形式的多元化发展……（125）
（二）发达资本主义国家对经济运行的宏观调控………（133）
（三）发达资本主义国家对收入分配进行国家调节……（141）
第五章　当代资本主义政治的新变化 ……………………………（148）
一、当代发达资本主义国家阶级结构的新变动 ……………（148）
（一）资产阶级内部结构的变动……………………………（149）
（二）工人阶级内部结构的变动……………………………（153）
（三）中间阶层的构成和变化………………………………（155）
二、当代发达资本主义国家职能的演变 ……………………（158）
（一）国家的经济社会职能不断增强………………………（159）
（二）国家拓展社会服务，推进科技教育发展 …………（161）
（三）经济全球化对国家职能的新挑战……………………（163）
三、当代发达资本主义国家政权结构的新特点 ……………（165）
（一）当代发达资本主义国家立法机构权力的弱化……（166）
（二）当代发达资本主义国家行政机构权力的加强……（168）
（三）当代发达资本主义国家的司法审查对司法权力的强化……………………………………………（173）
四、当代发达资本主义国家民主制度的发展变化 …………（176）
（一）选举制度更为完善……………………………………（177）
（二）政党格局出现了新的转型……………………………（180）
（三）对政府的监督和制约的内外因素大大加强………（187）
（四）文官制度更加完善，资产阶级的统治秩序趋于稳定……………………………………………（194）
（五）公民权利普遍扩大，政治参与程度进一步提高 …（196）

第六章 当代资本主义文化的发展变化 …………………… (201)
一、当代发达资本主义国家主流意识形态及其演变 ……… (202)
（一）资产阶级意识形态的形成及基本内容 …………… (202)
（二）当代发达资本主义国家的政治意识形态 ………… (206)
（三）当代资本主义国家主流意识形态的演变 ………… (220)
二、当代发达资本主义国家民众文化的发展变化 ………… (227)
（一）发达资本主义国家现代主义文化的产生和延续 …………………………………………… (228)
（二）发达资本主义国家后现代主义文化的兴起 ……… (231)
三、当代资本主义文化的历史进步性和局限性 ………… (248)
（一）当代资本主义文化的历史局限性 ………………… (248)
（二）当代资本主义文化的历史进步性 ………………… (250)
第七章 资本主义新变化对世界社会主义的严峻挑战 ………… (252)
一、资本主义新变化对社会主义理论提出的新课题 ……… (252)
（一）关于资本主义的发展空间问题 …………………… (252)
（二）关于资本主义民主问题 …………………………… (255)
（三）关于资本主义经济危机问题 ……………………… (258)
（四）关于发达国家未来社会主义革命的途径问题 …… (264)
二、资本主义新变化对社会主义实践带来的新挑战 ……… (266)
（一）抑制了发达资本主义国家的社会主义运动 ……… (267)
（二）对社会主义国家形成巨大压力，减弱了社会主义的感召力 …………………………………… (272)
三、苏东国家回归资本主义，世界社会主义跌入低谷 ……… (278)
（一）苏东“改革”与剧变 ………………………………… (279)
（二）世界社会主义运动跌入新的低谷 ………………… (283)
第八章 现实社会主义的困惑与理论的新突破 …………… (289)
一、马克思、恩格斯关于未来社会的构想 ………………… (289)
（一）关于未来社会的实现方式和路径 ………………… (289)
（二）关于未来社会的基本框架 ………………………… (295)
二、革命路径理论的创新与经济落后国家革命首先胜利的

必然性 …………………………………………………… (297)
(一) 第二国际教条主义固守发达国家"共同胜利"理论 ………………………………………………… (297)
(二) 列宁对无产阶级革命路径理论的创新 ……………… (299)
(三) 经济相对落后国家首先实现社会主义是社会发展的必然规律 …………………………………… (302)
三、现实困境的破解与理论的创新 ……………………… (313)
(一) 理论和实践的错位与现实社会主义的困惑 ……… (313)
(二) 理论的新突破与社会主义市场经济理论的世界意义 ………………………………………………… (316)
(三) 发展市场经济就是利用资本的力量发展生产力 ………………………………………………… (320)
(四) 社会主义市场经济与共产党人的历史使命 ……… (325)
第九章　社会主义在低谷中的探索与发展 …………………… (329)
一、社会主义在当代中国的创新和发展 ………………… (330)
(一) 创立了中国特色社会主义理论体系 ……………… (330)
(二) 探索回答了当代中国的基本问题 ………………… (334)
(三) 中国特色社会主义理论体系是对马列主义、毛泽东思想的继承和发展 ……………………………… (348)
二、越老朝古等社会主义国家的革新 …………………… (350)
(一) 坚持马克思主义与本国实际相结合,实现马克思主义本土化和民族化 ……………………………… (350)
(二) 以创新精神探索具有本国特色的社会主义道路 ………………………………………………… (352)
(三) 加强执政党建设,巩固党的执政地位 …………… (355)
三、非执政的共产党对社会主义的新探索 ……………… (365)
(一) 对当代资本主义新变化的基本判断及苏东剧变的认识 ……………………………………… (366)
(二) 对社会主义的发展道路和实现形式进行了不懈的探索 ……………………………………… (373)

（三）非执政的共产党的变革与转型 …………………… (377)
第十章 全球金融危机与当代世界的走向 …………………… (386)
一、国际金融危机的性质及爆发的原因 …………………… (386)
（一）西方政府和一些学者侧重分析危机的直接原因 …………………… (388)
（二）马克思主义者及其政党认为这场危机是资本主义的制度危机 …………………… (389)
（三）这场危机的爆发再次验证了马克思“两个必然”结论的科学性 …………………… (391)
二、世界社会主义在全球金融危机后总体呈现复苏趋势 … (395)
（一）经济危机暴露了资本主义制度的弊端，削弱了资本主义的力量 …………………… (396)
（二）金融危机爆发后马克思主义的影响力进一步扩大 …………………… (398)
（三）金融危机的发生，扩大了发达国家共产党的政治活动空间 …………………… (400)
（四）中国应对金融危机的出色表现增强了人们的社会主义信心 …………………… (403)
（五）世界社会主义力量在国际格局中的地位进一步提升 …………………… (405)
（六）世界社会主义、左翼力量逐步走向联合 ………… (407)
三、低潮中世界社会主义的发展战略 …………………… (410)
（一）世界社会主义运动仍将在低谷中前行 …………… (410)
（二）世界社会主义的未来发展战略 …………………… (414)
参考文献 …………………… (432)
后记 …………………… (442)

导　言

在人类历史的长河中,社会制度的更迭往往是以百年乃至千年来计算的。资本主义作为人类历史上最后一个存在阶级对立的社会制度,在它存在的合理性和自身历史进步性消失之前,在其内部矛盾的推动下,必然会经历一个产生、发展,并从一个危机走向另一个危机,进而逐步灭亡的漫长过程。资本主义生产关系的本质特征是资产阶级占有生产资料,雇佣工人出卖劳动力。只要这一生产关系不改变,资本主义仍旧是资本主义,不管它的形式发生什么样的变化。然而,资本主义的经济基础不但包含其制度层面,也包含着体制层面。这后一层面相比之下更具变动性,更容易受到科学技术和生产力发展的影响而不断变化,进而使资本主义在不同时期呈现出不同的面貌。

1971 年,英特尔公司发明微处理机,标志着信息时代的开始。新科技革命推动着经济全球化的迅猛发展,进而使当代资本主义发生了一系列重大变化。

世纪之交,曾经在 20 世纪 30 年代大危机中一枝独秀,曾经在极为艰苦的环境下打败了法西斯,曾经动员起充足的科学与工业资源与美国相抗衡,曾经在国际舞台上叱咤风云数十年的社会主义苏联,竟然在没有伴随轰然巨响的情况下突兀地消亡,竟然在一声低沉的呜咽中就倏然而去,不免给社会主义世界平添了几分悲凉气氛;而以美国为首的资本主义世界由于与大萧条的年代渐去渐远,通货膨胀似乎也得到了良好的控制,到处弥漫着乐观的情绪。正如威廉·波纳和安迪森·维金所说:“20 世纪末的最后 10 年里,美国的领导力得到了空前的增强。在许多人的心目中,美国经济的发展不可能戛然而止,而且,成功的趋势也不可避免。大家都相信,美国的领导地位不是周期性的,而是永恒的,并且近乎完美,似乎很难想象进一步的发展。

美国的音乐、艺术、电影、民主政治和市场化的资本主义在世界各地都取得了成功。”①

在一派歌舞升平的氛围里，布什总统在 2002 年 6 月西点军校毕业典礼的讲话中，按捺不住内心的喜悦，脱口而出：“美国是全世界唯一一个幸存的人类进步的典范。”②2003 年，芝加哥大学教授、诺贝尔经济学奖得主罗伯特·卢卡斯在美国经济学会年会上所做的主席发言宣称：商业周期基本上已经被驯服，“预防萧条的核心问题，实际上已经解决了”③。一年后，时任美联储理事随即任主席的本·伯南克发表了一篇题为《大缓和》的洋溢着乐观情绪的演讲，他宣布：现代宏观经济政策已经解决了商业周期问题，虽然世界经济仍会不时遇到波折，但创巨痛深的衰退年代已经一去不复返了，世界范围的大萧条更是绝无可能！④

资本主义真的发生了巨大变化，工业化世界经历了持续的经济增长，纵使有衰退，也是短暂而温和的，而经济恢复则强劲而持久。1989 年夏天，美国约翰·霍普金斯大学国际关系高级研究院院长弗朗西斯·福山在《国家利益》杂志上发表了一篇名为《历史的终结》的文章。在福山看来，西方资本主义已经取得了完全胜利，不再需要面对大挑战了。“我们将看到的，也许不只是冷战的结束”，“还有历史的终结，人类意识形态进化已经走到终点，而西方自由民主的全球化就是人类政府的最后形式。”⑤资本主义新变化催生了苏东剧变，世界社会主义运动已陷入低潮。布热津斯基等人弹冠相庆：“共产主义已经失败”。仿佛资本主义新变化已经改变了历史发展规律，资本主义制度可以永世长存了。

---

① [美]威廉·波纳，安迪森·维金著，沈丽英译：《清算美国》，中信出版社 2009 年版，第 4 页。

② [美]威廉·波纳，安迪森·维金著，沈丽英译：《清算美国》，中信出版社 2009 年版，第 4 页。

③ [美]保罗·克鲁格曼著，刘波译：《萧条经济学的回归和 2008 年经济危机》，中信出版社 2009 年版，第 1 页。

④ [美]保罗·克鲁格曼著，刘波译：《萧条经济学的回归和 2008 年经济危机》，中信出版社 2009 年版，第 2 页，第 7 页。

⑤ [美]威廉·波纳，安迪森·维金著，沈丽英译：《清算美国》，中信出版社 2009 年版，第 34 页。

然而,世界从来没有按照人们认为的方式运转过。罗伯特·卢卡斯和本·伯南克演讲的余音未散,一场惨烈的金融与经济危机便笼罩了世界广大地区,令人恍若回到了20世纪30年代……

2007年8月,美国次贷危机突然爆发,继而金融风暴席卷全球,全世界面临自20世纪30年代"大萧条"以来最严重的金融危机。这场全球性的金融危机已经引发了不同程度的世界性经济社会危机,目前还没有见底,今后发展会出现什么样的情况还需要进一步观察。

对于这场"前所未有"、"有史以来最严重"的危机,资本主义政府大多将其归咎为"金融市场上的投机活动失控"、"不良竞争"或"借贷过度",并希望通过政府救市,"规范"资本主义现行体制、机制,以达到解决危机、恢复繁荣的目的。事实上,监管缺位、金融政策不当、金融发展失衡等只是酿成这场危机的直接原因,而资本主义制度才是造成危机的根本原因。危机不是资本主义的一次"失控",而是资本主义的制度缺陷和唯利是图的本质造成的不可避免的结果。这场冲击全球的危机并非仅仅限于金融或经济领域,它同时也表现为政治上的危机、资本主义生产方式的危机。从深层看,这场危机本质上是一场制度危机。危机是由资本主义制度不可克服的内在矛盾演变而成的,是其内在矛盾激化的外部表现,是其内在矛盾不可克服性的外部表现,是资本主义制度必然灭亡趋势的阶段性反映。

这场危机无情地击碎了福山之流终结历史的浪漫梦想,如同普林斯顿大学教授、2008年诺贝尔经济学奖得主保罗·克鲁格曼正确指出的那样:资本主义统治世界的"形势不会永远延续下去。未来肯定会有新的意识形态、新的梦想。如果当前的经济危机久拖不决、持续恶化,新的意识形态和梦想将会更快涌现"①。科学技术和经济全球化的发展,以及由此引起的资本主义新变化,并没有也不可能克服资本主义的基本矛盾。只要资本主义制度存在,危机就不可避免,并会不断深化和发展,资本主义如同历史上相继更替的社会制度一样,也要被新的社会制度所代替,这是不可抗拒的规律。

社会主义是代替资本主义的社会形态,是资本主义基本矛盾运动发展

① ［美］保罗·克鲁格曼著,刘波译:《萧条经济学的回归和2008年经济危机》,中信出版社2009年版,第6页。

的必然产物。如同任何新事物都要在旧事物的胎胞里孕育成长一样，社会主义也是伴随着资本主义的发展变化而不断成长壮大以致最后成为其替代者的。回顾世界历史的发展，我们可以看到，资本主义发展的每一阶段，都伴有世界社会主义的前进足迹。资本主义新变化不仅使社会主义面临新的挑战，同时也给社会主义带来新的发展机遇。

历史的发展往往有惊人的相似之处。1871 年巴黎公社革命失败后，资本主义进入和平发展时期，在以电机的发明和电力的应用为标志的科技革命推动下，工业生产迅速发展，企业规模越来越大，资本主义开始从自由竞争向垄断过渡。第二国际机会主义者伯恩施坦借口资本主义的新变化，鼓吹改良主义，对马克思主义进行了全面修正。第一次世界大战爆发后，第二国际多数党的领导人都站在本国政府的立场上，掩盖战争的帝国主义性质，鼓吹要"保卫祖国"，从而导致第二国际的破产。列宁在同机会主义的斗争中，把马克思主义发展成为适合于帝国主义时代的完整理论——列宁主义。同社会沙文主义者在帝国主义战争中提出"保卫祖国"的口号相反，列宁提出"变帝国主义战争为国内战争"，推翻本国资产阶级的统治，从而领导俄国人民取得了十月革命的胜利，建立了世界上第一个社会主义国家。在 20 世纪初那场大危机中，与处于凄风苦雨之中的资本主义世界形成鲜明对照的是苏联社会主义一枝独秀，蒸蒸日上。

1975 年印度支那三国抗美救国战争胜利后，世界又进入了一个新的和平发展时期，以微电子技术为标志的新科技革命的兴起，使发达资本主义国家开始了从传统的工业社会向信息社会的转变，计算机的不断普及，全球互联网的出现，通讯和计算机技术的"数字化"，以及信息产业的迅猛发展，促进了经济的全球化，资本主义开始由国家垄断向国际垄断阶段过渡。资本主义的发展变化催生了社会主义运动中新的机会主义，戈尔巴乔夫的人道的民主的社会主义的泛滥，导致了苏东剧变，社会主义国家由 15 国变为 5 国，世界社会主义运动陷入了新的低潮。社会主义的规模虽然缩小了，但质量得到了提升。与苏东剧变形成鲜明对照的是，随着马克思主义中国化的不断推进，中国特色社会主义蓬勃发展，世界社会主义实现了理论和模式的创新。特别是在 2007 年由美国肇始进而席卷全球的金融危机中，中国特色社会主义尽显风采，中国特色社会主义的旗帜更加鲜艳夺目，在风云激荡中始终高扬在世界的东方，这表明世界社会主义运动浴火重生，并走向了一个新的阶段。

社会历史的发展具有自身的规律，它是不以任何人、任何阶级的意志为转移的。社会主义制度作为新生事物，毕竟只有不到百年的历史，与已经走过近四百年历程、老谋深算的资本主义相比，自然显得稚嫩和毛手毛脚，在前进的道路上不免跌跌撞撞，千回百折，但与生命元素即将耗尽的资本主义相比，它却处处焕发着青春气息、具有无限的生命力。连一些西方国家的有识之士也敏锐地看到了这一点。还在资本主义世界到处充满乐观气氛的时候，美国芝加哥洛约拉大学教授戴维·施韦卡特就指出："资本主义是一种存在深层次缺陷的经济制度，完全不可能解决目前那些挑战人性的基本问题。事情的真相是，在过去十年间，资本主义已经耗尽其体制运作的自由，而事态已变得更糟（而不是好转）了。作为一种经济制度，资本主义看来行将穷尽它一切存在的理由。"他进而追问并回答道：是否有一种充满活力的替代性社会呢？"一个迥异的未来是可设想的。如果说20世纪是美国的世纪，那么21世纪将是中国的世纪"。如果中国特色社会主义的大胆创新实验是成功的，那么21世纪必将是中国的世纪。如果中国真的能够完善一种真正民主的、工人自我管理的社会主义所要求（起码是）的某些机制，那么，"中国案例"将比苏联案例（尽管有这样那样的缺陷，但毕竟维持了半个世纪）要鼓舞人心得多。地球上深受贫困之苦的人们迫切希望有一种充满活力的发展战略，而现在发达资本主义国家那些处处担惊受怕的工人，也该竭尽全力、迫切要求有一种属于他们自己的、合理的、民主的经济制度，即所谓德国特色、法国特色、意大利特色、瑞典特色、英国特色、日本特色或美国特色等的社会主义。①

当代资本主义尽管百病缠身，但由于大量的病床边医生的医治和调养，尚未病入膏肓。资本主义尚有推动科技发展的动力和潜力，在它所能容纳的全部生产力发挥出来之前是不会灭亡的。资本主义尽管在一次一次危机的打击下日渐孱弱，但目前它仍处于强势地位，并在新科技革命的推动下，

---

①　[美]戴维·施韦卡特著，李智、陈志刚译：《反对资本主义》（中文版序），中国人民大学出版社2008年版，第4～6页。

在生产力、生产关系、上层建筑等领域发生了一系列新变化。当代资本主义新变化使社会主义从价值载体、实现形式、活动方式到理论的构建基础和未来发展支点都受到深刻的挑战。深入分析资本主义新变化对世界社会主义的积极和消极影响，并在此基础上进行理论创新，才能回应时代的挑战，丰富和发展科学社会主义理论，推动社会主义转换发展模式和战略，进而促进世界社会主义的全面复兴。

第一章 资本的历史形式及文明作用

马克思有一段警世名言:“历史发展总是建立在这样的基础上的:最后的形式总是把过去的形式看成是向着自己发展的各个阶段,并且因为它很少而且只是在特定条件下才能够进行自我批判,——这里当然不是指作为崩溃时期出现的那样的历史时期,——所以总是对过去的形式作片面的理解。”①社会主义作为人类的理想社会形式,是相对于奴隶社会、封建社会和资本主义社会这些向着自己发展的各个阶段或社会形式的“最后的形式”。它在由理论到实践的飞跃和凯歌行进的过程中,彰显出无限的生命力,因而如同马克思所说绝少进行自我批判,因而往往对过去的形式特别是资本主义社会形式作片面的理解。

社会主义制度,尤其当它不是循着自然历史进程,而是在经济文化落后国家诞生后,如何认识和处理同资本主义的关系,是关乎社会主义前途命运的大问题。事实上,“新的生产力和生产关系不是从无中发展起来的,也不是从空中,又不是从自己产生自己的那种观念的母胎中发展起来的,而是在现有的生产发展过程内部和流传下来的、传统的所有制关系内部,并且与它们相对立而发展起来的”,“任何有机体制的情况都是这样”。② 社会主义只有批判地继承和吸收资本主义的一切文明成果,才能使自己日益强大并超越资本主义。但在过去相当长一段时期中,由于认识的偏差和“左”的错误影响,我们不仅忽视了社会主义的现实基础,把“一国数国胜利”与“共同胜利”的社会主义等量齐观,认为在社会主义制度诞生后,资本主义已经走向腐朽、垂死和暮落;而且对资本主义的认识只限于否定的意义上,把资本主

① 《马克思恩格斯全集》第46卷(上),人民出版社1979年版,第43~44页。

② 《马克思恩格斯全集》第46卷(上),人民出版社1979年版,第235页。

义看作社会主义的对立物，看做洪水猛兽；进而，对资本主义的政治、经济、文化一概加以否定。这种片面的理解，不仅束缚了人们的思想，而且对社会主义事业造成了无法估量和难以弥补的损失。苏东剧变后，通过理论上的反思和实践中的自我批判，使我们逐渐有所体悟，开始大胆吸收和借鉴资本主义的文明成果。但一些人由此而走向了另一个极端，对资本主义盲目崇拜，大加赞扬，只看到资本主义的积极因素而看不到其消极影响，只看到资本主义的发展变化而看不到其走向灭亡的趋势；只看到资本主义新变化对社会主义的消极影响，而看不到其变化发展对世界社会主义的推动作用，这种片面性也在不同程度上使我们的经济社会发展蒙受了一定的损失。

唯物辩证法对任何事物的理解都是肯定和否定的统一，这也是我们认识和对待资本主义的根本立场和方法。资本主义是社会主义的历史前提，只有资本主义的充分发展，才能为社会主义奠定雄厚的物质文化基础，因而我们必须充分肯定资本主义的伟大文明作用。同时，我们也应看到，资本主义每前进一步，都伴随着自身难以克服的危机和社会主义的前进发展，资本主义将在一次一次的危机中走向灭亡而为社会主义所取代。

一、资本的起源和含义

资本主义社会是以资本为基础的社会，“只有资本才创造出资产阶级社会，并创造出社会成员对自然界和社会联系本身的普遍占有”①。因而研究资本主义的发展变化及其与社会主义的关系，必须弄清资本的起源和本质，揭示其产生的必然性、必要性以及发展趋势，充分肯定它的伟大历史作用，同时彻底暴露其内在矛盾，使人们对资本范畴的认识摆脱感情因素的羁绊，而站到理性观念上来；进而深刻认识和正确处理资本与资本主义和现实社会主义的关系。

（一）资本的起源

马克思在其巨著《资本论》以及有关著作中对资本主义全部经济关系及

① 《马克思恩格斯全集》第46卷（上），人民出版社1979年版，第393页。

经济过程进行了全面的、深入的、系统的分析，通过全面剖析“为买而卖”与“为卖而买”两种市场交换形式，深刻揭示了资本的起源问题。

人类进入奴隶社会后，随着社会分工的发展，逐步出现了商品交换和货币，进而产生了手工业和商业的中心——城市。据考古资料，中国商朝都城殷，范围宽广，面积达24平方公里。古罗马帝国的罗马，有高大的城墙，市容繁华，城市建有肃穆的神殿、宏伟的府第及许多豪华宅邸。手工业、商业和城市的进一步发展，又促进了商品货币关系的发展。在古代的定期集市上，广泛使用各种货币。商人在进行买卖前，必须要辨别货币，鉴定其成色。于是，在集市上出现了专门以识别和兑换货币为业的钱商。这些钱商开始是经营兑换业务，以后货币积累多了，又经营汇兑和借贷。随之，早期的银行业发展起来了。1346年热那亚出现了欧洲第一所银行。高利贷也随之活跃，贷款利息高达60%以上。诚然，直到欧洲中世纪，货币经济仍然远没有达到现代意义上的发达程度，没有推广到整个的人类。

如果说市场经济是在货币和城市的基础上发展起来的，那么资本的基础和起源就是市场经济，而从简单商品经济向市场经济的演变，是由市场交换行为的一系列质的变化所造成的。

在早期的城市内部集中了新兴的手工业以及大批手工工匠。当时出现的第一批店铺其实就是面包师傅、鞋匠、铁匠、成衣工以及其他小手工业者的作坊，而其设店经营的主要目的，是为了换得维持生活日常开销所必需的货币。前店铺后作坊是最为经常采用的模式，经营的商品种类往往也比较单一，比如像单纯的面包屋、成衣铺、酿酒坊、鞋具店等等之类，而且是自产自销。也就是说，他们的初始目的是为了实现使用价值的转换，用马克思的公式就是：“W－G－W”，其中的G代表货币。在这种“为买而卖”的市场交换中，交易双方的出发点都是自己需要的使用价值，而价值不过是充当等价物的社会基础，当交换过程一结束，整个过程就完结了，价值也不复存在。所以，社会的财富，还是以使用价值为内容的物质财富为代表，而不是以社会劳动为内容的价值为代表。所以，当历史局限在这种市场运动的长时期内，社会分工的广度和深度、产业的规模与种类、商品流通的领域与地域等等都受到极大的限制。马克思主义经济学认为，仅限于这种市场运动形式的经济应归之于简单商品经济范畴。

后来商人介入流通领域后，许多城市店铺的经营范围也随之发生了变化，他们主理的店面倾向于“杂货铺”式的，只要赚钱，什么都能卖。他们就像马克思所说的商业资本家，从金钱G出发，取得商品W，然后按照“G－W－G”的公式定期重新取得金钱。在这种“为卖而买”的市场交换中，交易双方除单纯的消费者外，作为生产者本身他们的出发点都是生产为他人或社会需要的使用价值而为自己需要的价值，直接地说都是为了价值而交换。在这种市场交换形式下，劳动时间被视为财富的唯一尺度，剩余劳动被视为积累的主要源泉，物化劳动（科学技术的凝聚）被视为发展社会生产力的主要手段。所以，这种市场运动形式已超出简单商品流通范畴，而属于市场经济范围，也即属于资本流通的范畴。

马克思详细地比较了上述两种不同的市场运动形式，深刻地揭示了它们的实质差异，指出了“为卖而买”亦即资本流通这种市场形式的主要特点：

一是价值成为过程中自动的主体。商品的价值在简单流通中所采取的独立形式——货币形式，只是充当交换的媒介，过程一结束就不存在了。相反，在G－W－G流通中，商品和货币这二者仅仅是价值本身的不同存在形式，在过程进行中，价值不断地从一种形式转化为另一种形式，形式虽然频频变换，但价值自身永不消失，从而变成一个自动的主体。

二是交换价值本身成为决定性的动机。在简单商品流通中，过程的动机和最终目的是消费，是使用价值。相反，G－W－G的循环，其决定性的动机和最终目的是货币所代表的交换价值，不在于货币的质，而在于货币的量，因此，这个过程的完整形式是G－W－G’，其中的G’＝G十△G，即等于原预付货币加上一个增殖额即所谓剩余价值。

三是运动表现为无止境的过程。W－G－W的重复或更新，以满足过程以外的一定的消费需要为限。相反，G－W－G的流通，由于开端与终结都是一样的，都是货币，都是交换价值，因此，运动本身的终点又可转化为起点，从而实现价值的不断增殖，这种运动便是没有限度的。①

G－W－G这种市场运动形式，联系社会生产来考察，实际就是资本的再生产形式：$G<^{A}_{P_m}$……P……W’－G’，其中G为资本，W为商品，A为劳动

① 宋醒民：《论资本范畴的历史适用性及其普遍意义》，《金融与经济》1995年9期。

力,Pm 为生产资料,P 为生产过程,W'为增殖了的商品资本,G'为增殖了的货币资本。在这个过程中,货币执行资本的职能与劳动力作为商品转化成资本的生产要素具有决定意义。马克思指出:"货币作为资本,这是超出了货币作为货币的简单规定的一种货币规定。货币作为资本,可以看作是货币的更高的实现;正如可以说猿发展为人一样。"①

当货币变为生产利润的交换价值,而不是交换的媒介参与社会的经济活动时,当交换价值本身成为决定性的动机而劳动力亦变为商品时,资本便产生了。

(二) 资本概念的含义

资本是资本主义制度产生的历史前提,"资本一出现,就标志着社会生产过程的一个新时代"②;同时,资本也是经济学中的一个重要范畴。资本这一概念不是马克思的发明,在马克思以前,资产阶级经济学家早就使用了这一概念,但在经济理论史上资本含义丛生。马克思极为重视资本概念的科学性,强调准确地阐明资本概念是必要的,因为它是现代经济学的基本概念。因此,我们要阐释资本的历史地位和作用,首先就要历史的、全面地、系统地阐释资本概念的科学含义。

1. 经济理论史上的资本观

关于资本的定义最早见于1678年出版的《凯奇·德佛雷斯词典》。该词典把资本称为产生利息的"本钱",认为资本能给所有者带来一切幸福③。休谟最早确认资本除了包括代表物(货币)外,还应包括被代表物(财货)④。法国资产阶级庸俗政治经济学创始人让·巴蒂斯特·萨伊认为:资本包括(1)各种技艺所使用的工具;(2)劳动者在执行他的部分生产任务时所需要的生

---

① 《马克思恩格斯全集》第46卷(上),人民出版社1979年版,第204页。

② 许崇正:《关于资本范畴的重新认识》,《安徽大学学报》(哲学社会科学版)1998年第5期。

③ 许崇正:《关于资本范畴的重新认识》,《安徽大学学报》(哲学社会科学版)1998年第5期。

④ [奥]E. V. 庞巴维克:《资本实证论》,商务印书馆1964年版,第50～61、58、84页。

活必需品;(3)劳动者所拥有的原料,等。他还认为“如果货币用于促进产品交换,货币也属于生产资本的范畴”①。但不是所有的货币都是生产资本,而只包括分配在整个人类劳动的机构上的货币。同时,他认为作为生产资本的货币,在社会资本总量中只占极小部分,不能认为一个社会的资本仅仅在于货币。古典经济学的主要代表人物亚当·斯密认为,资本是人们储存起来取得收入的那部分资财②;大卫·李加图认为“资本是国家财富中用于生产的部分”③;奥地利学派主要代表人物庞巴维克系统分析了前人的资本定义后认为,资本是“生产出来的获利手段”,或者说“资本是用作获利的生产出来的产品集合体”④。新古典学派的创始人和主要代表马歇尔认为,以个人看资本是期望获得收入的那部分资产,从社会观点看资本是生产收入的收入⑤。美国著名经济学家欧文·费雪认为:“资本是指一段时间内存在的财富的存量”。并认为“资本的价值必须由其估计的将来净收入计算,而不是相反”,“资本的价值来自收入的价值”。⑥ 新古典综合学派代表人物萨缪尔森认为,“资本一词通常被用来表示一般的资本品”⑦。“资本是一种不同形式的生产要素。资本(capital)(或资本品)是一种生产出来的生产要素,一种本身就是经济的产出的耐用投入品”。并认为:资产作为资本有多大价值取决于利息率的高低,与利息率的高低成反比⑧。

经济理论史上经济学家们关于资本概念的含义,大致可以归纳为五种观点:一是把资本等同于货币;二是把资本视为资本品(或生产手段或财

① [法]让·巴蒂斯特·萨伊:《政治经济概论》,商务印书馆1963年版,第70、71页。

② [英]亚当·斯密:《国民财富的性质和原因研究》上卷,商务印书馆1972年版,第254页。

③ [英]彼罗·斯拉法主编:《李加图通信集》第1卷,《政治经济学及赋税原理》,商务印书馆1962年版,第78页。

④ [奥]E. V. 庞巴维克:《资本实证论》,商务印书馆1964年版,第50～61、58、84页。

⑤ [英]马歇尔:《经济学原理》(上卷),商务印书馆1964年版。

⑥ [美]欧文费雪:《利息理论》,上海人民出版社1959年版,第10页。

⑦ [美]萨缪尔森:《经济学》上册,商务印书馆1979年版,第73页。

⑧ [美]萨缪尔森:《经济学》中册,商务印书馆1979年版,第306、307页。

货)；三是把资本视为资本品或资财的价值额；四是把资本视为带来收入的财货；五是把资本视为带来剩余价值的价值。这些观点都有其合理的成分，但由于认识和视角的不同，都存在一定的片面性和局限性①。

2. 马克思关于资本概念的含义

马克思的资本概念与资产阶级经济学家的资本概念有着实质性的差别。它遵循辩证法的原则，从认识事物的全貌与整体出发，坚持从抽象到具体、从一般到特殊的方法；既见物又见人，坚持物质属性与社会属性、生产力属性与生产关系属性、资本一般与资本特殊的统一，具有鲜明的历史性与时代性。

(1)资本是物质属性与社会属性的统一。商品是资本主义生产关系中最简单、最抽象的范畴。马克思的劳动价值论认为，商品是使用价值和价值的统一，劳动则是具体劳动与抽象劳动的统一。商品之所以具有二因素，是因为生产它的劳动具有二重性：具体劳动创造使用价值，抽象劳动创造价值。因此，价值的实体是劳动，凝结状态的抽象劳动就是价值。从表面上看，商品是一种物品，但从实质上看，它还体现了生产者之间的生产关系，人们相互交换为别人生产的商品，实际上是在交换各自的劳动。

马克思认为，资本主义经济以发展了的商品经济作为历史前提。商品内在矛盾的增长和价值形式的发展产生了货币，货币是资本的最初表现形式。任何一个企业，在开始其生产活动时，都必须首先掌握一定数量的货币，用以购买生产资料和雇佣工人。所以，资本最初总是表现为一定数量的货币。换言之，资本是生产中的有用物，具有相应的物质形态。这是资本的物质自然属性。资本的物质自然属性直接属于生产力的范畴，它与资本生产使用价值的效率直接相关，即同劳动过程的效率直接相关。

然而，生产使用价值并不是资本所有者的目的。资本的所有者之所以要生产高质量的某种使用价值，仅仅是因为使用价值是价值的物质承担者。资本所有者的目的是生产一个比他预付的资本价值更大的价值，即价值增量或剩余价值。所以，资本主义的生产过程，不仅是创造使用价值的劳动过

① 许崇正：《关于资本范畴的重新认识》，《安徽大学学报》(哲学社会科学版)1998年第5期。

程，同时也是价值形成过程和价值增值过程。正因为如此，资本虽然是以资本所有者所拥有的机器、厂房、原材料等形式出现的，但是，机器、厂房、原材料等生产资料本身并不是完全意义上的资本。只有当它们在价值形成过程和价值增值过程中发挥作用，生产价值和剩余价值时，才是完全意义上的资本。所以，资本不仅仅具有物质自然属性，而且具有体现在物质上的社会生产关系属性。资本的社会生产关系属性是与价值形成和价值增值直接相关的，资本是带来价值增量或剩余价值的价值。

(2)资本是生产力与生产关系的统一。资本不仅具有生产力的属性，而且具有生产关系的属性，是生产力与生产关系的统一。“生产和价值增殖之间的矛盾——资本按其概念来说就是这两者的统一体。”①资本的生产力属性是与资本的自然属性相联系的、每一种资本作为资本所共有的。资本的生产关系的属性是与资本的社会属性相联系的、资本的具体形态。

资本的生产力属性是指任何资本当它与劳动力等价交换并相结合后，便能在生产过程中生产出剩余价值的这种规定性。也就是说，当一定量的价值具有这种规定性时，它才能转化为资本。资本的这种生产力属性具体表现在如下五个方面。

其一，资本具有增值性，这是资本最基本的特征，也是资本的目的所在。如果资本不具有这一特征就不能成其为资本。资本是一种自行增值的价值，是能够带来剩余价值的价值，经过生产过程或流通过程流回的货币额必须大于垫付的货币量，必须有所增值。这就是马克思的资本总公式 G—W—G′所体现的资本与生产力相联系的首要特点。马克思说：资本具有一种无止境的致富欲望。“它自己的活力只在于此；它只有不断地增殖自己，才能保持自己成为不同于使用价值的自为的交换价值。”②“发财致富就是目的本身。资本的合乎目的的活动只能是发财致富，也就是使自己增大或增殖。”③作为资本，无论是产业资本、商业资本，还是生息资本或金融资本；无论是私有资本、公有资本，还是集体资本、国有资本或混合资本；无论是古老形式的

① 《马克思恩格斯全集》第 46 卷(上)，人民出版社 1979 年版，第 399 页。

② 《马克思恩格斯全集》第 46 卷(上)，人民出版社 1979 年版，第 226～227 页。

③ 《马克思恩格斯全集》第 46 卷(上)，人民出版社 1979 年版，第 226 页。

资本，还是现代形式的资本；无论是投资于生产领域的资本，还是投资于非生产领域的资本，其目的都一样，都是要实现价值增值。

其二，资本的补偿性。资本在运营中，要求价值形式和实物形式相互替换、相互补偿，这是实现垫付货币回流和增值的必要条件。资本的这种属性是社会化大生产和市场经济的客观要求，是与生产力直接联系的任何资本所共有的。

其三，资本的运动性。运动是资本的生命，资本的价值增值只能在运动中实现，资本只有运动，才能生出“金蛋”。“它是一种运动，是一个经过不同阶段的循环过程，这个过程本身又包含循环过程的三种不同的形式。因此，它只能理解为运动，而不能理解为静止物。……在这里，价值经过不同的形式，不同的运动，在其中它保存自己，同时又使自己增殖，增大。”①资本是一种处于不断运动中的价值，在运动中不断变化资本的形式，时而货币资本，时而生产资本，时而商品资本，在这种形态变化的运动中使资本的价值得以增值。

其四，资本的借贷性。资本是可以借贷的，借贷资本必须有借有还，不但还本，还要付息。借贷关系是以信用为基础的。借鸡生蛋，贷款增值，从而形成资本生产力，但这种资本生产力是建立在信用的基础上的，一旦信用发生危机、信用链条断裂，这种借贷资本生产力就不能形成，或者就要遭到破坏，所以，从这个意义上讲，资本借贷关系所形成的资本生产力实际上是一种信用生产力。因此，借贷资本“为了增殖自己的价值，它必须二重地存在，并且必须在这种二重的形式上二重地增殖自己的价值”。②

其五，资本的积累性。资本为了在竞争中立于不败之地，同时也为了满足自己无止境地追求剩余价值和增值的要求，它必须不断地进行资本积累。通过资本积聚和集中，剩余价值不断转化为资本，使小资本逐渐变为大资本，从而扩大再生产，发展生产力，赢得规模经济，推动社会经济不断向前发展。

其六，资本的扩张性。资本始终处于不断扩张的状态。资本的扩张是

① 《资本论》第 2 卷，人民出版社 2004 年版，第 121～122 页。

② 《马克思恩格斯全集》第 46 卷（上），人民出版社 1979 年版，第 445 页。

没有止境的，它力求不断发展壮大自己。一方面，它力求规模不断扩大，财富无限膨胀，从而使自己支配的劳动越来越多，获利越来越大。马克思说，资本积累的重要趋势是资本集中，把“个人的分散的生产资料转化为社会的积聚的生产资料”①。另一方面，资本力求不断扩大市场，使资本关系伸向世界的每一角落。它“力求摧毁交往即交换的一切地方限制，夺得整个地球作为它的市场”。资本越发展，“构成资本空间流通道路的市场越扩大，资本同时也就越是力求在空间上更加扩大市场”②。可见，扩张是资本的本性所在。

资本作为一种以雇佣劳动为基础的生产关系，它本质上反映了资本和劳动两者之间的关系，因此，马克思说：“资本不是一种物，而是一种以物为中介的人和人之间的社会关系。”③这就是说，资本不仅具有生产力属性，而且还具有生产关系属性。资本作为生产关系的属性主要体现在以下三个方面。

其一，资本的公有性与私有性。资本的公有性与私有性是由资本的归属性所决定的。资本的归属性是指资本归谁所有的问题，即所有关系。所有关系是生产关系的核心与基础。生产关系一般包括生产、分配、交换和消费四个方面，因此，所有关系也就体现在这四个方面，它是包括生产关系（狭义）、分配关系、交换关系和消费关系总和的所有关系，这种所有关系不能简单地理解为对生产资料的所有关系，而必须从生产关系的四个方面或一切方面去考察它。资本作为表现所有关系的生产关系属性，涉及资本及它所带来的剩余价值即增值的占有问题。如果资本及它所带来的剩余价值即增值归社会或全民所有的话，那么，资本及其增值也就为社会或全民占有，因而，资本就表现出公有性。反之，如果资本及其增值归私人所有的话，那么资本及其增值也就为私人占有，因而资本就会表现出私有性。

马克思由于把自己的分析对象确定为资本主义生产方式以及与此相适应的生产关系和交换关系，再加上历史条件的限制，对资本的公有性没有系统和具体的论述，但他对资本主义社会中合作工厂的分析，对此提供了明确

---

① 《资本论》第1卷，人民出版社1975年版，第830页。

② 《马克思恩格斯全集》第46卷（下），人民出版社1980年版，第33页。

③ 《资本论》第1卷，人民出版社2004年版，第877～878页。

的理论线索。他指出："工人自己的合作工厂，是在旧形式内对旧形式打开的第一个缺口，虽然它在自己的实际组织中，当然到处都再生产出并且必然会再生产出现存制度的一切缺点。但是，资本和劳动之间的对立在这种工厂内已经被扬弃，虽然起初只是在下述形式上被扬弃，即工人作为联合体是他们自己的资本家，也就是说，他们利用生产资料来使他们自己的劳动增殖。这种工厂表明，在物质生产力和与之相适应的社会生产形式的一定发展阶段上，一种新的生产方式怎样会自然而然地从一种生产方式中形成并发展起来。"①在这里，我们看到了雇佣劳动为联合劳动所取代，但资本仍然存在，它成为联合劳动者的共有财产，成为使自己劳动增值的手段。资本联合和劳动联合是社会主义生产方式的特点，联合劳动成为公有资本的特殊内涵和基本条件。在公有资本条件下，劳动者的劳动同样要分成两个组成部分，一部分是得到补偿的必要劳动，一部分是超过必要劳动以上的劳动即剩余劳动。公有资本的剩余劳动由国家和社会占有和支配，用于扩大再生产和国家管理以及公共建设、社会福利等。因此，公有资本是在社会主义公有制条件下能实现增值的价值。公有资本既然是资本，就具有增值性。公有资本为了不断增值，也会从利润率低的地方撤出，向利润率高的地方转移，不断地进行资本的积聚。为了取得规模经济效益，公有资本也会根据自己的条件和可能，走兼并和联合之路，进行资本的集中。在资本运行的各个环节上，公有资本也会加强管理、厉行节约、千方百计地降低消耗，实现资本的不断增值。

其二，资本的历史性与稳定性。资本是一个历史性范畴，它与商品市场经济相联系，不会永远存在于人类历史的长河之中。原始社会不存在资本。未来的共产主义社会，由于不存在商品经济，也不存在资本范畴。从这个意义上讲，资本具有历史性。但是，商品经济社会毕竟是人类社会中一个相当漫长的历史阶段，在这个漫长的社会时期中始终存在着资本范畴，所以，正是从这个意义上说，资本的存在又具有相对稳定性。

其三，资本的剥削性与非剥削性。世界上任何事物的产生、发展、变化都是有条件的。资本如果是在公有制条件下，掌握在劳动人民的手中，资本

① 《资本论》第3卷，人民出版社2004年版，第499页。

及其增值为人民所有，它就不具有剥削性，而具有公有性。但如果资本是在私有制条件下，掌握在资本家手中，资本及其增值归资本家所有，剩余价值为资本家攫取，资本就必然具有剥削性。

其四，资本的弃贫爱富性。资本具有偏爱高利产业和遗弃低利产业的趋势，这是由资本的无限趋利动机所决定的。马克思说："资本是不断地从一个产业部门向另一个产业部门流出或流入的。价格高就引起资本的过分猛烈的流入，价格低就引起资本的过分猛烈的流出。"①这段话充分展现了资本爱富弃贫的习性。资本必然爱富，因为它的目的就是致富；资本必然弃贫，因为扶贫就会失去资本的性质，资本的这一习性从借贷资本的运动上得到生动体现。哪一个行业价高利大，借贷资本在那里就特别活跃，那一个企业获利能力强，银行就对它特别偏爱。反之，哪个行业无利可图，哪个企业亏损甚至面临破产，资本就不会问津。这就是资本的规律，也是市场经济高效配置资源的要求。

资本本身是一个矛盾统一体。自现代形式的资本诞生之日起，即货币转化为资本开始，它就具有生产力与生产关系的两面性。作为表现资本所有关系的资本生产关系属性的一面，当它归人格化的资本家占有时，就表现出对剩余价值的占有，表现出贪婪的剥削性；作为直接表现为生产力的资本生产力属性的一面，它也神奇般地体现为生产效率的提高和经济的增长，体现为社会生产力的巨大发展。

(3)资本是资本一般与资本特殊的统一。资本的一般和资本的特殊，是同一资本的"二重存在"。"资本一般，这是每一种资本作为资本所共有的规定，或者说是使任何一定量的价值成为资本的那种规定"②。关于资本特殊，则是指资本在执行不同的职能时所采取的具体形式以及资本在不同的社会阶段的不同的形态。③

资本一般意义上的资本是一种价值，是能够使自己实现自行增值的价值。马克思指出："与各特殊的现实资本相区别的资本一般，本身是一种现

① 《马克思恩格斯选集》第 1 卷，人民出版社 1995 年版，第 341 页。

② 《马克思恩格斯全集》第 46 卷(上)，人民出版社 1979 年版，第 444 页。

③ 朱炳元：《中国特色社会主义经济理论热点问题研究》，中央编译出版社 2008 年版，第 14 页。

实的存在。”①它“通过自己的增殖来表明自己是资本；它的增殖程度，表示它作为资本实现的量的方面的程度”②。也就是说，凡是能够实现自身增值的商品、货币或者其他种种生产要素，都可以称之为一般意义上的资本。在这里，资本本身表现为商品，它的使用价值就是能够使自己增值，或者说是带来利润。马克思说：“资本的产物是利润。”③资本作为自行增值的价值，是最一般的、最初的社会形式的规定，使它作为一种财产权与其他财产权如地产权等相区别。

资本特殊意义上的资本是一种关系。在资本主义生产方式中，资本作为能带来剩余价值的价值，从本质上说不是物，而是一种社会生产关系，即资本家剥削雇佣工人的关系。马克思指出：“作为资本家，他只是人格化的资本。他的灵魂就是资本的灵魂。而资本只有一种生活本能，这就是增殖自身，获取剩余价值。”④资本的特殊本质决定了资本主义生产过程必然是价值增值过程，资本家必然会把工人的劳动时间延长到为补偿劳动力价值所需要的时间以上，生产过程中新创造的价值必然超过劳动力的价值，从而产生剩余价值。马克思揭示的这种“资本家剥削雇佣工人的关系”，就是资本的特殊社会属性。

资本一般存在于商品经济的不同社会形态中，是商品经济的共有范畴，资本特殊则与特定的社会生产方式相联系。马克思在《资本论》中把资本一般抽象掉，重点是从特殊性考察资本范畴，以便揭露资本与雇佣劳动的对立关系，揭示资本家剥削雇佣劳动的秘密，正是通过揭示资本与雇佣劳动的关系，他找到了资本主义制度的掘墓人和社会主义事业的建设者。

（三）资本的分类

在整个商品市场经济体制的历史长河中，资本作为一种生产要素以及由此产生的人与人之间的社会生产关系，都是一种不以人们意志为转移的客观存在。资本可以不同的形式与状态存在于生产、交换、分配、消费的各

---

① 《马克思恩格斯全集》第46卷（上），人民出版社1979年版，第445页。

② 《资本论》第3卷，人民出版社2004年版，第397页。

③ 《资本论》第3卷，人民出版社2004年版，第398页。

④ 《马克思恩格斯全集》第23卷，人民出版社1972年版，第260页。

个阶段、各个过程、各个环节，从而合成多元化的资本结构与资本系统。从不同的视角观察，我们可以将资本分为不同的类别。

1. 从资本的不同部分在价值增值过程中的不同作用解析，可以将资本分为“不变资本”和“可变资本”。“不变资本”和“可变资本”的区分，是马克思剩余价值理论的重要组成部分。根据剩余价值理论，在不同的产业部门中，由资本技术构成所决定，其不变资本与可变资本的比例即资本的有机构成是有所区别的，从而资本在剩余价值生产与分配中的影响度也有所不同。

2. 从产业资本循环的资本形态上解析，可以把资本分为“货币资本”、“生产资本”和“商品资本”。资本是一种运动，资本只有在运动中才能实现价值的增值。资本在运动过程中必须通过以下三个阶段：第一阶段，从货币资本转化为生产资本；第二阶段，从生产资本转化为商品资本；第三阶段，又从商品资本转化成货币资本。资本在自己的运动中相应地采取了货币资本、生产资本、商品资本三种不同的形态。这里所说的产业资本，包括工业、农业、建筑业等部门的资本，即按照市场经济体制运作的物质生产部门的资本。在产业资本循环中，“货币资本”执行的是货币在流通过程中的购买手段或支付手段的职能，为生产增值价值或剩余价值做准备；“生产资本”执行的是在生产过程中直接生产增值价值或剩余价值的职能；“商品资本”执行的是在流通过程中实现增值价值或剩余价值的职能。鉴于“货币资本”和“商品资本”是在流通中执行其职能的，故两者合起来又被称为“流通资本”。在“生产资本”中，按其价值周转方式的不同，又可以分为“固定资本”和“流动资本”，生产资本中“固定资本”和“流动资本”的比例，是影响资本周转速度的关键因素之一。马克思主义经济学认为，“货币资本”、“生产资本”和“商品资本”在空间上的并存性和时间上的继起性，是资本循环得以顺利进行的必要条件。

3. 从资本运动形式的不同来解析，可以把资本分为“个别资本”和“社会资本”。在市场经济体制下，存在着成千上万个企业，它们分别属于不同的投资者所有。这些企业资本都独自发挥着职能作用，实现其价值的增值。这种各自独立发挥职能的资本，就是“个别资本”。“个别资本”的运动形式就是其资本的循环和周转。“个别资本”必须相互联系，相互依存，通过流通过程发生一定的关系。每一个“个别资本”既要同为它提供生产资料的资本发生关系，又要同消费它的产品的资本发生关系。这种互相联系、互相依存的“个别资本”的总和，就是“社会资本”或“社会总资本”。“社会资本”的运动，不仅包括生产消费和资本流通，而且也包括资本所有者和企业职工的个人消费以及一般商品流通。所以，“社会资本”的运动，关键是其社会总产品的实现问题。

4. 从资本自身是否具有价值的角度解析，可以把资本分为“真实资本”和“虚拟资本”。“真实资本”具体表现为物质形态的生产资料，自身具有价值。“虚拟资本”是以股票、证券和各种票据形式的有价证券存在。“虚拟资本”本身虽然没有价值，但它能按一定的价格出卖，也能为其所有者带来类似股息的收入。不过，它不是“真实资本”，而只是由于有价证券收入资本化而虚拟出来的，故称为“虚拟资本”。“虚拟资本”和“真实资本”不论从质还是从量的方面来说都是不同的。从质上看，“真实资本”不仅本身有价值，而且在生产和流通过程中发挥着资本的职能；“虚拟资本”本身既无价值，又不能在生产和流通中发挥资本职能，它只不过是资本所有权的证书。从量上看，“真实资本”的量是大体稳定的，“虚拟资本”由于资本“发水”，导致“虚拟资本”的数量总是大于“真实资本”，另外“虚拟资本”数量的变化取决于各种有价证券发行量和它们的价格水平，故“虚拟资本”数量的变化不一定反映“真实资本”数量的变化。

5. 从资本存在的形态上解析，可以把资本分为“有形资本”和“无形资本”。所谓“有形资本”指的是，各种物质形态的资本以及包括可以代表各种物质形态资本的有价证券。“无形资本”指的是各种技术、专利、商誉、商标等可以资本化的非物质性载体。在市场经济条件下的资源配置中，“无形资本”有时甚至比“有形资本”更重要，更能为企业带来丰厚的利润。

需要指出的是，对资本类型的划分，是建立在某一特定的视角平台上的。在现实生活中，事物往往是复杂和丰富多彩的，对同一个具体的资本，我们可以从不同的视角平台去观察和分析，从而把它界定为不同资本分类中的某一具体形式。①

---

① 王波：《资本范畴解析》，《河南师范大学学报》（社会科学版）2005 年第 1 期。

(四)资本不等于资本主义

长期以来,人们往往把资本本身与资本主义制度等量齐观,即把资本一般等于资本具体。这是认识上的一个重大误区。马克思曾明确说过:“当规定资本的概念时,会遇到谈论货币时所没有遇到的困难。资本,实质上就是资本家;但是,资本同时又是一种与资本家有区别的、资本家存在要素,或者说生产本身就是资本。”①这就是说,讲到资本的具体,资本与资本家是分不开的,但如讲资本本身、资本一般则资本与资本家和资本主义制度是有区别的。

资本和资本主义具有不完全相同的意义域。二者的区别主要有两点,一是性质不同,二是从时间先后讲资本的出现远远早于资本主义制度。

1. 资本与资本主义制度在性质上是不同的

资本主义是资本家占有生产资料并用以剥削雇佣劳动、榨取剩余价值的社会制度。很显然,从所有制来讲是生产资料私有制;从生产目的讲是为了榨取剩余价值。

资本就其本身或资本一般来说,是一种价值,是能够使自己实现自行增值的价值。在分析资本的性质时,必须将资本本身或资本一般与资本具体区别开来。传统观念由于没有区分资本本身与资本具体,便简单地认为资本本性就是剥削,更具体一点就是资本家对雇佣劳动者的剥削,这是不正确的。如果我们说资本家(泛指一个阶级)的本性、资本主义制度的本性是剥削,当然是可以成立的。但就资本本身或资本一般来说,资本的本性应有自己的特定含义,那就是追求剩余价值,即追求价值增值。马克思指出:“资本的合乎目的的活动只能是发财致富,也就是使自身增大或增殖。”“对资本来说,任何一个物本身所能具有的唯一的有用性,只能是使资本保存和增殖。”②正因为资本具有追求价值增值的本性,所以它才能成为一部推动生产力发展,制造财富的“永动机”。

资本产生和存在的一般前提条件有三个方面。

---

① 《马克思恩格斯全集》第46卷(上),人民出版社1979年版,第518页。

② 《马克思恩格斯全集》第46卷(上),人民出版社1979年版,第225～226页。

一是社会分工。资本的产生与社会分工有着密切的联系。没有社会分工，就不可能使自然经济变成商品经济；而没有商品经济的进一步发展，也不会有资本的成熟与发达。恩格斯指出："……文明时代是社会发展的这样一个阶段，在这个阶段上，分工，由分工而产生的个人之间的交换，以及把这两者结合起来的商品生产，得到了充分的发展，完全改变了先前的整个社会。"①这段话说明，资本主义商品经济的发展有赖于社会分工，正是有了社会分工的进一步发展，才使商品经济迅速发展，资本不断增值，生产力得到了极大提高。同时，资本也发展了社会分工，二者是相辅相成的。

二是商品生产和商品流通。这是资本的起点。马克思指出："商品流通是资本的起点。商品生产和发达的商品流通，即贸易，是资本产生的历史前提。"②没有商品生产和商品流通，绝对不会产生资本。当商品生产和商品流通发展到一定阶段即当劳动力也成为商品的时候，剩余价值开始产生，而一旦出现了能够带来剩余价值的价值，货币就成了资本。只是在资本主义条件下，资本与劳动才存在根本的对立。这是由资本主义的剥削制度所决定的，或者说是由资本的社会属性所决定的。资本植根于私有制的剥削制度，就必然形成资本剥削雇佣劳动的对立局面。

三是市场竞争。竞争是商品经济的产物。只要存在商品经济，就必然存在竞争。资本也离不开竞争，只有通过竞争，才能实现资本的价值增值。资本促进了资本主义的发展，在资本主义占统治地位之后，资本没有终止竞争，反而在更广泛的领域、更剧烈的程度上发展了竞争。资本需要不断处于竞争状态。马克思说："自由竞争是资本同作为另一个资本的它自身的关系，即资本作为资本的现实行为。"③只有随着竞争的发展，资本的内在规律才确定为规律，"以资本为基础的生产才以它的最适当的形式确立起来"④。"包含在资本本性里面的东西，只有通过竞争才作为外在的必然性现实地暴露出来。"⑤竞争是资本运动的外驱力，也是资本运动内在规律的外在反映。

① 《马克思恩格斯选集》，第 4 卷，人民出版社 1995 年版，第 174 页。

② 《资本论》第 1 卷，人民出版社 2004 年版，第 171 页。

③ 《马克思恩格斯全集》第 46 卷(下)，人民出版社 1980 年版，第 159 页。

④ 《马克思恩格斯全集》第 46 卷(下)，人民出版社 1980 年版，第 159 页。

⑤ 《马克思恩格斯全集》第 46 卷(下)，人民出版社 1980 年版，第 160 页。

资本不能没有竞争，束缚竞争就“预告了资本的解体和以资本为基础的生产方式的解体”①。也就是说，资本习性即竞争。只有竞争，才能进行资本比较，使资本流向能获取最大剩余价值的行业，实现其无止境地追求剩余价值的欲望。

2. 资本的产生早于资本主义制度

资本是与商品货币关系相联系的，资本的萌芽早在奴隶社会就已产生了，它的最初形式是生息资本和商人资本。马克思明确指出：“生息资本或高利贷资本(我们可以把古老形式的生息资本叫作高利贷资本)，和它的孪生兄弟商人资本一样，是资本的洪水期前的形式，它在资本主义生产方式以前很早已经产生，并且出现在极不相同的经济社会形态之中。”②可见，资本范畴先于资本主义社会，说明资本不是资本主义社会所特有的。到了资本主义社会，市场经济占了统治地位，资本才成了社会经济的核心范畴，这是一个渐进的演化过程。资本的发展经历了资本主义体外发展和体内发展的两个阶段。在从奴隶社会到封建社会的漫长历史过程中，资本是在资本主义体外发展的。17 世纪以后开始在资本主义体内发展。马克思提出了资本生命史的三个不同的历史阶段。

第一个阶段是资本的古代史。资本的古代史阶段主要是在古代西方奴隶社会中就已经存在的商业资本。奴隶社会全盛时期的古希腊手工业已比较发达。由数百个城邦组成的古希腊，在希波战争取胜后，以工商业为主的城邦进入了经济繁荣时期，广泛使用奴隶生产，手工业、航海业和商业兴盛。这些城邦中雅典最为突出。雅典的手工业在古希腊作家普鲁塔克的《伯里克利传》中提到的就有：木匠、雕刻工、塑像工、青铜匠、石匠、金工、象牙刻工、画师、绣工、金属雕刻工、纺织工、制绳匠、麻纺工、桶匠、筑路工、矿工等行业。而且行业内部还有分工，如制陶业的陶工分粗工、细工。粗工包括拌土、担水、烧窑、运料；细工有塑型、制坯、绘饰、焙烧。制坯还分各门类，如瓶、碟、罐、杯等。在手工业兴盛的基础上，各工商业城邦的商业也很发达。不仅手工业品，而且相当一部分农产品也投入了市场。在对外贸易中，既有

① 《马克思恩格斯全集》第 46 卷(下)，人民出版社 1980 年版，第 160 页。

② 《资本论》第 3 卷，人民出版社 2004 年版，第 671 页。

希腊各城邦之间的贸易，又有与希腊以外各地区的贸易。雅典一度成为古代世界最大的贸易中心。它对外的贸易范围，东到埃及、腓力基和塞浦路斯，北到黑海沿岸，西到西西里岛和南意大利。工商业的发展对于形成西欧的奴隶社会具有重要作用。马克思说："在古代世界，商人的影响和商业资本的发展，总是以奴隶经济为其结果。"①古代世界中商业民族"表现的单纯性（抽象规定性），正是由农业民族占优势这种情况本身决定的。作为商业资本和货币资本的资本，在资本还没有成为社会的支配因素的地方，正是在这种抽象中表现出来"②。

尽管古希腊手工业已比较发达，但这时的资本是萌芽状态的资本，是真正的资本形成的历史前提，但还不是纯粹的资本，除了商品和货币之外，还不存在资本和劳动之间的成熟的对立统一关系。马克思指出："城市手工业在实质上虽然是以交换和创造交换价值为基础的，但在这里生产的直接的主要的目的，是保证手工业者、手工业师傅的生存，因而是使用价值，不是发财致富，不是作为交换价值的交换价值。所以，生产处处从属于作为前提的消费，供给从属于需求，而且只是缓慢地扩大着。"③资本的生成，产生的条件和前提恰好预示着，资本还不存在，而只是正在生成。资本的这一古代形成史表明资本并不是永恒存在，而是一种历史现象，有着它的生成过程，同时也有着它的灭亡过程。通过考察和分析，马克思否定了资产阶级学者对资本的一种辩护："资产阶级经济学家们把资本看作永恒的和自然的（而不是历史的）生产形式，然后又竭力为资本辩护，把资本生成的条件说成是资本现在实现的条件，换句话说，把资本家还是作为非资本家——因为他还只是正在变为资本家——用来进行占有的要素，说成是资本家已经作为资本家用来进行占有的条件。"④

第二阶段是资本的近代史，即形成史。资本的近代史阶段开始于 14 和 15 世纪。马克思指出："有了商品流通和货币流通，决不是就具备了资本存在的历史条件。只有当生产资料和生活资料的占有者在市场上找到出卖自

① 《资本论》第 3 卷，人民出版社 2004 年版，第 370 页。

② 《马克思恩格斯全集》第 46 卷（上），人民出版社 1979 年版，第 46 页。

③ 《马克思恩格斯全集》第 46 卷（上），人民出版社 1979 年版，第 516 页。

④ 《马克思恩格斯全集》第 46 卷（上），人民出版社 1979 年版，第 457 页。

己劳动力的自由工人的时候，资本才产生；而单是这一历史条件就包含着一部世界史。因此，资本一出现，就标志着社会生产过程的一个新时代。”①这就是资本的原始积累时期，这一时期直接为资本的生产方式的形成创造条件。所谓原始积累只不过是生产者和生产资料分离的历史过程。这个过程之所以表现为原始的，因为它形成资本及与之相适应的生产方式的前史。

马克思认为，劳动者与土地以及与生产条件的所有权（即使是依附者的所有权）相分离是一个自然产生的过程。在原始的历史形式中，资本起初零散地或在个别地方出现，与旧的生产方式并存，但逐渐地到处破坏旧的生产方式。属于这种原始的历史形式的，从一方面说，是本来意义上的手工工场（还不是工厂）。这种手工工场产生在为出口、为国外市场而大批生产的地方，因而是产生在大宗海陆贸易的基地，贸易中心地，例如，意大利的城市、君士坦丁堡、弗兰德和荷兰的城市、西班牙的某些城市如巴塞罗那等等。在这些地方，工场手工业找到国外市场的基地，因而可以说生产自然而然以交换价值为目标，这也就是直接与航海有关的手工工场、造船业本身等等，除这些大的贸易中心地以外，工场手工业起先不是建立在城市中，而是建立在乡村中，建立在没有行会等等的农村中。农村副业构成工场手工业的广阔基地，而城市工商业为了能够按照工厂方式生产则要求生产的高度发展。构成工场手工业广阔基地的，还有这样一些生产部门，如玻璃厂、铁工厂、锯木厂等等，它们一开始就都要求劳动力的大量集中、更多地利用自然力、大量生产以及劳动资料等等的集中。另一方面，又有租地农场主的出现和农业人口向自由短工的转化。然后，农奴制依附关系的解体，和工场手工业的产生一样，逐渐地使一切劳动部门转变为资本经营的部门。资本一旦产生出来并发展下去，就将使所有生产服从自己，并到处发展和实现劳动与财产之间、劳动与劳动的客观条件之间的分离。资本不仅消灭手工业劳动、劳动的小土地所有制等等，甚至也消灭那种处在不与劳动相对立的形式上的资本本身，即小资本和介于旧生产方式（或在资本的基础上更新的旧生产方式）同典型的名副其实的资本生产方式之间的、中间类型和混合类型。

资本的第二阶段的历史是真正意义上的资本开始形成的历史。但是，

① 《资本论》第1卷，人民出版社2004年版，第198页。

资本并未成为在社会中占统治地位的生产方式，尚未经历洪水期的迅猛发展而改变整个社会。“资本成为资本的过程，或者说，资本在资本主义生产过程本身出现之前的发展过程，和资本在这个过程中的实现，在这里是属于历史上的两个不同的时期。在后一个时期，资本是前提，它的存在是作为一种自行起作用的东西而成为前提。在前一时期，资本是另一个社会形式解体过程的沉淀物。这里资本是另一个形式的产物，而不是像后来那样，它是它自己再生产的产物。”①这个时期的资本依然是在封建主义生产方式笼罩下，资本的生产方式并未占据统治地位，因而“属于资本的历史前提，这些前提作为这样的历史前提已经成为过去，因而属于资本的形成史，但决不属于资本的现代史，也就是说，不属于受资本统治的生产方式的实际体系”②。

第三阶段是资本现代史，这是资本占有统治地位的经济时代。公元17世纪至20世纪，是资本在资本主义体内成长的阶段。资本由于得到资本主义制度的支持，尤其是在经历了工业革命的洗礼后，企业制度、工厂制度、银行制度等相继被创造出来；资本成为改变国家社会面貌乃至世界面貌的最强有力的经济力量。对此，马克思、恩格斯在他们合著的不朽文献《共产党宣言》中作了生动的描绘：“由于一切生产工具的迅速改进，由于交通的极其便利，把一切民族甚至最野蛮的民族都卷到文明中来了。它的商品的低廉价格，是它用来摧毁一切万里长城、征服野蛮人最顽强的仇外心理的重炮。”“资产阶级在它的不到一百年的阶级统治中所创造的生产力，比过去一切世代创造的全部生产力还要多，还要大。……过去哪一个世纪料想到在社会劳动里蕴藏有这样的生产力呢。”③这里，马克思、恩格斯自然是把资本与资产阶级作为一体来看的。实际上并非资产阶级本身有这样的能量，这种类似于核裂变与聚变的巨大能量完全是由资本迸发出来的。

二、资本的伟大文明作用

资本作为一种生产要素，在整个市场经济体制的历史长河中，都是一种

① 《马克思恩格斯全集》第26卷，人民出版社1974年版，第546页。

② 《马克思恩格斯全集》第46卷(上)，人民出版社1979年版，第456页。

③ 《马克思恩格斯选集》第1卷，人民出版社1995年版，第276～277页。

不以人们意志为转移的客观存在。作为一种能够使自己实现自行增值的价值,总是力求用一切可能的办法去缩短或减少个人必要劳动时间,从而相对与绝对地扩大剩余劳动时间,加速剩余劳动的积累,加大经济中的科技含量,全面发展生产力。资本的本性决定了资本的伟大历史作用。

对资本的再认识,关系到对现实社会主义历史定位的再认识,关系到在什么历史背景下来理解资本存在的必然性、必要性与不可替代性,理解它的历史作用与普遍意义这种深层认识问题。传统社会主义政治经济学机械地套用马克思、恩格斯的逻辑分析,把现实社会主义(普遍是从经济落后国家建立起来的)与马克思、恩格斯根据科学预见提出的作为共产主义的第一阶段的社会主义等量齐观,给予同样的历史定位。因此,把现实社会主义看作比现实资本主义更高的历史发展阶段,从而也被看作是对资本主义的必然代替,看作历史地取代资本主义制度的更优越的、更先进的社会制度。因此,对社会主义优越性的描绘几乎都是直接对资本的否定与批判。这就使我们在理论和实践的统一上走入了一个违背常理的怪圈:按照马克思主义理论,社会主义要比资本主义拥有更高的生产力,可现实社会主义无论在生产力水平还是人民生活水平上都远远低于发达资本主义国家。从而就使我们对资本主义的批判由于缺乏历史唯物主义的依据而软弱无力。如果仍然囿于传统社会主义政治经济学对现实社会主义的历史定位,我们就走不出怪圈,摆脱不了社会主义还需要它的对头"资本"来支撑自己的逻辑背理。要走出怪圈,我们必须回归历史唯物主义的正确轨道和对马克思主义逻辑分析的科学理解。

(一)资本是推动人类社会从第二种形态向第三种形态过渡的力量

历史唯物主义认为,人类社会总是从低级到高级向前发展的,这种发展是有规律可循的,而支配着这一发展进程的基本力量是生产力与生产关系的矛盾,如果观察一个长的历史过程,人们可以看到总是社会生产力最终起着决定作用。

马克思严格按照历史唯物主义的历史观将人类社会划分为三个历史大阶段,指出"人的依赖关系(起初完全是自然发生的),是最初的社会形态,在这种形态下,人的生产能力只是在狭窄的范围内和孤立的地点上发展着。

以物的依赖性为基础的人的独立性，是第二大形态，在这种形态下，才形成普遍的社会物质交换，全面的关系，多方面的需求以及全面的能力的体系。建立在个人全面发展和他们共同的社会生产能力成为他们的社会财富这一基础上的自由个性，是第三个阶段。第二个阶段为第三个阶段创造条件。因此，家长制的，古代的（以及封建的）状态随着商业、奢侈、货币、交换价值的发展而没落下去，现代社会则随着这些东西一道发展起来”①。这里所说的第一阶段是与自然经济对应的；第二阶段是与商品市场经济相对应的；第三阶段也就是马克思、恩格斯所预期的社会主义和共产主义阶段。

在生产力极其低下的人类初期，人对人的互相直接依赖是第一大社会形态。这是因为，人在自然界面前还无能为力，人还受自然界的奴役，人们只有互相依赖，结成某种共同体形式，才能生存下去，才能更好地向自然作斗争。共同体的存在，表明了人们之间的直接依赖关系。这种共同体最初表现为以血缘为基础的原始共同体（原始社会的原始群、氏族、部落等），随着分工与交换的出现，则逐渐表现为地域共同体（如奴隶社会和封建社会的农业公社和城市公社）。在这种共同体内部，“人都是互相依赖的：农奴和领主，陪臣和诸侯，俗人和牧师。物质生产的社会关系以及建立在这种生产的基础上的生活领域，都是以人身依附为特征的”②。在这种形态下，人的生产能力只是在狭窄的范围内和孤立的地点上发展着，还没有形成普遍的联系和普遍的交往，也就是说，还处于自然经济的统治之下。

与人类在社会生产力面前表现为人对人的依赖关系，人对人的直接的权力支配关系相联系，产品的分配“以个人之间的统治和服从关系”（不管这种统治和服从的性质是家长制的，古代的或是封建的）为基础；虽然也存在一定的产品交换，但这种交换只是附带进行的，或者大体说来，并未触及整个共同体的生活，不如说只发生在不同共同体之间，决没有支配全部生产关系和交往关系。人的生产积极性和生产能力极其低下。因此，这个社会形态，概括地讲具有两大特征：一是自然经济占统治地位，二是共同体是人们之间最主要的组织形式。它表明人们在社会关系上的直接依赖性。

---

① 《马克思恩格斯全集》第46卷（上），人民出版社1979年版，第104页。

② 《资本论》第1卷，人民出版社2004年版，第95页。

随着生产力的发展，随着剩余产品的出现，随着分工和交换逐渐渗入共同体内部，第一大社会形态的两大特征就逐渐被第二大社会形态的两大特征所代替，即自然经济为商品经济所代替，人对人的直接依赖性为人对物的直接依赖性所代替。①

刚开始，分工只是一种自然分工，交换也只是以一种萌芽形式出现在原始共同体之间。随后，由于交换的反作用，产品对内也成为商品，自然分工就转化为社会分工，从而首先导致了构成共同体基础的生产方式解体。正像马克思所指出的："由于同外地人交往，由于有奴隶，由于要交换自己的剩余产品等等；这种发展使那种成为共同体的基础的、因而也成为每一个客观的个人……的基础的生产方式发生解体。"②自然经济就逐渐为商品经济所代替。

分工与交换在历史上的地位和作用，本质上也就是商品经济在历史上的地位和作用，因为商品经济不是别的，正是分工与交换过程的统一。正像恩格斯指出的："分工，由分工而产生的个人之间的交换，以及把这两者给合起来的商品生产……完全改变了先前的整个社会。"③因此，从历史上看，商品经济一开始就是作为某种革命力量登上历史舞台的，它既是自然经济和第一大社会形态的产物，也是自然经济和第一大社会形态瓦解的根本原因。

商品经济之所以能够取代自然经济，在于商品经济的内在必然性。这就是商品经济从根本上满足了人们的某种需要，扩大了人们的视野和交往，推进了生产力的发展。因此，从经济类型讲，商品经济是比自然经济更高的经济类型，它创造着比自然经济更高的生产力。

商品经济不仅推动着生产的发展，而且扩大着人们的交往，刺激着人们的需求，从而从根本上打破了人们的狭隘眼界，造成生产力发展不可遏止的内在动力。这一方面也正是资本存在的理由。正如马克思所分析的那样："资本家不顾一切'虔诚的'词句，却是寻求一切办法刺激工人的消费，使自己的商品具有新的诱惑力，强使工人有新的需求等等。资本和劳动关系的

① 孙承叔、王东：《马克思三大社会形态理论与当前经济改革》，《江汉论坛》1985年3期。

② 《马克思恩格斯全集》第46卷(上)，人民出版社1979年版，第495页。

③ 《马克思恩格斯选集》第4卷，人民出版社1995年版，第174页。

这个方面正好是重要的文明因素，资本的历史的合理性就是以此为基础的，而且资本今天的力量也是以此为基础的。”①商品经济的最主要历史后果，就是造成人的孤立化和人对物的依赖性，造成原始共同体的瓦解。

从成熟的历史形式看，“人的孤立化，只是历史过程的结果”，而“交换本身就是造成这种孤立化的一种主要手段”②。分工也是如此，分工一方面使生产者“成为独立的私人生产者”，“同时又使社会生产过程以及他们在这个过程中的关系不受他们自己支配；人与人的互相独立为物与物的全面依赖的体系所补充”③。因为“凡是公社成员作为私有者已经同作为城市公社以及作为城市领土所有者的自身分开的地方，那里也就出现了单个人的可能丧失自己的财产的条件，也就是丧失使他既成为平等公民即共同体成员，又成为所有者的那种双重关系”④，于是，两极分化随之产生了。随着分工与交换的进一步扩大，原始共同体也就瓦解了。具有规律性的是“交换手段拥有的社会力量越小，交换手段同直接的劳动产品的性质之间以及同交换者的直接需求之间的联系越是密切，把个人互相联结起来的共同体的力量就必定越大——家长制的关系，古代共同体，封建制度和行会制度”⑤。后四者可以看作资本主义前商品经济演进过程中的几个阶段，它们一方面保持着共同体的形式，另一方面产生着共同体瓦解的因素。随着商品经济彻底资本主义化，这种共同体也就彻底瓦解了，人对人的直接依赖或从属关系为人对物的直接依赖关系所代替。

由此可见，商品经济完全改变了第一大社会形态的两大特征，从而导致了第一大社会形态向第二大社会形态过渡。在商品经济充分发展的社会里，任何人都必须凭借货币才能生活。个人的产品或活动必须先转化为交换价值的形式，转化为货币，才能通过这种物的形式取得和表明自己的社会权力，这“表明单个人本身的交换和他们本身的生产是作为独立于他们之外的物的关系而与他们对立”。商品货币关系的作用是双重的，一方面，它极

---

① 《马克思恩格斯全集》第 46 卷(上)，人民出版社 1979 年版，第 247 页。

② 《马克思恩格斯全集》第 46 卷(上)，人民出版社 1979 年版，第 497 页。

③ 《资本论》第 1 卷，人民出版社 2004 年版，第 129 页。

④ 《马克思恩格斯全集》第 46 卷(上)，人民出版社 1979 年版，第 494 页。

⑤ 《马克思恩格斯全集》第 46 卷(上)，人民出版社 1979 年版，第 104 页。

大地加速了社会的两极分化。在另一方面又极大地开阔了人们的眼界，刺激着人们对科学和技术的关心，刺激着生产的发展。资本主义社会是以人类战胜自然界，支配自然力，在自然界获得某种自由为特征的。资本创造着比以往任何社会都更高的生产力，创造着以物为媒介的人与人之间的世界性联系，“毫无疑问，这种物的联系比单个人之间没有联系要好，或者比只是以自然血缘关系和统治服从关系为基础的地方性联系要好。同样毫无疑问，在个人创造出他们自己的社会联系之前，他们不可能把这种联系置于自己支配之下……这种联系是各个人的产物。它是历史的产物。它属于个人发展的一定阶段。这种联系借以同个人相对立而存在的异己性和独立性只是证明，人们还处于创造自己社会生活条件的过程中，而不是从这种条件出发去开始他们的社会生活”①。商品、货币、资本等范畴都是以物表现的社会权力的化身，在它们的作用下，社会生产力才得到全面的、巨大的发展。“私人交换产生出世界贸易，私人的独立性产生出对所谓世界市场的完全的依赖性，分散的交换行为产生出银行和信用制度”②，“不断扩大产品销路的需要，驱使资产阶级奔走于全球各地。它必须到处落户，到处开发，到处建立联系”。“由于开拓了世界市场，使一切国家的生产和消费都成为世界性的了”③。马克思在这里所说的“驱使资产阶级奔走于全球各地”的原动力就是资本追求自身增值的需求。正是资本的内在需求，推动资产阶级去开拓世界市场，从而使“过去那种地方的和民族的自给自足和闭关自守状态，被各民族的各方面的互相往来和各方面的互相依赖所代替了”④。生产力的巨大发展，改变着物，也改变着人，客观地为第三阶段创造着物质和精神的条件。

但是，资本主义生产方式是与构成其基础的那部分人口的利益相矛盾的，它在生产财富的同时也生产着贫困，因此从它诞生的那天起就埋藏着它必然灭亡的种子。在资本主义生产中，资本家无偿占有工人在剩余劳动时间里创造的剩余产品。“这种剩余产品是除劳动阶级外的一切阶级存在的

① 《马克思恩格斯全集》第46卷(上)，人民出版社1979年版，第108页。
② 《马克思恩格斯全集》第46卷(上)，人民出版社1979年版，第105页。
③ 《马克思恩格斯选集》第1卷，人民出版社1995年版，第276页。
④ 《马克思恩格斯选集》第1卷，人民出版社1995年版，第276页。

物质基础，是社会整个上层建筑存在的物质基础。”①没有这种剩余产品，就既不可能有资本家，而且也不可能有奴隶主，不可能有封建贵族，一句话不可能有大私有者阶级。工人阶级正是因此而变成赤贫的。反过来，也正是由于工人阶级的极端贫困化，使商品经济的内在矛盾——私人劳动和社会劳动的矛盾，在资本主义社会表现为极端的外部冲突，表现为生产的社会化和私人占有的矛盾，表现为全社会内生产的无政府状态，表现为不可避免的经济危机。

人们往往把资本主义社会的瓦解和商品经济的消亡看成一回事，这是有偏颇的。实际上，作为一种历史现象，只要第三大社会形态得以建立的前提——发达的生产力，“普遍的社会物质变换，全面的关系，多方面的需求以及全面的能力的体系”没有形成，商品经济就有存在的合理性。只有在未来的共产主义社会中，财富的发展才和人的全面发展相一致，商品经济才能为产品经济所代替，从而“人类全部力量的全面发展成为目的本身”。

马克思认为，在未来的社会中，“表现为生产和财富的宏大基石的，既不是人本身完成的直接劳动，也不是人从事劳动的时间，而是对人本身的一般生产力的占有，是人对自然界的了解和通过人作为社会个体的存在来对自然界的统治，总之，是社会个人的发展”②，这就是人类历史的第三大社会形态——“建立在个人全面发展和他们共同的社会生产能力成为他们的社会财富这一基础的自由个性”为特征的社会形态，这是人既成为自然主人又成为社会主人的完全的社会形态。

从未来社会的角度看，以劳功时间作为财富尺度的商品经济，只是历史的暂时现象，“以劳动时间作为财富的尺度，这表明财富本身是建立在贫困的基础上的”③。“一旦直接形式的劳动不再是财富的巨大源泉，劳动时间就不再是，而且必然不再是财富的尺度，因而交换价值也不再是使用价值的尺度。群众的剩余劳动不再是发展一般财富的条件，同样少数人的非劳动不再是发展人类头脑的一般能力的条件……个性得到自由发展……那时……

① 《马克思恩格斯全集》第47卷，人民出版社1979年版，第216页。

② 《马克思恩格斯全集》第46卷(下)，人民出版社1980年版，第218页。

③ 《马克思恩格斯全集》第46卷(下)，人民出版社1980年版每222页。

由于给所有的人腾出了时间和创造了手段,个人会在艺术、科学等等方面得到发展。"①而个人的充分发展又作为最大的生产力反作用于劳动生产力。因此,个人的全面发展,不是物质财富生产能力的下降,相反却是在新的基础上的增长,是真正自由王国的到来。

因此,第二大社会形态,即人类历史第二阶段是不能避免和被超越的,它是人类历史的一个必然的过渡点。跨越"卡夫丁峡谷"是有条件的,人们可以跨越资本主义制度的"卡夫丁峡谷",但不可能跨越资本充分发展的现代市场经济阶段。违背历史发展规律的强行跨越必然遭到历史的报复。因为,"发展社会劳动的生产力,是资本的历史任务和存在理由"②。从人类发展的历史看,人们决不能从局部范围的、有限的自然经济一步走向世界范围的充分发展的产品经济,相反必须以商品经济为中介。没有商品经济,就不可能造成充分发达的生产力和人们普遍的世界联系、多方面的需求和全面的能力的体系,从而也就不能形成完全的产品经济所需要的条件。自然经济——商品经济——产品经济是人类历史演进过程中的三大依次递进的经济类型。作为自然经济的结果和产品经济的前提,商品市场经济是人类社会历史演进过程中不可逾越的阶段。

按照马克思的设想,社会主义作为共产主义的起始阶段,也是建立在社会生产力发展程度极高的历史条件下的,在这里,人的全面发展、自由个性的实现是基本标志,交换是在共同占有和共同控制生产资料的基础上联合起来的个人所进行的自由交换;因此,衡量社会财富的尺度是社会的个人可以自由支配的剩余劳动时间。所以,最大限度地创造这种剩余劳动时间就成为实现第三阶段的历史前提,正是从这个历史大视角出发,马克思充分地肯定了资本的历史作用,他指出:"资本的伟大历史方面就是创造这种剩余劳动,即从单纯使用价值的观点,从单纯的生存观点来看的多余劳动,而一旦到了那样的时候,即一方面,需要发展到这种程度,以致超过必要劳动的剩余劳动本身成了从个人需要本身产生的普遍需要,另一方面,普遍的勤劳,由于世世代代所经历的资本的严格纪律,发展成为新的一代的普遍的财

① 《马克思恩格斯全集》第 46 卷(下),人民出版社 1980 年版,第 218～219 页。

② 《资本论》第 3 卷,人民出版社 2004 年版,第 288 页。

产，最后，这种普遍的勤劳，由于资本的无止境的致富欲望及其唯一能实现这种欲望的条件不断驱使劳动生产力向前发展，而达到这样的程度，以致一方面整个社会只需用较少的劳动时间就能占有并保持普遍财富，另一方面劳动的社会将科学地对待自己的不断发展的再生产过程，对待自己的越来越丰富的再生产过程，从而，人不再从事那种可以让物来替人从事的劳动——一旦到了那样的时候，资本的历史使命就完成了。”①在这里马克思明确指出资本的主要使命就是通过“创造可以自由支配的时间”，为第三阶段的实现创造物质和精神的条件，在完成自己的历史使命之前，它将始终发挥着推动社会发展进步的巨大作用。

用物质和精神条件的发展程度这个标准来衡量，现实社会主义显然不属于第三大历史阶段，只能是邓小平所说的不够格的社会主义②，因而不可能取代资本的历史地位。这种特殊历史条件说明，现实社会主义与资本具有相容性。为了矫正现实社会主义的历史定位，中共十三大政治报告使用了“社会主义初级阶段”的提法，而且明确地界定了初级阶段的含义，“它不是泛指任何国家进入社会主义都会经历的起始阶段，而是特指我国生产力落后、商品经济不发达条件下建设社会主义必然要经历的特定阶段”。显然，这里所说的特定阶段并没有越过马克思分析的第二大历史阶段。

从马克思关于人类社会发展三阶段的论述中，我们可以看到历史发展的复杂性。在第二大历史阶段，资本与商品市场经济一起始终是存在的，但从社会制度来讲，并不一定始终表现为资本主义制度。这里可能有两种情况：一是发达国家革命胜利后，在从资本主义到社会主义的过渡时期中，资本并不会一下子退出历史舞台，它将在一定时期中继续存在。马克思指出：“工人阶级知道，他们必须经历阶级斗争的几个不同阶段。他们知道，以自由的联合的劳动条件去代替劳动受奴役的经济条件，只能随着时间的推进而逐步完成（这是经济改造）；……他们知道，目前‘资本和地产的自然规律的自发作用’只有经过新条件的漫长发展过程才能被‘自由的、联合的劳动的社会经济规律的自发作用’所代替，正如过去‘奴隶制经济规律的自发作

① 《马克思恩格斯全集》第46卷（上），人民出版社1979年版，第287页。

② 《邓小平文选》第3卷，人民出版社1993年版，第225页。

用’和‘农奴制经济规律的自发作用’之被代替一样。但是，工人阶级同时也知道，通过公社的政治组织形式，可以立即向前大步迈进，他们知道，为了他们自己和为了人类开始这一运动的时刻已经到来了。”①马克思的这段论述无疑是在告诉人们，在过渡时期无产阶级掌握国家政权这一新条件下，资本仍将存在并发挥应有的作用。

二是经济文化落后国家，在特定的国内国际环境与政治经济的背景下，可以超越资本主义制度，而直接采取具有一定内涵的社会主义制度，如像我国这样。但我们必须清醒地认识到，现实中的这种社会主义制度并不是高于资本主义的经济社会形态，并不是要去替代资本的历史使命而恰恰是为了更好地完成资本的历史使命，因而必须大力发展市场经济，为资本提供发挥作用的舞台。

（二）资本推动人类社会进入一个新时代

资本的目的是对剩余价值的追求，按其本性而言，资本是不文明的，但是就其全面地发展生产力并推进社会进步而言，资本确实发挥了“伟大的文明作用”②。在古代的埃及、厄特鲁里亚、印度等地，统治者用暴力手段把人民集合起来去从事强制的建筑和强制的公共工程。资本则用另一种办法，通过它同自由劳动相交换的方法，来达到这种联合。马克思认为：资本的文明面在于，“它榨取这种剩余劳动的方式和条件，同以前的奴隶制、农奴制等形式相比，都更有利于生产力的发展，有利于社会关系的发展，有利于更高级的新形态的各种要素的创造”③。这“三个有利于”是对资本文明作用的高度概括。人类历史在从民族历史向世界历史转变的进程中，市场经济阶段是不可逾越的，资本的发展是不可阻挡的，只有资本自身，而不是其他力量，才能最终完成自身发展的全部历史内容，才有可能最终成为消灭资本自身的历史力量。因而“资本一出现，就标志着社会生产过程的一个新时代”④。

① 《马克思恩格斯选集》第3卷，人民出版社1995年版，第98～99页。

② 《马克思恩格斯全集》第46卷（上），人民出版社1979年版，第393页。

③ 《资本论》第3卷，人民出版社2004年版，第927～928页。

④ 《资本论》第1卷，人民出版社2004年版，第198页。

马克思认为，资本具有“要超越生产的任何界限的一般趋势”①，“资本力图无限制地发展生产力”②。之所以如此，是因为资本具有无限的致富欲望，这种欲望在客观上要求资本冲破一切桎梏推动生产力的发展。

资本致富欲望的产生有两个前提，一是存在货币，二是货币转化为资本和劳动力成为商品。货币真正的历史作用是从根本上改变了人们的心理和价值目标，从而打开了人类真正的财富源泉。在人类历史上，在没有货币以前，人类只有贪欲而没有致富欲。由于贪欲的对象是使用价值而不是价值，因而人类的生产欲望是有限的。致富欲望本身是一定社会发展阶段的产物，是随着货币的产生而产生的，因为“没有货币，就不可能有致富的欲望本身”③。正是随着货币的产生，致富欲望才成为文明社会发展的一大杠杆。尤其是在商品经济充分发展的资本主义社会，任何人都必须凭借货币才能生活，货币成为人与人之间关系的唯一纽带，成为物质财富的唯一代表，成为资本主义生产的唯一目的，成为致富欲望的唯一对象，成为占有他人劳动的权力象征和唯一条件。

但是，对于资本的发展而言，最重要的条件是劳动力成为商品。只有劳动力成为商品，现代意义的市场经济才真正产生，它导致一切生产要素都进入市场，导致一切个人都必须凭借货币才能生存。另一方面，从更深的角度讲，正是劳动力成为商品，才能给资本带来剩余价值并实现资本自身的不断增值，资本的财富源泉才真正打开。资本要增值，它的基本的条件是继续保持资本与劳动之间的关系，这是资本主义最根本的规律。“货币转化为资本，是以劳动客观条件与劳动者相分离、相独立的那个历史过程为前提的，那么，从另一方面说，资本一旦产生出来并发展下去，就将使所有生产服从自己，并到处发展和实现劳动与财产之间、劳动与劳动的客观条件之间的分离”④。

在前资本主义，人们生产的目的是使用价值，因而生产的规模或程度都是十分有限的。并且生产的基本特征是个体生产，而不是社会生产。资本

① 《马克思恩格斯全集》第46卷(上)，人民出版社1979年版，第399页。
② 《马克思恩格斯全集》第46卷(上)，人民出版社1979年版，第390页。
③ 《马克思恩格斯全集》第46卷(上)，人民出版社1979年版，第109页。
④ 《马克思恩格斯全集》第46卷(上)，人民出版社1979年版，第516页。

运动的最典型形式有两种:“工场手工业或大工业。在前一种情况下,占统治地位的是分工;在后一种情况下,占统治地位的是劳动力的结合(采用相同的劳动方式)和科学力量的应用。”①“在工场手工业中,占优势的是绝对剩余时间,而不是相对剩余时间。”②因此,这说明,真正由资本本身所造成的劳动生产力还不存在。作为资本统治典型形式的不是工场手工业,而是机器大工业,是相对剩余价值的生产,是劳动力的社会结合和科学力量的应用。“资本不是同单个的劳动,而是同结合的劳动打交道,正如资本本身已经是一种社会的、结合的力量一样”。资本“把人和机器科学地结合起来作为一个整体来发生作用”。③ 资本把工人和科学整合进生产过程,把工人联合起来,从而表现为一切社会生产能力的主体。“工人的联合……表现为资本的生产力……劳动的集体力量,它作为社会劳动的性质,是资本的集体力量。科学也是这样。分工,当它表现为职业的划分和与之相应的交换时,也是这样。一切社会生产能力都是资本的生产力,因此,资本本身表现为一切社会生产能力的主体。”④

由于资本把一切要素整合进社会化大生产并构成大生产的灵魂,因此马克思对资本的历史作用给予充分的肯定:“如果说以资本为基础的生产,一方面创造出一个普遍的劳动体系,——即剩余劳动,创造价值的劳动,——那么,另一方面也创造出一个普遍利用自然属性和人的属性的体系,创造出一个普遍有用性的体系,甚至科学也同人的一切物质的和精神的属性一样,表现为这个普遍有用性体系的体现者,而且再也没有什么东西在这个社会生产和交换的范围之外表现为自在的更高的东西,表现为自为的合理的东西。因此,只有资本才创造出资产阶级社会,并创造出社会成员对自然界和社会联系本身的普遍占有。由此产生了资本的伟大的文明作用;它创造了这样一个社会阶段,与这个社会阶段相比,以前的一切社会阶段都只表现为人类的地方性发展和对自然的崇拜。”⑤资本的文明作用正在于创

① 《马克思恩格斯全集》第 46 卷(下),人民出版社 1980 年版,第 83 页。

② 《马克思恩格斯全集》第 46 卷(下),人民出版社 1980 年版,第 87 页。

③ 《马克思恩格斯全集》第 46 卷(下),人民出版社 1980 年版,第 21 页。

④ 《马克思恩格斯全集》第 46 卷(下),人民出版社 1980 年版,第 83 页。

⑤ 《马克思恩格斯全集》第 46 卷(上),人民出版社 1979 年版,第 392～393 页。

造了这样一个新的社会阶段，即以市场经济为基础的历史阶段。

（三）资本推动了社会的全面发展

资本为了实现自身的不断增值，必然无限制地发展生产力，“资本是死劳动，它像吸血鬼一样，只有吮吸活劳动才有生命，吮吸的活劳动越多，它的生命就越旺盛”①。但资本追求发财致富的历史过程，客观上促进了科学技术和社会生产力的大发展，促进了人的发展和人类文明的巨大进步。

榨取相对剩余价值是资本的典型特征。资本主要不是通过延长个别劳动时间和增加个别劳动强度，而是通过精心的组织和管理，通过科学在生产中的应用，通过利用分工和社会结合、利用工人的合力去创造一种前所未有的社会生产力，资本扩张的秘密就在这里。②

在社会化大生产中，工人在生产过程中的直接技巧必然被贬为一个从属的因素，而代之以生产的科学化。“提高劳动生产力和最大限度否定必要劳动……是资本的必然趋势。劳动资料转变为机器体系，就是这一趋势的实现……从机器体系随着社会知识和整个生产力的积累而发展来说，代表一般社会劳动的不是劳动，而是资本。社会的生产力是用固定资本来衡量的，它以物的形式存在于固定资本中……只有当……固定资本在生产过程内部作为机器来同劳动相对立的时候，而整个生产过程不是从属于工人的直接技巧，而是表现为科学在工艺上的应用的时候，只有到这个时候，资本才获得了充分的发展，或者说，资本才造成了与自己相适应的生产方式。可见，资本的趋势是赋予生产以科学的性质，而直接劳动则被贬低为只是生产过程的一个要素……在资本的进一步发展中，我们看到：一方面，资本是以生产力的一定的现有的历史发展为前提的，在这些生产力中也包括科学，——另一方面，资本又推动和促进生产力向前发展。”③

由此产生了资本的那种使它不同于以往一切生产阶段的全面趋势，即以生产相对剩余价值为主要目标、力求全面地发展生产力的趋势。“生产相

① 《资本论》第1卷，人民出版社2004年版，第269页。

② 孙承叔：《关于资本的哲学思考——读〈1857—1858年经济学手稿〉》，《东南学术》2005年第2期。

③ 《马克思恩格斯全集》第46卷（下），人民出版社1980年版，第209～211页。

对剩余价值，即以提高和发展生产力为基础来生产剩余价值，要求生产出新的消费；要求在流通内部扩大消费范围……第一，要求扩大现有的消费量；第二，要求把现有的消费推广到更大的范围，以便造成新的需要；第三，要求生产出新的需要，发现和创造出新的使用价值……获得的剩余劳动不单纯是量上的剩余，同时劳动（从而剩余劳动）的质的差别的范围不断扩大，越来越多样化，本身越来越分化”。其结果是不断创造出“在质上不同的新的生产部门，这个生产部门会满足并引起新的需要”①，进而导致整个社会的全面生产和全面消费。

资本的趋势在于尽最大可能增加生产部门的“使用价值的多样化，所以，资本的生产一方面力图发展和提高生产力的强度，一方面又追求劳动部门的无限多样化，也就是追求生产的全面性，使自然界的一切领域都服从于生产”②。“于是，就要探索整个自然界，以便发现物的新的有用属性；普遍地交换各种不同气候条件下的产品和各种不同国家的产品；采用新的方式（人工的）加工自然物，以便赋予它们以新的使用价值……要从一切方面去探索地球，以便发现新的有用物体和原有物体的新的使用属性……因此，要把自然科学发展到它的顶点；同样要发现、创造和满足由社会本身产生的新的需要。培养社会的人的一切属性，并且把他作为具有尽可能丰富的属性和联系的人，因而具有尽可能广泛需要的人生产出来——把他作为尽可能完整的和全面的社会产品生产出来（因为要多方面享受，他就必须有享受的能力，因此他必须是具有高度文明的人），——这同样是以资本为基础的生产的一个条件。”③

由于以上这一切都是建立在资本的基础之上，并通过劳动的社会组合，通过科学的发展实现的，对此，马克思给予了极高的评价，认为在人类历史上“只有资本主义生产方式才第一次使自然科学为直接的生产过程服务”④，只有资本主义生产才第一次把物质生产过程变成科学在生产中的应用，创

① 《马克思恩格斯全集》第46卷（上），人民出版社1979年版，第391～392页。
② 《马克思恩格斯全集》第47卷，人民出版社1979年版，第555页。
③ 《马克思恩格斯全集》第46卷（上），人民出版1979年版，第392页。
④ 《马克思恩格斯全集》第47卷，人民出版社1979年版，第570页。

造了“比过去一切世代创造的全部生产力还要多，还要大”①的生产力；也只有资本主义才通过劳动力的培训，提高了劳动者的科学文化素质，培育出“高度文明的人”，第一次推进了社会的全面发展。

在此需要注意的是，由于历史的局限性，马克思在其有生之年，没有对资本主义和以资本为基础的市场经济加以区分，因而他在这里所说的“资本主义生产方式”的作用实际上是以资本为基础的市场经济的作用，是资本的伟大文明作用。②

（四）资本推动生产的国际化和人类文明的传播

以资本为基础的生产，必须不断扩大流通范围，进而推动生产的国际化和人类文明的传播。“创造世界市场的趋势已经直接包含在资本的概念本身中”③，因为，一切以直接使用价值为目的的生产，既会减少交换者的人数，也会减少投入流通的交换价值总额，而首先是减少剩余价值的生产。因此，“资本的趋势是(1)不断扩大流通范围；(2)在一切地点把生产变成由资本进行的生产”④。资本的必然趋势不仅表现在对世界市场的开拓和对旧生产方式的取代上，亦表现为“对外贸易的传播文明的作用”⑤。

资本主义生产是建立在交换和流通基础上的生产，因此，“生产越是以交换价值为基础，因而越是以交换为基础，交换的物质条件——交通运输工具——对生产来说就越是重要。资本按其本性来说，力求超越一切空间界限。因此，创造交换的物质条件——交通运输工具——对资本来说是极其必要的；用时间去消灭空间”，也就是说，“从量上来看，价值通过交换既不能增加，也不能减少”。交换本身并不创造价值，因而，流通时间越长，资金周转越慢，剩余价值获得就越少，资本的利益驱使资本家发展交通和运输，公路、铁路、水上运输、航空运输得到了迅猛发展。不仅如此，为了加快交换，缩短流通时间，现代社会所必需的信贷、通讯、网络也迅速发展起来了，因为

① 《马克思恩格斯选集》第 1 卷，人民出版社 1995 年版，第 277 页。

② 刘昀献：《国际垄断资本主义论》，河南人民出版社 2004 年版，第 4 页。

③ 《马克思恩格斯全集》第 46 卷(上)，人民出版社 1979 年版，第 391 页。

④ 《马克思恩格斯全集》第 46 卷(上)，人民出版社 1979 年版，第 391 页。

⑤ 《马克思恩格斯全集》第 46 卷(上)，人民出版社 1979 年版，第 210 页。

“流通时间不是资本创造价值的时间，而是资本把生产过程中创造的价值加以实现的时间……资本的必然趋势是没有流通时间的流通，而这种趋势又是资本的信用和信用业务的基本规定”①。现代商业、现代信用、现代通讯、现代传媒正是由此而发展起来的。

资本的本性是追求无限的剩余价值，“资本一方面具有创造越来越多的剩余劳动的趋势，同样，它也具有创造越来越多的交换地点的补充趋势……从本质上来说，就是推广以资本为基础的生产或与资本相适应的生产方式”②。因而在资本的概念中不仅包含对工人的欺诈，对各种社会力量和自然力量的整合，同时也包含着对世界市场的开拓和对旧的生产方式的消灭。“到各地追逐黄金使一些地区被发现，使新的国家形成”，从而，“把遥远的大陆卷进交换和物质变换的过程……并把交换的范围扩展到整个地球”③。因此，对于资本来讲，“任何界限都表现为必须克服的限制。首先，要使生产本身的每一个要素都从属于交换，要消灭直接的、不进入交换的使用价值的生产，也就是说，要用以资本为基础的生产来代替以前的、从资本的观点来看是原始的生产方式。商业在这里不再表现为各个独立生产部门之间交换它们的多余产品的活动，而是表现为生产本身的实质上包罗一切的前提和要素”④。资本按照自己的这种趋势，既要克服民族界限和民族偏见，又要克服流传下来的、在一定界限内闭关自守地满足于现有需要和重复旧生活方式的状况。“资本破坏这一切并使之不断革命化，摧毁一切阻碍发展生产力、扩大需要、使生产多样化、利用和交换自然力量和精神力量的限制。”⑤资本主义正是凭借着商业、货币而消灭着一切前资本主义社会。“资本的必然趋势是在一切地方使生产方式服从自己，使它们受资本的统治。在一定的民族社会内部……资本把任何劳动都变成雇佣劳动……在国外市场方面，资本通过国际竞争来强行传播自己的生产方式。”⑥“它的商品的低廉价格，是

① 《马克思恩格斯全集》第46卷（下），人民出版社1980年版，第168～169页。

② 《马克思恩格斯全集》第46卷（上），人民出版社1979年版，第391页。

③ 《马克思恩格斯全集》第46卷（上），人民出版社1979年版，第175页。

④ 《马克思恩格斯全集》第46卷（上），人民出版社1979年版，第391页。

⑤ 《马克思恩格斯全集》第46卷（上），人民出版社1979年版，第393页。

⑥ 《马克思恩格斯全集》第46卷（下），人民出版社1980年版，第246～247页。

它用来摧毁一切万里长城、征服野蛮人最顽强的仇外心理的重炮。它迫使一切民族——如果它们不想灭亡的话——采用资产阶级的生产方式。"①其结果也就导致了人与人之间的世界性联系。

资本传播文明的趋势包含着对旧生产方式的改造,"流通时间的缩短(只要这不是由于把产品运往市场所必须的交通运输工具的发展),部分地是由于开拓了延续不断的市场,因而是不断扩大的市场;部分地是由于发展了经济关系,发展了资本借以人为地缩短流通时间的那些形式(一切信用形式)……所以资本的普遍趋势是在一切成为流通的前提,成为流通的生产中心的地点,把这些地点加以同化,也就是把它们变成进行资本化生产的地点或生产资本的地点。这种传布的(传播文明的)趋势是资本特有的——这和以往的生产条件不同"②。资本主义物质文明和精神产品的世界性传播,不仅加快了发达国家的发展进程,而且使落后国家也获得了飞速发展的可能。

资本发展生产力、发展科学、加强生产的组织和管理,主要目的是谋取剩余价值。但无论资本的动机是多么狭隘,在客观上却有利于生产力的发展,有利于教育、科学、交通运输、电讯、网络的发展,有利于人的能力的全面提高,有利于人与人之间世界联系的建立,有利于精神产品的利用和传播,因而有利于更高的社会形态的形成。

三、资本的历史局限性

资本经过漫长的历史发展过程,当它与资本主义制度相结合以后,极大地促进了生产力的发展。从现代经济发展来说,资本是最有效的经济发展方式。它以雇佣劳动为基础,使人摆脱政治的、地域的、宗教的人身束缚,通过交换而不是强制的方式,把一切人力、物力组合进社会化机器大生产,通过发展社会生产力的方式积累相对剩余价值,发展交通、通讯、信贷,激励教育、科学为直接的生产过程服务,通过竞争,瓦解着一切传统的生产方式和生活方式,激发起一切人的致富欲望,并把市场交换推向全世界。可以说,

① 《马克思恩格斯全集》第1卷,人民出版社1995年版,第276页。

② 《马克思恩格斯全集》第46卷(下),人民出版社1980年版,第36～37页。

它创造了无数人间奇迹。但在资本主义生产方式下，资本又是与构成它基础的那部分人口的利益根本冲突的。资本在具有无限度地提高生产力趋势的同时，又使主要生产力，即人本身片面化，因而资本又“具有限制生产力的趋势”和巨大的历史局限性。

（一）资本的贪婪导致社会两极分化，使劳动者受到了极大伤害

与前资本主义相比，资本主义生产方式把劳动条件的所有者和工人之间的关系本身变成新的买卖关系，并使剥削关系摆脱一切宗法的和政治的束缚。“资本同（资本主义前的）统治关系的区别恰恰在于：工人是作为消费者和交换价值实现者与资本相对立，是作为货币所有者，作为货币，作为简单的流通中心与资本相对立。”①这就是说，在市场上，工人是作为独立的交换主体出现的。在形式上，工人通常可以自由地更换自己的主人，这种自由把奴隶和自由工人区别开来，这在历史上是一大进步。

因为工人认为自己是自由的，因而，推动自由人去劳动的动机比推动奴隶去劳动的动机要强烈得多。但是在以雇佣劳动为基础的社会里，资本增长的前提是保持这种雇佣关系，因此工人终生不外是一个雇佣劳动者，在形式上他是自由了，但“自由得一无所有；他们唯一的活路，或是出卖自己的劳动能力，或是行乞、流浪和抢劫”②。当资本与劳动的市场交换过程一结束，买卖双方离开流通领域，商品经济的所有权规律就立即转化为资本主义的占有规律。马克思说：“原来的货币占有者作为资本家，昂首前行；劳动力占有者作为他的工人，尾随于后。一个笑容满面，雄心勃勃；一个战战兢兢，畏缩不前，像在市场土出卖了自己的皮一样，只有一个前途——让人家来鞣。”③在这里，马克思把资本的本质即资本家和工人之间的关系描述得淋漓尽致。因此，资本主义生产方式不是一种永恒的生产方式，而只“是社会发展的一种历史形式，尽管这种历史形式是和构成整个这一发展基础的那一部分人口的利益相矛盾的”④。工人在劳动中“使物化的死的劳动增殖，赋予

① 《马克思恩格斯全集》第46卷（上），人民出版社1979年版，第407页。

② 《马克思恩格斯全集》第46卷（上），人民出版社1979年版，第510页。

③ 《资本论》第1卷，人民出版社2004年版，第205页。

④ 《马克思恩格斯全集》第26卷（第3册），人民出版社1974年版，第287页。

死劳动以活的灵魂，但与此同时也丧失了它自己的灵魂，结果，一方面把已创造的财富变成了他人的财富，另一方面只是把活劳动能力的贫穷留给自己”①。工人在劳动中不是肯定自己，而是否定自己。

资本的本性是自私的，资本的目的是生产剩余价值，“生产剩余价值或赚钱，是这个生产方式的绝对规律”②。“剩余价值的生产是生产的直接目的和决定动机。”③因此只要有可能，资本决不会放弃对剩余价值的追求，因而也决不会放弃对工人的剥削，这是资本保持自身增值的必要条件，也是保持资本雇佣关系的必要条件。同时，资本拼命追求剩余价值也与外在的竞争压力密切相关。竞争既是资本的内在本质，也是对资本的外在强制。“……竞争使资本主义生产方式的内在规律作为外在的强制规律支配着每一个资本家。”④因此，为了立于不败之地，资本必然拼命剥削，疯狂的、残忍的、不择手段的榨取剩余价值。马克思曾深刻地揭示了资本的贪婪性：“一旦有适当的利润，资本就胆大起来。如果有10％的利润，它就保证到处被使用；有20％的利润，它就活跃起来；有50％的利润，它就铤而走险；为了100％的利润，它就敢践踏一切人间法律；有300％的利润，他就敢犯任何罪行，甚至冒绞首的危险。如果动乱和纷争能带来利润，它就会鼓励动乱和纷争。”⑤作为资本主义形成史的资本原始积累，资本主义工场手工业时期对工人绝对剩余价值的榨取，定期发生的资本主义危机，资本主义争夺殖民地的战争，无不淋漓尽致地展现出资本的贪婪本性。

从经济上讲，资本是成功的，人类发展到今天还没有一种生产方式能超过资本这样的经济效率和经济成就，但是从社会效益，从人性的发展，从人类的生活目的和生活质量上讲，资本却是不成功的，因为人活在世上，不能只进行一种生产，即物质生产，还必须进行人的自身生产、精神生产和社会关系再生产，尤其是人的自身生产是人的一切行动的根本出发点和目的。然而，资本在其创造人类历史最大财富的同时，却使人类最主要的生产

① 《马克思恩格斯全集》第46卷(上)，人民出版社1979年版，第458页。

② 《马克思恩格斯选集》第2卷，人民出版社1995年版，第247页。

③ 《资本论》第3卷，人民出版社2004年版，第997页。

④ 《马克思恩格斯选集》第2卷，人民出版社1995年版，第240页。

⑤ 《马克思恩格斯选集》第2卷，人民出版社1995年版，第266页。

力——劳动者受到了极大的伤害。“资本主义生产比其他任何一种生产方式都更加浪费人和活劳动，它不仅浪费人的血和肉，而且浪费人的智慧和神经。”①资本成为人世间一切“匮乏和穷困、愚昧和罪恶的真正根源”②。

资本的贪婪性及其对剩余价值的无限榨取，其结果也就造成了现代社会的致命死穴——两极分化，“在一极是财富的积累，同时在另一极，即在把自己的产品作为资本来生产的阶级方面，是贫困、劳动折磨、受奴役、无知、粗野和道德堕落的积累”③。这种状况必然导致生产无限扩大的趋势与广大劳动群众购买力相对缩小的矛盾，从而导致资本主义危机频发。由于资本与人性的冲突，资本在其发展的每一步，不仅极大地伤害了人类，而且到处受到人类的反抗，从原始积累到英国工人阶级状况，从殖民战争到反殖民战争，从经济危机到世界无产阶级革命，从第一次世界大战到第二次世界大战，历史无不记载着资本的罪恶行径，记载着劳动人民的痛苦和反抗。因此与未来社会相比，“资本主义生产不是绝对的生产方式，而只是一种历史的、和物质生产条件的某个有限的发展时期相适应的生产方式”④。

（二）资本具有限制生产力发展的趋势

资本是社会化大生产的有效组织者。它“尊重”个人的才能，用货币购买工人、科学家和一切有用之人的个体劳动力和个体创造，但无偿地占有他们的合力、他们的社会结合。资本通过大工业的方式，把一切人力、物力组合进大生产；通过不断更新固定资产的方式，使现代工业的技术基础发生革命，从而使生产关系不断发生革命；通过竞争的方法，使富者越富、贫者越贫，以保持永不枯竭的劳动力大军。一句话，“资本调动科学和自然界一切力量，同样也调动社会结合和社会交往的力量，以便使财富的创造不取决于（相对地）耗费在这种创造上的劳动时间”⑤。“它用公开的、无耻的、直接的、

① 《马克思恩格斯全集》第47卷，人民出版社1979年版，第190页。
② 《马克思恩格斯全集》第2卷，人民出版社1957年版，第625页。
③ 《马克思恩格斯选集》第2卷，人民出版社1995年版，第259页。
④ 《马克思恩格斯全集》第25卷，人民出版社1974年版，第289页。
⑤ 《马克思恩格斯全集》第46卷（下），人民出版社1980年版，第219页。

露骨的剥削代替了由宗教幻想和政治幻想掩盖着的剥削。”①由于这种剥削是以发展教育，发展科学，发展交往，发展生产力，发展交通、信贷、通讯等一切有利于相对剩余价值的方式为手段的，因而极大地推进了社会各方面的发展，所以马克思说：“发展社会劳动生产力，是资本的历史任务和存在理由，资本正是以此不自觉地为一个更高级的生产形式创造物质条件。”②与其他方式相比，“只有资本主义的商品生产，才成为一个划时代的剥削方式，这种剥削方式在它的历史发展中，由于劳动过程的组织和技术的巨大成就，使社会的整个经济结构发生变革，并且不可比拟地超越了以往的一切时期”③。

从马克思的全面生产理论来看，一个社会要健康地发展，必须和谐地进行四种生产，即物质生产、精神生产、人类自身生产和社会关系再生产。由此看来，资本最大的问题就是注意了物质财富的发展而阻碍了人的自身生产。“资本把财富本身的生产，从而也把生产力的全面的发展，把自己的现有前提的不断变革，当作它自己再生产的前提……资本的限制就在于：这一切发展都是对立地进行的，生产力，一般财富等等，知识等等的创造，表现为从事劳动的个人本身的异化；他不是把他自己创造出来的东西当作他自己的财富的条件，而是当作他人财富和自己贫困的条件。”④资本在进一步的发展中遇到了限制，“这不是一般生产固有的限制，而是以资本为基础的生产固有的限制”，因而，“资本既不是生产力发展的绝对形式，也不是与生产力发展绝对一致的财富形式”⑤。

以资本为基础的生产固有的限制，必然“和资本的本质的概念规定本身相一致”。因此，“只要指出资本包含着一种特殊的对生产的限制——这种限制同资本要超越生产的任何界限的一般趋势是矛盾的——就足以揭示出生产过剩的基础，揭示出发达的资本的基本矛盾；就足以完全揭示出，资本并不像经济学家们认为的那样，是生产力发展的绝对形式”。⑥

① 《马克思恩格斯选集》第 1 卷，人民出版社 1995 年版，第 275 页。
② 《马克思恩格斯全集》第 25 卷，人民出版社 1974 年版，第 288～289 页。
③ 《马克思恩格斯全集》第 24 卷，人民出版社 1972 年版，第 44 页。
④ 《马克思恩格斯全集》第 46 卷(下)，人民出版社 1980 年版，第 35～36 页。
⑤ 《马克思恩格斯全集》第 46 卷(上)，人民出版社 1979 年版，第 399 页。
⑥ 《马克思恩格斯全集》第 46 卷(上)，人民出版社 1979 年版，第 399 页。

从资本诞生的第一天起，并且在以后的发展中，始终存在着四种限制：(1)必要劳动是活劳动能力的交换价值的界限，或产业人口的工资的界限。(2)剩余价值是剩余劳动时间的界限，就相对剩余劳动时间来说，是生产力发展的界限。(3) 这就是说，向货币的转化，交换价值本身是生产的界限；换句话说，以价值为基础的交换，或以交换为基础的价值是生产的界限。(4)使用价值的生产受交换价值的限制；换句话说，现实的财富要成为生产的对象，必须采取一定的、与自身不同的形式，即不是绝对和自身同一的形式。①这说明，资本的一般趋势造成的结果是资本忘记和不顾这些限制，“由此出现生产过剩”，“造成普遍的价值丧失”，“遭到一次比一次更大的崩溃”。“资本的发展程度越高，它就越是成为生产的界限，从而也越是成为消费的界限”，并不断导致“使资本成为生产和交往的棘手的界限的其他矛盾”。马克思深刻指出：“资本主义生产方式在这里陷入了新的矛盾。它的历史使命是无所顾虑地按照几何级数推动人类劳动的生产率的发展。如果它像这里所说的那样，阻碍生产率的发展，它就背叛了这个使命。它由此只是再一次证明，它正在衰老，越来越过时了。”②资本在自己的发展中已经无奈地准备好了自己的掘墓人。

① 《马克思恩格斯全集》第 46 卷(上)，人民出版社 1979 年版，第 399～400 页。
② 《马克思恩格斯全集》第 25 卷，人民出版社 1974 年版，第 292 页。

第二章　资本主义的体制转变与社会主义的曲折发展

资本的产生是市场经济产生的历史前提，当人们把货币当作资本，而不是交换的媒介参与社会的经济活动时，商品生产和交换便日益社会化了，市场经济便产生了。1640 年英国资产阶级革命胜利后，市场经济与资本主义制度的结合，便产生了资本主义市场经济。资本主义市场经济一方面推动了社会生产力的巨大发展，另一方面亦使资本主义的固有矛盾不断激化，日益暴露出资本主义制度的历史局限性。

资本主义的历史是一部跌宕起伏、不断变化的社会运动史。如同马克思、恩格斯所说："资产阶级除非对生产工具，从而对生产关系，从而对全部社会关系不断进行革命，否则就不能生存下去……生产的不断变革，一切社会状况不停的动荡，永远的不安定和变动，这就是资产阶级时代不同于过去一切时代的地方。"①资本主义的发展史，如果从 1640 年英国资产阶级革命算起，已有 370 多年了。在这 370 多年中，它的演变与发展从来没有停止过。在基本矛盾的推动下，资本主义经济运行体制大体经历了自由竞争资本主义（1640～1871）、私人垄断资本主义（1872～1945）、国家垄断资本主义（1946～1974）、国际垄断资本主义（1975～?）四个阶段②。资本主义制度代替封建主义制度，是人类社会的巨大进步，它解放了生产力，创造了巨大的社会财富。资本主义的四个发展阶段伴随着四次科技革命，资本的扩张推动着资本主义的改革和体制创新，资本主义的改革和体制创新为科学技术的发展提供了动力机制和制度支持，但资本的私人属性决定了它的历史局限性，因而资本主义如同历史上相继更替的社会制度一样，也要被新的社会

① 《马克思恩格斯选集》第 1 卷，人民出版社 1995 版，第 275 页。

② 刘昀献著：《国际垄断资本主义论》，河南人民出版社 2004 年版，第 80 页。

制度所代替。

社会主义是代替资本主义的社会形态，是资本主义基本矛盾运动发展的必然产物。如同任何新事物都要在旧事物的胎胞里孕育成长一样，社会主义也是伴随着资本主义的发展变化而不断成长壮大以致最后成为其替代者的。回顾世界历史的发展，我们可以看到，资本主义发展的每一阶段，都伴有世界社会主义曲折前进的坚实足迹。

一、自由竞争资本主义与科学社会主义的诞生

从 17 世纪中期到 19 世纪 70 年代，是以自由竞争为特征的资本主义时代，在整个资本主义生命史中，这是一个不成熟的初级阶段，也是资本主义的上升时期。资本主义自由竞争的结果是大资本吞并小资本，使生产和资本日益集中，从而加剧了资本主义的基本矛盾，进而导致周期性经济危机的爆发和阶级矛盾的激化。随着工人运动的发展，适应工人阶级斗争的要求，社会主义实现了从空想到科学的发展。

（一）资本主义市场经济的发展和资本主义制度的确立

1640 年英国资产阶级革命的胜利，实现了市场经济与资本主义制度的结合。市场经济在资本主义体内的发展，使其合理性获得确认，为其搭建了施展魔法的平台。市场经济由于得到资本主义制度的支持，尤其是在经历了工业革命的洗礼后，企业制度、工厂制度、银行制度等相继被创造出来。其结果，一方面它给人类带来巨大的效率，带来了社会财富的涌流；另一方面市场机制完成了从合伙公司、股份公司到工厂制度与股份公司的结合、银行资本对工业资本的参与等一系列制度创新。

由于市场经济和资产阶级创新精神的推动，从 18 世纪中后期到 19 世纪初，发生了以蒸汽机的发明和应用为标志的第一次科技革命，这次科技革命实现了自然力代替人力的变革，导致近代机器制造业的蓬勃兴起和交通运输业的革命性变革，使人类从工场手工业进入机器大工业时期。科技革命和生产力的发展，为资本主义奠定了物质技术基础，欧美发达国家普遍确立了自由竞争的资本主义生产方式。这一时期，资本所有制的具体形式主要

是资本家独自经营的资本和企业，这成为这一时期资本主义市场经济中自由竞争充分展开的经济基础。

资本主义的自由竞争，最初是作为封建垄断的对立物而产生和发展起来的。资本主义商品经济的发展，要求摆脱种种封建垄断的束缚，并以自由竞争取而代之。因此，资本主义的自由竞争是资本主义商品生产者之间为争夺有利的生产和销售条件而进行的无限制的竞争。它以分散的资本和企业为主体；其条件除了土地私有权外没有人为的或自然的垄断障碍；其手段主要是通过改进生产技术，改善经营管理和提高劳动生产率，来提高产品质量和降低成本，凭借自己商品的质量和价格，去同其他资本家争夺市场；其形式有生产同类商品的部门内部竞争和生产不同商品的部门之间的竞争。在自由竞争的条件下，同一部门或行业内部，进而在各个地区之间，资本和劳动力可以自由转移，商品可以自由流通；在市场上，各种商品的价格都在其价值的制约下，随着商品供求关系的变动而自发波动，并通过这种价格波动而自发地调节商品生产和商品流通，资本则按照平均利润的原则瓜分剩余价值。

在资本主义自由竞争阶段社会变革的主要任务，仍然是扫除前资本主义残余的障碍。机器大工业及工厂制度的建立只是资本主义生产力大发展的开始；商品资本关系的发展，无论在广度还是在深度上，都还远远没有充分展开；资本主义生产关系占据了统治地位，但资本主义经济尚不成熟；国际经济还处在国际贸易阶段。这一时期的资本主义市场经济，其基本特征是：自由竞争占据主导地位，工业资本占统治地位；近代工业资产阶级与无产阶级是社会的主体；商品输出是对外输出的主要形式；在对殖民地进行经济掠夺的同时，开始了对世界领土的瓜分和占领。

自由竞争一方面刺激了资本家改进技术、提高劳动生产率的积极性，促进了资本主义的发展，另一方面也加剧了资本主义市场经济的各种矛盾。市场经济在资本主义体内的发展，既是创造巨大社会生产力的过程，另一方面，也是资本主义生产关系异化市场经济价值取向的过程。市场经济讲效率、公平、节约成本、创造财富、竞争，而在资本主义生产关系下，由于个人主义价值观的影响，效率变成利润就是一切，公平变成了巧取豪夺，节约成本变成疯狂地榨取和掠夺，财富的增加导致了贫富的两极分化。从而造成了个别企业生产的组织性和整个社会生产的无政府状态的对立；生产无限扩大的趋势与劳动群众有支付能力的购买力相对缩小的对立。这些矛盾的激化，必然导致周期性经济危机的爆发，从而暴露出资本主义制度的局限性。

（二）社会主义从空想到科学的发展

资本主义与社会主义是一对孪生兄弟，资本主义一萌芽就有了社会主义。社会主义思想是伴随资本主义的发展而产生的，其早期理论形态表现为空想社会主义。任何一种具有重要价值的思想学说，都有其赖以产生的经济根源和思想来源，科学社会主义学说也不例外。恩格斯曾明确指出："现代社会主义，就其内容来说，首先是对现代社会中普遍存在的有财产者和无财产者之间、资本家和雇佣工人之间的阶级对立以及生产中普遍存在的无政府状态这两个方面进行考察的结果。"①也就是说，科学社会主义产生的"物质的经济的"根源，是对资本主义社会中资产阶级和无产阶级之间对立的反映，是对资本主义生产无政府状态考察的结果，其理论来源则是19世纪的空想社会主义。

1. 三大空想社会主义学说的理论贡献和历史局限性

科学社会主义的直接思想来源是19世纪初期的三大空想社会主义。三大空想社会主义与科学社会主义是"现代社会主义"的两个相互衔接的发展阶段。两者都是资本主义社会基本矛盾和阶级冲突在观念形态上的反映。前者是不成熟的、不完备的表现形式，后者是它的成熟的、完备的、科学的表现形式，前者是后者直接的思想理论来源。

三大空想社会主义是空想社会主义学说的高级阶段。空想社会主义是早期无产阶级革命运动的理论表现。当资产阶级进行反封建斗争的同时，就产生过早期的无产者反对资产阶级的革命运动，如16世纪德国宗教改革的农民战争时期的再洗礼派和托马斯·闵采尔领导的农民战争，英国资产阶级革命时期的平等派运动以及杰拉德·温斯坦莱领导的掘地派运动，法国大革命时期的巴贝夫。与这些早期无产者革命运动相适应的理论表现就是空想社会主义学说。

① 《马克思恩格斯选集》第3卷，人民出版社1995年版，第719页。

在科学社会主义产生以前，空想社会主义大致经历了三个发展阶段：第一阶段是16～17世纪的早期空想社会主义，其代表人物有英国的托马斯·莫尔、德国的托马斯·闵采尔和意大利的托马斯·康帕内拉。第二阶段是18世纪的空想社会主义，以法国摩莱里、马布利和巴贝夫为代表。第三阶段是19世纪初期，则产生了以法国的圣西门、傅立叶和英国的欧文为代表的三大空想社会主义，它是空想社会主义学说的高级阶段，是科学社会主义的直接思想来源。但是，即便是三大空想社会主义，也仍然是不科学、不成熟的。其局限性的产生是因为在他们生活的年代，资本主义生产方式的矛盾及资产阶级和无产阶级的对立虽有暴露但还很不发展，无产阶级也还没有成为一支独立的政治力量。所以，"这种历史情况也决定了社会主义创始人的观点。不成熟的理论，是同不成熟的资本主义生产状况、不成熟的阶级状况相适应的。解决社会问题的办法还隐藏在不发达的经济关系中，所以只有从头脑中产生出来"①。因此，圣西门、傅立叶和欧文的社会主义学说也只能是空想的。

三大空想社会主义学说的空想性，集中表现在理论基础上就是他们认为人类的"理性"是社会发展的基础，由此出发，社会主义不是对资本主义社会中无产阶级和资产阶级斗争考察的结果，而是个别"天才人物"发现的永恒真理、理性和正义的表现，而这种"天才人物"的出现，也不是历史发展的必然，而是一种纯粹偶然的现象。社会主义的实现不需要经过无产阶级的革命斗争，而只靠对剥削者的说服劝导就行了。

尽管三大空想社会主义思想家的学说存在着历史局限性，但瑕不掩瑜，他们的学说中还包含着丰富的积极的合理的因素。

圣西门(1760～1825)较早地看到了法国大革命不仅是贵族和市民等级之间的阶级斗争，而且是贵族、市民等级和无财产者之间的阶级斗争。他还提出一切人都应当劳动，初步觉察到经济状况是政治制度的基础，主张对人的政治统治应当变成对物的管理和对生产过程的领导，即表达了废除国家的思想。他渴望建立一个人人都有劳动权利和义务，不受压迫和剥削，有计划地组织起来的新社会。

---

①　《马克思恩格斯选集》第3卷，人民出版社1995年版，第608页。

傅立叶(1772～1837)无情地揭露资产阶级世界在物质上的丰裕和道德上的贫困，抨击资本主义商业是欺诈的场所，是人民的陷阱，称资本主义工厂为“温和的监狱”。他把资本主义文明称作新的“奴隶制度”，认为这种制度在一个“恶性循环”中运动。他批判了两性关系的资产阶级形式，第一个提出了在任何社会中，妇女解放的程度是衡量普遍解放的天然尺度的重要观点。他还辩证地看待人类社会历史，认为社会发展是由低级到高级的运动，每个历史阶段都有它的上升时期和下降时期。他主张在未来的社会里，大家共同劳动，男女平等，实行普及免费教育，并提出了消灭脑体劳动对立、城乡对立的思想。

欧文(1771～1858)从1800年起，在他管理的苏格兰新拉纳克棉纺厂，实行了一系列提高工人福利的改革，如缩短工作时间，改善劳动条件，举办消费合作社和公共食堂，设立工人夜校，首创幼儿园等。但他看到，这些改革并没有根本改变工人的奴隶地位，于是逐步转向共产主义。他认为，私有制、宗教和资产阶级的婚姻形式是阻碍社会改造的三大障碍。他试图通过实验，消除资本主义的弊病，建立一个没有私有制，没有阶级对立，人人平等共同享受劳动成果的新社会。1823年他提出通过共产主义移民区来消除爱尔兰贫困的办法，并于1824年在美国建立“新和谐”共产主义移民区。试验失败后，他便直接转向工人阶级的运动。

恩格斯高度评价了三大空想社会主义思想家学说中的积极因素，认为这是“突破幻想的外壳而显露出来的天才的思想萌芽和天才思想”①。

2. 社会主义由空想变为科学

三大空想家的理论的共同点都是建立在唯心史观基础上的，因而要使社会主义从空想变成科学，就必须“把它置于现实的基础之上”，也就是建立在对资本主义社会的经济关系和阶级关系的科学分析基础上。马克思、恩格斯在参加工人运动和进行科学研究的基础上批判地继承了德国古典哲学、英国的古典政治经济学和英法的空想社会主义学说，创立了唯物史观和剩余价值学说，从而实现了社会主义从空想到科学的飞跃。

(1) 唯物史观的创立对社会主义从空想到科学的发展的意义

---

① 《马克思恩格斯选集》第3卷，人民出版社1995年版，第608页。

第一，根据唯物史观关于社会基本矛盾的学说，生产力和生产关系、经济基础与上层建筑之间的对立统一的矛盾运动是社会发展的终极原因，这就批判和纠正了空想社会主义从抽象的理性和正义的观点出发谴责资本主义制度的不合理性的缺陷，科学地证明了社会主义代替资本主义是现代生产力发展的客观要求，是资本主义社会生产关系与生产力、上层建筑和经济基础之间的矛盾运动的必然结果。

第二，唯物史观认为，阶级斗争是阶级社会发展的直接动力，这样就批判和纠正了空想社会主义从头脑中构思社会改革的蓝图与和平实现社会主义的幻想，提出了从经济关系和阶级关系中去寻找解决无产阶级和资产阶级冲突的途径，说明社会主义是无产阶级反对资产阶级斗争的必然结局。

第三，唯物史观认为，人民群众是历史的创造者，这就批判和纠正了空想社会主义把历史进步和社会更替的希望寄托在个别天才人物的出现上的错误，说明无产阶级和劳动群众只能依靠自己的力量才能解放自己。

（2）剩余价值学说的创立及其意义

空想社会主义者只是痛斥资本主义的罪恶，但却不能说明产生这种罪恶的经济根源，从而也就不能科学地说明资本主义制度灭亡的必然性。马克思运用辩证唯物主义和历史唯物主义，对资本主义经济生活进行分析，创立了剩余价值学说，揭示了资本主义的剥削秘密以及资本主义制度必然灭亡的规律，为科学社会主义提供了经济学论证。根据剩余价值学说，资本主义剥削的秘密就在于对工人进行的“无偿劳动的占有”，随着资产阶级占有的剩余价值越来越多，就会导致资产阶级的财富不断积累和无产阶级的日益贫困化，从而使无产阶级和资产阶级之间的矛盾日益加剧，最终导致无产阶级革命和无产阶级专政，并通过无产阶级专政，最终消灭资本主义，实现社会主义和共产主义，这就阐明了资本主义产生、发展和必然灭亡的过程，阐明了无产阶级的历史地位和历史使命，揭示了社会主义必然代替资本主义的客观历史规律。

唯物史观和剩余价值学说的创立为科学社会主义奠定了理论基础，彻底克服了空想社会主义的历史局限性，最终使社会主义从空想发展为科学。

马克思、恩格斯在进行理论研究的同时，积极参加当时的工人运动。马克思主义和工人运动的结合，诞生了世界上第一个共产主义政党——共产主义同盟。在作为共产主义同盟纲领的《共产党宣言》中，他们以世界历史眼光做出了伟大预言："资产阶级的灭亡和无产阶级的胜利是同样不可避免的。"①他们论证了"无产阶级只有在世界历史意义上才能存在"，它的事业——共产主义也只有作为"'世界历史性的'存在才有可能实现"。② 并且发出了"全世界无产者联合起来"的伟大号召。正是在这一伟大号召下，欧洲工人运动走向国际联合，于1864年成立第一国际，把欧美整个战斗的工人阶级联合成一支大军。在第一国际的后半叶，爆发了震撼全球的巴黎1871年3月18日起义，法国无产阶级创建了巴黎公社，进行了无产阶级专政的英勇尝试。

二、资本主义从自由竞争到私人垄断的转变与社会主义理论和实践的东西分野

从巴黎公社革命失败到第二次世界大战结束，是私人垄断资本主义阶段。1871年巴黎公社革命失败后，资本主义进入和平发展时期，开始了由自由竞争向私人垄断的过渡。大量的资本输出促进了生产和资本的国际化，帝国主义列强对殖民地的争夺导致了第一次世界大战。资本主义的变化导致统一的世界社会主义运动破裂，从此开始了西方社会党以民主社会主义为指导的实践和东方国家共产党以科学社会主义为指导的实践。

（一）资本主义从自由竞争发展到私人垄断阶段

19世纪末，发生了以电机的发明和电力的应用为标志的第二次科技革命，使人类从蒸汽时代进入电气化时代，内燃机、化学工业、钢铁技术等也获得了突破性进展，极大地推动了生产力的发展。科学技术的巨大进步，工业生产的迅速发展，使企业的规模越来越大，使资本与生产越来越集中到少数大企业手中。生产和资本高度集中，为少数大资本家的联合和实行垄断创造了条件。垄断组织在各个部门陆续建立起来，并发展为工业资本与银行资本相融合的金融资本统治。到第一次世界大战前夕，世界资本主义完成

---

① 《马克思恩格斯选集》第1卷，人民出版社1995年版，第284页。

② 《马克思恩格斯选集》第1卷，人民出版社1995年版，第87页。

了自由竞争向私人垄断的过渡，即过渡到了帝国主义阶段。资本主义由自由竞争到私人垄断的过渡，在当时对资本主义生产发展和生产社会化水平的提高起了重要作用。在1870～1913年期间，世界工业生产增长了4倍多，超过历史上任何时期。

垄断的形成使垄断竞争成为主要的竞争形式。与自由竞争相比，在私人垄断资本主义阶段，无论是竞争的性质，还是竞争的形式都发生了质的变化。当然，垄断竞争成为主要的竞争形式，并不意味着自由竞争的消失，而是此时的竞争更为尖锐复杂了。私人垄断资本主义阶段是资本主义发展并走向成熟的重要阶段，其主要特点是：市场机制为垄断组织操纵，垄断取代了自由竞争；私人垄断成为社会经济结构主体，资本社会化程度提高；工业垄断资本和银行垄断资本融合成为金融资本，形成掌握巨额金融资本控制国家经济命脉的金融寡头，并利用国家政权为私人垄断组织服务；大量资本输出促进了生产和资本国际化，形成了以殖民体系为基础的国际经济关系格局；垄断资本主义国家在经济上瓜分世界的同时，在领土上瓜分世界。

在私人垄断资本主义阶段，由于科学技术的发展和应用，使后起的资本主义国家能够以跳跃式的方式向前发展，赶上并超过老牌资本主义国家。发展最快的是德国和美国，这些国家相继实现了工业化，成了以重工业为主导的工业国。在1870～1880年期间，德国工业生产的增长率年均在4%以上，在1880～1900年期间达6%以上。从1875年到1913年德国煤的开采量在不到40年的时间内增长了10倍多；生铁与钢的产量增加了70倍，到1914年德国的铁产量占世界总量的1/4，仅次于美国，居世界第2位。在1850～1900年期间，美国的工业生产增加了5倍，到1894年时，美国已生产了世界工业品的1/3，取代英国，居世界第1位。

帝国主义国家的大规模的、高度集中的生产，既需要大量的源源不断的原料供应，又需要销售大量商品的世界市场和投放过剩资本的场所；而且垄断资本要求垄断地占有原料产地、商品市场和投资场所，以便攫取高额利润，打败竞争对手，保持自己的优势，巩固自己的统治。殖民地成为垄断资本赖以生存的基础和生命线。因此，垄断资本对殖民地的争夺十分激烈。到1900年，非洲面积的90.4%、亚洲的56.6%、美洲的27.2%、澳洲的100%已沦为帝国主义列强的殖民地，亚洲、拉丁美洲的许多国家成了它们的半殖民地或附属国。英国到1914年占有殖民地3350万平方公里,等于其本土面积的110倍;法国的殖民地的领土为1060万平方公里;德国拥有的殖民地面积为290万平方公里。到20世纪初,世界领土已被瓜分完毕,形成了一个庞大的帝国主义殖民体系,在这个体系中,一方是剥削和压迫殖民地附属国的少数帝国主义国家,另一方是占世界人口大多数的殖民地附属国。由于资本主义经济政治发展的不平衡,一些后起的资本主义国家,要求按实力重新瓜分殖民地,夺得更多的市场和原料产地,而那些老牌的资本主义国家则力图维持原有的势力范围,这就必然导致他们之间重新分割世界的战争,从而使帝国主义国家之间的战争不可避免。

(二)社会主义理论和实践的东西分野

由于资本主义经济政治发展不平衡规律的作用,导致了第一次世界大战。帝国主义国家之间的战争为无产阶级社会主义革命创造了有利条件。列宁在与第二国际教条主义的斗争中,创新了无产阶级革命路径的理论,领导俄国十月革命取得了胜利,建立了世界上第一个无产阶级专政的国家;第二国际的大多数党(包括社会党、工党)则沿着合法斗争的道路,争取通过议会选举获得执政地位,通过改良的途径和平走向"民主社会主义"。

1. 第二国际多数党走上改良主义道路

从17世纪英国首创现代政党制度到19世纪中叶的200年间,西方政坛一直被代表资产阶级、大地主和贵族利益的政党所占据。随着资本主义经济的发展,代表地主贵族利益的政党日趋没落,同时,与新的阶级结构相适应,19世纪中后期在欧美国家先后诞生了一大批代表工人阶级利益的社会主义政党,如德国社会民主党、法国工人党、瑞典社会民主党、意大利工人党等。这些党基本上是以马克思主义理论为指导的革命政党,是以推翻资本主义制度为目的的反体制政党,还没有也不可能成为西方社会的主流政党。为了加强国际团结,共同反对资产阶级,1889年在恩格斯的指导下,欧美22个国家社会主义政党的代表在巴黎召开会议,成立了第二国际。第二国际前期在恩格斯的帮助下,在各国社会主义政党和工人群众的积极支持的基础上,基本上贯彻了马克思主义原则,制定了正确的路线和策略,促进了国际工人运动的发展。

19世纪末20世纪初，随着资本主义生产力的提高和生产方式的发展变化，其社会政治制度也发生了某些变化，如普选制在主要资本主义国家得到实行，工会组织合法化，劳动社会保险立法首次在德国出现①，工人劳动条件得到改善，社会主义政党开始参政等。第二国际中的欧洲主要社会主义政党在议会选举中取得了相当大的成绩，如德国社会民主工党在1912年共获得425万张选票，110个议席，法国工人党在1914年获得140万张选票，英国社会民主联盟在1914年获得70个议席。

对于资本主义从自由竞争向私人垄断阶段转变过程中出现的新变化，恩格斯晚年给予了高度的关注。针对当时资本主义的和平发展，恩格斯指出在新的历史条件下，必须制定新的革命策略。1882年11月，恩格斯在给拉法格的信中说："街垒和巷战的时代已经一去不复返了"②。恩格斯尤其反对教条主义地对待马克思的理论，认为必须结合各自国情来制定革命策略。对于未来的社会主义，恩格斯在1890年答复一位德国人的问题时写道："我认为，所谓'社会主义社会'不是一种一成不变的东西，而应当和任何其他社会制度一样，把它看成是经常变化和改革的社会。"③但恩格斯始终坚持他和马克思在《共产党宣言》中阐述的无产阶级革命理论。

恩格斯去世后，第二国际大多数党走上了崇拜议会斗争，背弃无产阶级革命的道路。他们认为随着第二次产业革命的到来，社会并没有像马克思所分析的那样愈来愈分裂成两大对立的阶级，而是社会结构日益复杂化，中等企业和小企业继续存在，中等阶层得以维持下来。由于私营经济管理任务和公共行政任务的增多，这一中等阶层又从职员和公务员构成的"新中等阶层"得到补充。工人阶级本身也表现出教育程度、职业地位和收入方面的内部分化日益加深的趋势。由于垄断组织的出现，资本主义经济危机表现出缓和化的趋势，资本主义的发展并没有导致工人生活状况的日益贫困化，因而西方国家尚不存在革命形势，社会民主党人应通过议会斗争，通过和平民主的手段上台执政，通过对资本主义进行长期改良去实现社会主义。

---

① 向文华著：《斯堪的纳维亚民主社会主义研究》，中央编译出版社1999年版，第128页。

② 《马克思恩格斯全集》第38卷，人民出版社1972年版，第505页。

③ 《马克思恩格斯全集》第37卷，人民出版社1971年版，第443页。

第一次世界大战爆发后，第二国际的领袖们进而教条地对待马克思、恩格斯关于社会主义首先在资本主义发达国家“共同胜利”的理论，反对无产阶级政党在经济文化落后国家、特别是在革命形势日益成熟的一国范围内首先进行革命，沦为了资产阶级祖国的保卫者。

2. 社会主义的东西分野

由于对待马克思主义的不同态度，导致对形势和任务的不同看法以及对战略、策略和取得政权路径的不同选择。列宁在同教条主义的斗争中，把马克思主义发展成为适合于帝国主义时代的完整理论——列宁主义。同社会沙文主义者在帝国主义战争中提出“保卫祖国”的口号相反，列宁提出“变帝国主义战争为国内战争”，推翻本国资产阶级的统治，从而领导俄国人民取得了十月革命的胜利，使社会主义由理论变成了现实。20 世纪 20 年代末 30 年代初，与处于凄风苦雨中的西方资本主义形成鲜明对照的是在世界的东方苏联社会主义建设蒸蒸日上，可谓“风景这边独好”。

十月革命后，列宁领导的俄国社会民主工党(布)于 1918 年 3 月党的“七大”改名为俄国共产党(布尔什维克)。此后，欧洲一些社会民主党的左派纷纷与原来的社会民主党决裂，组建新的无产阶级政党。在欧洲，1918 年到 1922 年先后建立了 27 个共产党。与此同时亚洲、非洲、美洲、拉丁美洲、大洋洲各国也相继建立了共产党组织。1919 年 3 月在列宁的领导下 30 多个国家的代表在莫斯科举行了代表大会，宣告了共产国际的成立。共产国际的成立，把苏俄的经验传播到世界各地，使其具有了世界意义。苏俄社会主义革命的成功和建设事业的发展，开辟了不同于西方发达国家的东方社会主义新的实践途径。

第一次世界大战和俄国十月革命的胜利，催生了西方国家的政治“左”倾情绪，欧洲社会民主党先后在一些西方国家上台执政，成为体制内的政党。德国社会民主党在第一次世界大战后的大选中，取代右翼成为议会的大党，以魏玛共和国民主政权取代了原有的帝国专制；瑞典社会民主党 1917 年选举后，与人民党组成联合政府，1920 年 3 月首次组成一党内阁；到 1932 年，在西欧先后有 11 个国家的社会民主党登上执政舞台，单独执政或参与执政。社会民主党从受歧视、受压迫的反体制政党转变成为改良资本主义制度的体制内政党。

德国社会民主党从1918年11月至1930年3月，曾多次掌握政权，在执政期间，社会民主党参与制定了魏玛共和国宪法，实现了许多重要的社会改良，如实行了比例代表制、妇女选举权、8小时工作制、工人的参与决定权和劳资合同集体谈判权，以及劳动保护和社会保险等方面的一系列社会政策法规。这些社会改良措施，虽然没有触动资本主义制度的根基，但的确使中下层民众的经济政治生活状况有所改善，推动了西欧民主政治的发展。

与此同时，欧洲社会民主党的右翼，于1919年2月在瑞士伯尔尼召开了有26个政党的代表参加的会议，恢复了在第一次世界大战中中断活动的第二国际。另一部分社会民主党人既不愿意回到复活的第二国际，也不愿意参加新成立的共产国际，主张保持中间立场。于是他们在1921年2月在奥地利维也纳召开会议，宣布成立“维也纳国际”，又被称为“第二半国际”。由于伯尔尼国际和维也纳国际在思想基础上基本一致，于是二者1923年5月在德国汉堡举行合并大会，宣布成立“社会主义工人国际”。“社会主义工人国际”继续奉行第二国际的改良主义政策。社会民主党从反体制政党变为体制内政党，并在民主社会主义理论指导下，通过议会选举纷纷上台执政，走出了一条和平民主的改良主义道路。

第一次世界大战后西欧国家政治“左”倾发展的趋向，使上层阶层及代表他们的右翼与极右翼党派十分惊慌，为了保护自身利益与地位，大大强化了对左翼政党的内外遏制机制。由于选举政治的存在，要想完全阻止社会民主党等左翼、中左翼党派执政已不可能，于是他们便通过其控制的舆论工具对左翼党派进行“恶魔化”宣传，引起由上至下普遍的“恐赤病”，使民众对左翼思想产生越来越强的敌对情绪。同时对正在崛起的德国与意大利法西斯党采取绥靖政策，以保持西方国家右翼与极右翼的强大地位。为了击败左翼、中左翼力量，各国右翼与极右翼力量宁愿让法西斯政党控制政权。法西斯和极右翼党派在西方国家上台执政，形成了促使西方民主政治产生畸变的政治力量，从而使第二次世界大战的爆发成为不可避免。二战爆发后社会主义工人国际和共产国际先后停止活动，各国社会党和共产党人勇敢地投入了反法西斯斗争。

20世纪初发生的资本主义由自由竞争向私人垄断阶段的转变及由此而导致的社会主义学说和实践的东西分野，对整个世界社会主义运动影响深远，从此统一的世界社会主义运动不复存在，东方社会主义和西方民主社会主义走上了各自不同的道路。

三、资本主义从私人垄断到国家垄断的转变与东西方社会主义的发展

从世界人民反法西斯战争胜利到1975年印度支那三国抗美救国战争胜利，是国家垄断资本主义阶段，同时也是世界社会主义体系的形成时期。19世纪末20世纪初，自由竞争的资本主义转变为私人垄断资本主义的时候，国家垄断资本主义就产生了。但是，它在整个社会经济生活中占据统治地位，则是到了第二次世界大战以后。这是资本主义与社会主义共存、竞争的时期，也是东西方社会主义曲折发展的时期。

（一）资本主义从私人垄断发展到国家垄断阶段

私人垄断资本主义虽然适应了工业化生产的需要，但同时也使资本主义生产的无政府状态更加严重。1929年开始的世界经济危机和随之而来的30年代经济大萧条，既是资本主义各种矛盾的总爆发，又是古典自由主义理论与体制上的缺陷的总暴露。它迫使资本主义国家作为垄断总资本家的代表介入经济运行，实行宏观调控，解决有效需求不足和生产过剩的矛盾，使其免受经济危机的打击，保障垄断资产阶级的长远利益。

在美国，民主党人富兰克林·罗斯福旗帜鲜明地提出了“新政”，对传统的自由放任主义的经济政策进行了大刀阔斧的改革。罗斯福认识到，大萧条是美国经济的弊端造成的。美国大众口袋里没有足够的钱去购买生产流水线上源源涌出的消费品，生产过剩和消费不足的恶性循环，是大萧条不断持续的根本原因。罗斯福决心解决社会分配不公问题。他承诺给人民面包和工作，把赈济和就业看作政府的基本职责，从而确立了美国政府干预社会生活的崭新理念，即：政府要干预就业，维持人民的充分就业，而不指靠市场经济自行调节。基于这一理念，“新政”提出了一系列国家资本主义的政策，具体包括：一是调整经济结构，以改革促进生产力的发展与社会财富的增长；二是合理分配社会财富，防止两极分化扩大；三是政府承担解决社会福利的责任，不允许企业自行其是。总之，“罗斯福新政”主要是通过加强政府

职能来完善资本主义，其举措赢得了中下层人民的支持。大萧条的客观现实使美国社会各阶层也都别无选择地接受了“罗斯福新政”。

所谓“罗斯福新政”，是美国新中产阶级精英在20世纪30年代世界经济大萧条的背景下发动的一场重大改革，其目的是改革资本主义制度，确定以中产阶级为核心的美国现代化道路。“罗斯福新政”是政策实践中的凯恩斯主义。1936年英国资产阶级经济学家凯恩斯发表了《就业、利息和货币通论》一书。凯恩斯理论的追随者从多个方面对其进行阐释、修补和发展，最终形成并发展成为影响巨大的资产阶级经济理论。其主要观点是：社会的就业量决定于有效需求的大小；要达到充分就业，国家对经济生活不能放任自流，必须运用金融和财政手段来干预经济生活。为此公开主张实行赤字财政政策和通货膨胀政策。早在1932年大选前，罗斯福已摸索到了这一思路，找到了改革的方向，即：其一，以联邦政府的财政政策来保证社会的总需求；其二，重点解决全国人口中低收入阶层的再分配问题；其三，加强经济部门的规章管理。“新政”时期，罗斯福政府通过举办公共工程，扩大内需，实行国家资本主义政策，刺激了经济增长，维持了充分就业，保持了公众购买力，提高了社会消费水平。在大危机、大萧条的30年代，美国当时面临着三种选择：继续推行传统的自由放任政策；推翻资本主义私有制，实行苏联式的社会主义公有制；改善资本主义制度。正如历史学家汤因比所说，1931年这一年有一个突出的特点，就是全世界的男男女女都在坦率地讨论西方社会制度垮台的可能性。在资本主义制度的危机面前，罗斯福坚定地做出了第三种选择。“罗斯福新政”是一种强调国家干预与改革的资本主义。由此，美国依赖国家干预政策，克服了大萧条，挽救了困境中的资本主义经济。然而，“罗斯福新政”所实行的类似凯恩斯主义的国家资本主义政策，不仅是单纯的经济举措和一项政策的实行，而且是代表了一种长远的制度创新，即实现了国家职能的一项重大变化，开创了福利国家的新功能，也就是说，“新政”以后的政府已经从社会经济单纯的管理者和仲裁人上升为社会福利的保证人。国家的这一新角色、新职能是自由放任的资本主义所不可想象的，也是从前的资本主义从未有过的。“新政”明显地受到当时苏联社会主义计划经济优越性的影响和吸引，其所进行的大胆的制度创新，对资本主义的弊端进行了大刀阔斧的改革，确立了政府干预的资本主义现代化道路。

第二次世界大战后，几乎整个欧美世界都在学习“新政”。他们还吸取法西斯主义滋长的教训，通过扩大选举权，允许工人参与企业管理等手段，完善资本主义的民主和法制。这样，国家政权与垄断资本相结合的国家垄断资本主义，在西方社会生活中就占据了主导地位。

在这一时期中，西方发达国家率先掀起了以原子能的利用和电子计算机的发明和广泛应用为标志的第三次科技革命，使主要资本主义国家进入电子化时代，生产的自动化和专业化程度大大提高。随着国家垄断资本主义统治地位的确立和科技革命的发展，从20世纪50年代中期开始，发达资本主义国家进入了一个经济大发展的时期。这个时期一直持续到1973年底爆发世界性经济危机为止。发达资本主义国家战后20多年生产的产品，超过了过去200多年生产的产品的总和。1948年至1973年，世界工业增长了353%。因此，人们把这一时期称为“世界经济的黄金时代”。

在国家垄断资本主义阶段，私人垄断组织和金融资本的统治虽然仍是客观现实，资本集中和私人垄断也在发展，但占主导地位的是国家垄断。国家垄断的发展，使资本主义经济发生了重大变化，从整个资本主义世界经济看，这种发展不仅只是数量上的增长，而且出现了部分性质的变化。一是在国家垄断资本主义的情况下，资本主义国家已经直接拥有大量社会资本，这是通过国民收入再分配等财政手段集中起来的巨额产业资本。二是国家与垄断资本的结合，已经不是暂时的、零星的、偶然的结合，而是通过合办股份公司，提供贷款、津贴，出租国有企业，国家采购消费等形式形成的稳固的结合。三是国家垄断资本主义已渗透到社会经济生活的各个方面，社会再生产的各个阶段，无论在工业、农业，还是贸易部门，也无论在生产、流通，还是分配、消费领域，它都在进行调节，它已深入到资本主义经济运行的深层。国家垄断资本主义的主要特征是：国家垄断在社会经济生活中居于主导地位，国有经济成为国家垄断资本主义的基础，国家通过经济政策或经济计划实行对经济的调节，保持垄断资本主义经济的正常运行；私人垄断资本得到新的发展；帝国主义殖民体系瓦解，垄断资本的新殖民主义起而代之。国家垄断资本主义是资本社会化的高级形式，它作为垄断资本直接依靠资产阶级国家机器调节国民经济的一种手段，作为用国家资本来保证私人资本取得高额垄断利润的一种措施，改变不了资本主义私有制的性质，消除不了资本主义经济危机，更克服不了资本主义所固有的经济矛盾。正如恩格斯所说："现代国家，不管它的形式如何，本质上都是资本主义的机器，资本家的国家，理想的总资本家。它越是把更多的生产力据为己有，就越是成为真正的总资本家，越是剥削更多的公民。"①

（二）欧洲共产主义的发展和民主社会主义的演变

第二次世界大战中，左翼和中左翼党派在抗击法西斯斗争中勇敢顽强，做出了巨大牺牲和贡献，因而战后共产党和社会民主党在西欧诸国普遍赢得了民众的支持，社会主义的影响空前扩大。但随着冷战的爆发和资本主义的发展变化，欧洲共产主义的发展由盛而衰、步履蹒跚；民主社会主义则完成了从工人阶级政党、革命党向全民党和改良主义政党的演变。

1. 欧洲共产主义的曲折发展

二战的胜利，给世界人民以巨大鼓舞。如同唐纳德·萨松所说：在第二次世界大战中"法西斯主义和纳粹主义已经将资本主义的残暴暴露得一览无余；社会主义的故乡——苏联，以一种决定性的、毋庸置疑的方式对摧毁资本主义做出了贡献。在1943－1946年间，苏维埃的声望达到顶点。计划化和集体化，共产党的领导和斯大林的领导，已经显示了苏维埃体制的优越性。在欧洲其他国家，30年代的大萧条已经证明，资本主义不仅带来失业和悲惨，而且在德国和意大利甚至产生了法西斯主义这样的怪物。因此，对大多数共产党人和许多社会主义者来说，不难想象解放了的欧洲人民，一旦可以自由选择自己的命运，将会聚集在红旗周围"②。但历史的发展并不像人们所预期的那样乐观。"共产主义在西方受到欢迎的主要原因是苏联的影响，当然这也是其后来不受欢迎的主要原因。"③二战的胜利和资本主义的体制变换虽然给社会主义的发展提供了机遇并的确促进了社会主义事业的发展，但这种发展不仅充满了艰难曲折，而且充满危机。

---

① 《马克思恩格斯选集》第3卷，人民出版社1995年版，第753页。

② ［英］唐纳德·萨松：《欧洲社会主义百年史》（上），社会科学文献出版社2008年版，第113页。

③ ［英］唐纳德·萨松：《欧洲社会主义百年史》（上），社会科学文献出版社2008年版，第116页。

在二战中，欧洲各国共产党站在反法西斯斗争的第一线，英勇顽强地同敌人作战，“这场战争证明是赋予了西方共产党人最好的时期。他们与法西斯主义和纳粹主义作战，是真正的国际主义者”①。战后西欧共产党受欢迎的另一原因是由于普遍认识到苏联在击败纳粹德国中发挥了突出的决定作用。二战中英国、法国、德国和意大利的军事伤亡比第一次世界大战还要少，美国大陆则没有受到任何破坏；而苏联却失去了2000万生命，超过了1914～1918年整个第一次世界大战期间各国死亡人数的总和。“斯大林的红军沿着第三帝国的旅程勇敢地进军，从斯大林格勒和库尔斯克的浴血奋战再到柏林堡垒的攻克，使得西欧能够自由地争取民主。”②因而，在战后的大选中法、意、芬兰等国共产党取得了可喜的成绩（见表1）。

表1　共产党在第二次世界大战后第一次选举中获得选票的比例（单位：%）③

奥地利	1945	5.4
比利时	1946	12.7
丹麦	1945	12.5
芬兰	1945	23.5
法国	1945	26.0
荷兰	1946	10.6
意大利	1946	19.0
挪威	1945	11.9
瑞典	1944	10.3
西德	1949	5.7

法国共产党战后党员人数达到80万人，在1945年的两次选举中取得26%左右的选票，在1946年的选举中获得28.6%的选票，因而成为国民议会中的第一大党。在芬兰，共产党在1945年赢得23.5%的选票，仅次于社会民主党的25.1%。在意大利，1946年底共产党员接近200万人，在1946年的制宪会议选举中，共产党获得了19%的选票。

① ［英］唐纳德·萨松：《欧洲社会主义百年史》（上），社会科学文献出版社2008年版，第112页。

② ［英］唐纳德·萨松：《欧洲社会主义百年史》（上），社会科学文献出版社2008年版，第116页。

③ ［英］唐纳德·萨松：《欧洲社会主义百年史》（上），社会科学文献出版社2008年版，第114页。

随着战后和平环境的实现，各国资产阶级借助新的科学技术的推广和应用，使社会生产力得到巨大发展，各国普遍实行了高工资、高征税和高消费以及社会福利政策。同时各国汲取战前法西斯在德意上台的教训，广泛实行了议会民主制，使工人政党和组织有合法活动的权利。同时随着科学技术和生产力的发展，工人阶级日益阶层化和知识化，他们普遍要求通过和平民主方式实现自己的政治经济权利。但西欧多数共产党仍然以苏联为榜样，主张通过武装斗争走向社会主义，这就在一定程度上脱离了实际斗争的需要。如同唐纳德·萨松所说：按照列宁主义理论组织起来的共产党是把武装斗争作为夺取政权的重要途径的。“但在非革命形势下所寻求的目标是选举，因此就有必要想方设法吸引更多的选民，而任何形式的武力都可能吓跑选民”。正是在此背景下，一方面由于反法西斯同盟的破裂和冷战的开始，另一方面由于在和平时期，共产党与社会民主主义政党的政治要求之间的界线变得模糊不清，共产党人能够提供的只是社会民主主义更为强硬的形式，因此限制了最具阶级意识的工人以及最忠诚的知识分子的支持。“冷战意味着，社会主义只有在接受美国这个唯一没有强大的社会主义政党的资本主义大国的国际霸权时，才可能进入政府。这样，西欧社会主义不得不在一个精神、传统和主张都对社会主义具有深深敌意的国家的保护下发展，这个国家决不可能让他们有希望产生一个对任何形式的社会主义蓝图怀有善意的政府。这是一个在特定条件下可能容忍社会主义但绝不会鼓励社会主义的国际秩序。”①因而，在 1945～1946 年共产党人取得最初的成功之后，急剧的衰退来临了。“1947 年成为共产主义的‘可怕的转折点’。他们从法国、意大利、挪威、比利时、卢森堡和奥地利等国的执政联盟中撤出或被排除在外。丹麦共产党在 1945 年就已经离开政府，而芬兰左翼 1948 年离开政府。”②1948 年，共产主义作为独立力量在这些国家就不再有重要意义。

苏联作为第一个社会主义国家，它在进行社会主义革命和建设方面的经验自然为各国无产阶级所学习和效法。与此同时，苏联却以“领导党”自

① [英]唐纳德·萨松：《欧洲社会主义百年史》(上)，社会科学文献出版社 2008 年版，第 133 页。

② [英]唐纳德·萨松：《欧洲社会主义百年史》(上)，社会科学文献出版社 2008 年版，第 117 页。

居将自己的经验教条化，把它作为一种模式强加于各国共产党，从而窒息了生机勃勃的创造精神，阻碍了各国革命事业的进程。1956 年的苏共 20 大，对斯大林的个人崇拜及其后果进行了揭露和批判，肯定了走向社会主义的不同道路；20 世纪 60 年代以中苏两党为主要对立面的大论战，打破了苏共在国际共运中一统天下的局面，使西欧各国党能够独立自主地探索本国通向社会主义的道路。

1956 年 12 月，陶里亚蒂在意共八大上系统地阐述了以“结构改革”为中心的“走向社会主义的意大利道路”。1968 年由于苏联入侵捷克斯洛伐克，引起欧洲 2/3 的共产党人的谴责和声讨，标志着欧洲共产主义作为一支独立自主的政治力量在西欧崛起。进入 20 世纪 70 年代后，西欧各国共产党就共同关心的问题经常举行双边或多边会晤。1977 年 3 月意共、西共和法共在马德里会晤后发表的被称为“欧洲共产主义宣言”的联合声明，标志着欧洲共产主义的正式诞生。欧洲共产主义主张通过和平民主的方式走向社会主义；用无产阶级领导权代替无产阶级专政；实行以公有制为主导的多种所有制并存的经济模式；取消党是工人阶级先锋队的提法，强调党的群众性、人民性和民主性；主张用“新国际主义”代替“无产阶级国际主义”。意共总书记贝林格曾明确指出：“所谓‘欧洲共产主义’就是从欧洲资本主义的特殊条件出发，寻求社会主义道路。它不同于欧洲社会民主党所走的道路，也不同于苏联东欧已有的模式”，它是“欧洲发达的工业国家通过民主途径、寻求所有社会主义工人力量、进步力量和民主力量的团结，实现社会主义的变革”。①

欧洲共产主义从西欧兴起，逐步发展到世界其他地方，据 1979 年统计，全世界奉行欧洲共产主义的 16 个党有 330 万党员，占资本主义世界共产党人数的 3/4。欧共在西欧有党员 280 万，占西欧党员人数的 90%，在西欧 2 亿多选民中共获得选票 2000 多万张，占总选票的 1/10。但是进入 20 世纪 80 年代后欧共各党都不同程度地遇到了困难，党的实力遭到削弱，政治影响不断下降。西欧最大的共产党意共，1977 年拥有党员 181 万，1987 年降至 150 万，在 1987 年 6 月举行的大选中意共的得票率为 1968 年以来的最低

① 乔·乌尔班：《欧洲共产主义》，新华出版社 1980 年版，第 10 页。

点。法共在1982年拥有党员71万,1987年降到60万以下;在1982年6月的立法选举中获得有效票数16.2%,1986年立法选举中降至9.7%。欧共其他党在议会选举中的得票率也逐年下降,许多党因为衰落和内部分歧而出现动荡,从而给欧洲共产主义的进一步发展造成了一定的困难。

欧共在探索的过程中遇到困难和问题是难以避免的。第一,欧美各国资产阶级把欧共视为偷运共产主义的“特洛伊木马”,千方百计阻止欧共的发展及其在各国的执政参政。第二,资本主义社会中间阶层的日益扩大,社会成分日益复杂,处于社会底层的无产者已不再是多数,加之社会民主党不断与共产党争夺支持者,使党的阶级基础和群众基础日益削弱。第三,欧共的探索由于在理论和实践上缺乏经验,对于资本主义社会出现的新矛盾新问题缺乏统一认识,容易产生党内矛盾和分歧。第四,现实社会主义国家尚未显示出全部优越性,没有为资本主义国家的人民树立社会民主化和迅速发展生产力的令人信服的榜样,社会主义国家曾经出现的动乱和失误损害了社会主义的形象,难以对西欧广大劳动群众产生吸引和鼓舞的力量。这一切都对西欧共产党人的探索造成了不利影响。欧洲共产主义尽管步履蹒跚,但它把马克思主义与西欧各国实际相结合,独立自主地探索本国革命道路的实践,无疑对发达资本主义国家走向社会主义和世界社会主义运动的发展具有重大的意义。

2. 民主社会主义的演变

在二战中,社会党与共产党并肩作战,同样积极地组织各国工人阶级开展各种形式的反法西斯斗争,因而,“当战争结束时,社会党和社会民主党参与了几乎所有西欧民主政府”(见表2),在英国、瑞典和挪威,它们掌握了控制权,“在其他国家,它们与非社会主义政党分享权力”①。如同唐纳德·萨松所说:战争“摧毁了对于资本主义(如果留给资本主义自己去处置的话)将会产生出一个‘美好社会’的信仰。战争的扩大也损害了拥护资本主义的政党:在战后第一次选举中,他们在西欧各国的支持率都下降了。正像在意大利和西德发生的情况那样,为了获得可信的结果,拥护资本主义的保守党不

① [英]唐纳德·萨松:《欧洲社会主义百年史》(上),社会科学文献出版社2008年版,第140页。

得不在强烈浸淫着民粹主义并承诺社会改革的忏悔的基督教民主党中重整旗鼓。战后第一次选举中，非法西斯主义的右翼的溃败甚至影响了那些拥有出色战争记录的保守党，例如丘吉尔的保守党，在1945年的选举中惨败蒙羞。战后欧洲的重建，需要各党承诺公正的国家干预措施，以实现社会平等和财富的再分配。议程已经转向了更为重视国家管制的形式，至少在战后刚结束的那一段时间，对左翼政党来说是如此。在受到战争重创和萦绕着30年代大萧条记忆阴影的大陆，保守党不进行重组就没有立足之地”①。

表2　1945～1950年社会党、社会民主党和工党获得的选票（单位：%）②

	1945	1946	1947	1948	1949	1950
奥地利	44.6	——	38.7	——		
比利时	——	32.4	——	29.8	35.5	
丹麦	32.8	——	40.0	——	39.6	
芬兰	25.1	——	26.3	——		
法国	23.8	21.1 17.9②	——	——	——	——
荷兰	——	28.3	——	25.6	——	——
意大利	——	20.7	——	(31.0)③	——	——
挪威	41.0	——	——	——	——	——
瑞典	46.7①	——	46.1	——	45.7	——
英国	48.3	——	——	——	——	46.1
西德	——	——	——	——	29.2	——

注：①此次选举在1944年举行。②1946年法国曾举行两次选举。③该数字是与共产党的选票百分比相加的结果。

面对战后资本主义的历史大转变，西方社会民主党为了适应形势的变化开创新局面，改变了二战前分崩离析的状况，重新整合了自己的力量，于

① ［英］唐纳德·萨松：《欧洲社会主义百年史》（上），社会科学文献出版社2008年版，第101页。

② ［英］唐纳德·萨松：《欧洲社会主义百年史》（上），社会科学文献出版社2008年版，第140页。

1951年6月30日至7月3日在联邦德国法兰克福召开国际社会党第一次代表大会，宣告成立社会党国际。此次大会通过了纲领性宣言《民主社会主义的目标与任务》（又称《法兰克福宣言》）。通过总结瑞典社民党和英国工党二战前后的执政经验，社会党国际在《法兰克福宣言》中系统地提出民主社会主义的价值观和政策主张：宣称既反对共产主义也反对资本主义，主张走区别于二者的第三条道路，即民主社会主义之路；提出以民主方法建立“人人平等的福利国家”，强调民主、自由、平等和人权；反对一党制，主张多党制和分权主义；实行混合经济，提倡市场竞争，不反对私有制。社会民主党从开始时在瑞典和英国执政，逐步发展到在西欧大多数国家单独和联合执政，使西欧地区深深打上了民主社会主义的烙印。20世纪70年代中期以前，社会党国际基本上是欧洲社会党人的组织，有“白人国际”之称，20世纪70年代中期，开始向亚非拉地区发展。社会党国际成立后一直反对与共产党建立任何形式的合作，但从1972年第12次代表大会起，允许成员党自由决定他们自己同共产党的双边关系。

社会民主党在战后的执政实践中，形成了自己颇具特色的社会福利模式、混合经济模式和阶级合作政策，并开始以“福利国家”、“瑞典模式”、“新西兰模式”、“荷兰模式”等向第三世界推广自己的价值观。针对国家垄断资本主义出现的新情况，资本主义所带来的毋庸置疑的经济繁荣，工人阶级丰裕程度的增加，消费社会的发展，福利国家的成功以及社会群体的明显稳定，社会民主党重新定位自己的阶级政策，修正了自己的理论体系和价值观，淡化了意识形态性和阶级性。这种变化集中体现在1959年11月巴特哥德斯堡代表大会通过的德国社民党新的基本纲领即《哥德斯堡纲领》中，其主要有两方面的内容：一是实现了党的非马克思主义化。《哥德斯堡纲领》郑重宣称，欧洲的民主社会主义植根于基督教伦理、人道主义和古典哲学。“在纲领中，甚至一点都未提及卡尔·马克思的观点对‘民主社会主义’可能产生的影响”①。党的非马克思主义化，实际上是“抛弃了对资本主义不可避免的历史规律、工人阶级不可避免的贫困化以及中产阶级日益无产阶级化

① ［英］唐纳德·萨松：《欧洲社会主义百年史》（上），社会科学文献出版社2008年版，第227页。

的信仰”。二是实现了党的非工人阶级化。1952 年德国社民党在多特蒙德将自己界定为一个“工人、公务员、白领工人、中间阶级、农民以及所有需要工作的人”的政党,而没有明确指出自己是一个人民党。两年后,《柏林行动纲领》宣称,德国社民党已经从工人党演变为人民党。同时,它也郑重重申工人阶级仍然是其党员和选民的基础。《哥德斯堡纲领》则一劳永逸地抛弃了党的工人阶级身份,转变为一个“人民”的党。

随着资本主义经济繁荣和政治民主的发展,对资本主义带来灾难或革命必然性的信仰,已经丧失了公信力,左右翼政党建立了一种“保守主义的共识”,即“认为政治体系不需要变革,社会的经济安排不需要根本性改革”。因此,“当涉及变革既有民主国家职能的问题时,社会主义政党充其量只是怯懦的改革者。在多数情况下,他们是现状的毫不妥协的支持者”①。20 世纪 60 年代,左右翼的分野在朝着超越传统的资本主义与社会主义两分法的方向发展,双方辩论的议题主要是如何组织资本主义社会,而不是应否消灭资本主义。社会主义者吸收其传统思想,赞成理性发展经济,坚持强调计划的优越性、集体主义在获取更大利益方面的优越性,积极推动科学进步,主张完善人类社会。同时,作为保守主义者财产的民族和民族利益等更为传统的思想,也被社会主义者用来调控资本主义。“合作主义”成为西方社会的普遍治理形式,“在这种普遍治理形式下,政治经济章程、正式或非正式的制度安排、‘游戏规则’等等,极大地束缚并限制着所有政府党及其‘忠诚的’在野党的选择权。”②

欧洲社会民主党实现了党的非意识形态化和从工人阶级政党向全民性政党的转变,变成了改良主义的政党和资本主义体制内政党。它们在 20 世纪 60 年代至 70 年代初先后成为西欧各国的执政或参政党,在瑞典(1960～1976 年)、英国(1964～1970 年)、挪威(1960～1965 年、1971～1972 年)、丹麦(1964～1968 年、1971～1973 年)、奥地利(1971 年以后)等国还组成了“纯粹的”左翼政府(社会民主党、社会党、工党单独执政,或者作为一个由相对

① [英]唐纳德·萨松:《欧洲社会主义百年史》(上),社会科学文献出版社 2008 年版,第 333 页。

② [英]唐纳德·萨松:《欧洲社会主义百年史》(上),社会科学文献出版社 2008 年版,第 337 页。

较小的左翼政党支持的少数政府)，然而，这是以丢掉意识形态和阶级身份为代价的。

(三) 东方社会主义的曲折发展

二战后期，东方社会主义运动以列宁主义思想为指导，先后在东欧诸国、中国、越南、朝鲜等国建立了社会主义制度，社会主义从一国发展到多国。到 1975 年 12 月为止，社会主义国家发展到 16 个(柬埔寨在苏东剧变前已发生制度变化，所以苏东剧变时社会主义国家为 15 个)，形成了拥有世界 1/3 的人口和 1/4 的土地的强大的社会主义世界体系。但对于二战后西方出现的第三次科技革命以及资本主义由私人垄断向国家垄断的转变，当时的社会主义国家普遍认识不够。相反，却始终认为，资本主义处在“社会政治经济形势的总危机”之中，因此不断向外输出革命，给某些第三世界国家提供经济援助和军事援助，希望他们实现社会主义革命。

在相当长的时间里，社会主义国家基本上是关起门来搞建设。由于把现实社会主义定位于是高于资本主义的社会形态，因而在社会发展阶段上急于向更高阶段的“共产主义”过渡。本来落后国家经过无产阶级革命建立的新社会并不是高于资本主义的经济形态，它并不取代资本主义，而是一条不同于资本主义的实现社会化、工业化、现代化的新途径，是不够格的社会主义。但作为由“两个必然”理论武装起来的革命者，却希望在社会生产力的发展并没有为其提供实现理想社会的必要条件的情况下，亲眼看到理想的实现，在心理上不愿意把理想社会的实现推向遥远的未来。于是便把马克思、恩格斯所说的在发达国家共同胜利基础上建立的共产主义社会中才能实现的原则作为现实的原则而在社会中推行。这样便产生了一系列与资本主义处于同一时代，而生产力水平却低于发达资本主义国家的尚未现代化的社会主义国家。现实社会主义与马克思、恩格斯设想的经典社会主义无论在生产力水平，精神文化方面，还是在国际环境方面都具有很大的不同。然而，由于这些国家的革命是共产党人领导的，而共产党人是坚信《共产党宣言》中对资本主义发展状况的估计的，所以这些国家毫无例外地都把建立起来的社会主义定位在马克思、恩格斯所讲的高于资本主义社会的共产主义第一阶段上。正如邓小平同志所说：“我们都是搞革命的，搞革命的人最容易犯急性病。我们的用心是好的，想早一点进入共产主义。这往往使我们不能冷静地分析主客观方面的情况，从而违反客观世界发展的规律。”①

十月革命后，列宁曾试图通过新经济政策对实践中社会主义的历史定位和模式选择进行校正，但由于他的过早逝世，他对现实中的社会主义的历史定位和模式选择还未来得及在理论上以准确的概念确定下来。斯大林掌权后，很快中止了列宁的“新经济政策”，教条主义地对待和运用马克思、恩格斯对建立在发达资本主义基础上共产主义社会基本特征的预测，力图在经济文化落后的俄国现实社会历史条件下尽快实现这些原则和设想，从而形成了以权力高度集中、行政手段为主，以指令性计划为特征、排斥商品经济和价值规律作用的经济模式。机械地理解共产主义就是同传统的所有制关系和传统的观念实行“最彻底的决裂”的思想，在生产关系上强调“一大二公”，在思想观念上强调“破旧立新”，割断同资本主义的一切联系，把社会主义看成是资本主义的简单对立物，把社会主义建设理解为与资本主义对着干。这样，整个实践中的社会主义都发生了历史定位和模式选择的失误，大跨度地脱离了社会现实。

经济文化落后国家革命胜利后，建立起来的经济基础并不高于资本主义，因而必须大力发展生产力，通过不同于资本主义的方式实现工业化、社会化、现代化，在长期的比较、借鉴和竞争中创造出高于资本主义的生产率。但现实社会主义的实践者们，出于阶级利益和阶级斗争的需要，大都教条地对待经典作家关于社会主义历史定位的论述，普遍认为自己处在比资本主义更高的发展阶段上。在舆论宣传上，不加分析地讲：社会主义国家的经济发展高于和快于资本主义，社会主义已消灭饥饿和贫穷，而资本主义已陷入严重危机，资本主义国家的工人处于饥寒交迫、水深火热之中；社会主义民主是真正的人民当家做主，是人类社会迄今最高类型的民主，资本主义民主是狭隘的、残缺不全的、虚伪的、骗人的民主；社会主义能促进科学文化发展，社会主义文化是高于资本主义的新型文化，而资本主义制度已窒息了科学的发展，资本主义文化是没落的腐朽的文化。既然现实社会主义在经济

① 《邓小平文选》第3卷，人民出版社1993年版，第139～140页。

上、政治上、文化上都比资本主义优越，那就没有向资本主义学习的必要了。因而，社会主义国家大都拒绝承认资本主义所创造的先进科学技术和生产力，否认资本主义发展生产的潜力和资本主义生产方式的生命力。而在另一边，西方资本主义则从社会主义国家的产生和发展中，特别是从20世纪30年代席卷整个资本主义世界的大危机中，深刻认识到了原始的自由放任的市场经济发展模式的弊端以及自身的生存危机。它们借鉴了社会主义的计划经济手段、社会福利政策、工人参与管理等措施，普遍建立了比较完善的国家调节制度，原始的自由放任的市场经济体制转化为具有宏观调节功能的现代市场经济体制。在这种情况下，客观地说现代资本主义经济发展模式已占据了比较优势。

这一时期社会主义制度虽然在苏联、东欧和其他国家建立，但社会主义制度的优越性并没有充分体现出来，人民生活水平普遍提高较慢。在与西方资本主义、民主社会主义的竞争中处于守势和劣势。其间，虽然有1956年的赫鲁晓夫改革，波兰的“哥穆尔卡之路”，1968年捷克斯洛伐克的“布拉格之春”，以及20世纪60年代南斯拉夫的“社会自治”和1957年毛泽东的《论十大关系》等社会主义的改革与探索，但是始终没有超出计划经济体制和集权政治体制的框子，把市场经济和权力制衡视为社会主义的异己力量，要么是改革不彻底，要么是改革夭折。

特别是发生在20世纪60年代的以中苏两党为主，波及整个国际共产主义运动的大论战，对世界局势的演变和国际共运的发展产生了巨大影响。这种影响既有积极的，也有消极的；既有短期的，也有长期的。论战从意识形态的分歧发端，发展到民族国家利益发生矛盾；从内部辩论开始，发展到利用宣传舆论工具公开争吵。以中苏两党为主要对立面的大论战，涉及国际共产主义运动的一系列重大原则问题，主要包括，关于世界形势和基本矛盾问题，关于无产阶级取得政权的道路问题，关于社会主义建设问题，关于国际共运内部党与党的关系问题，关于战争与和平问题等。总的来看，大论战虽然促进了国际共运中独立自主倾向的发展，但消极面大于积极面，造成了国际共运的动荡、分裂和曲折。

二次大战后，形成了社会主义阵营，这个阵营团结了世界上几乎所有的共产党、工人党，国际共运呈现出蓬勃发展、令人鼓舞的形势。然而经过论战,统一的国际共运分裂为以中国为代表的一些党和以苏联为代表的一些党彼此对立的局面,原来站在中苏两边的一些党又进一步分化,有的党一分为二、一分为三,甚至一分为四。论战破坏了国际共运的团结,导致统一的国际共运不复存在,而且严重削弱了国际共运的力量,给国际共产主义运动的发展带来了十分不利的恶劣影响。

这一时期东方社会主义运动虽然取得一定成绩,但总体来看,曲折多于发展,教训多于经验。东方社会主义运动在国际风云变幻的新的历史条件下,走上了潜伏着巨大危机的发展之路。

第三章　时代主题转换与资本主义发展的新阶段

20世纪70年代中期以来，世界进入了一个新的历史时期，和平与发展成为时代主题。美欧发达国家率先掀起了一场以微电子技术为标志的新科技革命。新科技革命使发达资本主义国家开始了从传统的工业社会向信息社会的转变，计算机的不断普及，全球互联网的出现，通讯和计算机技术的"数字化"，以及信息产业的迅猛发展，促进了经济全球化与世界多极化的发展。与此同时，资本主义的经济基础和上层建筑诸方面通过调整也出现了一系列新的特点，资本主义开始演进到一个新的阶段——国际垄断资本主义阶段。

一、当今世界的时代方位

对时代的基本判断和准确把握，是理解当今纷繁多变的世界及其未来发展趋势的关键，也是我们研究当代资本主义新变化的理论前提。十月革命后开始了资本主义与社会主义两个时代的交替，即从资本主义向社会主义过渡的时代。这一大时代是否应该划分为若干小的时代？我们当今究竟处于什么时代方位？对此我国学术理论界众说纷纭。我们认为无产阶级政党为了适应世界形势的阶段性变化，便于制定正确的国际国内政策，应当而且必须根据不同时期社会经济、政治关系和阶级力量对比的变化，把这个长的历史过程划分为若干互相衔接的小的历史时代，以便认清当代世界处于什么发展阶段，在大时代的发展过程中，当前处于什么方位。

（一）国内学术界关于现时代及其性质问题的主要观点

时代问题是马克思主义的基本理论问题之一。正因为如此，时代问题成为我国学术理论界研究和探讨的热点和重点问题之一。但由于人们认识问题的思路、视角和据以划分时代的标准不同,因而对于我们所处时代及其特征的认识是不尽相同的。目前国内学术界关于现时代及其性质问题主要有以下三种观点。

何方等人认为当今世界是和平与发展时代。何方在《世界早已进入和平与发展时代》一文中指出,早在20世纪50年代,世界即从战争与革命时代进入和平与发展时代。认为时代性质是由时代主题或时代特征决定的。根据不同的时代主题,20世纪大体可分为两个时代。上半期可称为帝国主义和无产阶级革命时代。由于这个阶段的时代主题是战争与革命,所以通常又称为战争与革命时代。20世纪下半期的时代主题变为和平与发展,世界也就进入了和平与发展时代。①

钟哲明不同意说世界进入和平与发展时代,认为世界以十月革命为标志进入从资本主义向社会主义过渡的"一球两制"的新时代。钟哲明在《马克思主义与我们的时代——兼谈"全球化"问题》一文中指出,世界以十月革命为标志进入从资本主义向社会主义过渡的、"一球两制"的新时代。起先战争与革命是时代的主题,现在和平与发展转为时代的主题。但我们不能将"问题"或"主题"删去或省略,简单地说"我们的时代是和平与发展的时代"。这是因为,它同邓小平的原意和党的文献的表述不符,与实际情况也有差距。②

肖枫、靳辉明等人认为我们仍处在由资本主义向社会主义过渡的大时代。肖枫在《社会主义、时代主题、国际格局》一文中指出,过去通常所称的"帝国主义和无产阶级革命的时代",由于世界情况已发生了很大变化,其具体"提法"虽然不恰当了,但其"核心思想"仍然有效。这就是说,我们仍处在"开始由资本主义向社会主义过渡"的大时代。③ 靳辉明在《当代资本主义与世界社会主义》(上)一书中认为,我们生活的时代仍是世界从资本主义向社会主义过渡的时代,不赞同现时代是"和平与发展时代"的提法。"因为这一

① 何方:《世界早已进入和平与发展时代》,《世界经济与政治》2000年第4期。

② 钟哲明:《马克思主义与我们的时代——兼谈"全球化"问题》,《马克思主义研究》1998年第5期。

③ 肖枫:《社会主义时代主题国际格局》,《当代世界与社会主义》2000年第3期。

提法未能体现时代发展的阶段性，模糊了从资本主义向社会主义过渡时代的性质，给人们一种世界从资本主义向社会主义过渡的历史进程已经终结的错误印象。”①

上述观点从不同方面、以不同的视角分析了现时代的性质以及不同于以往历史阶段的特点，都具有一定的合理性。但我们认为第二、第三种观点由于都只看到问题的一个方面因而难免具有一定的片面性；第一种观点认为早在20世纪50年代，世界即从战争与革命时代进入和平与发展时代，论据不够充分，因而也缺乏说服力。

列宁指出：“只有首先分析从一个时代转变到另一个时代的客观条件，才能理解我们面前发生的各种重大历史事件。”②我们只有运用马克思主义时代观对20世纪以来的世界局势进行深入的分析，既看到世界历史的重大变化，又能正确认识和把握促成这种变化的客观条件和现实动因，才能全面而不是片面、系统而不是零碎的认识和把握当今时代的性质和特征。20世纪以来，虽然社会主义在一些东方经济文化落后国家取得了胜利，但西方资本主义仍在强劲发展，资产阶级仍占据世界的中心位置，因而我们所处的大时代还不是真正意义上的社会主义时代，而是从资本主义向社会主义过渡的时代。但我们也要看到，世界从资本主义向社会主义过渡的大时代是一个相当长的历史阶段。由于国际形势和世界格局的重大变化，这个大时代必然会表现出一系列阶段性特征，由此形成反映该阶段特征的、互相衔接的小时代。以20世纪70年代中期为交界点，我们可以把前后两个时期划分为战争与革命、和平与发展两个小时代。

（二）马克思主义时代观与世界历史发展的新时代

在马克思主义经典作家中，第一个对时代问题做出系统阐述的是列宁。列宁指出：历史发展中，“有个别的、局部的、有时前进、有时后退的运动，都有而且总会有各种偏离运动的一般型式和一般速度的情形。我们无法知

① 靳辉明：《当代资本主义与世界社会主义》（上册），海南出版社2004年版，第53页。

② 《列宁全集》第26卷，人民出版社1988年版，第142～143页。

道，一个时代的各个历史运动的发展会有多快，有多少成就。但是我们能够知道，而且确实知道，哪一个阶级是这个或那个时代的中心，决定着时代的主要内容、时代发展的主要方向、时代的历史背景的主要特点等等”①。“马克思的方法首先是考虑具体时间、具体环境里的历史过程的客观内容，以便首先了解，哪一个阶级的运动是这个具体环境里可能出现的进步的主要动力。”②这就是说，马克思主义的时代观，从生产关系的性质和阶级力量的对比出发，认为时代指的是一定历史时期内主要阶级所占据的中心位置以及由这些主要阶级之间的经济、政治、文化等关系所决定的不同的历史进程，并认为主要阶级之间关系的产生、发展和消失，决定一个时代的产生、变化和转换。

根据列宁的观点，区分时代的主要依据，是要看在一定的历史时期，哪个阶级是时代的中心，决定着时代的主要内容和发展方向。以此来判定的话，很显然，我们目前所处的大的历史时代，还不是真正意义上的社会主义时代。列宁曾指出：十月革命开辟了“两个具有世界历史意义的时代，即资产阶级时代和社会主义时代，资本家议会制度时代和无产阶级苏维埃国家制度时代的世界性交替的开始”③。这就是说十月革命后开始了资本主义与社会主义两个时代的交替，即从资本主义向社会主义过渡的时代。但由于列宁对革命形势估计过于乐观，所以他认为这个过渡会在不太长的时间完成。后来的历史发展和实践表明这个交替是一个相当长的历史过程。尽管在这个历史时代中，社会主义运动在发展，但如同在封建社会晚期资本主义的孕育发展一样，新生的社会主义制度还没有战胜旧的资本主义制度，占据时代中心位置的仍然是资产阶级，资本主义仍然是我们所处历史时代主要的生产方式和统治力量。在这个大时代中存在着两个并列且交叉发展的过程，一方面资本主义由于自身的矛盾运动在不断向前发展；另一方面，由于社会主义制度的出现和发展开始了社会主义与资本主义的交替，即从资本主义向社会主义的过渡。

---

① 《列宁全集》第 26 卷，人民出版社 1988 年版，第 143 页。

② 《列宁全集》第 26 卷，人民出版社 1988 年版，第 140～141 页。

③ 《列宁全集》第 36 卷，人民出版社 1985 年版，第 208 页。

资本主义诞生至今已370多年，虽然目前仍在继续发展且势头很强，然而，由于客观必然性的作用，其发展动力在逐步弱化，最终将融入社会主义与资本主义交替的过程；社会主义与资本主义的交替的过程，虽然由于社会主义目前尚处于初级阶段，社会主义在矛盾斗争中还处于弱势方面，同样由于客观规律使然，其发展势头在日益增强。但社会历史阶段的交替决不是像人类代际交替那样短暂，不是以几十年，而是以几百年，上千年来计算的。资本主义与封建主义的交替，从欧洲资本主义制度诞生算起，经过了大约300年。社会主义与资本主义的交替将需要更长的时间，其间甚至难免出现复辟和倒退。邓小平同志说："资本主义代替封建主义的几百年间，发生过多少次王朝复辟？所以，从一定意义上说，某种暂时复辟也是难以完全避免的规律性现象。"①"巩固和发展社会主义制度，还需要一个很长的历史阶段，需要我们几代人、十几代人，甚至几十代人坚持不懈地努力奋斗……"②

过去，我们在时代问题上存在着一个很大的认识误区，认为俄国十月革命具有划时代的历史意义，它冲破了世界资本主义阵线，开创了社会主义新时代。认为社会主义在苏联的胜利标志着资本主义的衰落。事实上，这种认识是不符合实际情况的。社会主义在一国的胜利和资本主义在一国的被突破，并不表明整个资本主义的衰落或走下坡路。诚如17世纪40年代英国资产阶级革命的胜利，并不意味着整个封建主义的衰落一样。一国社会主义力量的兴盛和整个资本主义力量衰落之间并没有时间上直接衔接的必然联系。社会主义的局部胜利与资本主义的整体灭亡之间是不能画等号的。从历史上看两种或多种社会制度并存的现象是屡见不鲜的，封建主义制度和资本主义制度在近代世界历史上就并存过不止一个世纪。作为社会主义制度和资本主义制度的并存，从时间上说还只有90多年时间。从发展趋势看，在一个相当长的时间内，将是强资本主义和弱社会主义两种社会制度之间的共存和竞争，而不能简单理解为直线式的一盛一衰之间的力量的竞争。

在20世纪，传统资本主义国家中取得过社会主义胜利的，只有俄国一个国家和半个德国的民主德国，而迄今保持社会主义胜利成果的一个也没有。

① 《邓小平文选》第3卷，人民出版社1993年版，第383页。

② 《邓小平文选》第3卷，人民出版社1993年版，第379～380页。

20 世纪 90 年代初苏联解体，民主德国被联邦德国所吞并，实行了向资本主义制度的转轨。这典型地反映了社会主义制度的胜利不是一帆风顺的。当代资本主义不仅包括西方发达资本主义国家，而且包括被称为第三世界国家中的绝大多数实行资本主义制度的国家，尤其是处在经济发展前沿的新兴工业化的发展中国家和地区。在过去一个时期里，人们习惯于把第三世界发展中国家看作属于反帝国主义的阵营，这是一种从脱离帝国主义殖民体系的角度和两大体系争斗中广大第三世界国家往往在政治上站在反帝国主义立场来说的，而不应和广大第三世界发展中国家的经济和社会制度上的属性相混同。无论从经济制度上或者是从社会政治制度上来划分，广大第三世界的发展中国家，无疑实行的是资本主义制度，走的是资本主义道路，尽管它们宣称绝不走传统资本主义的老路，但是不等于它们的道路和制度不是资本主义的，不是一种资本主义的新模式。其实，这是一股在 20 世纪下半叶崛起的后继的资本主义发展力量，它是有着强大的生命力的新兴资本主义力量。人们通常说第三世界作为生力军登上了世界政治舞台，但是这股生力军从社会经济制度上说并非社会主义的，有朝一日，它即使在经济和政治力量对比上超越了传统发达资本主义国家，也只能是新一轮的资本主义发展取代了传统的资本主义，只能是另一种类型的资本主义。

当前，从整个世界范围来看，资本主义无论从数量规模，还是从实力上讲都远远超过了社会主义。这就决定了世界历史发展的大时代是资本主义向社会主义的缓慢过渡。这个时代的主要矛盾是资本主义制度与社会主义制度的矛盾，由经济、科技、军事实力对比所决定，目前，矛盾的主要方面是资本主义，资产阶级仍占据着时代的中心位置。

（三）当今世界的时代方位

从世界历史的发展来讲，目前我们处在从资本主义向社会主义过渡的大时代。在这个时代中，由于新的因素——社会主义运动的发展和社会主义制度的诞生，使得资本主义具有了过渡的性质。十月革命的胜利和第一个社会主义国家的建立，标志着统一的资本主义世界体系开始解体，世界的发展进入了一个两种社会制度并存和相互斗争的新时期。但我们必须冷静地认识到，过渡不等于代替，因为资产阶级仍然占据着时代的中心位置。过去我们往往把社会主义与资本主义两个时代的交替当作代替。其实，这是两个完全不同的概念。交替是一个并存和竞争的过程，而代替则是战胜后的替代。

在世界历史上，每一次社会制度的变革，无不经过曲折、反复的斗争，每一个新生的社会制度，无不有一个从不成熟到逐步成熟的过程。英国资产阶级革命开始于 1640 年，但在战胜国王以后，接着就出现了 1660 年的王朝复辟；一直到 1688 年，英国的资产阶级专政才稳定下来。法国资产阶级革命从 1786 年爆发到 1875 年第三共和国成立，经过了 89 年，中间交织着进步和反动、共和和帝制、革命恐怖和反革命恐怖、内战和外战、征服外国和投降外国，尤其动荡不安。就整个资本主义制度来讲，从建立到成熟大体经历了二三百年的时间。资产阶级革命是用一种剥削制度代替另一种剥削制度，尚且需要经过反复、曲折的斗争，无产阶级革命要消灭一切剥削制度，更不可能是一帆风顺的。资本主义制度在诞生的过程中，尽管经历了长期的反复斗争，但在当时是比封建制度先进的社会制度，代表了社会进步和历史发展方向，所以它最终战胜了封建制度；社会主义是一种崭新的制度，在其发展过程中，必然也会遇到斗争和反复，但它是代表当代社会进步和历史发展方向的，所以它最终也必将战胜现在还貌似强大的资本主义制度，使整个人类逐步过渡到社会主义和共产主义。

从第一次世界大战和俄国十月革命开始的从资本主义向社会主义、共产主义的过渡这个大的历史时代，到目前为止可以看出，以 1975 年为交界点显现出前后两个明显不同的阶段，据此可以划分为两个小的时代。即从第一次世界大战和俄国十月革命到 1975 年印支战争结束，可以概括为战争和革命时代，1975 年以来可以概括为和平与发展时代。

(1) 战争和革命时代。世界进入从资本主义向社会主义和共产主义过渡的时代以来，历史的发展以 1975 年为交界点，出现了一个阶段性的变化。从第一次世界大战和俄国十月革命到 1975 年印度支那人民抗美救国战争的胜利，这是战争狂飙和革命风暴交替发生，社会主义和资本主义进行生死较量的时期。

纵观这 60 年的历史发展，经历了两次世界大战，两次社会主义革命高潮，以及帝国主义侵朝、侵越战争和一系列国家的国内革命战争、民族解放战争；交织着战争与革命，侵略、颠覆与反侵略、反颠覆，殖民主义统治和民族解放战争。虽然在这一时期内，社会主义国家曾发生过一些挫折和失误，资本主义国家在20世纪50年代末到70年代中期有了较快的发展，但从总体上来讲，这一时期是战争引起革命，民族解放运动不断高涨，社会主义影响不断扩大的时期，大体上可以概括为战争和革命时代。

(2) 和平与发展的时代。20世纪70年代中期以来，我们所处的时代发生了阶段性的变化。印度支那战争结束以后，西方资本主义进入了一个新的和平发展时期，资产阶级对生产关系开始进行新一轮的调整；与此同时，社会主义国家由于体制僵化，导致生产发展速度下降，也开始了改革，进入积蓄力量，巩固已有成果，进行体制创新的时期。与此相适应，我们所处的时代，从战争和革命时代转变为和平与发展的时代，促使这种转变的原因主要有下列4个方面。

第一，经过60年的较量，社会主义和资本主义两种制度、两类国家，都感到彼此的关系需要进入一个和平共处、协作、竞争的时期。从第一次世界大战和俄国十月革命到1975年印支战争结束，在60年左右的时间里，社会主义和资本主义两类国家，既有激烈的战争冲突，也有短时期的和平共处，还有冷战共处。资本主义国家曾千方百计用武力摧毁社会主义国家，未能奏效。例如朝鲜战争、越南战争等。社会主义国家也曾多次策动世界革命，消灭资本主义，但也未能做到。经过60年"热战"、"冷战"的反复较量，社会主义国家和资本主义国家都认识到，在一个短时期内谁也难以摧毁谁。双方都感到需要从"热战"对抗、"冷战"共处转向长时期的和平共处、协作、竞争、共同发展。

第二，科学技术的发展，资本主义生产关系的局部调整，使资本主义还有很大的发展余地。20世纪70年代，首先在发达资本主义国家，而后在世界范围内兴起了一场以微电子技术为中心，包括新材料技术、新能源技术、航天技术、生物工程技术等领域的新技术革命。世界范围科学技术的迅速发展，引起了生产力的巨大变革，极大地提高了劳动生产率。与此同时，垄断资产阶级为了适应自己统治的需要，进行了生产关系的局部调整。科学技术的发展和生产关系的局部调整，促进了资本主义经济的发展。当今世界先进生产力的大部分仍为资本主义国家所占有，在科技方面，发达资本主义国家仍处于领先地位。从目前来看，还不能说资本主义生产关系所能容纳的生产力已经到了顶，应该说它还有很大的发展空间。

第三，社会主义代替资本主义是历史的必然，但目前发达资本主义国家还不具备革命的客观和主观条件。马克思主义认为，资本主义生产方式必然要为以公有制为基础的社会主义生产方式所代替。但同时也指出，社会主义革命必须具备客观形势和主观条件。然而，目前在发达资本主义国家，这两方面的条件都尚不具备。一方面，当代发达资本主义国家虽然阶级对立和斗争仍然存在，但资产阶级还可以通过改变统治策略等手段，使矛盾得到缓解，使政局相对稳定；虽然经济危机、两极分化和失业等现象仍在发生，但工人群众的劳动条件和生活条件仍有所改善。另一方面，资本主义国家的无产阶级政党力量还不强大，一些党的力量近年来甚至有所下降，群众的组织性也不强。这种情况表明，发达资本主义国家在短期内还不可能发生革命，社会主义制度和资本主义制度还要共处一个相当长的时期。无产阶级政党在这个和平发展时期，应积聚力量，发展组织，迎接未来的决战，只要资本主义的基本矛盾存在，这种时机就一定会到来。

第四，和平与发展已成为当今世界的两大主题。20 世纪 70 年代以来，世界经济的发展，特别是生产和资本国际化的高度发展，使资本主义国家经济相互依存的趋势加强，使经济的相互渗透、相互依存的关系不仅存在于西方国家之间，而且存在于东西方国家之间，形成你中有我，我中有你，犬牙交错的趋势。这种经济上的共同利害关系，使得任何一个国家都不能轻易挥动干戈，因为谁也不愿意花上一大笔军火费用去干毁掉自己投资的蠢事。特别是由于当代核武器的发展，使地球上空笼罩着核战争的阴影。一旦爆发核战争，地球上的一切生灵都将被消灭。由于对当代战争后果的认识，特别是对所谓“核冬天”的惧怕，加上世界爱好和平人民的共同努力，当今世界虽然仍充满矛盾和斗争，但总的趋势已从对抗走向对话，紧张局势已有所缓和，维护世界和平已成为世界人民关注的一大主题。

第二次世界大战后，民族解放运动蓬勃发展，从战后到 1984 年，世界上先后获得独立的国家达 94 个。这些国家取得独立后，摆在面前的首要问题，是发展民族经济和文化。世界经济发展的严峻现实是，南北之间即南半球广大发展中国家与北半球发达国家，也就是穷国与富国之间，在经济发展水平和人均国民生产总值方面的差距越来越大。发达国家依靠国际经济旧秩序，垄断世界商品市场、金融市场，进行不等价交换，剥削发展中国家，这是世界范围的一种不公平现象。当前，发展中国家正在为振兴民族经济，建立国际经济新秩序而进行坚持不懈的努力，发达国家也不满足于现状，在你追我赶，争取在世界上居于有利地位。发展中国家占世界人口 2/3 以上，他们是维护世界和平的基本力量，只有发展中国家经济的振兴，世界和平才能长久维持；同时发达国家要使自己的经济有较大的发展，没有发展中国家经济的振兴是不可想象的。发展问题也已成为当今世界与和平问题密切相关的另一大主题。

正是在这样的历史条件下，在世界主题转换的情况下，我们所处的时代已从战争和革命时代转变为和平与发展的时代。和平与发展的时代，是从资本主义向社会主义、共产主义过渡的大时代中的、继战争与革命时代之后的一个新的历史时代。

二、资本主义由国家垄断发展到国际垄断阶段

随着时代主题的转变，20 世纪 70 年代中期后，资本主义在和平发展的条件下，掀起了一场新的科技革命，促进了经济全球化与世界多极化的发展。与此同时，资本主义的经济基础与上层建筑诸方面通过调整更加完备和成熟，出现了一系列新的特点，资本主义开始演进到了一个新的阶段——国际垄断资本主义阶段。

（一）对中外学者关于当代资本主义发展阶段观点的评析

国内外学术界大多数人都认识到，今日的资本主义不仅与 17～18 世纪时的情况不同，而且与马克思恩格斯生活时代的 19 世纪、与列宁生活时代的 19 世纪末到 20 世纪初的情况相比也有了许多新变化。但对这种变化的性质、原因和资本主义当今所处发展阶段的看法，则因阶级立场、学术背景、利益关系的不同而见仁见智，众说纷纭。中外学者有关当代资本主义发展阶

段的观点有代表性的主要有 10 种。①

1. “全球资本主义说”。美国杜克大学教授阿里夫·德里克认为，第二次世界大战后，资本主义通过政策调整，成为全球资本主义。② 国内学者李景治、齐兰教授也认为，20 世纪 80～90 年代以来，资本的全球垄断已成为资本主义在当今世界存在和发展的主要形态和突出特点③，垄断资本主义的发展“进入了一个全新的历史阶段”，即“全球垄断阶段”④。德里克指出，在全球资本主义时代，新技术革命和生产的跨国化使生产过程全球化了，同时赋予资本和生产极大的流动性和灵活性；跨国公司取代国家市场成为经济活动的场所，人们努力建构超越国家范围的区域性机构来协调经济的运作，各种全球性组织大量增加；资本主义生产方式作为一种占统治地位的生产方式，它占据了世界经济政治文化关系的霸权地位。资本的全球化把资本主义的经济、政治、社会、文化实践带进了所有社会。“社会主义社会已经正式地被资本主义的经济实践和其特有的生活方式所淹没。尽管仍然有资本控制之外的空间，但是，这些空间是作为资本全球结构化了的空间”，“甚至那些空间也没有幸免于资本主义生活方式和文化的影响”。全球资本主义是资本主义的一个新阶段，是继自由资本主义和垄断资本主义之后的第三阶段。

德里克正确地指出了新科技革命和经济全球化对世界上不同类型的国家都产生了巨大影响，但他由此得出已出现“全球资本主义”的结论则是错误的。20 世纪 70 年代中期以来，随着新科技革命的发展，新自由主义的全球扩张，社会主义国家的改革开放，使得资本和市场经济的全球化成为一种普遍的事实。一方面社会主义国家为了现代化的需要大量引进外资；另一方面，随着中国等社会主义国家确立以市场经济为导向的改革方向，世界上 95％以上的国家和地区都实行了市场经济的同一游戏规则，于是德里克便

① 刘昀献：《对 20 年来中外学者关于当代资本主义发展阶段观点的评析》，《新华文摘》2008 年第 17 期。

② 李惠斌、李朝晖：《后资本主义》，中央编译出版社 2007 版，第 12～13 页。

③ 李景治：《当代资本主义经济的特点和发展趋势》，《中共天津市委党校学报》2002 年 1 期。

④ 齐兰：《垄断资本全球化问题理论探讨》，《教学与研究》2003 年 8 期。

以为资本主义全球化了。持“全球资本主义说”观点者显然陷入了两个误区,即把资本和市场经济等同于资本主义。其实,资本和市场经济的产生都远远早于资本主义,它们与资本主义具有不同的质的规定性。社会主义国家引进外资和采取市场经济体制,并不说明这些国家放弃了社会主义价值取向;更不能说明这些国家放弃了社会主义制度。中国特色社会主义 30 多年来取得的巨大成就和世界影响是有目共睹的。因此,由于资本的全球扩张和市场经济的全球化而得出全球资本主义的结论是不科学也不符合实际的。

2.“后资本主义说”。美国著名管理学家和经济学家彼得·德鲁克认为,1989 年到 1990 年发生的一连串事件,不仅仅是共产主义或传统社会主义实践的失败,同时也代表着资本主义时代的结束。一种“摧毁马克思主义与共产体制的力量,也同样淘汰了资本主义”①。由于知识经济的发展和全球化时代的到来,发达资本主义国家在社会结构、阶级关系、国家职能、经济动力和社会问题等方面出现了新的变化。以资本和劳动为主要矛盾和冲突的资本主义时代已经结束,一种新的社会形态即后资本主义社会已经出现。在这个新社会里,“真正有支配性的资源、绝对有决定性的生产要素,既不是资本、土地,也不是劳动力,而是掌握在广大劳动者头脑中的知识。因此,在后资本主义社会中,社会主导阶级不是资本家,也不是无产阶级,而是知识工作者与服务工作者”。信息技术与网络发展的结果是:我们进入了一个与资本主义和社会主义完全不同的“后资本主义”时代。

20 世纪 70 年代以来资本主义的变化是有目共睹的。但缺乏唯物史观指导的人面对这种扑朔迷离的变化难免产生关于未来社会的不确定性看法,后资本主义概念就是这种对未来社会不确定性看法的表现。根据唯物史观,资本主义生产方式的实质是资本家占有生产资料并用以剥削雇佣工人,榨取剩余价值。只要这一生产方式不改变,资本主义仍旧是资本主义,不管它的形式发生什么样的变化。在当代资本主义国家,尽管知识经济已现端倪,但我们很难说知识经济已取代了生产经济;资本与劳动的关系仍然

---

① [美]彼得·德鲁克:《后资本主义》,台湾时报文化出版企业有限公司 1994 年版,第 12～13 页。

是基本的生产关系，工人与资本家的矛盾仍然是基本的阶级矛盾。因而当代资本主义的变化只是资本主义生产方式内部的发展，而不是一种新的生产方式的产生。阿里夫·德里克在评价后资本主义时，曾不无道理地指出：德鲁克的后资本主义社会"是一个模棱两可的概念"，"他的确对管理科学的产生作过重要的贡献"，但"他在其著作《后资本主义社会》以及其他著作中也有一种倾向：把子虚乌有的东西说成是真实存在的现实"；"只要剩余价值的榨取和资本的积累还是经济行为的目标，那么就不能说对这一范式稍有偏离就意味着资本主义的终结，意味着一种不同生产方式出现。"①

3. "晚期资本主义说"。20 世纪 70 年代以来，西方马克思主义者纷纷展开关于当代资本主义危机趋势的研究。法兰克福学派的著名代表之一尤尔根·哈贝马斯的晚期资本主义说是其最有代表性的理论之一。他认为"在最先进的资本主义国家中出现了两种引人注目的发展趋势：其一，强化国家干预，这确保了制度的稳定；其二，推进科学研究与技术之间的相互依存，这使科学成为第一位的生产力。这两种趋势摧毁了作为自由资本主义主要特征的制度结构与有目的——合理的子系统的特殊格局，从而，运用马克思根据自由资本主义社会正确提出的政治经济学的重要条件消失了"②。在哈贝马斯看来，晚期资本主义已成为有组织的资本主义或由国家管理的资本主义。在资本主义发展过程中遭到破坏正在消失的资产阶级传统意识形态（公平交换观念），就远远不能适应于这种新形势的需要了，而科技意识形态又难能胜任为资本主义政治系统合法性进行辩护之重任。因此，在晚期资本主义社会中，危机就必然要发生转换，即从经济领域转移到政治、社会文化领域，变成社会危机、政治危机、文化危机、意识形态危机，表现为一种全面的危机。

哈贝马斯的晚期资本主义理论以其强烈的现实感和令人钦佩的理论勇气对当代资本主义合法性问题做了深刻的理性分析，揭露了晚期资本主义的种种合法性危机的风险和趋势，指出其腐朽性与垂死性的一面，具有重要

① 李惠斌、李朝晖：《后资本主义》，中央编译出版社 2007 版，第 40 页。

② 陈学明：《20 世纪哲学经典文本》（西方马克思主义卷），复旦大学出版社 1999 年版，第 426 页。

的理论与实践价值。这不仅与某些宣告资本主义全面胜利、意识形态终结的资产阶级理论家划清了界限，而且与盲目崇拜资本主义的一些东方“学者”形成了鲜明对比，对于我们正确认识资本主义本质具有重要启示。但哈贝马斯作为资产阶级学者也表现出了其难以克服的局限性。他认为科学技术的进步变成了独立的剩余价值的来源，用对科技工具理性的批判取代了对资本剥削的批判，否定了马克思的剩余价值学说；用政治危机、文化危机（合法性危机、合理性危机）淡化经济危机，把当代资本主义的一切弊端都归结为文化系统出了故障。并且认为，在晚期资本主义社会，资本主义的垄断权力和工具理性已渗透到社会生活的一切领域，工人阶级丧失了革命的阶级意识，马克思主义的经济危机理论和阶级斗争理论已经过时了，试图用改良主义的方法，如建立交往理论等等来解决晚期资本主义的各种社会矛盾。事实上，当代资产阶级国家的干预是以维护而不是废除资本主义私有制为目的的，它不可能从根本上改变资本主义生产关系，消除资本主义经济危机。科学技术作为物化在生产工具、生产资料中的人的智力和技能，是劳动者的脑力劳动发明创造的；同时，其作为第一位的生产力的重要作用只有渗透到生产力三要素（劳动对象、劳动者和劳动资料）中才能发挥作用，它不可能成为剩余价值的直接来源，更不能改变工人阶级受剥削的命运，消解社会革命的意义。哈贝马斯从维护整个制度的目的出发，把晚期资本主义看作是根本不同于自由资本主义的新的社会形态，分析其危机的病根，寻找解救的良方和摆脱矛盾、危机的对策，只能是一种不切实际的“乌托邦”构想。

4. “金融资本主义说”。法国学者让·克罗特·德罗奈等认为继国家垄断资本主义之后，资本主义进入了一个新的历史阶段，即“全球金融垄断资本主义”阶段。① 他认为，金融垄断资本主义是国家垄断资本主义克服自身危机发展的结果。信息革命为金融垄断资本主义提供了技术和生产力基础，而经济全球化和金融化则是金融垄断资本主义形成的必要条件。金融垄断资本主义发展的直接动因有三点。一是资本主义经济发展的需要。在信息革命推动下，资本主义经济，特别是第三产业——服务、信息业的发展，

① 李其庆：《当代资本主义新变化——法国学者让·克洛德·德洛奈访谈》，《国外理论动态》2005年第9期。

需要金融资本的支持。二是资本主义所有制关系调整的需要。在私有化浪潮中，大量私营企业的融资活动以及股权分散化等等推动了金融资本的发展。三是资本对外扩张的需要。经济全球化的发展，推动了世界金融市场的一体化。

在金融垄断资本主义条件下，经典意义上的资本主义生产方式和所有制关系并没有改变，资本对劳动剥削和统治关系也没有改变，但是资本的增值形式却发生了变化。金融垄断资本是资本对人类社会生产的最高统治，它把生产的社会化又向前推进了一步。但另一方面，在资本主义生产方式条件下，金融垄断资本又建立了金融专制统治，成为加强和扩大国内和国际剥削的工具。今天，金融已发展成相对独立的领域，虚拟经济和实体经济分离的现象日趋严重。金融投机造成了金融和经济的不稳定并频频引发危机。从这个意义上说，金融垄断资本对经济发展又具有破坏作用。德罗奈认为，应该用历史和辩证的眼光看待金融垄断资本主义，不能简单地断言，它是“寄生的”、“腐朽的”资本主义。金融垄断资本主义并不意味着资本主义即将崩溃。但是，金融垄断资本主义作为资本主义发展的新阶段又包含了资本主义固有的矛盾，它将沿着克服矛盾和危机并产生新的矛盾和危机的辩证过程前进。

德罗奈看到了金融资本全球化对于生产、贸易、服务、技术等方面全球化的影响和作用，并客观地指出资本主义的新变化没有消除劳动与资本的对立，“资本主义的本质并没有发生变化。在当代资本主义社会仍然存在过度剥削、收入和贫富差距的扩大、雇佣劳动的弹性和不稳定性、失业率居高不下、社会福利的减少”。但他对资本主义新阶段的概括则是本末倒置的。生产活动是人类一切活动的基础，正是跨国公司的全球生产和经营活动才推动了金融的全球化。资本主义经济是一个复杂有机体，具有多方面特征，人们可以从不同角度、不同层面对它进行考察、描述和揭示，但区分社会不同发展阶段的标准只能是生产方式的变化而不是金融流动范围的大小和范围。同时，划分事物发展阶段的标准应有逻辑一致性，应从一个角度或一个层面观察资本主义发展进程并划分发展阶段。国家垄断资本主义与金融资本主义既不处于同一层面也没有逻辑上的对应关系。

5．“后帝国主义说”。理查德·斯克拉和戴维·贝克尔等学者认为，在全球化背景下，发展中国家正在出现一个管理者资产阶级。它包含了私人企业精英、公有企业的管理者和高级政府官员等精英群体，是发展中国家的统治阶级。面对跨国公司的进入，这个阶级一方面与跨国公司合作，另一方面又坚持民族主义的立场。在这一过程中，管理者资产阶级得到了跨国公司的国际直接投资，而隶属于发达资本主义国家的大型跨国公司的“公司资产阶级”也情愿接受东道国政府强加给他们的条件。国际阶级力量出现了一种新的组合，宗主国的帝国主义统治被管理者资产阶级与跨国的“公司资产阶级”之间的新的利益联合所取代，资本主义进入了一个后帝国主义的阶段。斯克拉和贝克尔的后帝国主义理论对于拓宽人们的视野和研究问题的思路具有积极意义。这一理论引起了人们对当代跨国公司与阶级关系问题的注意，有助于我们在经济全球化的历史条件下深入思考资本主义的发展现状和未来命运；这一理论关注的是阶级的对立，而不是国家的对立，这对于扭转长期以来因依附论和后殖民主义理论的兴起导致人们过分关注南北国家的剥削和被剥削关系而忽视南方国家国内阶级状况的倾向，具有一定的意义；此外，对于我们正确认识跨国公司与欠发达国家发展的关系也具有一定的启迪作用。但也毋庸置疑，这一理论是缺乏科学依据的。首先，这一理论的基础概念“管理者资产阶级”是不科学的，因为它赖以形成的前提不是经济关系，而是“权力关系”。其次，这一理论认为跨国公司可以促进各国利益的一体化。随着跨国公司的扩张和国际资本进入欠发达国家，管理者资产阶级日益与跨国公司资产阶级通过相互之间的利益而结成伙伴关系，并通过调节国外的资产阶级与国内的资产阶级之间的利益，以削弱国家利益与国际利益之间的冲突，使特定国家的发展与国际资本主义的发展之间的紧张局势趋向缓和。可见，斯克拉和贝克尔的主张与考茨基在20世纪初提出的观点颇有相似之处。在考茨基看来，随着生产过程国际化和金融国际化不断加速，各个国家与帝国主义之间的冲突将会趋向缓和。① 斯克拉和贝克尔的后帝国主义理论与当年考茨基的超帝国主义论具有同样的空想性质，因为他们的分析都脱离了社会的生产关系。历史事实已经证明了考茨基理论的荒谬，也将同样证明后帝国主义理论的非科学性。

---

① 曹义恒、曹荣湘：《后帝国主义》，中央编译出版社2007年版，第25～27、13页。

6.“国家垄断资本主义说”。徐崇温、李琮、胡振良等学者认为，资本主义的历史发展，是一个从初级到高级的运动过程，19 世纪末 20 世纪初，资本主义从自由竞争阶段进入垄断阶段；自 20 世纪 30 年代大危机和 40 年代第二次世界大战结束，又从一般垄断阶段转变到国家垄断资本主义阶段。① 所谓国家垄断资本主义，就是垄断资本同国家政权相结合，运用国家政权的力量去实行对生产和分配的社会调节，以维护资本主义生存，促进经济和社会的发展，保证垄断资本获取最大利润。② 现实资本主义仍处在国家垄断资本主义阶段，又表现出其向国际垄断、全球垄断资本主义过渡的端倪。③ 徐崇温特别指出，20 世纪 70 年代以来，跨国公司和经济全球化的迅速发展，无疑在某些方面削弱和侵蚀了国家权利，例如超国家组织对国内政治生活影响的增大，就超越了主权国家的传统边界等。但这些因素并不削弱国家这个概念，跨国公司依然依赖于在民族基础上运作的国家。这种依赖关系具体地表现在，大多数跨国公司的资产和雇员大都集中在母国，日本本田汽车公司在日本拥有其 63％的资产和雇员。大多数跨国公司把其大部分生产集中在一国及其近邻国家中，日本本田、丰田的全球产量中有 70％到 90％是在日本国内生产的。因此，当代资本主义仍然是国家垄断资本主义。④

持国家垄断资本主义观点的学者，承认资本主义从私人垄断到国家垄断的变化，但否认了资本主义在当代的新变化，在理论逻辑上是不周严的。事实上仍然停留在列宁当年的论断上。列宁在 1917 年就曾讲：“战争异常地加速了垄断资本主义向国家垄断资本主义转变的过程”，“国家垄断资本主义是社会主义的最完备的物质准备，是社会主义的入口，是历史阶梯上的一级，从这一级就上升到叫做社会主义的那一级，没有任何中间级”。⑤ 虽然国家垄断资本主义在社会中占据统治地位是在二战后，但不可否认的是它是

---

①　徐崇温：《当代资本主义新变化》，重庆出版社 2004 年版，第 2～9 页。

②　李琮：《当代资本主义发展中的若干问题》，《当代思潮》2002 年第 6 期。

③　严书翰、胡振良：《当代资本主义研究》，中共中央党校出版社 2004 年版，第 283 页。

④　徐崇温：《当代资本主义处于什么发展阶段—是国家垄断资本主义还是国际垄断资本主义》，《红旗文稿》2005 年第 9 期。

⑤　《列宁选集》第 3 卷，人民出版社 1972 年版第 164 页。

与以战争和革命为主题的时代联系在一起的。随着 20 世纪 70 年代中期以后时代主题转向和平与发展,国家垄断资本主义阶段自然也就结束了。

同时,国家垄断资本主义的经济基础是国家垄断资本占统治地位。但实际情况是,20 世纪 70 年代末、80 年代初,以英国首相撒切尔夫人和美国总统里根为代表,为克服滞胀,宣称放弃凯恩斯主义,转向新自由主义,减少国家对经济的干预,放松国家对许多部门的管制,实施减税,实行国有企业的私有化(或民营化),国家垄断资本已大为减少,西方发达国家对经济的干预程度已大为减弱。随着新科技革命和经济全球化的发展,跨国公司已成为世界经济的主导力量;据联合国贸发会议公布的《2003 年世界投资报告》的数据,全球有 64000 家跨国公司,其海外子公司达 870000 家,2002 年跨国公司的全球销售额达 18 万亿美元,在海外雇用了约 5300 万员工;跨国公司在相当程度上左右着民族国家的国内经济和政治,其全球活动冲击着国家领土主权的束缚。事实与徐崇温先生说的恰好相反,2001 年按海外资产排序的世界最大 25 家跨国公司中,根据国外资产额、销售额、雇员人数三个比率的平均数计算的跨国指数超过 50%的就达 19 家。日本本田汽车公司的资产总额为 520.56 亿美元,其中国外资产额 352.57 亿美元;销售总额为 559.55 亿美元,其中国外销售额 352.57 亿美元;雇员总数为 120600 人,其中国外为 59000 人,平均跨国指数为 62.8。日本丰田汽车公司的资产总额为 1447.93 亿美元,其中国外资产额 684 亿美元;销售总额为 1088.08 亿美元,其中国外销售额 598.8 亿美元;雇员总数为 246702 人,其中国外为 186911 人,平均跨国指数为 59.3。因此,徐先生引以为据的数字不知从何而来,且其以“大多数跨国公司的资产和雇员大都集中在母国”为依据,断言当代资本主义仍然是国家垄断资本主义是缺乏说服力的。

再者,把市场经济体制国家的经济职能与国家垄断资本主义混为一谈是不妥的。“国家垄断资本主义”说把现代西方国家对宏观经济的调控和对微观经济的管制,当作国家垄断资本主义的表现形式。事实上,国家对宏观经济的调控和对微观经济的管制,是一切现代国家共有的经济职能。如果把这些都说成是国家垄断资本主义的表现形式,那么,一切市场经济国家岂不都成了国家垄断资本主义了吗?这种说法显然是不能成立的。

7. “社会资本主义说”。高放①、鲁从明②、成保良③、董崇山④等专家持此观点。高放教授认为，资本主义发展经历了四个阶段，即16世纪初至18世纪末的封建资本主义（那时资本主义在欧洲封建社会内部孕育成长），18世纪末至19世纪末的自由资本主义，19世纪末大体上至20世纪70年代为垄断资本主义，20世纪80年代以来可称之为社会资本主义，即社会化程度更高、社会主义因素在逐步增长的资本主义。当代社会资本主义具有六个基本特征。一是社会生产力的社会化程度更高了；二是资本主义生产关系社会化的程度更高了，出现了社会资本股份化，股份资本职工化、大众化、分散化、全球化；三是资本主义社会的结构发生大变化，中间阶级扩大化，工人阶级出现白领化、多领化、知识化、有产化趋势；四是国家政府的社会职能大为增强；五是全球各国之间的竞争与协作大为增强；六是社会主义因素在逐步增长，有越来越多的工农大众集资自办企业与合作社，职工参与企业管理，政府实行社会保障与福利政策等等。当代资本主义从生产力到生产关系，从经济基础到上层建筑，从社会结构到社会生活，从内部关系到国际关系，社会化的程度都越来越高，范围都越来越广，层次都越来越多，社会主义的因素在逐步增长。当代资本主义已超越了列宁所讲的垄断资本主义即帝国主义阶段，进入社会资本主义（即含有社会主义因素的资本主义）阶段。

高放教授跳出竞争与垄断关系的框架，以现代蒸汽化、电气化、信息化三次科技革命为坐标，从整个资本主义社会发展的内外部条件和整体社会结构的变化来考察资本主义社会形态发展的阶段性，具有一定的道理与合理性，但其认为当代资本主义处于社会资本主义阶段是值得商榷的。一是社会发展阶段的划分应使用统一的依据，不能既使用竞争与垄断关系作依据，又使用社会化的程度作依据，垄断资本主义与社会资本主义反映的不是同一层面的问题。二是按照高放教授的逻辑推理，可以因势利导，顺水推

① 高放：《马克思主义面临当代发达资本主义的挑战》，《马克思主义与现实》2003年第3期。

② 鲁从明：《是国家垄断资本主义还是社会资本主义》，《经济研究》1989年4期。

③ 成保良：《现代资本所有制形式和资本主义发展阶段》，《当代经济研究》2005年第9期。

④ 董崇山：《社会资本主义论》，中国经济出版社2004版第10页。

舟，逐步把社会资本主义（即有社会主义因素的资本主义）推进到资本社会主义（即有资本主义因素的社会主义），再发展到未来完全的社会主义；这难免有趋同论之嫌，而按照马克思主义的观点，两种本质不同的社会制度是不可能也不会趋同的。另外，当今发达资本主义国家，尽管社会化程度日益提高，但资本与劳动的矛盾仍然存在，阶级剥削仍然存在，虽面目全非，但本质已旧，因而说当代资本主义已发生某种质变还为时尚早。

8. “超国家垄断资本主义说”。学者罗文东认为，20 世纪 80 年代以来，在由凯恩斯主义转向新自由主义和“第三条道路”的理论和政策的过程中，当代资本主义逐渐由国家垄断资本主义发展到超国家垄断资本主义的新阶段。这一阶段是从私人垄断资本主义、国家垄断资本主义发展而来的，是帝国主义发展的新阶段，它不仅没有改变帝国主义的本性，不能从根本上消除资本主义的基本矛盾和经济危机，反而使帝国主义的罪恶本质及其给世界和平和人类文明造成的危害更加充分地暴露在世人的面前；因而列宁帝国主义论中的基本原理并没有过时。①

这一观点虽然也根源于对当代资本主义新变化的观察，但存在严重的逻辑矛盾且缺乏证据。首先，该观点存在逻辑矛盾。罗文东认为，超国家垄断资本主义是帝国主义发展的新阶段，在当代世界，帝国主义的寄生性、腐朽性和垂死性并没有根本改变，“列宁的帝国主义论中的基本原理并没有过时”。既然列宁的帝国主义论中的基本原理并没有过时，那就不需要超国家垄断资本主义的观点，应仍是帝国主义阶段；显然论者是为了表明“新意”，才把当代资本主义称为超国家垄断资本主义的。从逻辑上讲，帝国主义之后的阶段应是超帝国主义阶段，怎么变成超国家垄断资本主义阶段了呢，因为有点国际共产主义运动常识的人都知道，当年考茨基曾提出过超帝国主义论并受到列宁的批判，所以，为了避嫌才把这个本应叫超帝国主义的阶段改称超国家垄断资本主义。但这样一来，逻辑上自然就不周严了。

其次，“超国家垄断资本主义说”提出的论据不能证明自己的观点。罗文东认为，在国家垄断资本主义阶段，“私人垄断、国家垄断和国际垄断的形

① 罗文东：《超国家垄断资本主义：对当代资本主义的一种理论分析》，《当代世界与社会主义》2006 第 5 期。

式、作用以及它们之间的关系都发生了显著的变化，垄断资本超越国家界限、摆脱国家管制，在全球范围内榨取超额垄断利润的倾向明显增强”。“由跨国公司和跨国金融机构的老板以及超国家经济计划机构的管理精英、大的传播媒体的统治精英、技术精英和某些国家的领导人组成的跨国资本家阶级，构成了剥削和统治全球劳工的新的霸权集团，占据着经济全球化乃至整个世界体系中的主导地位。资本主义的这些新特点，已经难以被国家垄断资本主义的概念范畴和理论框架所解释，需要建立超国家垄断资本主义的概念和理论来阐释当代资本主义的最新变化及其发展趋势。”这里说的资本主义的新特点无非是跨国公司成为世界经济的主导力量，形成了跨国资本家阶级，这两点所能证明的只是学术界已经存在的国际垄断资本主义观点①，而不是用词含糊的超国家垄断资本主义。

9. “跨国垄断资本主义说”。学者王亦楠认为，垄断资本主义的发展，经历了从低级形态向高级形态的演变过程，大致可分为三个阶段。19 世纪末 20 世纪初至第二次世界大战期间为私人垄断阶段；第二次世界大战以后至 20 世纪 70 年代末为国家垄断阶段；20 世纪 80 年代以来，经济全球化和以信息技术为核心的第三次科技革命，为资本在全球范围内实现自由流动创造了前所未有的条件，跨国公司成为垄断资本攫取高额利润的有效方式，国际直接投资成为垄断资本向外扩张的主要途径，垄断资本主义的发展进入了一个更高的历史阶段——跨国垄断资本主义阶段。②

王亦楠用以论证跨国垄断资本主义的主要论据是，生产集中和资本集中突破了国家的地域疆界，并且力图超越国家的管制，在全球范围内实现生产要素的最优组合，使资本在全球范围内获得最大限度的增值。由于生产高度集中，生产要素在全球范围内实现最优配置，局限在资本主义国家内部的社会化大生产转变为全球性的社会化大生产；在竞争和信用这两个杠杆的作用下，资本高度集中，私人垄断资本结合成更庞大的国际垄断资本，垄断资本集团的利益日益交织在一起，形成“你中有我、我中有你”的国际垄断

① 刘昀献：《关于社会主义历史命运的思考》，《河南大学学报》（社会科学版）2001 年 1 期。

② 王亦楠：《跨国垄断：资本主义发展的新阶段》，《求是》2002 年 1 期。

同盟。王亦楠在这里正确地看到了，随着跨国公司的发展，出现了生产的国际性和“国际垄断资本”。他煞费苦心地想论证跨国垄断资本主义，而事实上却是在不自觉地论证学术界已经存在的国际垄断资本主义观点①。而且根据汉语的习惯，从逻辑上讲，继私人垄断资本主义、国家垄断资本主义之后的，也应该是国际垄断资本主义。

10．“国际垄断资本主义说”。刘昀献②、靳辉明③、黄素庵④、顾海良⑤、柳瑟青⑥、李长久⑦、赵汇⑧等专家持此观点。他们认为，20 世纪 70 年代以来，随着新科技革命的兴起和国际经济的一体化，资本加速向国际化发展，呈现明显的全球化倾向，国家垄断与私人垄断结合在一起向全球拓展，跨国公司成为世界经济的主导力量，当代资本主义处于国际垄断资本主义阶段。国际垄断资本主义是国际垄断资本控制国际生产、国际投资、国际市场，对发展中国家进行政治压迫和经济剥削的资本主义。

纵观国内外专家学者的上述观点，可以看出，有的是以科学技术和生产力的发展情况为依据，有的是以经济上的竞争与垄断为依据，有的是以资本社会化发展程度为依据，有的则是以资本主义发展成熟的程度为依据来划分资本主义发展阶段的。这些方法都有一定的合理成分，但“横看成岭侧成峰”，仅以某一根据都难以客观反映当代资本主义的真实面貌。笔者是第 10 种观点的一个倡导者和支持者，在 2001 年发表的《关于社会主义历史命运的思考》一文中，曾提出了对国际垄断资本主义的初步看法。2006 年 11 月在

---

① 刘昀献：《关于社会主义历史命运的思考》，《河南大学学报》（社会科学版）2001 年 1 期。

② 刘昀献：《国际垄断资本主义论》，河南人民出版社 2004 年版，第 89～90 页。

③ 靳辉明、谷源洋：《当代资本主义与世界社会主义——当代资本主义新变化及其未来走向》（下册），海南出版社 2004 年版，第 70～78 页。

④ 黄素庵：《如何正确认识当代资本主义经济》，《国际问题研究》1994 年 2 期。

⑤ 顾海良：《关于“如何认识资本主义发展的历史进程”问题》，《教学与研究》2001 年 6 期。

⑥ 柳瑟青：《邓小平国际垄断资本论研究笔记》，《现代国际关系》2001 年 7、9、11 期。

⑦ 李长久：《关于当代资本主义的几个问题》，《太平洋学报》2002 年 2 期。

⑧ 赵汇：《关于资本主义发展阶段的划分与论争》，《教学与研究》2002 年 11 期。

《论当代资本主义的发展阶段及其基本特征》一文中对当代资本主义的性质及其所处发展阶段进行了较为详细的论证。

在人类社会的历史长河中，社会制度的更迭往往是以百年乃至千年来计算的。马克思主义认为，历史上依次更替的社会制度都有它存在的合理性和历史进步性。资本主义作为人类历史上最后一个存在阶级对立的社会制度，在它存在的合理性和自身历史进步性消失之前必然会经历一个产生、发展，并逐步灭亡的漫长过程。资本主义生产关系的特征是资产阶级占有生产资料，雇佣工人出卖劳动力。只要这一生产关系不改变，资本主义仍旧是资本主义，不管它的形式发生什么样的变化。然而，资本主义的经济基础不但包含其制度层面，也包含着体制层面。这后一层面相比之下更具变动性，更容易受到生产力发展的影响而不断变化，由此便使资本主义的发展区分出不同的阶段来。

根据马克思的唯物史观，划分社会发展阶段的基本依据是生产力和生产关系的状况。对于人类社会历史发展大阶段的划分是这样，对于一种社会经济制度再划分为若干阶段也应是这样。遵循唯物史观这一根本方法，以科学技术进步和生产力发展状况为出发点，以资本主义基本矛盾运动即生产社会化与生产资料私人占有这一矛盾的演化进程，划分资本主义发展阶段，应该是主要依据。

生产社会化与生产资料资本主义私人占有的矛盾是资本主义的基本矛盾。这一矛盾运动决定资本主义的产生、发展和灭亡。资本主义之所以发生危机，根源就在于生产资料的私人占有束缚了资本主义生产的发展。资本主义要生存和发展，就必须随着生产的社会化，使资本占有方式相应地社会化。生产社会化反映为经济运行体制的变化，资本占有方式的变化反映为资本社会化的程度，二者的矛盾运动推动着资本主义的变革。资本主义的发展变化反映在经济运行体制上就是市场主体的集中和垄断程度，反映在资本占有方式上就是资本社会化的程度，二者是一个辩证统一的过程。由此我们可以看出，自从1640年资本主义制度诞生以来，资本主义的经济运行体制先后实现了从自由竞争到私人垄断，到国家垄断，再到国际垄断的发展，与此相适应，资本作为经济运动的主体，也完成了由个人资本（包括股份资本）到私人垄断资本，到国家垄断资本，再到国际垄断资本的转化过程。

把当代资本主义定位在国际垄断资本主义阶段不仅符合马克思主义历史唯物主义原理,而且与当代资本主义现实相吻合。国际垄断资本主义是资本主义发展的新阶段,在这一阶段,尽管资本主义基本矛盾的表现形式与以前有所不同,但它并没有也不可能消除资本主义的基本矛盾;随着资本主义经济运行体制和资本社会化的发展,它或许还会经历一个新的阶段,只要资本社会化的空间尚存,资本主义就还会有发展的空间和余地。

(二) 资本主义由国家垄断向国际垄断的发展

20 世纪 70 年代中期印度支那战争的结束,标志着战争与革命时代成为历史,资本主义进入新的和平发展时期。这一时期发生的资本主义滞胀型经济危机导致新自由主义在欧美的走强和新科技革命的兴起。随着由新科技革命推动的经济全球化的迅猛发展,资本主义逐步由国家垄断资本主义演变为国际垄断资本主义。

资本主义的繁荣与危机总是相伴而生、交替出现的。进入 20 世纪 70 年代后,发达资本主义国家的内外矛盾明显加剧。特别是 1971 年 8 月 15 日,美国宣布停止各国中央银行用美元兑换黄金,年底又宣布美元贬值,以美元为中心的实行固定汇率制的国际货币体系瓦解,西方各国普遍实行浮动汇率,汇率的波动频繁而猛烈。同时,贸易保护主义抬头,贸易自由化和资本自由流动受阻。正在西方国家经济陷入动荡的时候,1973 年 10 月中东战争爆发,石油输出国组织大幅度提高油价,这使依赖石油进口的资本主义国家的生产成本大增,触发了 1973～1975 年的世界经济危机。这次危机席卷了所有主要资本主义国家。不仅动摇了凯恩斯主义在西方经济中的“正统地位”,而且暴露了资本主义国家干预理论与政策的严重弊端。随后,英、美等发达资本主义国家抛弃了凯恩斯主义,转而实行新自由主义的理论与政策。

新自由主义的兴起和走强,不仅结束了 20 世纪 70 年代西方深重的经济危机,而且在治理凯恩斯主义的后果、帮助发达国家重新走出困境的同时,推动了以微电子技术为标志的第四次科技革命的兴起。这次科技革命,与美国的新经济革命密切相关,均始于石油危机与布雷顿森林体系终结后的 20 世纪 70 年代后半期。石油危机在客观上要求一场既可以节省能源,又可以节省原材料的产业革命;而布雷顿森林体系的终结引发了大规模的金融创新。这两者的结合导致了新的科技革命和美国新经济的崛起。

新科技革命，促进了经济全球化的发展，为发达国家的垄断资本向全球扩张创造了条件：一方面形成了超国家的经济空间和历史上从未有过的规模空前的统一的大市场，另一方面，为增强各种资源在全球的最佳配置提供了强有力的手段和基础，推动了生产、资本、金融、贸易和技术的全球化。同时，发达国家的政府为垄断公司的全球扩张鸣锣开道，用政治的、经济的、军事的手段推进垄断资本的全球化，从而使国际垄断资本第一次在组织上、技术上、资金上和意识形态上有能力把全世界作为一个一体化单位来管理。资本的社会化由国内扩展到全球，国家垄断资本主义已经不能完全适应生产社会化程度进一步提高的要求，资本主义生产方式已无法像过去那样驾驭猛烈增长的社会生产力。这就迫使垄断企业实行全球化的经营方针，在全世界范围内寻求技术和廉价劳动力的最佳组合，发达国家的几乎所有大企业公司都具有了跨国的特征。当代资本主义已由国家垄断资本主义发展到国际垄断资本主义的新阶段。

三、国际垄断资本主义的基本特征

国际垄断从私人垄断占据全部经济生活的统治地位时就产生了，当时大量资本输出促进了生产和资本的国际化，形成以殖民体系为基础的国际垄断；在国家垄断资本主义阶段，跨国垄断组织获得了广泛的发展，但国际垄断资本在整个社会生活中占据统治地位则是在20世纪70年代中期以后。进入国际垄断资本主义阶段，资本主义的基本特征发生了明显的变化：跨国公司成为世界经济的主导力量，全球最重要的工业和第三产业都已纳入跨国公司的一体化国际生产流通和服务的网络中；国际直接投资成为国际投资的主要形式并迅猛发展，把世界各国的经济越来越紧密地联结在一起；生产和资本的集中正在形成全球寡头垄断市场；资本家国际垄断同盟的形式更加高级化，产生了欧洲联盟、北美自由贸易区、亚太经济合作组织等区域一体化组织、经济合作与发展组织等国际经济组织以及西方八国首脑会议等资本家国际联盟的高级形式；以美国为首的西方发达资本主义国家建立了以综合国力为后盾的全球霸权。①

(一) 跨国公司成为世界经济的主导力量

根据联合国跨国公司研究中心的定义,跨国公司是指在两个或两个以上的国家拥有资产,包括工厂、矿山、销售和其他营业机构的所有企业,"典型的跨国公司是一个规模庞大的厂商,以寡头垄断为主,拥有成亿美元的销售额,其子公司分散在几个国家"②,跨国公司是科学技术和生产力发展的结果,是从事国际生产、销售和其他经营业务,以攫取高额垄断利润为目的的国际化垄断企业。

跨国公司的原始形态可以追溯到17世纪初的英国东印度公司。但真正意义上的跨国公司的出现则是19世纪六七十年代的事情。1863年德国的弗里法里克·拜耳化学公司在科隆地方建立公司,二年后,购买了美国纽约州爱尔班尼的苯胺工厂的股份,然后,将其吞并为分厂;1866年,瑞典的阿佛列·诺贝尔公司在德国的汉堡开办了一家炸药分厂;1867年,美国的胜家缝纫机公司在英国的格拉斯哥建立了一家工厂,从而诞生了现代意义上的第一批跨国公司。19世纪末20世纪初,随着自由资本主义过渡到垄断资本主义,经济上资本的巨额过剩和政治上的掠夺扩张使跨国公司渐成气候。但在第二次世界大战前,跨国公司的发展还比较缓慢,其经济实力也十分有限,对国民经济乃至世界经济的影响微不足道。第二次世界大战后,随着经济生活国际化的发展,在国家垄断资本主义的支持下,跨国公司发展势头日益加快。特别是20世纪70年代中期以来,跨国公司无论从规模数量上,还是从影响力上讲,都获得了空前的发展。根据联合国贸发会议《2003年世界投资报告》提供的数据,全球跨国公司总数已达64000家,国外分支机构数量为870000家,2002年其全球销售额为18万亿美元。目前,跨国公司的产出已占世界总产值的40%和发达国家总产值的50%,其内部贸易额和外部贸易额约占全世界贸易总额的80%,控制着75%的技术转让,90%的生产技

① 刘昀献:《论当代资本主义的发展阶段及其基本特征》,《社会主义论丛》2007年第1期。

② 宋则行、樊亢:《世界经济史》(下卷),经济科学出版社1998年版,第378页。

术,80%以上的对外直接投资和 90%以上的民用科技研究和开发。跨国公司在母国的地位和影响大大增强。在美国,三大汽车公司基本上控制了国内汽车业,三大网站控制了该行业市场的 66%,五大公司已经垄断了美国的军工行业。同时,跨国公司对世界各国经济发展的影响也越来越大,目前世界上 100 个最大的经济实体中,51 个是跨国公司,49 个是主权国家。1999年,美国福特汽车公司的产值(1806 亿美元)超过波兰的 GNP(1608 亿美元),德国奔驰汽车公司的产值(1501 亿美元)相当于印尼的 GNP(1537 亿美元)。① 跨国公司在当代世界经济中起着举足轻重的作用,目前全球最重要的工业和第三产业都已纳入跨国公司的一体化国际生产流通和服务的网络中。跨国公司成为世界经济的主导力量,从而为国际垄断资本主义奠定了深厚的基础。

(二)国际直接投资成为国际投资的主要形式

国际直接投资,是指投资者为了在国外获得长期的投资效益,并拥有对企业和公司的控制权和经营权而进行的在国外直接建立企业和公司的投资活动。国际直接投资不同于国际间接投资和国际灵活投资,它的投资周期长、风险性大,与生产要素的跨国界移动联系在一起,形成的是真实资产,不构成东道国的债务负担。

19 世纪 60 年代,国际直接投资在英国产生;20 世纪初,在英、法、德、美等国的推动下得到了较大的发展。两次世界大战期间,由于战争和世界经济危机的影响,国际直接投资处于低潮,第二次世界大战后,得到了较快的发展。20 世纪 70 年代中期以后,随着新科技革命的发生和发展,出现了商品资本、货币资本、生产资本全面国际化的趋势,尤其是生产资本国际流动的规模空前扩大。发达资本主义国家外国直接投资流入和流出量急剧扩张,大大超过同期发达资本主义国家国民生产总值的增长速度。据统计,西方工业七国(美、英、德、法、日本、意大利、加拿大)1990 年外国直接投资流入额为 1122.4 亿美元,1998 年达到 3285.9 亿美元;同期对外直接投资流出额由 1604.8 亿美元,增加到 4312.4 亿美元。以美欧为主体的经济合作与发展

① 李长久:《跨国公司:全球化中值得关注的经济现象》,《求是》2002 年第 10 期。

组织(OECD)1997 年对外直接投资流入额为 3014 亿美元,2005 年猛增为 6217 亿美元,不到十年就翻了一番(见表 3)。对外直接投资流出额和外国直接投资流入额平均增长速度不仅超过工业生产增长速度,而且超过对外贸易的增长速度。以 1973～1979 年为例,发达资本主义国家工业生产平均增长率为 2.1%,对外贸易年均增长率为 4%,而对外直接投资平均增长率达 18%。进入 20 世纪 80 年代以后,由于受资本主义经济周期波动的影响,以及发展中国家投资环境的变化,直接投资增长势头曾一度有所减弱,但其增长率仍然保持在两位数,如 1986～1990 年,发达国家对外直接投资的年均增长率为 16%,到 2006 年全球外国直接投资流入规模已达到 1.2 万亿美元。

表 3　美欧主要发达国家对外直接投资流入状况(单位:10 亿美元)

	1997	1998	1999	2000	2001	2002	2003	2004p	2005e
法国	23.2	30.9	46.5	43.3	50.5	49.1	42.5	31.4	63.4
德国	12.2	24.6	56.1	198.3	26.4	53.6	29.2	−15.1	32.6
荷兰	11.3	36.9	41.2	63.9	51.9	25.1	21.8	0.4	43.6
西班牙	6.4	11.8	18.8	39.6	28.3	39.2	26.0	24.8	23.0
英国	33.2	74.3	88.0	118.9	52.7	24.1	16.8	56.3	164.5
美国	105.6	179.0	289.4	321.2	167.0	80.8	67.1	133.2	109.8
OECD	301.4	528.5	894.1	1289.3	635.7	572.5	464.8	490.9	621.7

注:p,初步数据;e,预测数据。资料来源:(OECD 网站):oecd.org.com.

随着外国直接投资流入流出量的迅猛增长,跨国直接投资流入和流出存量迭创新高。1991 年,全球跨国直接投资流入量为 1548.01 亿美元,2001 年达到 8322.48 亿美元,2005 年达到 9162.77 亿美元;同期全球跨国直接投资流出量分别为 1955.92 亿美元、7641.97 亿美元、7787.25 亿美元。1991 年,全球跨国直接投资流入存量为 19494.6 亿美元,2001 年达到 62121.2 亿美元,2005 年达到 101297.4 亿美元;同期全球跨国直接投资流出存量分别为 19871.3 亿美元、70107.9 亿美元、106718.9 亿美元。① 全球企业并购成为发达国家进行国际直接投资的主要形式之一,2005 年,全球范围内的企业

① 世界经济年鉴编辑委员会:《世界经济年鉴 2006/2007》,世界经济年鉴出版社 2007 年版,第 635～641 页。

并购总规模高达 2.94 万亿美元。① 国际直接投资的迅猛发展，把世界各国的经济越来越紧密地联结在一起。

（三）生产和资本的集中正在形成全球寡头垄断市场

企业兼并，对于国际垄断的形成和发展起着重要作用。一个世纪以来，西方资本主义国家共发生过五次企业兼并浪潮。第一、二次兼并浪潮分别以“横向兼并”、“纵向兼并”为特征，先后发生在 19 世纪末 20 世纪初和 20 世纪 20 年代。它们使西方资本主义完成了从自由竞争阶段向私人垄断阶段的转变。第三次兼并浪潮以“混合兼并”为特征，发生在 20 世纪五六十年代，它促进了国家垄断资本主义的发展，并为企业经营的多元化、跨国化打下了基础。20 世纪七八十年代发生的第四次兼并浪潮，则以跨国公司为推行全球战略而展开的战略兼并和重组为特征，同时，开始有了一定规模的跨国界的企业兼并、收购和整合。20 世纪 90 年代以来发生的第五次兼并浪潮则是第四次兼并浪潮的深化和扩大，特别是大规模的跨国兼并越来越引人注目。与以往四次大规模的企业兼并相比，这次兼并浪潮有三个显著特点。一是数量多、规模大。全球购并事件 1992 年只有 1800 多起，1999 年达到 24 万起。全球购并总额 1992 年只有 726 亿美元，1999 年达到了 34000 亿美元。前四次兼并浪潮中比较罕见的几十亿、上百亿的兼并在当代已是司空见惯。二是全方位。兼并收购几乎遍及所有行业，其中金融业、通讯业尤为突出。三是跨国界。不同国籍的巨型跨国公司彼此联姻是 20 世纪 90 年代兼并案的一个重要特点。从 1992 年到 1998 年，美、英、法、德、日、意大利、加拿大西方工业七国跨国并购购买额一直保持在世界总额的 70%左右。美国 1990 年的跨国并购购买额为 216.81 亿美元，1998 年达到 1374.21 亿美元，八年间增加了 5.3 倍。在跨国兼并中，大额的兼并案日益增多。据统计，1999 年跨国兼并中，兼并总额在 10 亿美元以上的有 109 次，兼并金额为 5007 亿美元；兼并金额在 100 亿美元以上的有 10 次，兼并总额为 2205 亿美元。近几年发达国家企业的跨国兼并以及美国企业相互兼并的重大案例有：英国沃

① 世界经济年鉴编辑委员会：《世界经济年鉴 2006/2007》，世界经济年鉴出版社 2007 年版，第 9 页。

达丰通信公司继收购美国空中联系通信公司(兼并金额603亿美元)之后,又兼并德国曼内斯曼公司,兼并金额为1850亿美元;德国戴姆勒—奔驰汽车公司在兼并美国第三大汽车公司克莱斯勒公司(兼并金额405亿美元)之后,又并购日本三菱汽车公司;法国电信公司兼并英国奥兰治电话公司,兼并金额400亿美元;美国埃克森石油公司兼并美国莫比尔石油公司,兼并金额864亿美元;美国在线公司兼并美国时代华纳公司,兼并金额1830亿美元等等。

企业兼并浪潮推进了国际生产的集中和垄断。第五次企业并购浪潮发生于经济全球化背景之下,并购的范围跨越了国界,并购的目的不再是单纯追求在国内市场上的垄断地位,主要是谋求在国际市场上占据支配地位。企业并购使巨型寡头垄断企业的数目不断增加,总体规模不断扩大,使越来越多的行业操纵在越来越少的巨型企业手中。20世纪90年代资本主义世界出现的企业兼并高潮,在推动生产社会化和产业结构调整的同时,催生出了一批"巨无霸"企业。它们在通讯、石油、金融、医药等行业占据着主导地位,成为工业资本与金融资本融合的超级寡头。美国拥有100亿美元以上资产的特大型公司1960年开始出现,1970年只有两家,1998年上升为220家。其他西方发达国家的特大型企业也不断增多。这些巨型寡头占有的资产、产值、销售额及利润的份额都远远高于其他企业。据统计,1994年世界500强企业的营业额为102450亿美元,利润额为2820亿美元,1998年为114634亿美元和4403亿美元;2005年分别增至188243亿美元和12087亿美元。①1994年世界500强企业的总资产为308480亿美元,平均每家企业的资产为617亿美元;1998年,世界500强企业的总资产为389890亿美元,平均每家企业的资产为779.8亿美元,平均每家企业增长了162.78亿美元。

经过第五次企业并购浪潮的推动,主要资本主义国家几乎所有的竞争性行业排序前几名的大企业都占据了本行业绝大部分市场份额,成为该行业的寡头。就美国国内而言,企业疯狂并购的结果使美国的铁路、汽车、电话、百货、计算机、烟草、广告和饮料等行业的市场,均被垄断和操纵在5个寡头公司手里。西方工业国家国内市场垄断性的不断增强,推动着全球化市

① 中华人民共和国国家统计局:《国际统计年鉴2006/2007》,中国财政经济出版社2007年版,第85页。

场垄断的发展。目前多个行业全球范围内的寡头垄断格局已经形成。全球10大化学公司,10大半导体公司分别垄断了各自行业90%以上的国际市场;10大轮胎企业则一直占据着世界轮胎市场80%以上的份额;在航空制造业,自麦道公司被波音兼并后,全世界只剩下波音公司和欧洲空中客车工业公司;在汽车领域,美国两大汽车公司外加大众、戴勒姆一克莱斯勒、丰田等少数厂商控制着全球90%以上的汽车生产和销售;在钢铁领域,10～12家大企业控制着世界钢产量的2/3;在移动通讯领域,诺基亚、爱立信、摩托罗拉、松下、西门子和飞利浦手机占据了国际市场绝大部分份额。企业的兼并催生了垄断本国市场及国际市场的“巨无霸”企业,生产和资本的集中正在促使全球寡头垄断市场的形成。

(四)资本家国际垄断同盟的形式更加高级化

从资本主义发展史看,资本家国际垄断同盟产生于19世纪末,当时其主要形式是国际卡特尔。传统的国际垄断同盟主要局限于生产与购销等职能部门。20世纪70年代中期以来,随着生产和资本的国际化,出现了以技术开发和成果共享为核心内容的跨国公司之间的战略联盟以及资本主义国际经济协调等更为高级的资本家国际垄断同盟形式。

在经济全球化的背景下,为了具备全球的竞争能力,实行全球战略的跨国公司逐步建立起跨国战略联盟,以形成全球合作体系。跨国公司国际战略联盟包括两种形式。一是联合开发新技术和新产品。二是技术互换。跨国公司结成战略联盟,作为现代国际技术垄断同盟的具体形式加剧了世界范围内科技成果的集中与垄断,增强了跨国公司的国际技术垄断地位,并成为其实现全球垄断的重要组织形式。正是因此,近年来掀起了一股跨国公司缔结战略联盟的热潮。美国通用汽车公司与意大利菲亚特集团宣布结成“历史性联盟”;德国戴姆勒一克莱斯勒公司与韩国现代汽车公司结盟;世界上最大的芯片制造商英特尔公司与世界最大的软件商微软公司结成联盟;摩托罗拉公司与索尼公司、三菱公司和加拿大贝尔公司签订联合协议,共同开发新一代的芯片;波音公司与空中客车共同投资40亿美元,联合开发高级客机,这些联合引起全世界的震动。据统计,在世界150多家大型跨国公司中,以不同形式结成战略联盟的高达90%。跨国公司的战略联盟已成为当今世界国际垄断同盟的重要组织形式。

当今世界,国际贸易获得了飞速的发展,各国金融市场之间的联系日益密切,而以跨国公司为载体的国际化生产更是在不断扩大,世界经济相互依存的特征日益突出。一国经济政策目标的实现及经济活动的效果,在越来越大的程度上依赖于别国的政策和行动,为维护共同的利益就需要通过各种形式和措施来协调各国的经济政策和经济行为。同时,随着经济交往的增多,各国之间的摩擦和矛盾也日益突出,为了使矛盾不至于发展到对抗的地步,避免在斗争中两败俱伤,就需要各国进行磋商和协调。此外,当代发达资本主义国家政府经济职能的强化,政府在国内社会再生产各领域和各环节深入地参与和调控,为其全面参与国际经济调节奠定了基础。

当代国际经济协调和合作包括国际贸易、国际金融、国际投资以及各国微观和宏观经济政策等多方面的协调和合作。它是通过国际会议、国际条约和协定、区域经济集团和国际经济组织等形式开展的。目前,国际经济协调的主要形式有三种。

一是区域性一体化经济组织。20 世纪 70 年代中期以来,为了促进本地区经济发展,提高本地区的经济实力和竞争能力,在各个区域内纷纷成立了区域性的一体化经济集团,协调区域内各国的贸易、投资、财政、货币等经济政策。如欧洲联盟、北美自由贸易区、亚太经济合作组织等。特别是欧盟作为欧洲主权国家联合起来建立的超国家机构。它的形成和发展,反映了欧洲国际垄断资本的同盟,有了前所未有的高级组织形式。

二是国际经济组织。第二次世界大战后,特别是 20 世纪 70 年代中期以来,一系列国际经济组织相继出现,其中许多是由各国的官方机构组成的。按其协调任务来划分,一类是专门协调国际经济关系某一个方面的国际经济组织,如联合国贸易和发展会议、世界贸易组织、国际货币基金组织、世界银行等,各个组织通过各自的活动范围和活动方式对世界贸易和资本流动的方向、规模、速度等施加影响。另一类国际经济组织是以全面协调资本主义国际经济关系为主要任务的,其协调范围涉及国际经济关系的所有方面,例如在 20 世纪 60 年代美国策划建立、目前已有 29 个成员国的经济合作与发展组织等。

三是西方八国首脑会议。1975 年法国倡议召开西方主要工业国最高级会议，法、美、英、日、德、意大利六国首脑参加了会议；1976 年，加拿大应邀与会，形成了七国集团；1997 年，在美国丹佛首脑会议上，俄罗斯总统参加了会议的政治讨论并首次与七国集团首脑以“八国首脑会议”名义共同发表“最后公报”，七国集团首脑会议演变为“八国首脑会议”。西方八国首脑会议原以讨论经济问题为宗旨，如经济形势、经济政策、世界贸易、南北关系等问题，后随着国际形势的发展，政治问题也日益成为重要的议题。西方八国集团每年举行一次首脑会议，标志着当今世界上最发达的资本主义国家已在最高层次上确定了定期协调的体制。西方八国集团的定期协调体制，形成了当代工业发达国家垄断资本的最高级别的国际同盟。

（五）以美国为首的西方发达国家建立了以综合国力为后盾的全球霸权

冷战结束后，西方发达资本主义国家，特别是美国依仗自己在经济、军事和科技等方面具有的绝对优势，开始明目张胆地追求全球霸权，企图建立以西方的政治制度、经济制度、价值观念为核心的世界新秩序。

目前，以美国为首的少数发达资本主义国家，无论在经济上还是在科技上都占据主导地位。20 世纪 70 年代中期以来，以信息技术为代表的新科技革命的发展，推动了经济全球化的迅猛发展；由于经济全球化从一开始就是以美国为首的发达资本主义国家主导和推动的，发达资本主义国家必然是经济全球化的最大受益者。目前，美、日、英、法、德、意大利、加拿大等少数西方工业国家无论是在经济总量方面，还是在出口贸易、对外直接投资等方面都占有绝大份额。特别是，在经济全球化进程中，跨国公司成为最活跃、最具影响力的力量，一个国家拥有的跨国公司的数量和规模，已经成为衡量该国经济实力和国际竞争力的重要标志。2001 年西方工业七国的跨国公司在全球 500 强中占 414 家，它们的营业额占全球 500 强的 84.8%，利润额占 72.4%。跨国公司实力雄厚，往往富可敌国。有些巨型跨国公司在全球的经济力量已超过了某些国家。越来越多的大企业比许多政府更加强大和有影响力。西方发达国家在全球的大跨国公司中占有绝大多数，从而在世界经济中占据着主导地位。

新科技革命在直接促进生产力发展的同时，对世界政治、军事、文化诸方面也产生了巨大而深刻的影响，当今世界，谁拥有先进的科学技术，谁就掌握了控制世界经济乃至政治事务的发言权。从目前来看,在科技方面,西方发达国家乃占据主导地位,特别是在对经济和社会发展的未来起决定性作用的高科技方面,他们占有巨大优势。在科技研究和开发方面,据统计,目前发达国家每年的支出占全世界的95%以上,而包括中国在内的发展中国家只占不到5%;科技人员90%左右集中在发达国家,发展中国家拥有的科技人员数只占10%。从对科技成果的占有来看,到目前为止,科技革命的成果大多掌握在西方国家和西方资本集团手中。据统计,当今世界500家最大的跨国公司拥有全世界新技术的90%和技术贸易额的75%。美、日、德、英、法、加拿大六国居民专利权申请数即占世界总数的70%以上。美国等西方国家凭借着科学技术、知识经济的优势,利用高附加值的技术、知识产品与第三世界国家的低附加值的原料、劳动密集型产品进行不等价交换,使大量经济剩余转移到西方,不仅促进了西方发达国家经济的发展,而且增强了其经济、政治和军事实力。

如果以国家为单位看,美国是当今世界无可争议的第一经济、科技强国。由于美国拥有经济、科技、军事等强大优势,从而使其在西方发达国家中毋庸置疑地处于"龙头"地位。

从经济方面来看,美国在全球500家大企业中所占的席位越来越多,占世界GDP和贸易额的比重不断上升。据统计,1994年美国在全球最大的500家公司中占151家,2001年达到197家。2001年美国197家跨国公司的营业额达到58856.1亿美元,占世界最大500家企业营业总额的42%;利润额达到2172亿美元,占世界最大500家企业利润额的71%。1990年美国的国内生产总值为57508亿美元,占世界总量的26.4%;2005年达到124551亿美元,占世界总量的28.1%。美国占世界商品和服务贸易的比重1990年为13.5%,1999年提高到15.6%。据瑞士洛桑国际管理发展研究所(IMD)的《世界竞争力年鉴》发布的材料,1992～2001年,美国一直保持在世界竞争力排名的首位。

从科学技术方面来看,美国是世界上科技特别是高新科技最发达的国家。1950～1998年,美国人共获得190项诺贝尔奖,占全部获奖数343项的55.4%。1995年3月,白宫发表的《国家关键技术报告》称:在几乎所有的关键技术领域,美国不是领先于欧洲和日本,就是与之持平。在信息与通讯领域美国的优势相当突出。除了高清晰度显示技术和高分辨率扫描技术，美国在信息与通讯技术的每一个领域都处于世界领先或与其他国家持平的地位。

从军事力量方面来看，美国无论从军事人员数量、军费开支上，还是从武器装备上来讲，都是西方其他国家无法匹敌的。2004 年美国的军事人员数量为 147.3 万人，英国为 20.5 万人，法国为 35.8 万人，德国为 28.4 万人，日本为 25.1 万人，意大利为 44.5 万人，加拿大为 7.1 万人，美国的军事人员数量接近其他 6 国的总和。① 1999 年美国军事支出为 2771.1 亿美元，英国为 360.4 亿美元，法国为 388.4 亿美元，德国为 337.9 亿美元，日本为 449.9 亿美元，意大利为 236 亿美元，加拿大为 88.9 亿美元，美国的军事支出为其他 6 国总和的 1.49 倍。此外，美国拥有能够打现代高技术战争的世界上最精良的武器装备。美国的军事力量使它无可争议地成为西方国家中的军事大国。

美国在经济、科技、军事实力上的全面优势，决定了它在西方发达国家中的龙头地位。一些国家或国家集团可能在某些领域向美国提出有力的挑战，甚至有可能超过美国，但全面超越美国，从而取代美国的超级大国地位，这样的前景在短期内至少在目前还看不到。

在两极格局时期，国际关系中的主要矛盾是东西矛盾，集中表现为美苏争夺世界霸权的矛盾。苏联解体、冷战结束后，美苏矛盾已不存在，国际主要矛盾演化为以美国为首的西方发达资本主义国家与中国等广大发展中国家的矛盾，矛盾的实质是少数西方发达国家通过自己拥有的经济、科技、军事等优势，对广大第三世界发展中国家进行经济剥削和政治压迫。其主要表现为三个方面，一是推行“雁行战略”，巩固和强化发展中国家与发达国家之间在产业升级和技术进步上的依附关系；巩固和发展发达国家相对于发展中国家在高新技术领域中的垄断地位和垄断优势；巩固和强化发达国家与发展中国家之间不平等的交换关系。二是将“人权”矛头转向发展中国家，大力推行新干涉主义。他们把“人权”作为提供经济援助的条件。凡达

① 中华人民共和国国家统计局:《国际统计年鉴 2006/2007》，中国财政经济出版社 2007 年版，第 380 页。

不到它们要求的发展中国家，不仅会受到停止援助的惩罚，甚至会遭到经济制裁和封锁。他们利用大众传媒宣传西方的价值观念，促使发展中国家实行政治多元化、经济自由化，并打着“人权”旗帜，寻找各种借口对“不驯服”的国家动用武力进行直接干预。1999 年 3 月 24 日，以美国为首的北约打着“人权高于主权”、“实行人道主义干预”的旗号，对南联盟公然发动空袭，致使数千名平民百姓在战火中丧生，无数的民用设施在空袭中夷为平地，近百万难民流离失所。美国等发达资本主义国家的种种谎言已被它在南联盟所犯下的血腥罪行所揭穿，它们的所谓“人权”、“民主”只不过是强权政治、霸权主义的遮羞布而已。三是把发展中国家作为安全的重点，以“反恐”为旗号，打击反西方力量。在安全问题上，美国等西方国家已把战略的重点转向发展中国家。“9·11”事件后，美国等西方国家将恐怖主义和大规模杀伤性武器确定为其所面临的最大和最现实的威胁，将打击恐怖主义和防止大规模杀伤性武器扩散确立为安全战略的首要任务。美国正是打着“反恐”的旗号，在推翻阿富汗塔利班政权、扫平“基地组织”的基地后，于 2003 年 3 月 20 日不顾席卷全球的反战浪潮和国际社会绝大多数国家的反对，绕开联合国，又悍然发动了对伊拉克的战争。

以美国为首的西方发达国家以超强的综合国力为后盾，肆意干涉别国内政，侵犯别国主权，极力把其经济模式、政治制度、价值观念强加于别国，一方面践踏了国际法、联合国宪章和国际关系准则；另一方面，严重损害了联合国的权威，导致国际安全的无序状态，使以联合国为基础的国际秩序面临严峻挑战。

资本主义由国家垄断进入国际垄断阶段，国际垄断资本主义控制了国际生产、国际投资、国际市场的主导权，为了实现资本收益最大化，逐步走向国际结盟，企图建立国际霸权。西方资本在全球循环并不断增殖、丰厚的利润源源不断地流向国内，使一些阶层的生活条件得到改善，一定程度上缓和了国内的阶级矛盾，使发达资本主义世界处于相对稳定状态。

第四章　当代资本主义经济的新变化

时代主题的转换、信息技术革命和经济全球化的发展，促进了生产力的大发展，推动资本主义从国家垄断走向国际垄断阶段。国际垄断资本主义经过一系列的自我调整和变革，在经济、政治和文化等方面都发生了一系列重大变化。

随着以信息技术为代表的新科技革命的发展，当代资本主义生产力诸要素发生了质的飞跃，经济形态开始从工业经济向知识经济过渡；资本主义的产业结构、就业结构、生产的组织形式和劳动方式等方面发生了巨大的变化。与此同时，发达资本主义国家的所有制形式出现了多元化趋势，经济运行出现了宏观调控的趋势，收入分配出现了兼顾公平的趋势。这些变化不仅一定程度上改善了劳动群众的工作生活条件，维护了西方发达国家的社会稳定，而且拓展了资本主义的生存空间。

一、推进科技创新，抢占经济增长制高点

20 世纪 70 年代以来，以广义信息技术为中心的新科技革命的迅猛发展，引起了当代技术领域的巨大变革，形成新兴技术群。信息技术、生物技术、新材料技术、新能源技术、空间与海洋技术等许多领域均获得突破性进展。随着以信息技术产业为主的高技术产业的发展和在经济中所占的比重的上升，科技创新日益成为经济发展的核心要素。资本主义发达国家在施政议程中将科技创新、科技发展放在突出位置，尤其注重发挥科技在调整产业结构、培育新的经济增长点中的重要作用。

（一）重视前沿研究领域，推动科技创新

在新科技革命中，科学、技术与生产的关系日益密切，科学技术越来越直接地渗透到生产过程的各个环节，变成了直接的生产力。新技术普及速度加快，科技对经济增长的贡献率越来越大，科学技术作为第一生产力作用更加突出。因而，发达国家你追我赶，敏锐把握新出现的学科前沿，积极培育创新型人才，加大研发投入力度，把科技创新作为国家战略大力推进。美国之所以在近百年中一致保持世界超级科技强国的地位，与其重视前沿研究和科技创新的部署有很大关系。

2008年始自美国的金融经济危机爆发以来，西方发达国家更把科技创新看作走出经济低迷期，实现未来经济增长和繁荣的引擎。美国总统奥巴马指出"科学对于我们的繁荣、安全、健康、环境和生活质量比以往任何时候都更加重要"，英国首相布朗也指出"科学在经济中的作用空前重要。我们面临的重大挑战只有依靠科学才能得到解决"①。

奥巴马执政后，特别强调科技和创新是解决美国面临的诸多紧迫问题的关键。2009年9月，美国出台了《美国创新战略：推动可持续增长和高质量就业》报告，提出要加大投资，恢复美国基础研究的国际领先地位，培养符合21世纪知识和技能要求的下一代人才和世界一流的劳动力队伍，建立先进的信息技术系统；推动竞争市场，以激励创新创业；催生在清洁能源、先进汽车、卫生保健等国家优先领域的重大突破。默克尔连任总理后，德国新一届联邦政府高度重视科技和教育，其执政联盟协议未来政策战略第一条就是要将发展"教育、科研、新技术、产品和服务"作为德国未来经济社会发展的力量源泉。

前沿研究是科技创新的前提，对于把握科学发展趋势，掌握未来科学竞争的前沿具有重要意义，各国都非常重视部署前沿研究领域。为了把握能源技术的前沿，美国决定建立46个能源前沿研究中心，总经费达7.77亿美元。为支持前沿尖端技术研究，日本政府在2009年度的补充预算中增投了

① 程如烟、张旭、黄军英：《各国制定科技发展国家战略——抢占新一轮经济增长制高点》，《人民日报》2010年3月1日。

2700亿日元基金，3至5年内对单项研究项目的资助可达30亿至150亿日元。欧盟及其成员国也高度重视前沿研究。2009年9月，欧盟出台了一项促进关键启动型技术发展的战略，该战略选定的关键启动型技术如纳米技术、生物技术、材料科学与工程、先进制造、信息通信技术等均属于前沿领域。

（二）培育新兴产业，抢占经济增长的战略制高点

新科技革命的发展，形成了信息技术、生物技术、新材料技术、新能源技术、空间与海洋技术等新兴技术群。发达国家积极通过发展高新科技，培育战略性产业，支持企业创新，抢占经济增长的战略制高点。对发达国家经济发展具有战略性影响的主要产业有信息技术产业、生物产业等，进入21世纪后，由于气候变化受到人们高度关注，因而低碳产业亦成为经济发展的支柱产业之一。

1. 信息技术产业。信息技术作为高新技术的先导，是应用信息科学的原理和方法，研究信息产生、传递和处理的技术。它是微电子技术、计算机技术和通信技术的总称。20世纪70年代以来微电子技术、计算机技术和通信技术不断出现飞跃发展，不断实现产业化，目前全球GDP中已有2/3的产值与信息产业有关。进入21世纪后，发达资本主义国家仍然非常重视信息技术产业的发展，其重点放在宽带建设、网络安全以及信息技术的前沿研究上。美国的创新议程提出，要继续支持信息技术基础和应用研究，这些研究应集中于提高信息系统的可靠性、安全性和私密性，利用量子计算和纳米电子技术等全新的手段显著提高计算机的性能，提高包括虚拟现实和触觉设备在内的计算机通信能力，继续提高通信的速度，以保证高质量视频、医学图像和复杂科学数据的传输。2009年6月，英国发布《数字英国》白皮书，其宗旨是将英国的信息技术产业发展成为英国未来新的支柱产业。

2. 生物产业。现代生物工程技术是以生命科学最近成就为基础的综合性现代技术。它包括基因工程、细胞工程、酶工程、发酵工程四个方面。生物工程技术建立在生物资源的可再生性基础上，不受原料的限制，并可以把在高温高压下进行的生产过程，改变为在常温常压下进行的生物反应过程。它投资少，效益高，因而具有巨大的经济潜力和社会效益，已广泛应用于药

品生产、疑难病防治、医疗水平提高、动植物品种改良等许多方面。进入21世纪，生命科学和生物技术正在推动新的一轮科技革命，生物产业已经成为全球经济新的增长点。美国政府高度重视生命科学的研发，在联邦政府的研发预算中，除国防开支以外，投入生命科学研发的经费达到或接近民用研发总投入的50%左右。同时，美国政府还通过放宽对胚胎干细胞研究的限制，促进其生命科学的发展。日本政府高度重视国民的健康问题，日本《未来开拓战略》提出，要大力加强世界最先进的卫生保健技术的研发并形成新兴产业，尤其是要将癌症等重点疾病领域的药品、医疗器械、可再生医疗等的研发列为国家战略项目，要加速干细胞、脑科学等先进医疗技术开发，要大幅缩短疫苗研制生产周期。①

3. 新能源产业。能源是一切物质活动的基础。由于非再生性能源（煤、石油、天然气）日渐枯竭，因此，寻找新能源成为关系人类生存与发展的重大课题。20世纪70年代以来，在这方面已取得长足进展。一是核（裂变）发电技术或核电工业已趋成熟。二是各种非化石能源（太阳能、生物能、风能、海洋能、地热能）的开发利用。三是可控核聚变研究已取得突破性进展。

随着全球人口和经济规模的不断扩张，大气层中的温室气体（尤其是二氧化碳）不断增多，全球气候变暖对人类生存和发展的挑战日益严峻，新能源产业成为全球经济中最具生机与活力的新兴产业之一；以低能耗、低污染、低排放为基础的低碳经济模式应运而生，低碳经济成为新一轮国际经济的增长点和竞争焦点。自国际金融危机爆发以来，多数发达国家进一步明确和提升节能环保产业的战略地位，将其纳入国家发展战略，作为调整经济结构、刺激经济复苏、抢占竞争制高点的支柱产业和新的经济增长点。美国从维护其全球经济地位出发，把节能环保产业推到国家战略的前沿。奥巴马明确指出："能够领导21世纪全球清洁能源的国家将能够领导21世纪的全球经济。"②其签署的《2009经济刺激计划》，在7870亿美元中用于替代能源等绿色经济投入达1500亿美元，预计新增500万个就业机会。欧盟提出

① 程如烟、张旭、黄军英：《各国制定科技发展国家战略——抢占新一轮经济增长制高点》，《人民日报》2010年3月1日。

② 程如烟、张旭、黄军英：《各国制定科技发展国家战略——抢占新一轮经济增长制高点》，《人民日报》2010年3月1日。

在 2013 年前投资 1050 亿欧元，用于环保项目和相关就业，支持欧盟区的绿色产业，保持其在绿色技术领域的世界领先地位。2009 年，德国联邦政府在可再生能源技术领域的研发投入已经占德国全部能源研发投入的 60%。同时，作为汽车制造和出口大国，德国希望依靠技术创新来引领以电动汽车为代表的“可持续交通”产业的发展，占领世界汽车制造业和交通运输业的市场制高点。①

在发展低碳经济过程中，发达国家通过体制、机制建设，加大规范市场的力度，逐步建立了一套鼓励低碳经济发展的社会体系。一是能源、资源、环境性产品及服务的价格信号导向机制；二是谁污染谁付费的责任延伸机制；三是能源资源消耗、污染物排放的标准体系及第三方监测机制；四是排放限值制度和排放权交易机制；五是技术准入许可机制；六是节能环保服务企业专业化运营机制。欧盟通过制定排放限额标准，鼓励企业加大“绿色投资”，用标准引导市场。英国利用价格信号机制促进企业主动降低能耗，通过产品“碳足迹”标志，记录和显示单位产品的能耗及排放，运用市场手段鼓励消费者购买生产过程消耗能源少的产品。法国较早地采用特许权形式开展水务设施的运营，把能源环境基础设施交给专业公司独立运营，提高效率、降低成本、保证质量。

与此同时，发达国家一方面试图通过新一轮国际规则的制订，以节能环保产业为载体，设置技术、标准壁垒，确保其在国际竞争中的优势地位。另一方面通过鼓励和支持有实力的大型企业扩张、重组、转型，促进节能环保产业集中度的提高，实现规模化、专业化、国际化，抢占全球低碳经济市场，确保低碳国际竞争优势。一是节能环保基础设施运营和服务企业加速整合扩张。法国威立雅环境集团凭借在本国市场的垄断地位和管理技术与经验，重视高新技术研发，强化企业核心竞争力，加快市场扩张，成为国际节能环保基础设施运营排名第一的企业。二是大型装备制造企业加速向节能环保装备制造及相关领域转型扩张。美国通用电气集团从 2000 年开始打造水处理部门，先后进行 5 次并购，成为世界上工业用水处理装备主要提供商之一；2003 年并购奥地利颜巴赫公司，成为分布式能源技术装备的领跑者。三

① 王小康：《发展低碳经济践行科学发展》，《求是》杂志 2009 年第 22 期。

是传统能源资源型企业加速配置节能环保及新能源业务组合。英国石油(BP)于2000年提出“不仅奉献石油”的战略转型,成立了替代能源部门,利用天然气、太阳能、风能等低碳或无碳能源技术,提高能效,增强产业竞争力。①

二、发达资本主义国家经济结构的巨大变化

随着以信息技术为代表的新科技革命的发展,人类正进入一个全新的时代——知识经济时代。知识经济代替工业经济是一场划时代的产业革命,一场比当年工业革命更加广泛、更加深刻、更加波澜壮阔的革命。它不仅推动了社会生产力的巨大发展,而且引起了社会产业结构、就业结构、生产的组织形式和人们劳动方式的巨大变化。

(一)社会产业结构和就业结构发生了巨大变化

信息技术广泛应用于航空航天、生物工程、新材料、新能源等高新技术产业,促其生成和发展;运用于改造传统产业,使其旧貌换新颜;运用于金融、商业和运输业,使其提高效率,极大地促进了社会生产力的发展。20世纪70年代以来,工业发达国家的社会生产开始从以满足物质需求为主要内容的第一、二产业转向以满足精神需求为主要内容的第三产业。第一、二产业的产值在国民生产总值中的比重大幅下降,而第三产业的产值则大幅上升。2003年日本第一产业的产值为1.3%,第二产业的产值为30.5%,第三产业的产值为68.2%。1999年美国农业产值为1254亿美元,占国内生产总值的1.3%,而非农业生产部门创造的国内生产总值为91738亿美元,占国内生产总值的98.7%,其中制造业产值为15008亿美元,只占16.1%。1999年7月,美国商务部发表了《浮现中的数字经济之二》的报告,首次把与信息技术相关的产业分成三类:信息技术生产产业、信息技术使用产业和非信息技术密集型产业。在这三类与信息技术相关的产业中,前两类已在美国国民经济中占主导地位。1998年,在美国非农业部门的产值中,8.2%来自信

① 王小康:《发展低碳经济践行科学发展》,《求是》杂志2009年第22期。

息技术生产部门,48.2%来自信息技术使用部门,43.6%来自非信息技术密集部门,即使不算上述第三类部门,信息技术产业的产值已占美国非农业部门产值的56.4%。据美国商务部《2000年数字经济》报告,1996～1999年间,美国劳动生产率每年增长2.5%,其中信息产业的贡献率达56.4%。① 1985年美国信息产业在国民生产总值中的比重为60%,1990年为75%,2000年已达到85%。② 社会产业结构已由以工业为主导让位于以知识产业为主导。

表4　2004年发达国家国内生产总值的产业构成(单位:%)

	美国	日本	英国	德国	法国
第一产业	1.2①	1.3①	1.0	1.1	2.5
第二产业	22.3①	30.5①	26.3	29.1	21.7
第三产业	76.5①	68.2①	72.7	69.8	75.8

①2003年数据。

资料来源:世界银行世界发展指标数据库。

随着产业结构的变化,社会就业结构亦发生了巨大变化。以往的人类历史表明:体力劳动者是社会劳动的主力军。随着电子计算机的发明与应用,生产自动化进入了高级水平,乃至智能化,产生了"无人车间"、"无人工厂"。在工业发达国家中,传统的产业工人大大减少,脑力劳动者、技术劳动者、管理劳动者的比重大大增加,社会就业结构也从以体力劳动为主的"蓝领"占优势转向以脑力劳动为主的"白领"占优势。据统计,20世纪70年代美国直接从事农业、工业、服务业的工作人员与知识型劳动者之比为14∶37∶20∶29,1980年为3∶32∶14∶51③,到1999年则变为2.5∶15∶13.2∶69.3,从事知识产业的人员比例愈来愈大并已超过其他所有行业人员的总和。2002年英国第一产业、第二产业、第三产业的就业构成分别为1.7%、

① 甄炳禧:《美国新经济》,首都经济贸易大学出版社2001年版,第87～91页。

② 陈筠泉、殷登祥:《科技革命与当代社会》,人民出版社2001年版,第203页。

③ 黄德发:《后信息社会——你的未来不是梦》,中国统计出版社1995年版,第238页。

24.1%、74.2%,法国分别为1.6%、24.5%、73.9%。①

表5 2002年部分发达国家的就业构成(单位:%)

	日本	美国	法国	意大利	德国	英国
第一产业	5.5	2.5	1.6	5.1	2.6	1.7
第二产业	29.7	21.6	24.5	32.1	32.5	24.1
第三产业	64.8	75.9	73.9	62.8	64.9	74.2

资料来源:世界银行世界发展指标数据库。

(二)生产的组织形式和管理体制发生了变化

在工业经济中,企业、公司是围绕着物流和资金组织生产的,在知识经济中,则是围绕信息来组织生产的。在计算机和信息技术广泛应用、产品更加复杂多样、市场需求变化多端的情况下,企业已从过去按着研究—开发—设计—制造的顺序进行产品开发变成了掌握市场信息——确定商品概念—开发—设计—生产—销售同步进行。20世纪以来以福特生产方式为主的流水线、标准化、大批量生产,已让位于强调知识含量、体现不同需求、灵活多样的分散化生产。适应生产方式的变化,企业的组织形式和管理体制也发生了重大变化。在传统的工业时代,企业的组织和管理是呈金字塔式的大一统结构,层次分明,实行严格的垂直分级管理。今天由于电子信息系统可以把处于不同地方的企业联结在一起,甚至把供应商和客户的电脑及网络也都联结起来,在专业化基础上实行广泛的生产协作已成为可能。过去一个大托拉斯一般都管理很多企业,垂直的管理层次很多,横向联系少,现在则发展成为网状结构。许多企业呈平面分布,横向联系多,垂直层次少,信息传递快,决策程序短、效率高,反映变化迅速。同时,发达国家的大企业还越来越多地实行了承包制,大制造商不仅把零部件的生产分包出去,而且把零部件的科研、设计、试制,连同生产全部承包给其他企业。这些企业在法律上是独立的,但在生产上却是一个整体,行动上协调一致。制造商的任务除发包和最后组装外,主要是协调各供应商之间的工作,使这一企业群体团

① 中华人民共和国统计局:《国际统计年鉴2006/2007》,中国财政经济出版社2007年版,第141页。

结一致，共同承担压力。作为龙头的大制造商与供应商之间是一种合作伙伴关系，而不是领导与被领导的关系，从而形成了以大制造商为首、有众多承包商参加，共同组成的企业网络。这种网络往往延伸很远，甚至跨越国界，遍布全球。

（三）劳动方式发生了深刻变化

信息技术开创了利用机械部分代替人类脑力劳动的时代；电子计算机的广泛应用，信息库、数据库、信息网的发展，有助于知识的产生和传播，生产力中的智力成分正在变成经济发展的决定因素。在发达国家，随着生产的小型化、分散化、灵活化，劳动方式已由大机器工业的集体劳动变成分散的、个体的、家庭式的劳动。家里上班、灵活工作制打破了整齐划一的传统工作制度。据《美联社》1996 年 1 月 2 日报道，美国已有 1200 万人在家里上班，部分在家办公的已达 5400 万人，约占美国劳动力的 1/3，且每年不断增加。同时，“按岗位付酬制”正在被“按业绩付酬制”取代；随时应聘的工作，在 1994 年占美国劳动大军的 1/3，2000 年则达到一半左右，这标志着一种独立的更加成熟的自我就业方式的出现。在过去的流水线上，每个工人都从事单一的、机械的、重复性的动作，这种令人乏味的情形正在改变，在工业发达国家正在推行新型的小组工作制度，在一个装配小组里，每个人所从事的工种、劳动内容是可以变换的，由于雇员对工作有较多自主权，因而可以引起他们的兴趣和追求先进技术的积极性。随着生产过程自动化程度的提高，劳动者的智能也迅速提高，劳动力结构向着智能化趋势发展，劳动里的知识含量超过了体力劳动的含量，脑力劳动占了主导优势。著名管理学家德鲁克曾说道，泰勒时代 10 名工人中有 9 名干体力活，即占 9/10，到 20 世纪 50 年代仍占多数，20 世纪 80 年代则只占 1/5。劳动也不再是人使用工具作用于劳动对象，参与直接生产过程，而大量的是处于直接生产过程之外，成为生产的监督者和调节者。

（四）人民大众的生活水平有了普遍提高

新科技革命引起社会产业结构、就业结构、生产的组织形式和人们劳动方式的巨大变化，同时也极大地推动了劳动生产率的提高。1973 年美国、日本、英国、德国、法国的国内生产总值依次为 13500 亿美元、4140 亿美元、1834 亿美元、3437 亿美元、2539 亿美元，1993 年为 62600 亿美元、42142 亿美元、9399 亿美元、19102 亿美元、12422 亿美元，2005 年则为 124551 亿美元、45059 亿美元、21926 亿美元、27819 亿美元、21102 亿美元。2005 年分别为 1973 年的 9.2 倍、10.9 倍、11.9 倍、8.1 倍、8.3 倍。1980 年世界国内生产总值为 109252 亿美元①，1990 年为 218170 亿美元，2005 年为 443849 亿美元，25 年间翻了两番。②

表 6　1970～2001 年美国生产工人平均工时及工资(年均数字)

	每周工作时间(小时)	每小时工资(美元)	每周工资(美元)
1970	37.1	3.23	119.83
1975	36.1	4.53	163.53
1980	35.3	6.66	235.10
1985	34.9	8.57	299.09
1990	34.5	10.01	345.35
1995	34.5	11.43	394.34
2000	34.5	13.76	474.72
2001	34.2	14.32	489.74

注：生产工人包括矿业和制造业中的私人产业生产工人；建筑工人；在服务、运输、公用事业、批发及零售业、金融、保险和房地产业中从事非监管性工作的人员。

资料来源：王缉思：《美国年鉴 2003》，中国社会科学出版社 2003 年版，第 193 页。

随着社会生产力的发展和社会财富的积累，在欧美发达资本主义国家，工人的工资有了显著的增加。从 1970 年到 2001 年，美国工人平均小时工资从 3.23 美元增加到 14.32 美元，每周工资从 119.83 美元增加到 489.74 美元，增长了 3 倍(见表 20)。欧洲各国工人的工资也有了较大提高。从 1970 年到 1993 年，德国工人每小时的工资由 6.1 马克增加到 23.9 马克，增长了

① 刘洪：《国际统计年鉴 1999》，中国统计出版社 1999 年版，第 82 页。

② 中华人民共和国统计局：《国际统计年鉴 2006/2007》，中国财政经济出版社 2007 年版，第 48～51 页。

近3倍;法国工人每小时的工资从4.7法郎增加到50.3法郎,增加了近10倍(见表7)。

表7　部分发达国家非农部门雇员工资(本币)

国家	时间	1970年	1980年	1985年	1987年	1988年	1989年	1990年	1991年	1992年	1993年
英国①	小时	0.6	2.6	3.5	4.0	4.3	4.6	5.0	5.5	5.8	5.9
法国	小时	4.7	22.6	37.5	40.3	41.3	43.0	45.1	47.3	49.0	50.3
德国	小时	6.1	13.4	16.4	17.7	18.4	19.2	20.2	21.5	22.7	23.9
荷兰	小时	5.1	16.6	18.6	19.2	19.4	19.8	20.6	21.5	22.4	23.1
日本	月	75700	263400	317100	335900	341200	357100	370200	384800	392600	393200
加拿大	周	126.8	317.4	414.5	442.8	462.2	486.1	508.1	531.6	549.8	559.2
澳大利亚	小时		6.7	10.0	11.4	12.3	13.0	13.5	14.2	14.7	15.1
以色列	月	692	2851	658	1401	1724	2020	2299	2699	3054	3409

注:①包括农业、林业和渔业。

资料来源:国际劳工组织《劳工统计年鉴》1977年、1986年、1994年。

社会经济的发展和工人工资的增长,使一般民众的生活水平和质量都有很大提高。1950～1993年德国家庭可支配的收入实际增长了6倍,平均每户每月的纯收入是4766马克,其中退休人员3313马克,现职雇员4119马克,独立经营者12875马克。此外,1996年平均每户有家庭财产(存款、证券和股票等)14万马克,每月可获得利息等收入2000多马克。在美国,即使穷人或工人阶级也拥有一定的资产。根据1992年的材料,在美国收入最底层的家庭中也至少一半拥有汽车,1/3以上拥有房屋。① 1993年,按月收入标准从低到高划分的几乎所有5个层次的家庭都拥有各种资产,即使最底层的20%的家庭也拥有存款和其他利息收入以及股票、汽车、房屋等资产;减去负债额后,其净资产值为4249美元(见表8)。

① 甄炳禧:《美国新经济》,首都经济贸易大学出版社2001年版,第382页。

表 8 1993 年美国家庭拥有各种资产净值和中位值①单位:美元

项目	最低层 20%	第二层 20%	第三层 20%	第四层 20%	最高层 20%
资产净值	4249	20230	30788	50000	118996
银行存款②	1594	1999	1998	2747	5999
其他利息收入资产③	9999	12999	12499	9999	14999
普通支票账户	263	299	445	499	780
股票与共同基金股票	3300	4916	4650	5900	9992
经营资产	946	1980	4800	9500	17075
汽车资产	1657	3348	4625	6491	9898
房屋资产	38940	40973	42984	41850	66068
租赁资产	2000	13000	27250	29300	47500
其他房地产资产	8700	14000	17000	19415	29000
美国储蓄债券	350	475	525	675	1075
其他资产④	10000	26499	29010	29400	43475

注:①此表的中位值指被统计对象的分类的中间值而不是平均值。

②包括活期储蓄、货币市场存款、定期存款和有利息收入的支票账户。

③包括货币市场基金、政府债券、市政和公司债券及其他有利息收入的资产。

④包括 IRA 或 KEOGH 账户和房地产出售的抵押等。

资料来源:U.S. Bureau of Census, Asset Ownership of Households: 1993.

在生活水平不断提高的同时,雇员的工作时间却缩短了。据统计 1993 年西方工业国家工人的劳动时间均不超过 1900 小时,其中英国为 1777 小时,法国为 1771 小时,意大利为 1788 小时,荷兰为 1732 小时,丹麦为 1691 小时,德国为 1667 小时。再次是每周劳动时间的缩短。以美国为例,1970 年美国生产工人的平均劳动时间为每周 37.1 小时,1980 年为 35.3 小时,2000 年为 34.5 小时,2001 年为 34.2 小时。其他西方国家工人的周劳动时间也都有了较大的缩减。2003 年法国雇员的平均每周劳动时间为 38 小时,意大利为 38.1 小时,西班牙为 35.1 小时,澳大利亚为 34.5 小时,新西兰为

33.9 小时，加拿大为 32.1 小时。① 在当代资本主义国家中，雇员的生活状况不仅与自由资本主义时期完全不同，而且与二战后初期相比也发生了很大变化。

在此，我们也必须看到，虽然随着生产力的发展，人民群众的生活水平有了普遍提高，但是由于资本主义的生产目的和动机没有改变，因而在发达资本主义国家仍然存在严重的两极分化现象。譬如在美国，据《纽约时报》2008 年 10 月 5 日报道，在过去 30 年中，贫富差距在不断拉大。最富有的 20％的美国人年均收入达 168170 美元，几乎是收入最低的 20％人口的 15 倍，后者的年均收入仅为 11352 美元。纽约市 1％最富有的人的收入占纽约市总人口收入的 37％，64 名亿万富人拥有财富达 3440 亿美元，比 2 年前该城市亿万富人的综合财富高出 469％。联合国 2008 年 10 月 22 日的报告表明，包括纽约、华盛顿、亚特兰大和新奥尔良等美国大城市的贫富差距之悬殊堪比非洲城市，市民收入不均的比例非常高。②

三、发达资本主义国家生产关系方面的变化

社会生产力的发展水平，决定着社会劳动方式和生产资料所有制形式以及与之相适应的整个社会经济结构的状况。随着新科技革命的发展和社会生产力的质的飞跃，资本主义发达国家在生产资料所有制形式、经济运行方式以及收入分配关系等方面也发生了重大变化。

（一）发达资本主义国家所有制形式的多元化发展

生产资料的所有制是社会生产关系的基础，当代资本主义在生产关系方面的变化，根源于资本主义所有制的调整和变革。资本家私人占有生产资料是资本主义的本质特征，也是资本主义最为核心的经济基础，但这并不意味着资本主义所有制结构和资本占有形式的一成不变。事实上，在资本

① 中华人民共和国统计局：《国际统计年鉴 2005》，中国统计出版社 2005 年版，第 161 页。

② 国务院新闻办公室：《2008 年美国的人权纪录》，《人民日报》2009 年 2 月 27 日。

主义发展的历史进程中，每次社会生产技术基础的重大变革和由此引起的生产力的飞跃，都不可避免地会引起资本主义所有制结构和资本占有形式的变化。20 世纪 70 年代中期以来，发达资本主义国家的所有制结构日趋多元化，资本占有形式日益社会化。在当代发达资本主义国家中不仅存在一定数量的国家所有制、合作所有制、职工股份所有制以及其他经济成分，而且私人资本所有制由于资本主义生产方式内在规律的作用，也在不断扬弃自身，显现出新的特点。当代资本主义国家的所有制形式呈现出由以私有制为基础的垄断大公司占统治地位，多种经济成分并存，大中小企业竞争共处的格局。

1. 法人股份资本所有制的形成和股权分散化

以私有财产和雇佣劳动为基础的资本主义所有制，就其直接形式看，迄今经历了私人资本所有制、私人股份资本所有制和法人股份资本所有制三种最主要的存在形式。这三种存在形式的演进，反映了发达资本主义国家在生产关系、企业治理结构和运行机制等方面的新变化和资本所有制关系的社会化进程。

20 世纪 70 年代以来，新的科学技术革命改造、优化和丰富着生产力的要素，产业结构由劳动密集型和资本密集型向知识技术密集型转化，高新技术产业部门迅速发展并日益成长为国民经济发展的先导。随着生产力社会化程度的空前提高，企业规模的扩大和资本投资风险的增加，私人股份资本所有制驾驭金融市场和规避投资风险的能力日显不足，于是法人资本所有制应运而生并取代私人股份资本所有制占据了主导地位。以美国为例，从 1987 年到 1989 年，美国机构投资者在最大 50 家、最大 100 家、最大 250 家、最大 500 家、最大 750 家、最大 1000 家 6 个级别公司群中的持股集中度均接近或超过了 50%（见表 9）。

表 9 1987～1989 年美国大公司机构股东持股集中度(%)

	持股比例		
	1987 年	1988 年	1989 年
最大 50 家公司	48.7	51.6	50.0
最大 100 家公司	53.6	53.4	53.2
最大 250 家公司	52.8	52.8	53.8
最大 500 家公司	51.8	51.2	49.9
最大 750 家公司	49.6	48.8	49.9
最大 1000 家公司	46.6	46.8	48.1

资料来源:高峰:《发达资本主义国家的所有制研究》,清华大学出版社 1998 年版,第 65 页。

目前,机构和公司法人股东化已成为一种世界现象。现在在各主要资本主义国家,法人股东已取代个人股东成为上市股票的主要持有者,股份公司的大股东已经名副其实地非个人化了。法人股东化和法人成为大股东,意味着资本主义大公司生产关系的基础——所有制关系发生了新的变化,生产资料私人占有的经济关系进一步被扬弃,生产资料社会性占有的程度得到了进一步提高。

随着法人资本所有制的形成和资本市场的发展,各种非银行金融机构,特别是养老金、共同基金等集体投资机构大量涌现,为个人和家庭进行金融投资创造了便利条件。此外,发达国家自 20 世纪 80 年代,特别是 90 年代以后的股市投资风险小,回报率高。1989～1995 年,道一琼斯工业股票指数从 2508.9 上升到 5117.1 点,1997 年又飚升到 7908.3 点;1999 年 3 月 25 日突破 1 万点大关,达到 10006.8 点。1990～1997 年,排除通货膨胀因素,股市投资回报率为 13.1%。因此,社会公众纷纷通过直接或间接金融投资而成为股票持有者。1982 年美国直接持有公众化公司股票的人数为 3200 万人,加上间接持股的人数达 13300 万人,约占美国总人口的 60%。股权分散化从本质上讲有利于加强垄断资本的统治,是垄断资本利用、控制中小资本乃至劳动群众储蓄的表现。但另一方面这种最终所有权主体不断扩散的现象,也会产生两个效应,一是使越来越多的人成为大公司形式上的所有者;

二是稀释了垄断资本所有权在公司所有权中的比重。

股权分散化对发达资本主义国家的劳资关系和雇佣劳动者的政治行为产生了重大影响。首先,劳资关系发生了变化,职工与企业形成了经济利益共同体。由于职工参与利润分配,他们更加关心企业的经营状况,劳资冲突相应减少。据统计,1977 年,美国企业罢工为 298 次,涉及 120 万人,损失劳动日 2120 万个,占全年劳动日总数的 0.1%。而 1997 年,仅发生罢工 29 次,涉及 39.9 万人,损失劳动日 450 万个,占全年劳动日总数的 0.01%。其次,雇佣劳动者的政治行为发生变化。从传统上说,雇佣劳动者对政府的减税政策是持反对态度的。但在他们成为持股者以后,政治态度发生了变化,开始认同政府的减税政策,这说明他们已经意识到自己作为投资者的经济利益。

2. 国家所有制的形成和规模

20 世纪中后期,新科技革命推动了社会生产力的迅速发展,社会分工和生产专业化日益深化,新兴工业部门纷纷建立,生产社会化程度空前提高。生产社会化的高度发展给资本主义生产带来了一系列新的问题:社会化大生产的发展和新兴工业部门的不断兴起,客观上要求对整个国民经济进行宏观计划协调;传统工业技术落后,设备陈旧,效率低下,大规模固定资本更新和改造,需要投入大量资本;新技术革命的发展,使科学研究和技术开发需要跨学科、跨部门的综合安排,以及广大科研人员的协同配合,因此需要大量的人力、物力和财力;某些新兴工业部门的建立需要巨额投资,而且周期长、回报慢、风险大;现代化生产排出的废气废物,造成对生态和环境的污染,为消除和防止这种状况的发展,必须进行大规模的、耗资巨大而又不能直接获利的科学技术研究和基础建设投资。这些问题,大多是私人垄断资本无力解决,或难以完全解决,或不愿解决的。这表明,生产资料的垄断资本主义私人占有已不能完全适应生产社会化的客观要求。这就需要资本主义经济制度在自身限度内发生进一步的变革。通过国有化等方式建立生产资料的资本主义国家所有制,以解决社会再生产过程中的种种矛盾,就成为资本主义这一经济制度变革的一个重要方面。

私营企业国有化是西方发达资本主义国家国有经济形成的主要途径。到 20 世纪 70 至 80 年代,英、法等国通过国有化运动使国家所有制经济有了较大发展,意大利、奥地利、日本、美国、联邦德国也通过不同形式发展了国家所有制经济,使国有经济在发达资本主义国家中具有相当大的规模,从而形成了现代资本主义的国家所有制。20 世纪 70 年代末,西方资本主义国家经济普遍陷入“滞胀”,凯恩斯主义失灵,新自由主义抬头。因而,从 20 世纪 80 年代开始,在资本主义国家掀起了一股私有化浪潮。西欧一些国家推行私有化,确实使国有企业的数量有所减少,但国家总投资不仅没有减少,反而大为增加了。私有化并没有涉及许多要害部门的国有企业,它们仍然控制在国家的手里,国有企业在这些国家仍然处于十分重要的地位。1995 年,法国在能源、交通、通讯等基础设施、公用事业及国防工业中,国有或国家控股达 50%以上、职工超过 500 人的大型国有企业有 2158 家,产值占国内生产总值的 15%,投资占 21.3%,出口占 16%,职工总人数(215 万人)占全国总人口的 10.8%。

表 10　20 世纪 70 年代各国经济中国有企业所占比重(%)

百分比/国别	国有企业就业人数在就业总人数中的%	国有企业投资占投资总额的%	国家在物质财富再生产中所占的%②	国家在信贷一金融业资产中所占的%
美国	1.5①	18.4	13	14.7
日本	2.8①	24.1	22	16.2⑤
西德	8.7	22.7	20	54
法国	11.2	33.5	42	60⑤
英国	11.4	30	13.5③	2
意大利	11.6	28	…	75
荷兰	8.1	21	18	…
比利时	8.0	13.5	14	…
奥地利	30	…	24④	82⑥

注:①1977～1978 年;②不包括军用品;20 世纪 50 年代中期情况,但后来这一比重变化不大;③在国内总产值中的比重;④在工业总产值中的比重;⑤按存款和储蓄计算;⑥按股份资本计算。

资料来源:世界经济编写组:《世界经济》第 3 册,人民出版社 1981 年版,第 56 页。

表 11 1977 年西方主要国家在 11 个重要经济部门的生产中国有企业所占的比重(%)①

部门 国别	采煤	石油	钢铁	汽车工业	造船	电力	煤气	铁路	航空	邮政	电讯
美国	—	—	—	—	25	—	25②	—	100	—	
加拿大	—	—	—	—	—	100	—	75	75	100	25
日本	—	…	—	—	—	—	—	75	25	100	100
西德	50	25	—	25	25	75	50	100	100	100	100
法国	100	…	75	50	—	100	100	100	75	100	100
英国	100	25	75	50	100	100	100	100	75	100	100
意大利	…	…	75	25	75	75	100	100	100	100	100
荷兰	…	…	25	50	—	75	75	100	75	100	100
比利时	—	…	50	—	—	25	25	100	100	100	100
奥地利	100	100	100	100	…	100	100	100	100	100	100
西班牙	50	…	50	—	75	—	75	100	100	100	50
瑞士	…	…	—	—	…	100	100	100	25	100	100
瑞典	…	…	75	—	75	50	100	100	50	100	100
澳大利亚	—	—	—	—	…	100	100	100	75	100	100

注①100%指全部国有或接近全部国有;有“—”号者指全部私营或接近全部私营;有“…”号者指产量很微小或数字不可比。②包括统一铁路公司。

资料来源:[英]《经济学家》,1978 年 12 月 30 日,第 39 页。

3. 合作社所有制经济的发展

合作社所有制是劳动群众为改善生产条件和生活条件,谋取或维护自身利益,按照自愿、民主、平等、互利等原则建立起来的经济组织形式。由于它在内部否定了雇佣劳动制度,从而实现了在联合的所有者与联合的劳动者统一的基础上对其自有财产和自身劳动的管理和指挥。

目前,世界各大洲,绝大多数国家都有了合作社,合作社社员呈不断增长的趋势。据统计,1982 年合作社社员有 3.26 亿人,1984 年参加国际合作社联盟的社员发展到 5 亿人;到 1995 年,参加国际合作社联盟的社员已达到

7.5 亿人以上，直接受益人口近 30 亿，各种合作社企业为 1 亿人提供了就业机会。从具体国家来看，目前，法国参加合作社的人占人口总数的 50%，日本为 17.4%，德国为 25%，意大利为 8.1%。

发达资本主义国家的合作社所有制经济已成为国民经济中的重要组成部分。丹麦的合作社在国内生产总值中占 24%，法国和荷兰都超过 10%。美国目前有近 2000 个谷物合作社，它控制了整个国内谷物销售量的 60%。合作经济已成为发达资本主义国家中除私人经济和国有经济之外的第三大经济势力。

在合作社社员不断增加、经济实力不断增强的同时，合作社活动的领域也得到迅速扩展。目前合作社已涉及生产、流通、分配和消费等各个领域，出现了从事工业、农业、商业、建筑业、服务业、旅游业、银行保险业、教育、卫生、医疗业、交通运输、渔业等多种经济和社会事业的各种类型的合作社组织。它们在社会经济发展和人们日常生活中发挥着不可替代的作用。如美国的合作社已遍布各行各业，全国有 1.2 亿人受惠，其中，有 300 万人居住在住房合作社的公寓里；合作医疗组织和其他非盈利组织每天为 22 万个病人提供医疗服务；供销合作社每天提供价值 1.23 亿美元的食品和日用品，信用合作社每天处理 1330 万张支票，金额达 13 亿美元。1994，美国合作企业的总产值达 1000 亿美元。①

4. 私人资本所有制的新发展

资本主义私有制从私人资本所有制到私人股份资本所有制和法人股份资本所有制的发展，并不意味着私人资本所有制已经进入垂暮之年，行将就木了，相反，在当代发达国家，它不仅依然存在，而且从数量上讲仍占优势。这种所有制主要包括资本家个人所有制和农业中的小私有制两种，前者数量居多。目前，在主要资本主义国家企业中，90%以上都是非垄断的中小企业。据 1993 年统计，日本企业数合计为 654.17 万个，其中大企业为 5.74 万个，仅占 0.9%，而中小企业（批发业职工少于 100 人，零售业和服务业职工少于 50 人，其他产业少于 300 人的企业）数为 648.43 万个，占全部企业数的 99.1%。

---

① 王子珍：《合作社：滋润了半个地球》，《福建日报》1995 年 7 月 12 日。

在20世纪的大部分岁月里，主宰发达国家经济的是大公司和巨型公司，但自20世纪70年代中期以来，随着新科技革命的发展，小企业开始大量涌现，并在经济生活中发挥着重要作用。尽管日趋激烈的竞争经常使大批中小企业倒闭，但与此同时又产生了许多新开张的企业。以美国为例，1996年倒闭企业为7.2万家，而新开张的企业为17万家。这些新开张的企业许多是高技术小企业。这些企业研究与开发投入较高，科学家、工程师所占比例较大，因而，对那些因风险太大、大公司暂时不愿插手的市场能捷足先登，消费者和大公司也常常依靠它们来探索那些潜在的或刚刚浮现的新技术的商品化。

小企业吸纳了非农业私营部门一半以上的就业人口，成为吸收就业的巨大蓄水池。小企业特别是服务行业的小企业是劳动密集型的，它们所需要的启动资本不多，经营成本也较低，因此小企业开办较容易；同时，这些企业成长起来后就逐渐扩大规模从而吸纳越来越多的劳动力。20世纪80年代以来，小企业为美国提供的就业机会至少占一半以上，每年创造的新职位占全美所有企业新职位总和的大约75％。据统计，1993年在美国非农私营部门中，有51.3％的就业人口是在小企业工作的。美国联邦企业局认为：美国的2000万个小企业创造了全国2/3的新增就业机会，生产了GDP的2/5，美国出口的2/3来自小企业，小企业是美国经济中最有活力、成长和变化最快的部分。此外，小企业在技术创新上也发挥着重要作用。小企业是许多新思想、新发明的重要来源地，有着明显的创新优势。

5. 职工股份所有制的兴起

职工股份所有制是一种由本企业职工拥有企业股票，进而拥有企业产权的所有制形式。它的主要特点是：在产权构成上，职工持股占一定比例。一种情况是企业职工买下本企业的全部股票，成为企业资产的所有者；在这种情况下，由于雇员拥有了全部股权，致使企业从私人企业变为一种具有股份合作制性质的企业。二是企业职工买下企业的一部分股票，成为企业的投资人或股东。在决策参与权上，职工对企业的重大决策有参与权。在选举权上，职工有权直接或间接选举本企业的经营管理者。在利润分配上，职工有权参与产出和剩余价值的分配。在成员的地位上，职工由雇佣人员变为新型成员，有一定的民主管理参与权。显而易见，职工股份所有制是一种新的所有制形式，是当代资本主义社会中的新生事物。

20世纪70年代中期以来，职工股份所有制逐步成熟并成为世界上日益流行的所有制形式。到目前为止，采取企业职工股份所有制的有美国、英国、日本、加拿大、法国、德国、西班牙、澳大利亚、韩国、俄罗斯、波兰、保加利亚等许多国家。1994年美国实行职工股份制的公司已有1万余家，在职工股份所有制公司工作的职员达1100万人，约占全美雇员数的10%左右。职工股份所有制顺应了社会化生产力发展的要求，不仅受到广大职工的欢迎，也得到政府和企业管理者的支持，它作为当代资本主义社会中的新生事物，更广泛的发展是一种必然趋势。

(二) 发达资本主义国家对经济运行的宏观调控

在资本主义自由竞争阶段，市场作为唯一的调节手段和机制，适应和促进了经济的大发展。但市场的作用并非万能，随着垄断的产生和资本主义基本矛盾的发展，市场调节自身的缺陷和局限性逐渐显示和暴露出来。市场机制不可能自动实现宏观总量的平衡和稳定，在经济日益国际化的条件下不能独自保证经济活动的顺利进行。因此，从20世纪30年代中后期，特别是第二次世界大战以来，资本主义市场经济开始由完全市场调节的经济，逐步变为有政府宏观调控的经济。

20世纪70年代中期以来，随着经济形态从工业经济向知识经济的转变，发达资本主义国家为了实现经济增长、充分就业、物价稳定、国际收支平衡，提高本国的总体竞争能力，更加重视对经济的宏观调控。当代新自由主义在欧美国家登台以后，也没有抛弃国家干预主义的理论成果，他们在努力保护市场自由化的同时，强调政府宏观政策的作用和对市场的有效监督和约束机制。2008年始于美国的国际金融危机爆发后，美国政府马上出台高达7000亿美元的救市计划，政府相关机构与美国银行、花旗集团、摩根大通和富国银行4家大银行联手推出资产担保债券，为美国住房抵押贷款市场提供资金支持。与此同时，西方发达国家领导人及财长也频繁磋商，携手应对危机。他们综合运用经济手段、法律手段和行政手段，适时对经济进行调控，避免由金融经济危机引起社会动荡。发达资本主义国家对经济的宏观调控主要通过财政政策、货币政策、产业政策和法律手段等途径来进行。①

1. 通过财政收支政策调节社会经济发展

财政收支是宏观经济平衡的变量之一，国家收入和支出的变动会影响社会总需求和总供给，从而能起到调节社会经济的作用。当代发达资本主义国家为了弥补市场经济的缺陷，广泛采用财政手段对国民经济进行调控，一定程度上达到了调节社会总需求，缓和经济的周期性波动以及调节社会分配的目的。财政政策包括财政收入政策和财政支出政策。

西方发达国家政府的财政调节机制主要依靠开支与税收两个轮子运行。一般方法是，在经济萧条时期，政府通过增加财政支出，包括公共工程支出，产品与劳务的购买，各种福利支出的转移支付以及减低税收的扩张性财政措施，刺激有效需求的增加。在经济膨胀时期，政府通过压缩政府开支，增加税收的紧缩性财政政策，抑制总需求，保持经济稳定增长。有增有减的财政政策对经济的稳定发展起着重要的调节作用，以美国为例，早在20世纪80年代，里根政府就曾两度大幅度降低个人所得税和企业所得税，同时大规模地削减政府对企业的各种规章管制，从而促进美国企业保持了全球最强的竞争能力，但里根的减税政策使美国的财政赤字翻了几番，成为美国经济的一个“恶性肿瘤”。尽管里根在其他方面政绩显赫，未能消除财政赤字毕竟是他的一大遗憾。到继任者老布什离任时，美国联邦赤字竟高达2930亿美元。

克林顿政府上台后，决定采取与前任不同的紧缩性财政政策，实施以增加经济增长潜力与削减非生产性支出同时并举为特征的结构性财政政策，大刀阔斧地展开以减少财政赤字为核心的振兴经济计划，将公共支出和私人开支的重点从消费转向投资，并支持对未来美国人的就业和收入进行投资的计划，同时增税节支，提高效率。首先，裁减联邦机构，并要求各政府机构和各个部大幅度地削减预算中的行政费用。为紧缩开支，美国减少了30万联邦工作人员，并削减国防经费，包括关闭美国部分海外军事基地和减少退伍军人的福利津贴等。有关统计资料显示，1991年以前联邦政府的国防开支占该年度财政预算的25%以上，而在1999年度财政预算中，国防开支

① 刘昀献:《国际垄断资本主义论》，河南人民出版社2004年版，第212页。

仅占14.6％。其次，适当增税，削减补贴。增税的范围主要是个人所得税和公司所得税。对象一是只占全国家庭总数1.2％的富有家庭，二是大公司。1993年8月10日参众两院通过的5年削减赤字法案规定，年收入超过18万美元的富人应缴的个人所得税税率从31％提高到36％；对年收入超过25万美元的富豪们还征收10％的附加税；年应税收入超过1000万美元的公司，所得税税率由34％提高到36％。法案还规定，对低收入的个人和多子女的家庭减免所得税。与此同时，政府又增加高科技领域和基础设施的投资，加快信息高速公路的建设步伐，以高新科技产业的发展带动经济和财政收入的增长。有增有减的财政政策使得美国的财政赤字从1992年的2900亿美元很快下降到1997年的220亿美元，到1998年财政年度，即由赤字转为盈余。有了良好的财政预算，政府就可以增加市场的资本供应量，促进长期利率下降并保持较低水平，从而刺激了企业投资和生产的扩大。同时政府对高新技术产业的财政支持和税收优惠，对高新技术产业的发展起到了巨大的推动作用，促进了产业结构的升级，提高了劳动生产率，带动了经济持续增长，并使美国经济在发达国家中保持领先地位。

2008年3月份始于美国、席卷全球的金融危机爆发，随着美国第五大投资银行贝尔斯登被摩根大通收购，昔日翻云覆雨的华尔街变得脆弱不堪，进入2008年下半年，美国的五大投行相继全军覆没，美股市值瞬间蒸发超过7万亿美元，这次金融危机被格林斯潘称作为“百年一遇”。金融危机爆发后，美国政府迅即出台大规模的财政刺激计划，并要求其他国家与美国一样加大财政刺激力度。美国政府先后推出1680亿美元的减税方案，7000亿美元的金融救援计划，7890亿美元的经济刺激方案，以及两万亿美元的金融稳定方案。

各国的财政刺激政策成功地防止了这场自上世纪30年代以来最严重的金融危机进一步恶化引发经济灾难。各国银行稳住了，资产价格有所回升，这场二战以来影响最深远的全球经济衰退没有进一步演变为经济大萧条。虽然各国经济复苏的脚步快慢不一，但各经济大国都止住了经济萎缩。

2. 通过货币政策调节经济的周期性波动

货币政策指资本主义国家通过中央银行对货币供应量及利率进行管理和调节，进而影响经济运行的一种调节经济的政策。为了保证货币政策的有效执行，西方国家都有完善的金融体系。中央银行一般具有较大的独立性，特别是美国和德国的中央银行，它们独立地执行和行使货币政策，其基本职能是保持币值的稳定；商业银行体系健全，具有自控机制和防范风险的能力；金融市场发达，资金在全社会范围能迅速有效流动。货币政策是西方资本主义国家调节经济的重要手段，特别是在控制通货膨胀，调节经济总量上发挥着重要作用。

在运用货币政策的过程中，利率和货币供应量是两个中心控制目标。当代资本主义国家中央银行利用货币政策调控经济的手段包括公开市场业务活动、贴现率政策和贴现额政策、抵押贷款政策、最低储蓄政策、窗口指导等。

货币政策是抑制通货膨胀和拯救经济衰退的重要武器，对维护经济秩序的稳定发挥着重要作用。存款准备金比率、贴现率、公开市场业务等金融工具都对抽紧银根或放松银根有重要作用。利率是由货币供应量的多少决定的，抽紧或放松银根的必然反应是利率的提高或降低，而利率的升降会直接影响经济活动。

20 世纪 90 年代以来，美联储运用金融工具适时、适度调整利率，保持价格总水平和货币价值的稳定，从而一定程度上促进了经济的发展。在具体操作中，强调在保持稳定一贯的货币政策下，进行微调。1994 年美国经济出现过热现象，美联储在一年内连续 7 次提高利率，把联邦基金利率和贴现率由 3%分别提到 6%和 5.25%。使经济得以“软着陆”，为经济的长期发展奠定了基础。1995 年经济增长速度略低时，美联储从 1995 年 7 月到 1996 年 1 月连续 3 次小幅度降低利率。在经济出现强劲增长后，1997 年 3 月美联储又将短期利率上调 0.25%，1998 年美联储三降利率，成功抵御了亚洲金融危机对美国经济造成的不利影响。自 1999 年 5 月开始，美国经济又出现过热迹象。为提前预防通货膨胀，美联储货币政策再次趋紧，连续 6 次加息，并在 2000 年 5 月 16 日的一次加息中加大幅度，将联邦基金利率和贴现率分别上调 0.5%，使这两种利率分别升至 6.5%和 6%。2000 年第三季度，美国的经济增长率从第一季度的 5.4%下降到 2.4%，在经济增长大幅度减速的情况下，为了刺激经济增长，从 2001 年 5 月起，美联储连续 13 次降息，到 2003 年 6 月，美联储基准利率从 6%下调到 1%，为 48 年来历史最低水平。2003 年美国经济快速复苏，就业率大幅上升，为了防止可能出现的通货膨胀压力，从 2004 年 6 月起，美联储运用“逢例会就加息、每次 25 个基点”的渐进策略，连续 17 次提高美元利率，到 2006 年 6 月，将联邦基金利率从 1％推高至 5.25％，此为美国历史上最长的加息周期。在从 2006 年 8 月 30 日至 2007 年 9 月 17 日长达 13 个月的时间内，美联储坚持维持 5.25％的利率水平不变。2007 年以来，受次贷危机的影响，美国房地产市场持续走低，消费者信心下滑。2007 年 9 月到 2008 年 2 月期间美联储连续五次降息，其中 1 月 21 日紧急将联邦基金利率降低了 75 个基点，为 20 世纪 80 年代以来的最大降幅。

与财政政策一样，货币政策既有一定作用，也有其局限性。因而，货币政策的实施还需要财政政策的协调配合。在由次贷危机引发金融危机后，美国政府在利用货币政策频频“救火”的同时，又出台了大力度的“抢险性”财政政策。合适的货币政策与财政政策的搭配，取决于决策者对经济形势的科学分析和对财政货币政策的正确估价。克林顿政府与格林斯潘主持的美联储财政、货币政策的合理搭配，曾维持了美国经济秩序的稳定，推动了经济的快速增长。

3. 通过产业政策引导和扶植高技术产业的发展

产业政策是政府宏观调控政策的重要内容。一国产业政策的根据来自政府对本国经济发展过程的超前预测以及对未来产业结构和产业发展应达到的理想状态的设想。政府根据每个时期经济发展的需要和有关产业的地位及其作用确定各个时期的重点产业，并且通过各种手段加以扶持，以促成整个产业结构的合理化与高级化。这实质上是把产业结构的变化、经济结构的调整和经济发展纳入到一个系统中，随着产业结构的合理化和高级化，经济结构得到适时调整，从而使经济得到发展。

20 世纪 70 年代以来，高技术产业迅猛发展，成为各国经济新的增长点。哪一个国家占领了高技术这一制高点，它就掌握了世界经济、军事竞争的主动权。高技术产业的发展水平，不但决定着一个国家国际竞争力的高低，而且决定了一个国家在世界经济中的分工地位。西方发达国家都积极制定促进高技术产业发展的政策，引导、扶植高技术产业的发展，推动本国经济的增长。美国历届政府都很重视高技术产业发展。里根政府时期专门建立了由著名经济学家、科技专家和企业家联合组成的“工业竞争委员会”，负责对美国高技术的战略意义进行研究。资本主义发达国家的高新技术产业引导和扶植政策主要有五个方面。

一是建立高技术开发区。目前全世界有近1000个科技工业园区,日本政府在高技术开发区建设中的做法具有典型意义。20世纪80年代,日本政府在高技术产业布局方面采取了两个影响深远的政策:一是将政府9个部(厅)的40多个研究机构迁到筑波科学城,形成以国立试验研究机构和筑波大学为核心的综合性学术研究和高水平的教育中心,对首都圈区域均衡发展起到了重要作用;二是建立技术城。1983年4月,通过了“高技术工业聚集地域开发促进法”,以建设代表21世纪产、学、住相结合的中心城市为目标,形成推动远离太平洋沿岸地带的传统产业向高技术产业方向发展的据点。

二是制定有利于高技术产业发展的法律法规。日本政府十分重视通过制定法律法规来引导、保护高技术产业的发展。1971年后相继制定了《振兴特定机械信息产业临时措施法》、《下一代产业基础技术研究开发制度》、《推进创造性科学技术规划》(1980年)、《第五代电子计算机研究开发十年规划》(1982年)、《原子能开发利用长远规划》(1982年)、《关于研究开发生命科学中先导性、基础性技术的基本计划》(1984年)、《激光研究五年计划》(1986年)、《人类新领域研究计划》(1987年)等等。日本政府除通过上述法律法规调整产业结构,促进产业发展之外,还通过制定法律促进产业组织结构的合理化。

三是资金支持政策。美国的资金支持政策可一直追溯到高技术产业发展的源头,即在高技术产业的研发阶段即给予资金支持。为了激励小企业对高技术产业的研发积极性,美国“小企业创新研究计划”明文规定,政府无偿对小企业拨款以支持其创新研究,而研究结果归企业所有。另外,在高技术企业发展之初,由于高技术产品的开发费用高,而早期的生产批量又不大,要在民用市场迅速收回成本并将资金投入下一阶段生产很困难,这时政府购买就显得尤为重要。以集成电路生产初期为例,美国政府对半导体产品的采购占到市场需求的25%～48%,政府成为主要的用户。

四是税收优惠政策。日本政府在税制上采取了促进高技术产业发展的一系列措施。政府适时制定了《增加试验研究经费的纳税减征制度》。该制度规定，当试验研究开发经费增加的部分，超过过去的最高水平时，则对增加部分免征 20%的税金。1985 年又制定了“促进基础技术开发税制”，对购置用于基础技术开发的资产免征 7%的税金。韩国在技术开发方面也给予税收优惠。将企业研究作为法定对象给予优惠，主要包括技术开发准备金制度、技术及人才开发费免税制度、新技术推广投资税金减免制度。同时还修改法律将部分优惠政策受益人扩大到外国投资者，以鼓励外国投资者将资金投向本国的高技术产业。

五是完善风险投资机制。目前，风险投资已成为世界各国政府推动高技术产业发展的重要方式之一。作为风险投资的发源地，美国是风险投资最发达、最成熟的国家，形成了完善的美国模式。首先，风险投资或称创业投资已经成为美国的一个成熟行业。风险投资公司超过 4000 家，每年可为超过 1 万个的高技术项目提供风险资本的支持，形成了超过 600 亿美元的风险投资规模。其次，美国已经形成了多渠道并存的风险投资的社会资金来源。

产业政策是政府间接干预经济的方法，虽然这种干预是间接的，但却是能动和自觉的。当代欧美发达资本主义国家都高度重视高技术产业对国家利益的影响，成立了高层的组织领导机构，并建立完善的科技管理体系，加强在战略层面对高技术产业政策制定的协调和管理。他们通过制订并实施引导和扶植高新技术产业发展的政策，指明高技术产业的发展方向，推动高技术产业的健康发展，从而不断增强本国高新技术产业的国际竞争力。

4. 通过法律手段维护经济秩序的稳定

当代发达资本主义国家为了执行统治阶级的经济政策，都制定了大量的经济立法对社会经济生活进行控制与调节，以保障经济顺利有序的发展。这些法律主要有：提供市场经济基本规则的法律，规范市场经济秩序的法律，稳定社会经济关系的法律，保护和促进企业发展的法律，保护消费者权益的法律，以及关于对外贸易方面的立法、环境保护方面的立法、社会福利与保护立法等等。

西方发达国家都十分注重国家对市场经济的宏观调控功能的发挥，它们总是将法律手段与经济手段和行政手段并用，对市场经济进行适度的“国家干预”。强有力的法律手段为国家对经济的宏观调控提供了依据和工具；

规范了市场主体及其行为;维护了市场秩序,推动了经济活动的有序化。

市场就意味着竞争,但只有排除竞争中的不公正、不道德行为,建立并发展公开、公正的竞争秩序,才能保护市场经济的顺利进行。发达资本主义国家制订了大量的有关法律,有效地维护了市场竞争秩序,如德国的《反限制竞争法》、《反不正当竞争法》,美国的《反托拉斯法》等。1998 年美国司法部根据《反托拉斯法》反对洛克希德公司收购诺思罗普·格鲁曼公司。指出它们是两家美国陆军飞机和电子系统的主要供应商,强调这项兼并将加强洛克希德公司在光纤拖曳活靶、早期预警雷达系统、光电导弹预警以及红外线反干扰上的垄断。此外,兼并将会减少在高绩效固定翼军用飞机、机载无线电频率反干扰以及隐形技术方面的竞争者的数目。反托拉斯局认为这种合并将会在市场上导致高价格、高成本,并减少美国军队所要求的产品和系统的创新。因而司法部最后否决了这一收购。1998 年美国的维萨卡和马斯特卡两家信用卡公司同意彼此接受对方的成员加入自己的网络,于是 75% 的市场被这两家垄断。此后,它们对推出新产品和服务的积极性被严重削弱,比如它们对推出智能卡就采取了消极态度,司法部因此依法对这两家公司的联合表示反对。这些案例表明,发达资本主义国家正是依靠强有力的法律手段,有效地规范了市场竞争秩序,促进了经济的有序发展。

此外,法国、日本等国家在 20 世纪 70～90 年代还曾经制订并实施了中长期经济计划,实行了一定程度的计划调节。进入 21 世纪后,由于经济政治形势的发展变化,法国放弃了经济计划的制订和实施,日本则由制订综合性计划转变为针对具体的战略制订具体的实施计划,譬如围绕正在实施的五大立国战略,即技术创新立国战略、IT 立国战略、知识产权立国战略、观光立国战略和投资立国战略,日本政府都制定了非常详尽而具体的计划。与以前的综合性经济计划相比,这些为实施某一经济发展战略而制定的经济计划,不仅都提出了明确的战略目标和具体的政策措施,而且还都把一些具体的政策措施分解到政府的相关部门,即由政府相关部门的大臣和次官等负责具体政策措施的实施。这些计划的实施为经济主体提供了及时而准确的经济信息,增强了经济活动的自觉性;为经济主体指明了发展方向,提高了其发展经济的主动性和积极性。同时,经济计划对经济主体起到了积极引导作用,对整个经济起到了调控作用,推动了经济的有序发展。

当然，我们也应看到，当代资本主义社会是以生产资料私有制为基础的，在计划与市场的相互关系中，市场发挥着基本调节功能，计划只是从属于市场并为市场服务的。因而资本主义的计划调节不可能完全克服资本主义的固有矛盾，它不可避免地带有很大的局限性。但我们也应该承认，在实行一定程度计划调节的资本主义国家，社会生产的发展在一定程度上的确减少了盲目性，增强了自觉性；具有一定灵活性的计划调节对社会经济的有序发展的确发挥了重要作用。

(三) 发达资本主义国家对收入分配进行国家调节

按资分配是资本主义制度的基本原则。但由于资本家对剩余价值的无限贪欲，造成社会日益两极分化，引发了一次又一次的经济危机和政治动荡。为了缩小过于悬殊的收入差距，逐步弥合社会上日益加深的裂痕，发达资本主义国家在社会财富日渐丰裕的基础上，逐步自觉不自觉地对收入分配进行国家调节，在按资分配的基础上，辅之以“按需分配”，校正由于竞争而出现的社会不公的偏差，兼顾社会公平，以促进经济的健康发展和社会秩序的稳定。发达资本主义国家对收入分配进行国家调节主要表现在三个方面：一是通过最低工资法，调节工资总水平；二是通过个人收入及财产的税收调节，限制贫富差距拉大；三是建立惠及民众的社会福利制度，力求在利益分配方面达到尽量的公平。

1. 确定法定最低工资，调节工资总水平

以信息技术为核心的新科技革命的发展，既为新一轮经济增长和经济新贵的产生创造了条件，也提高了参与社会经济生活的条件，使更多的人因为缺乏专门的知识和技术而无法融入社会经济生活的主流之中。社会中的大部分行业都要求从业者受过高等教育或者具有某方面的专门技能，这种技术或称“知识经济”的壁垒在西方社会中越来越呈现出一种严格化的趋势。没有受过这些教育的中下层劳动者只能被限制在为数越来越少的非技术型职业上，从事最简单的劳动，结果使社会的不平等进一步加剧。为了防止贫富悬殊过大，保证劳动者的实际生活水平不致下降，西方发达国家纷纷出台了相应的工资政策，一些国家还通过立法形式，确定法定最低工资，以调节工资总水平，促进工资与经济的协调增长。

根据各国的最低工资立法，最低工资标准是不断调整的。法国的最低工资标准调整始终坚持两个原则：一是最低工资增长率根据消费价格指数的变化调整，当消费价格指数每月超过2%时，最低工资自动提高；二是每年要适当提高最低工资的购买力。为使人民生活水平有所提高，从1995年起，法国的法定最低工资提高了4%。每小时最低工资从35.56法郎提高到36.98法郎，1998年7月又进一步提高到每小时39.43法郎。美国的最低工资标准也在不断调整。1966年美国国会修订了《公平劳动标准法》，把最低工资从每小时1.25美元提高到1.4美元；1980年将最低工资提高到每小时3.1美元；1984年又进一步把最低工资标准提高到每小时3.25美元。工人最低工资的适度增长补偿了物价上涨引起的工资购买力下降的损失，保证了劳动者实际生活水平的稳步提高。

2. 通过税收调节个人收入差距

税收是发达资本主义国家对经济生活进行调节的基本手段，也是各国政府兼顾“公平”、防止贫富差距过于悬殊的经济杠杆。当代西方各国普遍实行的用于调节富人与穷人收入差距、兼顾“公平”的税种有个人所得税、财富和财产税等，其中最主要的是个人所得税。

在当代资本主义国家，个人所得税是按照累进税率征收的。收入越高，缴税越多；收入越低的人纳税数额越低；低于最低纳税基数的人，则免征个人所得税。发达资本主义国家正是通过这一办法来逐步缩小高收入者与低收入者之间的差距的。

德国和瑞典是发达资本主义国家中力求实现收入“均等化”的典型国家。为了实现社会公正和社会安全，德国的《基本法》明确规定，凡有一定收入水平的每个居民都必须缴纳个人所得税。按照1999年的规定，个人年收入在13068马克以下者，可免征个人所得税；个人收入在13068马克至120041马克之间的，按边际税率累计，征税19%至53%；个人年收入超过120041马克的，按最高税率53%缴纳个人所得税。大资本家个人收入的53%须缴纳给国家，用来进行二次分配。瑞典的个人所得税同样采取了累进税制。瑞典有关法律规定：月收入在1万克朗以下者不交税；月收入在1万至2万克朗者按30%的税率交税；月收入在2万克朗以上者按50%税率交税。根据1986年的统计数据，瑞典工业工人的平均年薪为10.98万克朗，交所得税后剩下 7.04 万克朗(税率约为 35.6%);工业职员平均年薪为 14.1 万克朗,所得税率为 39%,纳税后剩 9.73 万克朗;而收入高的资本家、大商人、演员、运动员的所得税率要高达 80%。20 世纪 80 年代中期,大企业家、大银行家平均年薪为 130 万克朗,缴纳个人所得税后,平均收入约为 26 万克朗左右。①

以德国、瑞典等为代表的一些西方国家,其个人收入所得税的征收政策在缩小贫富差距、促进收入趋于公正方面的作用是显而易见的。瑞典收入最高的前 11 位企业家平均年薪为 411 万克朗,税前同普通工人收入的差距为 37∶1,税后下降为 14∶1;德国经过二次分配,最高收入阶层与普通职工的平均收入之比下降为 3.1∶1。

在当代资本主义国家中,美国是贫富差距最大的国家,也是更为注重"效率"而对"公平"作为较少的国家。尽管如此,为了维护资产阶级的统治,同其他西方国家一样,美国政府同样通过征收个人所得税对社会生活进行调节,采取了一系列兼顾"公平"的措施。美国的个人所得税也实行超额累进税率,但它是按家庭而不是按个人纳税。按照美国所得税法,课税扣除以及税率表决定于纳税人的婚姻状况以及赡养人口。2002 年,美国的个人所得税分为 6 个等级,单身纳税人最低纳税等级的门槛是应税收入 6000 美元,在这个门槛以下对所有纳税人员只征 10%的税率。最高一级是对应税收入超过 307050 美元的人课征 38.6%的税率(见表 12)。美国政府对个人所得税的征收,也一定程度上起到了调节社会收入分配、兼顾"公平"作用。

① 王金标:《陷入危机的西方"福利国家"》,《国际工运》1995 年第 2 期。

表 12 2002 年美国个人所得税税率

单身		户主	
税率	应税收入	税率	应税收入
10%	1～6000 美元	10%	1～10000 美元
15%	6001～27950 美元	15%	10001～37450 美元
27%	27951～67700 美元	27%	37451～96700 美元
30%	67701～141250 美元	30%	96701～156600 美元
35%	141251～307050 美元	35%	156601～307050 美元
38.6%	307050 美元以上	38.6%	307050 美元以上
已婚联合申报		已婚单独申报	
税率	应税收入	税率	应税收入
10%	1～12000 美元	10%	1～6000 美元
15%	12001～46700 美元	15%	6001～23350 美元
27%	46701～112850 美元	27%	23351～56425 美元
30%	112851～171950 美元	30%	56426～85975 美元
35%	171951～307050 美元	35%	85976～153525 美元
38.6%	307050 美元以上	38.6%	153525 美元以上

资料来源：王缉思：《美国年鉴 2003》，中国社会科学出版社 2003 年版，第 199 页。

3. 推行社会福利制度，促进社会公平

当代资本主义发达国家普遍实行了社会福利制度。20 世纪 70 年代后，社会福利已形成了一个较完整的体系，已从早期的单纯救济发展成了公民的一种社会权利。在德国、瑞典等西、北欧国家中，已建立了包括生、老、病、死、失业、贫困、住房、子女抚养等各个方面，覆盖全民的社会保障网络。1981 年瑞典、丹麦、德国、比利时和荷兰的社会福利开支占国内生产总值的比重分别为 33.4%、33.3%、31.5%、37.6%和 36.1%；即使在社会福利水平相对较低的美国、日本、澳大利亚和瑞士，同年的社会福利开支占国内生产总值的比重也分别达到了20.8%、17.5%、18.8%和14.9%。① 特别是在福利水平较高的瑞典，到20世纪90年代初财政支出占国内生产总值的比重已达到60%左右。这一体系把雇员的生、老、残等问题交给社会，由国家来管理，使私人企业能在一个较安定的社会环境中，按市场经济的原则去“轻装”运行，既有利于企业优胜劣汰，提高效率，保留“动力机制”，也使市场竞争必然带来的贫富差距拉大部分地得到抑制，调节和缓解了社会不公，使资本主义获得一种“平衡机制”。

发达资本主义国家的经济发展进入滞胀阶段以后，以弗里德曼为代表的新自由主义经济学家针对福利国家的弊端，如社会保障支出的增长速度超过经济增长的速度，社会保障基金入不敷出，财政赤字居高不下，严重影响到国家职能的正常履行以及企业和劳动者社会保险税的增加，造成了企业人工成本上升，市场竞争力下降等，强调个人、家庭责任和市场功能，为西方国家进行社会保障政策调整提供了理论依据。1979年英国撒切尔政府下令对英国的社会福利制度做一次全面审查并拟定改革方案，以此为标志，现代社会福利制度进入改革与调整时期。英国1987年7月正式通过了社会保障制度改革方案；日本国会批准从1987年4月1日起实行新的养老金制度；美国政府砍掉了一些社会福利津贴；法国、德国、荷兰、比利时、加拿大等国也先后提出并实施了各种调整与改革方案。

西方发达资本主义国家对社会福利制度的改革归纳起来主要有四个方面。一是拓展社会福利基金的来源渠道。20世纪80年代以后，工业化国家普遍提高了社会保险费的缴费标准。同时，开征了社会保障收入所得税。此外，还适当扩大了缴费对象范围，增加了福利项目收费。例如，德国将养老保险费由20世纪80年代初占工资收入比例的18.5%提高到19.2%，增加0.7个百分点；疾病生育保险由占工资收入比例的7%～15%提高到8%～16%，增加1个百分点；失业保险费由占工资收入比例的3%提高到6.5%，增加3.5个百分点。同时延长退休年龄。1996年9月，德国议会通过的一揽子改革计划中，将男性劳动者的退休年龄从原定的63岁延长到65

① 黄素庵、甄炳禧：《重评当代资本主义经济》，世界知识出版社1996年版，第240～241页。

岁，女性劳动者的退休年龄从60岁延长到65岁，以此增加投保人数和养老保险费收入，并相应缩短退休者领取养老金的年限。二是通过改革社会保障项目的给付标准，调整支出办法，削减社会福利项目，减少各种社会性津贴，改免费医疗为适当收治疗费的医疗服务，降低社会保障项目的现行水平和提高享受条件等措施，减少社会福利开支。如瑞典于1993年将失业救济金从90%降至80%，并将病假工资从100%降到75%。德国规定，从1992年7月1日起，劳动者的养老金增加不再同劳动者人均毛收入的增长挂钩，而是随劳动者的净收入增长而增加，以减缓养老金增长的速度；把失业救济金降低3%，并停止发放劳动者因恶劣气候等自然原因不能工作而影响正常收入的补助金；从1995年7月1日起，停发长期生活补助金，外国移民及申请避难者，只有获得合法居住权利以后，才能领取其子女补助费。1996年德国议会又作出规定，病假工资从目前标准工资的100%减至80%，公众的温泉疗养期限从目前的4个星期改为3个星期，温泉疗养从每3年一次改为每4年一次。三是改变社会保障国家包下来的办法，强调增加个人责任。把部分福利机构转为私营，将部分救助事业转交地方机构，扩大地方政府在这方面的管理自主权；缩小政府干预社会保障的范围和项目，把某些项目交由政府志愿机关、工人合作社和其他社会团体承担，恢复家庭、慈善机构和互助组织等传统的社会保障机制，同时，引入鼓励个人储蓄的激励机制。四是改组社会福利内部管理机构，提高管理效率和服务质量。

在欧洲福利整体框架下，"周日休假"曾是其一个不可分割的组成部分，并被欧洲人视为一个"福利权利"。但在福利改革的大潮中，周日休假这个历史悠久的"福利权利"也逐渐被周日开业的"工作权利"所替代。欧盟大多数国家都在坚持周日法定休假这个"基本原则"的同时以"变通"和"例外"的形式对其实施了有限的改革。2008年始于美国波及全球的金融危机爆发后，此项改革的极端保守者——法国也放弃了周日休假这一神圣不可侵犯的"传统原则"。2009年7月15日和23日，法国国民议会和参议院分别通过了"周日工作"法案。该法案全称是《周日休息原则的再确认与该原则的例外》，其主要内容有三，一是再次确认周日休假的基本原则，二是授权旅游地区商业部门可以自愿在周日开业，三是将商业聚集区巴黎、里尔和马赛三个城市“划分”为“例外”，授权其商业店铺周日可以开业。①

现代社会福利制度作为人类社会文明进步的重要成果，它的发展与人类社会的发展进程与总体趋势是基本一致的。西方发达资本主义国家对社会福利制度的改革，并不是否定社会福利制度，而是使其更为完善，使社会福利制度的规模和水平与国民经济的发展相适应；使其更好地发挥社会生活的稳定器、经济发展的激励器、收入分配的调节器以及保持社会公平、增进国民福利的功能。但我们也应看到，再分配是以初次分配为基础的，社会福利没有也不可能改变资本主义国家生产资料的占有方式，因而也不可能从根本上解决社会分配不公的问题。社会福利制度作为资本主义收入分配关系的一种调整，并没有改变资本主义分配关系的实质——资本家对工人的剥削关系，因而它只是在资本主义生产关系允许的范围内所采取的有利于劳动者和弱势群体的改良措施，这种改良是以不触动资本主义制度的根基为限度，是以维护资本主义的稳定发展为目的的。

① 郑秉文：《“周日工作权”的回归》，人民网 2009 年 7 月 30 日。

第五章 当代资本主义政治的新变化

当代发达资本主义国家经济的新发展推动了当代资本主义政治的新变化。阶级矛盾、冲突趋于缓和,工人运动走入低谷。国家职能发生了演变,国家的经济职能不断增强,加强了对社会生活的干预和调节。国家政权结构出现了新的特点,立法机构的权力弱化,行政机构的权力加强,各国普遍确立了司法审查制度。民主制度出现新的发展变化,选举制度更为完善;政党格局出现了新的转型;对政府的监督和制约的内外因素大大加强;文官制度更加完善,资产阶级的统治秩序趋于稳定;公民权利普遍扩大,政治参与程度进一步提高。在全球化的背景下,尽管由于自身矛盾的发展,西方政治制度日益显现出弊端和局限性,但其在发展过程中毕竟已积累了一些关于政治权力运行的经验教训,这些经验教训标志着人类政治生活的开明和进步,是人类政治文明发展的共同成果。

一、当代发达资本主义国家阶级结构的新变动

马克思在总结人类历史发展规律时曾写过一句力透纸背的名言:“手推磨产生的是封建主的社会,蒸汽磨产生的是工业资本家的社会。”①随着新生产力的获得,人们改变自己的生产方式,随着生产方式即谋生方式的改变,人们就会改变自己的一切社会关系。由社会生产力的发展引起的各阶级、阶层在社会中的地位、力量对比的变化,以及阶级关系的调整变化是政治制度及体制变化发展的重要动因。因而我们探讨当代资本主义政治的新变化,必须从分析当代资本主义国家阶级结构的新变动入手。

关于资本主义时代阶级结构的特点,以往主流的看法是坚持《共产党宣

① 《马克思恩格斯选集》第1卷,人民出版社1995年版,第142页。

言》中的描述，即“我们的时代，资产阶级时代，却有一个特点：它使阶级对立简单化了。整个社会日益分裂为两大敌对的阵营，分裂为两大相互直接对立的阶级：资产阶级和无产阶级”①。列宁在《帝国主义是资本主义的最高阶段》一书中指出：“生产社会化了，但是占有仍然是私人的。社会化了的生产资料仍旧是少数人的私有财产。在形式上被承认的自由竞争的一般架子依然存在，而少数垄断者对其余居民的压迫却更加百倍地沉重、显著和令人难以忍受了。”②马、恩、列对资本主义的本质及其发展趋势的分析今天对我们仍然具有重要的指导价值。但马、恩讲的是19世纪的资本主义，列宁讲的是20世纪初的资本主义。随着科学技术和生产力的发展，特别是西方工业国家产业结构、就业结构等方面的变化，当代发达资本主义国家的阶级结构和阶级关系也发生了重大变化。两大对立的阶级依然存在，但同时出现了阶级结构多层次化的情况。在两大对立的阶级中，各自都出现了与传统意义上的资产阶级和无产阶级不同的具有特殊性的阶层，尤其是在两大阶级之间则出现了庞大的中间阶层。

（一）资产阶级内部结构的变动

当代资产阶级是资本主义社会的统治者，他们在欧美居民中所占比例一般在5%左右。随着新科技革命和管理革命的发展，资产阶级内部逐渐分化为许多社会阶层和社会集团，这些阶层和集团在保护资本家阶级政治的、经济的、社会的、文化的利益方面分别履行着不同的职能。组成当代资产阶级的，除了传统的大资本和中等资本占有者外，还有大企业和大公司的高级经理、高技术“新贵”、行政官僚机构的高级官员等。当代欧美发达国家资产阶级的结构性变化，主要表现在两个方面。

1. 传统资本家逐步成为资产阶级的“少数派”，“经理资本家”成为资产阶级的重要组成部分

传统意义上的资本家是指那些拥有巨大的生产性或非生产性资本的家族资本家。在早期的资本主义股份公司中，家族资本是公司的真正控制者，

① 《马克思恩格斯选集》第1卷，人民出版社1995年版，第273页。

② 《列宁选集》第2卷，人民出版社，1995年版，第593页。

家族资本在资本主义经济和政治生活中居于支配地位。家族资本主义的股份公司，从所有权看，股东均为私人股东，股份持有相对集中，股票主要被少数私人家族所持有，持股比例一般在50%以上。由于是家族控股，所以此时的大财团大都有私人家族背景。在美国，19世纪与20世纪之交时的著名私人家族就有杜邦家族、福特家族、梅隆家族、洛克菲勒家族、哈里曼家族、哥根海姆家族等，这些家族控制的大财团在制造业、金融业、铁路及石油开采和提炼等行业居于支配地位。其他资本主义国家的情形也是如此。从权力结构看，公司设有股东大会、董事会、总经理。由于股票持有很集中，大家族股东往往支配着股东大会和董事会，有关公司运营的各项重大战略决策均由大股东亲自参与做出，公司董事会全面负责这些决策的贯彻和落实，职业经理只负责公司的日常管理事务，如生产、开发、人事、营销、融资等，职业经理的行为受到大家族股东的严密监督和控制。从严格意义上说，他们此时只是领薪的雇佣劳动者，其违背家族股东的意志谋取私利的情况极少发生。

在当代资本主义国家，随着股份公司规模的不断扩大，股票发行高度分散化，由此导致了家族股东持股比例的大幅度下降，家族股东逐渐丧失了对公司的控股权。随着所有权与管理权和控制权的分离，家族资本家越来越多地退出生产第一线，成为不参加实际生产过程和经营管理的食利者。虽然还有一些资本家参与企业管理，担任企业董事长和首席执行官等职务，但他们在高级管理层所占的比重已大为下降。据统计，在1950年，美国企业界上层的“掌门人”中有30%是富豪家庭的后嗣，而到1980年就只剩下10%了。在当代资产阶级队伍中，家族资本家的比重在逐渐降低，作用也在逐渐减小，正日益成为资产阶级中的少数派。

随着家族股东股票持有比例大幅度下降，公司控制权由公司所有者之手向没有财产权的公司支薪代理人或经理的手中转移，公司经理摇身一变而成为公司的实际控制者，成为经理资本家。

经理资本家控制的股份公司从权力结构看，也设有股东大会、董事会、总经理等机构，股东大会名义上依然是公司的最高权力机构。然而，公司运营的实际和真正的支配者和控制者是经理阶层。在公司股票持有高度分散化的情况下，单个股东的持股额不足以对公司运营施加有效影响，对参与公司决策也缺乏兴趣和能力，即使个别股东试图联络别的股东共同参与决策，也会因为难以承受巨额联络成本而无法达到目的，而经理人员则可以凭借自己的职业优势来影响和左右公司的决策，在事实上成为公司的控制者。

经理人员对公司的控制，导致自身收入过度膨胀，内部收入分配差距悬殊。由于股权分散化，股东以及董事会难以对经理实施有效监督和控制，特别是难以有效地利用经理报酬约束或激励经理。实际情况是公司经理往往凭借手中的权力为自己谋利益，以至经理报酬与公司绩效相脱节，经理报酬不受限制地上升，经理与公司职工报酬的差距越拉越大。据统计，20 世纪 90 年代初美国大公司经理报酬是工人人均报酬的 100 多倍，日本经理的报酬约为工人人均报酬的 16 倍，德国为 21 倍，英国为 33 倍。①

高级经理人员之所以成为经理资本家，除了他们由于其管理职位而获得高薪外，还因为他们大多拥有公司的股票，可获得可观的股息红利收入。《财富》杂志在 1976 年所进行的调查表明，在美国 500 家最大的工业、零售和金融公司中，75％的总经理至少在他们自己的公司中拥有 10 万美元的股票；45％的总经理拥有超过 50 万美元的股票；30％的总经理拥有 100 万美元以上的股票。② 1997 年美国企业的首席执行官平均年报酬包括工资、奖金、股票期权等收入为 557738 美元，意大利、法国、德国、英国分别为 439137 美元、396581 美元、376560 美元、326436 美元。③ 就其形式而言管理人员的报酬应当是工资的变种，即一定种类熟练劳动的市场价格的反映。但是，大公司、大企业的高级经理人员所得的工资和附加收入的数额，超过了相应熟练劳动力市场价格的许多倍，所保留的只是工资的外貌。实际上，在高级管理人员的工资和附加收入中隐藏着利润。所得利润之大，以致使他们不仅可以置身于中等资产阶级，而且可以跻身于大资产阶级的行列。

经理资本家在发达国家的政治经济等方面有着重要的地位和作用。在经济方面，他们拥有和控制着重要的生产资料，掌握着大公司的决策权和经营管理权，并通过公司之间的渗透参股、相互担任董事和保持经济“精英”之间的社会联系，组成了广泛的公司集团网络。在政治方面，他们可以对选举

① 何自力：《家族资本主义、经理资本主义与机构资本主义——对股份公司所有权与控制权关系演进和变化的分析》，《南开经济研究》2001 年第 1 期。

② 甄炳禧：《美国新经济》，首都经济贸易大学出版社，2001 年版，第 362～363 页。

③ 甄炳禧：《美国新经济》，首都经济贸易大学出版社，2001 年版，第 363～364 页。

进行控制和施加影响，或者出任政府高级官职，影响国家政策的制定。因而，经理资本家与家族资本家一样，都是资本主义社会的统治阶级，而且是统治阶级队伍中的重要角色。

2. 高技术“新贵”跻身大资产阶级行列，小资本家成为资产阶级的多数派

随着知识经济时代的到来，信息和知识成为最重要的资源，掌握现代知识并具有创新能力的人成为经济发展的强有力的推动者和最大的获益者。知识密集的高技术产业不仅是产出和就业增长最快的产业，而且是回报率最高的产业。据统计，美国微软公司1995年的净收入是销售额的24%。正是超过均衡的高回报使大批电脑硬件及软件、电信、网络公司的老板脱颖而出，成为当代资本家阶级中的新生力量，有的甚至跻身超级富豪的行列。

这些高技术“新贵”的“发迹”有着与传统资本家不同的特点。其一，他们大多是以信息技术为核心的高新技术的“新贵”。其二，他们大多是白手起家，开业时的启动资本主要是靠风险资本。其三，他们主要是靠自己的发明和创新而发财致富的。如英特尔公司的摩尔等是靠发明微处理器并使之不断升级而致富的。微软公司的盖茨主要是靠发明、普及和提升“微软视窗”而成长起来的。其四，他们致富的速度惊人得快。新技术引导的经济确实使不少人在短得不可思议的时间内成了富翁。约翰·D.洛克菲勒和安德鲁·卡内基花了几十年的时间才成为亿万富翁，而亚马逊的杰夫·贝佐斯、雅虎的杨致远、ebay的梅格·惠特曼以及美国在线的史蒂夫·凯斯都在不到5年的时间内实现了这一目标。过去在世界经济中处在显赫地位的“石油大王”、“汽车大王”等已渐趋衰落，而在新经济中异军突起的“电脑大王”、“网络新贵”则如日中天，风光无限。

小资本家是由国民经济所有领域的小企业的所有者组成的，包括从处于垄断资产阶级门口的资本家到处于独立的中间阶层界限的绝大多数的资本主义小企业主。他们以90%以上的比例，在资本家阶级中数量上占了绝大优势。

20世纪70～90年代，随着新科技革命和生产力的发展，出现了许多新兴工业部门，同时由于社会需求的多样化和高级化，为小企业的发展创造了有利的条件，因而小企业的数目不断增加，发展速度大大加快。以美国为

例，1950年创办的小企业数量不足10万个；到20世纪90年代，每年创办的小企业猛增到70～80万个。1999年，美国的小企业达到约2300万个，占企业总数的比重在95%以上。

小企业具有资本额小，经营灵活，以及创新激励机制比较有效等自身优势，因而能够在激烈的市场竞争中得到生存和发展。但与大企业相比，它本身也存在着许多弱点，如它难以进入那些需要实行规模经营的领域，它无法生产系列化产品和成套产品，它的筹资能力比较低，对技术人员的吸引力也比较差等。正是因为小企业的这些弱点，使其发展具有很大的不稳定性。在发达资本主义国家每年都有许多小企业问世，但同时也有大量的小企业因破产而消失。因此，小资本家的队伍具有很大的变数，随着经济的发展和竞争的加剧，许多小资本家因企业倒闭而落人"平民"的行列，也有一部分因成功地扩大企业规模而变成大企业的控制者和领导者。现在许多信息技术产业的大亨们都是从小企业中成长起来的。

（二）工人阶级内部结构的变动

欧美发达资本主义国家的工人阶级，是社会中的被统治者。社会经济的发展，使工人阶级的内涵和外延都发生了很大变化。资本主义早期的那种没有文化、没有自己的生产资料，不得不靠出卖体力来维持生活的传统工人阶级在现代工人阶级队伍中已占很小的比例，代之而起的是日益知识化、脑力化、白领化的新型工人阶级。新型工人阶级不像过去的工人阶级那样一无所有，他们中的绝大多数人除了拥有家电、汽车和住房外，还拥有存款、债券和股票，尽管他们作为小股东对生产资料的处置根本没有发言权，但是，持有股票债券毕竟是间接拥有一部分生产资料的法律凭证。当代工人阶级的主要组成部分是体力劳动工人、技术工人、工程师、技术员、普通职员和中下级管理人员。其构成既包括体力劳动者，也包括脑力劳动者，既包括蓝领工人，也包括数量越来越多的白领工人。当代工人阶级无论从科学文化素质，还是从就业结构、职业结构来看都发生了重大变化。

1. 工人阶级的整体素质有了较大提高

科学技术在现代生产中的应用对劳动者的知识要求和技能要求越来越高。劳动者是生产力中最积极、最活跃的因素，即使是自动化程度很高的生产，如果没有具备一定科技知识和劳动技能的劳动者对生产进行调控，科学化的劳动过程也是难以实现的。发达国家的政府和企业家出于自身利益的需要，增加教育和培训的费用，从而培养出大批科技人员和熟练工人，使他们成为能为资本家创造出更多超额利润的合格劳动者。从工人的角度看，为了不被技术和机械排挤出生产领域，为了获得较多收入，也必须不断提高自身的素质。

工人阶级整体素质的提高主要表现在三个方面。一是工人阶级的受教育程度显著提高。具体表现为职工受教育的时间普遍有所延长，受过高等教育的人数大量增加。据统计，美国职工受教育的平均时间1977年为12.6年，1998年达到14年以上。二战后初期，在美国就业人口中的大专毕业生的比重不到20%，到20世纪90年代，这一比重已达到50%以上，其中在美国私营公司劳动力中受过高等教育的已占70%以上。① 此外，越来越多的在职员工不满足于现有的文化和技术水平，还不断地接受新技术培训和职业教育。二是知识分子已经成为工人阶级的重要组成部分。现代化的生产方式使越来越多的知识分子参与生产过程，成为新型工人阶级。据统计，美国受雇于生产部门的科技人员1968年为140万人左右，到1998年已达2414万人，占工人阶级总数的22.2%。三是中下级企业管理人员和行政人员在工人阶级中的比重上升。据统计，美国中下级经理和行政管理人员的人数1950年为519万名，1999年增加到1930万名，占全体就业人数的比重从8.8%提高到14.4%。②

工人阶级整体素质的提高，使他们在生产中的地位和作用也有了重大变化。他们不再仅仅是机器的操作者、产品的加工者，而且成为产品和工艺的设计者；不再仅仅是生产过程中的接受指令者和被管理者，他们中的一部分人已经成为生产的控制者和管理者。

2. 白领工人成为工人队伍的主导力量

在科技革命的直接影响下，发达资本主义国家通过技术改造，使许多工

---

① 李欣欣：《当代发达资本主义国家阶级结构和阶级关系的新变化》，《太平洋学报》2002年第2期。

② 甄炳禧：《美国新经济》，首都经济贸易大学出版社2001年版，第345页。

业部门实现了自动化；同时，在电子、核能、化工、航空等新兴高技术工业部门，产生了许多新的主要靠脑力劳动的复杂工种，如自动装置工人、各种传递装置工人、电子计算机程序编制员、电子计算机操作员、实验技术员等，从而使过去以体力劳动为主的生产过程逐步变为以脑力劳动为主。劳动者从以往的直接生产者转变为主要是对自动化、信息化生产过程进行控制、调整、保养和维修。白领工人的数量因此而迅速扩大，成了工人阶级的多数。在美国的官方统计中，就业人口的职业结构大体分为管理人员、专业人员、销售员、办事员和职员、技术工和维修工、机器操作员和司机、勤杂工、服务人员、农业人员 9 类。通常把前 4 类即主要从事脑力劳动的人员称为白领工人，而把技术工等体力劳动者称为蓝领工人。据统计，美国白领工人人数 1900 年为 508 万人，1980 年为 5069 万人，1999 年为 8010 万人；同期，白领工人在全美就业总数中所占的比重从 17.1%，52.2%上升到 59.6%。与此同时，蓝领工人的数量分别为 1069 万、3059 万、3324 万，在全美就业中的比重先后由 36%下降到 31.5%，进而下降到 24.7%。① 白领工人无论绝对数还是相对数都在迅速增长，蓝领工人虽然绝对数有所增加，但相对数却一直呈下降趋势。

目前，在多数发达资本主义国家，传统意义上的产业工人已不到工人总数的 30%。大量的劳动者已处于直接生产过程之外，更多的劳动者在成为生产的监督者、协调者和操纵者，劳动里的知识和技能含量已经远远超过了体力劳动的含量。劳动者队伍出现了知识化、脑力化和多层次化的趋势，白领工人已成为工人阶级的主体。

（三）中间阶层的构成和变化

当代资本主义发达国家中，除了工人阶级和资产阶级两大基本阶级外，还有处于二者之间的中间阶层。中间阶层至今仍是一个边界比较模糊并且有着多种不同定义的概念，也有人称“中产阶级”、“中间阶级”。关于中间阶层的含义，马克思、恩格斯在《共产党宣言》中曾讲道“中间等级，即小工业

---

① 甄炳禧：《美国新经济》，首都经济贸易大学出版社 2001 年版，第 351 页。

家、小商人、手工业者、农民”①。恩格斯在《普鲁士军事问题和德国工人政党》一文中指出:“除了资产阶级和无产阶级以外,现代大工业还产生了一个站在他们之间的类似中间阶级的东西——小资产阶级。这个小资产阶级是由原先的半中世纪的市民阶级残余和稍稍高出一般水平的工人组成的。”②马克思、恩格斯虽然用了不同的名称来表述中间阶层,但其含义还是清楚地指介于资产阶级和无产阶级之间的所有社会集团,他们是根据人们最本质的关系,即生产关系来使用中间阶层这一概念的。马克思、恩格斯当时所理解的中间阶层的主要特点是按其存在的不稳定性接近于无产阶级,按其生活条件接近于资产阶级。当代资本主义社会中除了传统的中间阶层依然存在外,又产生了许多新的中间阶层。

当代资本主义社会的新中间阶层,是随着科技革命和生产社会化的发展而产生和发展起来的。鉴于新中间阶层的概念和界限并非十分清晰,而且目前还没有被明确的界定为一个独立的阶级,所以我们所理解的新中间阶层必然与资产阶级和工人阶级的某些阶层相互交叉,即新中间阶层中既包括资产阶级中的下等阶层,也包括工人阶级中的上等阶层。如果按照社会分层来定义中间阶层,即将专业人员、职员、经理和主管等非体力劳动者都视为新中间阶层,则中间阶层的人数在发达资本主义国家的就业人口中便占据了绝大多数,并且数量还在继续扩大。据统计,目前在发达资本主义国家中,贫穷人口约占总人口的10%～20%,富人约占总人口的5%～10%,中等收入的小康阶层约占总人口的70%～80%。

新中间阶层成分复杂,职业交叉性强,劳动方式多样,在欧美发达资本主义国家,它主要包括中小公司及大公司的中小部门的经理和主管,拥有较高科学文化知识或技术专长的专业人员,政府中的中下级公务员,独立营业的律师、会计师等。

1. 中小经理阶层

在当代发达国家,中小企业及大公司的中、小部门的经理已经成为一种职业,许多受过工商管理专业教育的人,就是靠着自己的管理才能和经验,

① 《马克思恩格斯选集》第1卷,人民出版社1995年版,第282页。

② 《马克思恩格斯全集》第16卷,人民出版社1964年版,第75页。

受聘担任了公司的经理，他们担负着经营管理企业的职责。

经理阶层是一个十分复杂的群体。就作为经理阶层主体的中小公司和大公司中的中小部门的经理而言，在经济上，他们处于中间地位，手中没有大量的股票，年薪也没有比白领工人高出很多；他们受雇于企业的出资者，对企业的经营决策权力有限。但与此同时，他们又凭着管理才能和经验参与企业的经营管理和决策，靠管理才能和经验获得了高于劳动力价格或价值的收入。这使他们的经济地位与一般工人有所不同。在政治态度上，他们既与资产阶级有矛盾，也与工人阶级存在矛盾。作为企业经营者，他们凭才干剥夺了资本家管理和控制企业的权力，而且由于是从一般雇员干到经理位置的，他们在企业决策时，会同情工人，更多地考虑工人的利益，因而与资本家会产生矛盾。但作为管理者，他们又要直接面对工人，用规章制度对工人进行严格的管理，以保证资本家资本的增值，因此又与工人存在矛盾。经理阶层是一个变动性较强的新中间阶层。在这个阶层中，时刻存在着分化的可能，一部分人也许会凭着管理经验和创新意识跃升为经理资本家，另一部分人也可能逐步沦为白领工人。由于这个阶层的特殊地位和作用，无论把他们归人资产阶级还是无产阶级行列都是牵强的，不符合客观实际的。

2. 技术专家阶层

随着知识经济的发展，当代资本主义社会中出现了一个队伍庞大的技术专家阶层。他们中的多数人并不拥有传统意义上的生产资料和资本，与工人一样受雇于企业主，但由于他们拥有较高的科学文化知识或技术专长，因而获得较高的劳动报酬。实际上他们是以知识作为生产要素参与生产经营，从而获得了高于传统意义上的劳动力价格的收入。

在西方发达国家，技术专家主要有：科学研究人员、工程师、高级公关人员、投资银行家、法官、房地产经纪人、高级会计师，负责管理、金融、税收、能源、农业、军事、建筑等方面的咨询专家，以及导演、编剧、出版商、作家、编辑、记者、音乐家、电影电视制片人等等。1998 年美国这类技术专家共有 1988.9 万人。技术专家工作的主要内容包括提供咨询，科学研究，提交报告、计划、设计、备忘录、规划图，发表新闻稿及论文等；他们的主要作用是研究问题、提出解决问题的方案，制订计划以及推动计划的实施等。目前，在欧美发达国家，这些技术专家中的多数经济状况都十分优裕。例如在美国，

1998年男性专业人员的年工资为51654美元，男性法官为114947美元，男性技术员为40546美元。而机械操作员、搬运工及其他帮工等蓝领工人的年工资分别只有27890美元、30422美元、21871美元。① 技术专家生活优裕、地位优越、工作舒适，显然属于新中间阶层。

3. 政府中的中下层公务员，独立营业的律师、会计师、美容师等自由职业者

随着国家管理社会经济生活的职能的增强，国家机构日益复杂，公务员的队伍也日益庞大。据统计，2004年3月美国联邦政府部门雇员总数达到2704959人。② 州一级的公务人员亦达270多万人。同时随着社会经济的发展，独立营业的律师、会计师、服装设计师、美容师等自由职业者人数也越来越多。在资本主义社会中，上述人员收入较高，生活富裕，职业高尚，但他们并不拥有大量的生产资料或资本，也无法无偿占有他人的劳动来获取剩余价值，而是靠个人的专业知识和技能赢得生存的空间。这个群体情况也比较复杂，他们中的上层，如政府中的上层公务员、少数高级律师，不仅收入较高，而且拥有大量金融资产，事实上属于资本家阶级；而他们中的下层，从其拥有的财产及收入状况看接近于白领工人。但就这个群体的主体来讲，则属于介于资产阶级和无产阶级之间的新中间阶层。

二、当代发达资本主义国家职能的演变

资本主义国家的职能是资本主义国家本质的直接体现，是由资产阶级国家的性质决定的。马克思主义认为，国家首先是阶级统治的工具，具有阶级职能。国家作为阶级矛盾不可调和的产物，是“一个阶级用以镇压另一个阶级的有组织的暴力”③。其次，国家具有社会职能。恩格斯曾经指出：“政治统治到处都是以执行某种社会职能为基础，而且政治统治只有在它执行了它的这种社会职能时才能继续下去。”④但阶级职能最直接、最明显地体现

① 甄炳禧：《美国新经济》，首都经济贸易大学出版社2001年版，第355页。

② 王缉思：《美国年鉴2005》，中国社会科学出版社2006年版，第166～167页。

③ 《马克思恩格斯全集》第4卷，人民出版社1958年版，第491页。

④ 《马克思恩格斯全集》第20卷，人民出版社1971年版，第195页。

了国家的阶级性和暴力垄断者身份。

即使在二战后，因为受冷战的影响和制约，西方国家在相当长的一段时期内仍把防范和抵消“共产主义的威胁”作为国家政治职能的重要部分加以履行。这种政治职能不仅带有明显的反共色彩，甚至还具有明显的反民主倾向。当形势危急、触及国家权力的有效行使时，统治阶级便会使用暴力或其他镇压手段维护其政治秩序，这在西方国家二战后政治史中是不乏其例的。其典型例证之一即为二战后在美国流行过的麦卡锡主义及其所产生的恶劣影响。在这段“政治上极端黑暗的”历史时期内，美国国会和政府通过了大量的法律法令，为统治阶级政治压迫的暴力工具——宪兵、警察、法庭监狱迫害共产主义者、社会主义者、进步人士和无辜群众制造借口。受迫害的许多人，或者被长期关押和监禁，或者受到不公正的待遇。此外，发达国家动用军警镇压工人罢工、群众运动或种族骚乱的事例更是屡见不鲜。

进入国际垄断阶段以来，随着资本主义国家经济结构、阶级结构、社会矛盾的深刻变化，资本主义国家的统治方式也发生了巨大变化，作为阶级统治工具的国家越来越倾向于通过赢得大众支持的方式来维持自己的统治，统治手段由频繁地、赤裸裸地依靠使用暴力镇压被统治阶级为主逐渐转向对社会经济生活的控制和管理为主；当代资本主义国家职能出现了沿着从强制性、保卫性向管理、服务性方向演变的趋势。这是当代发达资本主义国家上层建筑调整的一个新特征。产生这种变化的原因既有劳动人民抗争的结果，也是资本主义现代化发展的需要，是由生产的社会性与生产资料资本主义私人占有的基本矛盾发展所决定的。归根结底是维护资本主义生产方式的需要，是维护资产阶级统治的需要。

（一）国家的经济社会职能不断增强

在传统社会，要求国家为经济社会发展承担责任，至多只能是一种道德理想。但在今天，国家对经济社会发展的责任已成为国家最基本、最重要的职能之一。即使像美国这样自由主义传统甚为深厚的国家，也“由于过去一个世纪（尤其是 20 年代）以来在美国社会和经济生活中发生的巨大变化，自由与保守的冲突已从政府是否要干预的问题，转向了什么时候，以什么形式及为谁的利益进行干预的问题”①。从宏观上看,政府要承担起抑制通货膨胀、促进经济增长、保障充分就业、增进国民福利等许多方面的经济社会管理职责。在微观管理上,政府的影响与控制更是无所不在。从资源管理到药品生产标准,从马桶圈的形状到农民的拖拉机存放地点政府都有权过问。尽管现代西方主流经济学不断演变,但政府应对国民经济社会发展进行调控的职责始终是得到公认的。

当代发达国家对经济社会发展的干预和调节,主要有三种形式。第一种形式是国家直接参与经济生活,主要通过国有企业对国民经济施加影响;第二种形式是施加间接影响,主要是通过税收、财政、货币政策以及经济立法等手段对经济进行干预;第三种形式是通过对收入分配进行国家调节和推行社会福利政策干预社会生活。这三种形式往往相互配合使用。

资本主义国家国有企业的建立主要通过三种途径:一是将私人企业国有化。二是通过国家预算拨款,投资创办新企业或公共机构。三是国家同私人企业建立合营的混合企业,即公私合营企业。在资本主义国家中,国有化在西欧国家一度有较大发展,在美国和日本规模则较小。但是国有企业在维持资本主义再生产中发挥着相当重要的作用。国有企业提供了大量廉价原材料、动力和半成品,以及在交通运输、邮电通讯和银行信贷等方面提供了广泛的服务,为垄断资本和整个国民经济发展创造了有利的条件。

当代发达国家对经济的干预和调节,除了直接参与经济生活,更多的是通过间接影响经济的方法,即运用计划调节、产业政策、财政政策、货币政策、法律规范以及其他政策手段,干预和调节经济活动。

当代资本主义国家对社会安全的概念有了更宽泛的理解,已经不限于国防和军事实力方面,更多的是维护社会的和谐稳定,为此,他们加强了对社会生活的干预。一方面国家加强对收入分配的干预调节。另一方面普遍建立了社会福利制度。当代资本主义国家系统的、完善的社会福利制度的建立,改善了劳动者的生活条件,促进了社会公平;提高了劳动者的就业能力,推动了经济的发展;缩小了贫富差距,维护了社会稳定,起到了社会安全网和减震器的作用,对社会的发展进步作出了积极的贡献。

---

① 詹姆斯·安德森:《公共选择》,华夏出版社1989版,第165页。

总的来看，当代资本主义国家对经济的干预和调节，大体可分为三种不同模式：第一种以美国、加拿大为代表，认为私人企业市场经济是神圣不可侵犯的，政府主要通过财政货币政策和法律法规对经济社会生活进行间接调节。第二种以日本、法国为代表，以私人企业市场经济为基础，但政府对经济社会发展的指导、干预作用较大，广泛推广计划化和运用计划合作，将政府与企业、企业与企业的活动协调起来。第三种以德国和意大利为代表，强调政府干预经济的目的是保护市场竞争的正常运转和社会的"公正"，把"自由"与"公正"结合起来。但是，不管哪一种模式，西方国家都是力求通过各项经济社会政策，调节商品市场、劳动力市场、货币市场和外汇市场的总额供求，以构造供求结构平衡的宏观环境，发挥市场优化配置资源的作用，达到经济适度增长和社会相对稳定的宏观目标。

（二）国家拓展社会服务，推进科技教育发展

当代世界的竞争已从军事领域转向以经济、科技为中心的综合国力竞争。正如《克林顿变革战略》一书所言：随着老的意识形态和军事竞争减退，争夺市场和技术的竞争正成为世界政治的中心。科学技术是第一生产力，但科技竞争的基础在教育。因而当代资本主义国家都十分重视公共教育等社会服务事业，并大力推进科学技术的研究与开发。

1. 大力拓展社会服务事业

社会服务指由国家进行的公共事业，主要包括教育、卫生保健、法律服务等。社会服务的受益不以公民的经济状况为根据，资金的主要来源是国家财政拨款。传统国家的社会职能主要是维护社会治安和秩序，在某些地方，国家也承担了有限的修建、维护公共工程之类的社会服务职责。但随着社会的发展，社会公共事务不断增多，而社会本身又无力处理这些事务，于是国家全面介入社会管理领域，并适应社会的实际需要，提供越来越多的社会服务。瑞典学者托尔斯腾达尔就曾指出："在20世纪，国家与社会进入了一种新的关系。以前由家庭或血缘关系行使的功能——像哺育儿童、老年照管、家务和保健——都已经制度化而且部分地处于国家监护之下。其他的功能在进入国家控制范围内之前可能就已经改变了它们的社会形式。而且必须指出，在19世纪，教区、市政或者其他法律单元的地方自治并不被认

为是‘公共领域’或者可以与国家相提并论，它们更像是自愿团体或者‘部分利益’的组合，只有在20世纪头10年才发生变化，即它们都成为了与国家直接相关的市政单元。”①基本的社会服务中一个普遍而又具有代表意义的内容是公共教育。当代资本主义各国普遍推行了覆盖全民的公共教育。在德国，教育是作为一种福利向民众提供的。德国《基本法》规定，国家要对6岁至15岁的青少年实施义务教育，联邦各州对教育事业承担主要责任。因此，全部教育经费均由政府投入。德国的教育分两个阶段。6岁到10岁属小学阶段，小学毕业后，可选择完全中学、理科中学和普通中学三种不同类型的中学学习。接受上述教育的学生均为免费的公共教育。为了保证生活有困难的学生能够完成学业，1971年德国颁布的《联邦教育促进法》规定，国家必须向有生活困难的大、中学生提供助学金，最高助学金为每月620马克。由于德国从小学到大学的各类学校绝大多数是公立学校，学生免费上学，这使每个人在青少年时期都无偿地享受了社会福利。除了教育之外，当代资本主义国家还致力于推进基础卫生和营养的计划，许多国家都将免费享受综合性卫生保健视为公共政策的一个目标。

2. 推进科学技术研究和开发

新科技革命在直接促进生产力发展的同时，对世界政治、军事、文化诸方面也产生了巨大而深刻的影响，在某种程度上可以说改变了世界的面貌。在未来的世界中，谁拥有先进的科学技术，谁就掌握了控制世界经济乃至政治事务的发言权。因而，当代资本主义国家纷纷加大科技投入，高度重视并大力推进科学技术研究和开发。

现代科技的研究开发所需资金越来越巨大。美国航天飞机“挑战者”号的爆炸，一次就损失12亿美元。耗资560亿美元，动员42万人、2万多家企业、120所大学参加的美国“阿波罗”登月计划，是任何一个私人组织所无法承担的，必须由国家支持。当代资本主义国家为了抢占世界科技的制高点，空前加强了对科技发展的干预和支持，进而出现了科技开发国家化的趋势。例如美国的“星球大战计划”，日本的“科技政策大纲”，西欧的“尤里卡计划”

① 唐士其：《国家与社会的关系——社会主义国家的理论与实践比较研究》，北京大学出版社1998年版，第49页。

都是由国家投入巨额的资金给予支持的。据统计，从 20 世纪 60 年代开始，美国科学研究与技术开发的投入资金占国民生产总值的比例始终高居 2.5%至 2.6%之间，到 1994 年美国投入科学研究与技术开发的资金总额达 1765 亿美元，2000 年更高达 2640 亿美元。这个数字高于世界上大多数国家的国民生产总值。由于美国高度重视科技研发，从而使其成为当今世界科技特别是高新科技最发达的国家，成为知识经济第一强国。

（三）经济全球化对国家职能的新挑战

近年来，全球化趋势迅猛发展，其内涵已远远超出了经济范畴，在政治、社会、文化等各领域内都引发出一系列问题。考察现代条件下的国家职能，当然不应忽视全球化所带来的挑战。随着经济全球化和区域性共同市场的建立，传统的国家管理的界限已经大大淡化。因而，当代资本主义国家职能的新变化还表现在部分国家职能的弱化上。

1. 全球化对国家经济职能的弱化

首先，在全球化形势下，国家对本国经济的控制职能在弱化。随着新技术革命的发展，生产和资本国际化程度的提高，跨国公司成为世界经济的主要角色和主导力量。为了取得竞争优势，跨国公司愈来愈以整个世界市场作为其角逐的目标，采取全球性经营战略。在日益全球化的经济中，国家的经济边界正在消失。数额巨大的跨国资本每时每刻在全球各国游荡，寻找最有利可图的投资场所和方式。随着跨国公司不断形成和扩展自己的全球生产网络，各国政府企图控制总部设在其国内的企业的能力在削弱。

其次，全球化正侵蚀着国家的经济管理权，并对国家的经济安全带来挑战。为了吸引投资，发展经济，各国政府，甚至一国内部的地方政府之间竞相提供资源及政策等方面的优惠条件，这必将削弱政府的经济管理权；同时，与国际接轨、参与经济一体化也将限制国家的经济决策权，对外开放也会影响到国家对资源的管理权。全球化使经济在自由、快速运行的同时也处在高度的危险之中。全球化程度越深，国家对本国经济的控制力越有限，各种外部的、投机的、意外的因素对国民经济的打击也可能越严重。而且，由于经济相互依赖加深，一个国家的某一政治、经济问题时常会在整个地区乃至全球引起连锁反应。前几年爆发的亚洲金融危机及当前的美国次贷危机引起的全球金融危机即同经济全球化趋势的增强有密切关系，它为各国特别是发展中国家确保国家经济安全敲响了警钟。

2. 全球化对国家政治职能的弱化

首先，全球化给政府对本国的统治职能带来一定的影响。在全球化形势下，国际组织与国际协调机构的作用将不断增强，这在一定程度上削弱了民族国家的行政权；许多超国家的地区性或行业性国际组织的建立也在一定程度上弱化了国家的部分职能。如欧盟提出的所谓“共同防务计划”如果能在未来实现，必然在一定程度上会部分地取代过去国家传统的对外保卫职能。

其次，全球化带来了国家认同感的淡化。经济全球化的深入使得资本跨国流动愈来愈强，使得资本在与国家谈判关系中具有更强的讨价还价的能力。财政金融市场的全球化使民族国家范围内政府借助经济政策进行宏观调控的活动范围日益萎缩。无国界经济侵蚀了公众对祖国的认同感和忠诚感，跨国公司也倾向于要求其职工效忠于公司认同，而不是他们的国家认同。欧洲的一些跨国公司已把行政管理机构转移到纳税标准较低的国家，从而大大减少了西欧社会福利国家征税的资金来源。德国《明镜》杂志的专栏文章曾写道：这些跨国公司“几乎感觉不出自己与原来祖国有什么联系。它们用美元结算经营业务，不再使用本国货币，并且尽可能地向税率较低的国家交纳税金。这是轻而易举的事情。因为大约世界贸易的1/3是在这些康采恩内部进行的。如果各子公司彼此之间提供预付资金的话，财会人员就会通过价格结算把在各地取得的利润转手变为通过征税为社会福利网络筹集资金的国家——如德国、瑞典等国政府的财政税收损失”①。跨国公司的发展不仅导致了生产、资金、技术、商品的全球流动，而且造就了一个能在世界各地定居和流动、具有多元种族结构、能够使用英语的跨国专业人员阶级。由于他们以世界为活动的舞台而逐渐淡化了对国家的认同感。

国家职能的转变和扩张是人类社会发展的必然现象。在当代，尽管全球化对国家职能有一定影响，但总的看来国家的职能是趋于扩张的。全球

① [德]《明镜》杂志：《全球化——世界范围内劳动岗位与工资的竞争》，1996年39期第92页。

化并没有导致民族国家的消失，民族国家仍然是全球化进程中的重要力量。民族国家是经济全球化进程中“游戏规则”的制定者。全球化的发展使各国的政治经济联系更为密切，也产生了许多单个国家无法解决的问题，因而国际组织和国际协调机构的作用在增强。但很明显的是，国际组织和国际协调机构的萌芽生长并没有超出民族国家之上，它们的活动仍然取决于参与其中的各民族国家的合作、斗争与制衡，民族国家仍然是国际社会“游戏规则”的制定者和批准者。无论在国际或国内事务中，民族国家仍然占主导地位，其作用无可替代。民族国家不仅是经济发展和国际竞争所必需的安全保障、经济和政治支持的至关重要的力量源泉，而且也是社会再生产所必需的社会保障体系和稳定的社会环境的最终和最有力的维护者。

跨国公司尽管对民族国家的主权构成一定冲击，但它们始终脱离不了民族国家的影响和控制。而且，在全球竞争中，跨国公司在很多情况下也需要求助于、依赖于母国的帮助。同以往一样，母国的力量和安全保障对跨国公司仍然是必不可少的。另一方面，跨国公司同样也要受其投资的国家或地区的政治、法律、经济、行政等多方面的控制，其经营、发展也需要它搞好同所在投资国的关系。当代，民族国家仍然是国民福利、民族特性和社会团结的主要保障者，全球化时代仍然是民族国家利益优先的时代。全球化不可能消除民族国家的界限和差别，也难以实现世界民族和民族国家的“一体化”或“世界大同”。随着人类文明的发展，人与人之间的交往更为密切，人类社会关系更为复杂，各种社会矛盾与社会问题不断涌现，社会公共事务也不断增多，这些单靠社会本身是无法及时有效协调、处理的。因而从这一角度看，国家将承担起更多的管理社会经济的责任。

三、当代发达资本主义国家政权结构的新特点

当代资本主义国家权力通常被划分为立法权、行政权和司法权，并分别由一个权力主体单独行使。政权结构即是三个权利主体的结构形式和活动方式。从立法、行政、司法三个部门的关系来看，西方国家的政治体制又可以分为内阁制和总统制两种形式，分别以英国和美国为其代表。马克思主义经典作家主张议行合一，对这种分权持否定的态度，原因是这种分权原则

的实际应用未能改变国家是“资本剥削雇佣劳动的工具”这一阶级性质。从社会阶级关系结构和政权实质的角度来看,这种结论无疑是正确的。但就资本主义国家统治阶级本身而言,分权制衡原则对资本主义国家权力的有效行使却是至关重要的。

资产阶级内部,历来存在着各式各样和多重的利益集团。当代资产阶级内部结构更加复杂,利益集团林立,它们或多或少地都对国家权力产生影响。国家权力的意向和行使往往是各种不同利益集团政治合力的结果,而这种政治合力是从根本上和总体上符合资本主义长远利益的。在国家权力意向形成及有效行使的过程中,尽管可能会暂时伤害某些集团的利益,但绝不会因此而动摇资本主义的统治。于是,资本主义国家以分权制衡原则保证其政治制度的运行,就成为资产阶级内部对其矛盾和冲突所进行的一种极为重要的动态调整。当代资本主义国家政权结构的变化主要表现为立法权力有所下降,行政权力有所加强,以及国家政权结构内部出现了新的司法审查机构。

(一) 当代发达资本主义国家立法机构权力的弱化

自西方民主政治制度建立以后的300多年来,三权分立与相互制衡一直成为这种制度的基本构架和最重要的运行机制。但在不同历史条件下,三权的相互关系也是在变化着的。在整个自由资本主义时期,三权中立法权大多数处于优势地位。而在20世纪以来,特别资本主义进入当代阶段以后,国家的行政权力不断扩大,议会的作用有所弱化,三权之间失去了固有的平衡,或者说由以立法权为重点的平衡,转化为以行政权为重点的平衡。当代资本主义国家立法机构权力的弱化主要表现在两个方面。

1. 委托立法数量急剧增加

委托立法也叫授权立法,是议会就特定事项委托行政机构制定法律的一种立法活动。立法权在传统上属于议会,但当代发达国家的议会通过委托立法的方式使部分立法职能转移到政府方面,行政机构的权限得到扩充。委托立法成为发达资本主义国家政府决策过程中一种带有普遍性的倾向。

在英国,政府通过议会授权而制定的法律文件一般被称作“行政规章”。按规定,议会有权对其进行审查和限制,但在立法过程中这种审查和限制是有限的(如议会受到专业、时间以及议会多数党等方面的限制)。自从20世纪50年代开始,“英国政府受议会委托所通过的‘行政规章’的数量不断增加,50年代中期每年为3000多页,60年代中期6000多页,70年代中期8000多页”①。

在法国,1958年的宪法以国家大法的形式确立了授权立法的制度。该宪法明文规定:凡是在宪法第34条所列举的议会立法事项之外的其他问题均属于政府条例的范围。而且,政府为实施政策起见,可以要求国会授权在一定的时期内,以法令的形式规定通常属于法律范围内的事项;在国家遇到严重危机时,总统所制定的条例还可以变更或废除现存的法律。也就是说,议会只享有有限的被列举的立法权力,而政府却拥有广泛的、被保留的立法权力。“在法律和条例的关系上,条例是汪洋大海,法律是大海中的几个孤岛。”②

2. 政府享有立法创议权

尽管在资本主义国家宪法或议会组织法中规定,议员、一定数量的公民、政府以及根据法律授权的机关或团体等均享有立法创议权(即提案权),但在实际立法过程中,大多数立法创议权却为政府所独享。有些学者把这种现象称作行政权对立法权的“侵蚀”或“渗透”。

在英国,这种“渗透”的主要表现是,政府掌握法案讨论的议程,其绝大多数提案均可成为正式法令。1968～1977年的10年中,每年下院开会期间,内阁政府提出的公议案大部分都获得通过,成功率平均为84%,最高达100%,而后座议员提出的私议案成功率一般只有10%左右。

在美国,国会的重要议事日程基本上由总统决定,总统向国会提出的“国情咨文”、“预算咨文”、“经济报告”和各种专门咨文成为国会立法活动的指南。到20世纪70年代末,每年根据总统的建议而提出的法案,占国会通过的全部法案的80%。总统管辖下的行政部门和机构所通过的规章条例,即委任立法的数目,仅1981年联邦政府一级就通过了6500项,而同年国会通过的法律和决议却只有157项。

① 刘昀献:《国际垄断资本主义论》,河南人民出版2004年版,第330页。

② 伯纳德·瓦茨:《行政法》,群众出版社1986年版,第138页。

（二）当代发达资本主义国家行政机构权力的加强

当代资本主义国家政权结构的另一重要变化，是国家行政权力的加强。国家权力中行政权力的扩大早在二战以前就已出现端倪，在当代逐渐成为资本主义国家政治制度演变的一种总趋势。通常所说的国家行政权力，主要包括决策权（进行行政决策）、命令权（颁布法规、行政命令、紧急命令）、组织权（负责行政机关设置及管理）、任免与监督权（任免行政负责官员并对下级行政机关实行行政监督）、裁决权（对行政纠纷进行裁决），以及外交权、军事权和赦免权等等。当代社会经济和科学技术的发展，使政府行使行政权力的速度、效率和质量都面临更高的要求。有的西方学者曾把二战后社会环境的变化归纳为“技术变化”、“经济变化”和“社会变化”，认为行政权力的加强是国家权力对上述“社会环境变化”所做出的“反应”。党派政治趋于稳定和成熟，也为行政权力的加强创造了条件。此外，国际关系中的冷战和局部战争也是导致发达国家行政权力集中和加强的一个外部因素。

在当代资本主义国家政权结构的变化中，一方面，法制加强了；但另一方面，作为立法机构的议会权力相对削弱，行政权力加强了。这两者看上去似乎矛盾，实则不然，它们都是历史发展的结果。议会权力的相对削弱，并不影响立法的加强，因为部分立法权转移到行政机构中去了。行政权力的加强也并不说明法制的削弱，因为行政权力的行使是在法制轨道上进行的。

1. 行政首脑的权力增加

随着行政机构权力的增加，国家权力日益集中到政府首脑的手中，出现某种集权倾向。总统权力的扩张最早出现在美国。1933 年罗斯福出任总统，为了挽救当时空前严重的经济危机，采取了一系列被称之为“新政”的措施，它对于渡过危机、促进美国经济发展和政治势力的进一步扩张，起了重要作用，赢得了巨大声望，从而打破了自华盛顿以来总统任职不超过两届的传统，连续获得了四次总统提名（其重要原因是处于战争时期），任职达 13 年（1933～1945）之久。美国最高法院先后于 1935 年和 1936 年宣布许多重要的“新政”立法为违宪，但仍不能阻止“新政”措施的推行，此间立法和司法权对行政权的制约受到极大削弱。在当代美国和其他西方国家，政府首脑权力扩张的趋势更加明显。

美国总统权力的扩张突出表现在两个方面。一是外交权力的扩张。在美国,总统是外交政策的最高负责人。当代美国历届总统都把很大部分时间花在外交和国际问题上。总统作为国家元首和政府首脑,经常出国访问,参加各种国际会议和最高级会议,亲自领导有关政治、经济和军事问题的外交活动。由于战后美国成为资本主义世界的霸主,美国对外政策的最高负责人实际上成为西方世界的领袖和国际舞台上的主要角色。

按照美国宪法的规定,美国总统有制定外交政策、处理外交事务的权力。总统有权与外国签订条约,但必须经过参议院2/3以上议员的批准,条约才能生效。宪法的这条规定,虽很明显加大了国会对总统的牵制,但实际上并没有加大总统避开参议院牵制的难度,美国总统很快就找到了避开参议院牵制的办法——以行政协定代替条约。按照国际法,条约的含义有狭义广义之分。狭义专指以条约命名的书面协议;广义则指所有国际法主体间签订的书面协议而不问冠以什么名称。条约含义的狭义广义之别正好为美国总统避开参议院的牵制,行使独立的缔约权提供了方便之门。按照美国总统的理解,需要经过参议院批准的条约是狭义含义所指的条约,而不需要经过参议院批准的条约是指广义上的条约。这样,每位总统都以大量的行政协定代替条约,甚至签订秘密协定,来避开参议院的牵制。据统计,二战以后,美国与外国所签订的书面国际协议中90%以上都是行政协定。1980年至1988年间,美国与外国签订的条约只有136个,而与外国签订的行政协定却有3094个。如果总统所在的党在参议院中达不到2/3时,行政协定就更成为总统绕过国会的主要方法,参议院的审批权无疑徒有虚名。

二是紧急状态下发动战争的权利。根据美国宪法规定,总统虽然拥有作为陆、海、空三军最高司令的权限,但宣战权和战争拨款权却属于国会。也就是说,总统作为最高司令没有宣战权和战争拨款权。然而,第二次世界大战后的历届总统认为国家安全处于紧急状态时,总统有权动员军队,向海外派兵,采取战争行动,并把这些看作是总统固有的权力。美国入侵朝鲜时,杜鲁门没有经过国会宣战。1965年,林登·约翰逊总统决定武装干涉多米尼加,在把这个消息通知国会领袖时声称,通知国会的目的不是请求国会宣战,只是要国会在报纸上看到这条消息后不要过于吃惊。1969年尼克松下令轰炸柬埔寨。在轰炸计划已经实施、十几万吨炸弹已经投下之后,国会对这个计划和行动仍一无所知。

在这种情况下，国会为了捍卫自己应有的权力，加强对总统战争权的监督和限制，于 1973 年 11 月通过了战争权力法案，强调动用武力行动之前，总统必须和国会磋商，之后也必须定期与国会磋商。战争权力法案在表面上确认和增加了国会的战争权力，大大限制了总统的战争权力，事实上并非如此。1975 年 10 月，美国总统福特命令海军陆战队在柬埔寨登陆，1983 年里根总统下令美国武装部队大举入侵格林纳达，1986 年美国两次袭击利比亚，1991 年老布什发动第一次海湾战争，1999 年克林顿下令出兵干涉科索沃，2003 年小布什发动第二次海湾战争，都是在事前没有得到国会批准的情况下进行的。国会只是在事后被迫接受了既成事实。由此可见，战争权力法案并没有改变总统在军事权力方面的优势地位，没能起到限制总统军事权力的作用。至于国会拥有的战争拨款权更不能起到限制总统战争权力的作用。只要总统把战争打响，就很容易形成全国支持总统的局面。在这种情况下，国会不愿承担因不拨款而导致美国失败的责任，总统得到国会的战争拨款轻而易举，国会的战争拨款权也就形同虚设。

事实正如詹姆斯·麦格雷戈·伯恩斯在《民治政府——美国政府与政治》一书中所说："200 多年来，宪法所赋予总统的基本权力没有什么改变，但现代总统的影响力要比两个世纪前大得多。""有许多因素使得总统的权力在最近数十年中得到加强。战争的危险以及新武器潜在的巨大杀伤力显然增加了总统的影响力。冷战——冷战中大量的常备军、核武器、大规模的情报活动及联盟活动——也需要在处理国家安全问题方面增强总统的领导地位。"因而，当危机出现时，"正如人们所预料的那样，国会常常将权力转交给总统，由行政机构采取任何它们认为必要的举措。或者，国会由总统领导，就像 20 世纪 90 年代国会响应总统关于美国介入科威特、索马里、海地、伊拉克和南斯拉夫危机时的号召一样"。而"最高法院一般倾向对总统的权力做出扩大性的解释。最高法院偶尔也会阻止总统的举措，或裁定总统的行为不符合宪法的规定。但更多的情况是最高法院认定总统权力扩大是合乎宪法的”①。

法国行政首脑权力的加强，主要表现在1958年以后。1958年9月由公民投票所通过的宪法标志着法兰西第五共和国的诞生，该宪法改变了法国政治中传统的权力关系格局，对各权力主体之间的关系进行了重新调整，使总统的权力得到扩大，从而取代国民议会成为法国政治制度的核心。在法国，总统具有对宪法的“监督”、“仲裁”权。《宪法》第五条规定：“共和国总统监督遵守宪法，他通过自己的仲裁，保证国家机构正常行使职权和国家的持续性。共和国总统是法国独立、领土完整、遵守共同体条约和协定的保证人。”“仲裁人”和“保证人”的法律地位使得总统超越于一切其他国家机关之上，成为整个国家至高无上的权威。总统还有权在未经议会同意下任命总理、组织政府、主持内阁会议，从而牢牢掌握了行政权，控制了政府。特别重要的是，第五共和国宪法还规定，总统可以在征询两院议长和总理意见后，宣布解散议会，从而掌握了对议会的生杀大权。

英国的权力重心经历了由上院向下院，再由下院向政府转移的历史过程。19世纪末20世纪初是议会权力向政府转移的分水岭。在这之后，由于选民和有组织的政党成员的大量增加，以及由于机构、环境和政党内部的压力结合在一起，造成议会成员只有依赖于一个政党的支持，方能进入威斯敏斯特宫，并要服从党的领袖和首相的命令。这样，议会便成为一个由政党控制并依赖于政府信息的权力机构，在制定政策方面，议会已成为一个“边缘”人物。发展到20世纪60年代，政府几乎完全控制了议会，此时，人们比喻两者的关系已成为“一个主人(政府)与一个奴隶”。内阁首相控制了对政府中上百名大臣的任命和解职、控制内阁的议事日程、主持内阁会议、控制国家预算、解散议会、任命内阁委员会等大权。为此，60年代曾出现了“首相政府”一说。撒切尔夫人执政以后，由于她一系列加强中央集权的武断措施，使这一议论进入高潮，人们甚至担心“内阁政府被首相政府所取代”。

2. 行政机构膨胀和行政费用增加

随着行政机构管辖范围和管理权限的扩大，国家行政机构及费用必然

① ［美］詹姆斯·麦格雷戈·伯恩斯：《民治政府——美国政府与政治》，中国人民大学出版社2007年版，第352～353页。

相应增加，因为只有这样才能保证完成属于行政机构职能范围内的工作。法兰西第三共和国时期，平均每届政府大约只有 8 个部。到第四共和国时期，部的设置已有增加。而从 20 世纪 50 年代末期法兰西第五共和国建立至 20 世纪 80 年代初期，平均每届政府的部增加到 20 多个，其中负责解决社会问题的部显著增多。法国还形成了一套比较健全的文官制度、管理机构和咨询机构，1989 年中央政府管辖的公务员为 232 万人，20 世纪 90 年代初期已达到 310 万人。

英国学者提供的数据表明，19 世纪末，英国政府雇员的人数在全国雇员总数中的比例为 3.6%，而到 20 世纪 80 年代，这一比例已达到 30%；行政费用亦呈上升趋势，20 世纪初仅占到国民生产总值的 15%，而到 20 世纪 70 年代末已增至 50%左右。在这种情况下，以 1979 年撒切尔首相的上台为标志，英国兴起了一场公共行政改革运动。改革的目标之一即精简政府机构、改善政府管理，为此英国将提供公共服务的职能从政府各部分离出来，转由按绩效预算运行的私人或其他部门提供。改革获得了极大成功，但即使如此，行政费用仍有大幅增加。1981～1982 年度英国行政开支总计约 1170 亿英镑，1989～1990 年度增至约 1677 亿英镑。

美国行政机构的膨胀具有代表性。现在美国政府一共有 15 个内阁级的部。1950 年以来，部在数量上的膨胀最为迅猛：1953 年创建了健康教育和福利部；1965 年设立了住房和城市发展部；1966 年设立运输部；1977 年设立能源部；1989 年设立退伍军人事务部；健康教育和福利部于 1979 年分化重组形成了两个新部门：卫生与公众服务部和教育部；2002 年设立了国土安全部。不论人们称呼他们官僚人员也好、联邦雇员也好，总之有超过 270 万的美国人就职于行政部门。他们分布在各个部、50 多个独立机构所辖的大约 2000 个局、处、司、室、署及政府的其他下属机构。其中规模最大的 6 个机构是：陆军部、海军部、空军部（三者皆属于国防部）、退伍军人事务部、国土安全部及美国邮政管理局。除了政府聘用的 270 万文职人员外，军事人员也达 140 万人。此外，还有将近 100 万名邮政工作人员，560 万名与政府签订合同的雇员及 260 万名受雇于联邦研究与建设项目的工作人员。美国联邦政府在 2002 年的财政预算支出大约是 1.8 万亿美元。① 大多数机构直接向总统负责，但是有些机构，像美国邮政管理局等，拥有部分自主权。

考察各国政府的规模有两种方式。一种是比较政府工作人员总数在该国就业人口中所占的百分比。另一种是比较政府支付的薪资总额在该国 GDP 中所占的百分比。从这两个方面来看，各国行政机构膨胀和行政费用增加都是十分明显的。根据国际经济合作与发展组织 1996～1997 年的数据，全国政府工作人员占就业总人口的百分比为：法国 25％、加拿大 19％、澳大利亚 15％、西班牙 15％、瑞典 31％、英国 14％、美国 13％。全国政府薪酬占 GDP 的百分比为：法国 13％、加拿大 19％、澳大利亚 8％、西班牙 12％、瑞典 16％、英国 11％、美国 8％。② 各国行政机构膨胀和行政费用增加，大大加强了行政机构的权力。例如在美国，联邦官僚机构的每个部门及机构的领导均来自于总统任命，有些领导需经参议院批准，有些则完全来自于总统授权。总统任命的政治官员对总统唯命是从。在联邦政府中，总统任命的官员大约有 4000 人，包括 600 名需经参议院批准的行政官员及 2400 名完全“唯总统马首是瞻”的官员。总统还要对大约 1000 名警察局局长、法官、驻外使节等予以任命。之后，总统任命的官员要与 7000 名所谓高级执行官并肩工作，这些文官涵盖了联邦政府绝大多数高级职业官员。听命于总统的庞大行政官僚队伍的存在，无疑导致了行政权力的巨大扩张。

（三）当代发达资本主义国家的司法审查对司法权力的强化

当代资本主义国家政权结构演变的第三个特征，是各国普遍确立了司法审查制度。司法审查作为一种制度，首创于美国 19 世纪初期，到 20 世纪中后期，为其他许多法律体系所接受，为世界上越来越多的国家所采纳；各国纷纷成立宪法法院，建立宪法诉讼制度。瑞士于 1943 年在联邦法院设立宪法法庭；德国于 1951 年、意大利于 1953 年、希腊于 1976 年、葡萄牙于 1982 年、西班牙于 1983 年先后建立了宪法法院。今天，司法审查或许可已

① ［美］詹姆斯·麦格雷戈·伯恩斯：《民治政府——美国政府与政治》，中国人民大学出版社 2007 年版，第 410 页。

② ［美］詹姆斯·麦格雷戈·伯恩斯：《民治政府——美国政府与政治》，中国人民大学出版社 2007 年版，第 417、40 页。

被视做西方立法政体的主导制度。

1. 司法审查的含义及机构

司法审查制度亦可称“违宪审查制度”。它是通过司法程序审查和裁决立法与行政是否违宪的一种制度，因而也可以理解为司法制约立法与行政的一种手段。詹姆斯·麦格雷戈·伯恩斯在《民治政府——美国政府与政治》一书中指出：“司法审查权，是指法院根据法官意见认定某一法律或政府规章与《美国宪法》相抵触时，或某一州法院认定某一州法律或州政府规章与州宪法相抵触时，从而判决该法律或政府规章无效的权力。”这一制度的目的在于维护宪法的权威性，防止出现与宪法精神相抵触相违背的法律，使宪法具有最高的法律效力。根据三权分立与制衡原则，司法机关包括普通法院（主要是最高法院或宪法法院），被认为是保障宪法的机关，一旦议会立法或行政行为违宪，就可以宣告该项立法或行政行为无效。

当今资本主义国家负责宪法诉讼的机构有三类：第一类是议会或者最高国家权力机关，英国、新西兰和荷兰等国家都采用这种司法审查制度，其中英国最为典型。第二类机构是普通法院，美国、加拿大、澳大利亚、日本、印度都采用了这种方式进行司法审查；这些国家司法审查采取了“不理不察”的方式，只有涉及具体案件的当事人有提出司法审查的权力，法院和其他权力部门或个人都无权提出某项法律的违宪审查。第三类是专门设立的机关，主要是宪法法院和宪法委员会，除英国之外的大多数欧洲国家都采取了这种方式。

在当今的司法审查的主要体制中，尽管司法审查的对象不完全相同，但大致可以概括为四个方面：(1)一般立法与宪法规范的矛盾；(2)国家机关和其他领导人与宪法规范的抵触；(3)联邦制国家中央与组成部分之间、单一制国家中央与各地区之间、联邦国家各组成部分之间或者单一制国家各地区间的矛盾；(4)国家权力的执行与公民宪法权力保障的矛盾。除此之外，司法审查的范围在某些时候也包括了地区性的冲突和选举公正性的监督。这在欧洲的一些国家体现得比较明显。

2. 各国的司法审查实践

司法审查的确立和发展，典型地表现为一种制度和程序的发展。对于美国等以普通法院进行司法审查的国家而言这明显反映了司法功能在政治领域的延伸，而对于法德等欧洲国家而言，这意味着一种新的部门的出现。但不管是哪一种，这些部门和职能的发展都是为了最大限度地减少由于国家权力结构内部摩擦所造成的损耗，使国家权力更有效地得到行使，从而维护统治阶级的整体利益。

美国宪法中没有提到司法审查。美国法院的司法审查权是1803年联邦最高法院大法官马歇尔在审理“马伯里诉麦迪逊案”的裁决中确立的。该案判决书宣布：“所有制定成文宪法的人认为，宪法构成国家的根本法和最高的法律。解释法律显然是司法部门的权限范围和责任。把规则应用于具体案件的人必然应当阐述和解释该项规则。……违反宪法的法律是无效的；法院和其他部门都应受到该文件（宪法）的约束。”据此，最高法院在裁决中宣布：1789年司法法第十三节改变了宪法明文规定的最高法院的第一审管辖权，是违反宪法的，因而是无效的。

这个案例确立了法院解释宪法的权力；由于只有联邦最高法院的裁决才是终审裁决，所以实际上只有联邦最高法院才拥有解释宪法的最终权力；通过解释宪法，有权宣布国会制定的法律、总统发布的行政命令、行政机关颁布的规章条例以及州宪法和州法律违反联邦宪法，因而无效，不得实施。在这一过程中，最高法院裁决往往发展甚至改变宪法条款的原有含义。所以美国最高法院的解释宪法权或司法审查权，就成为改变宪法的重要手段。最高法院的裁决一经做出，即成为宪法惯例，政府其他部门及各州必须遵守。这样，司法审查权扩大了联邦法院的权力，提高了它的地位，使司法部门得以真正同立法和行政两部门鼎足而立，对美国政治、经济、社会生活产生重大影响。

在法国，这一权力的行使者是“宪法委员会”。法国宪法委员会根据1958年宪法建立，是法兰西第五共和国的特设机构之一，其职权比法兰西第四共和国宪法委员会大得多。宪法委员会由9名委员组成，3名由共和国总统任命，3名由国民议会议长任命，3名由参议院议长任命。任期9年，每三年更换1/3，不得连任，不得兼任部长或议员。历届前任总统为宪法委员会终身成员。宪法委员会主席由总统任命。宪法委员会的主要职权是：审核议会两院议员选举、总统选举、公民投票程序的合法性，裁决议会两院之间及政府与议会之间的争议。议会组织法和议会两院的规章在公布前，须交宪法委员会审议。被宪法委员会宣布为违反宪法的法律，不得予以公布。此外它还具有一系列咨询职能。宪法委员会所做出的裁决，对一切国家权力机关均具有约束力，各方不得进行任何上诉。共和国总统在局势紧张需要采取非常措施之前，也必须征得宪法委员会的确认。宪法委员会在保障公民权利、维护宪法尊严、限制议会权力、监督政府立法活动方面，均发挥着重要作用。

德国宪法法院的主要职能是负责解释基本法并负责监督该法的执行。宪法法院的职权范围包括：审理和裁决联邦与州之间及各州之间的争端，联邦各机构之间的争议，联邦法律和各州违反基本法的案件，州法律违反联邦法律的案件，对联邦法院的决议提出上诉以及对联邦总统和联邦法官的弹劾案等。

当代资本主义国家司法审查制度的确立，发挥了对资本主义国家不同的权力进行协调和规约的功能。很显然，这些功能有利于缓解、调和国家权力结构中各权力主体之间、中央与地方之间、宪法与地方法律之间的种种矛盾，最大限度地减少由于国家权力结构的内部摩擦所造成的损耗，使国家权力更有效地得到行使，从而也使资本主义国家司法机构的权力一定程度上得到了强化。

四、当代发达资本主义国家民主制度的发展变化

在资本主义社会里，民主是资产阶级实现阶级统治的形式。资产阶级民主是在反对封建专制的斗争中逐渐形成的，它是与其经济上要求自由竞争、等价交换相适应和一致的。资产阶级民主是其经济发展在政治上的反映。资产阶级取得政权后，经历几百年的丰富和发展，资产阶级民主在组织形式、完善程度、制度化、法律化等方面，形成了从普选制到议会立法，到政府监督等一套较完备的制度。

随着社会生产力的发展和资本主义生产关系的调整，在当代发达资本主义国家，资产阶级民主制度也出现了一些新的变化：选举制度更为完善，权力竞争公开化、制度化和规范化；政党政治活动的范围和基础更为广泛，并出现了政党联合，由多党政治逐步走向两党政治以及传统的左、右翼政党

呈现中间化的趋向；对政府的监督和制约的内外因素大大加强，政府官员时刻处在大众传媒和公众舆论的注视之下；文官制度更加完善，资产阶级的统治秩序渐趋稳定；公民权利普遍扩大，政治参与程度进一步提高。资产阶级民主制度的新变化，不仅反映了人民斗争的成果，同时也反映了资产阶级在新形势下，利用政治上的让步来巩固其统治地位的明显意图。

(一) 选举制度更为完善

选举是民主的本质要求。西方资本主义的民主化过程，比较集中地体现为普选制的实现过程。20 世纪初在资本主义世界兴起的法西斯主义，使西方资本主义民主面临着严峻的挑战，在巩固资产阶级民主的过程中，选举作为民主政治的重要因素得到了比较充分的发展。普选制的切实推行是这种发展的最直接、也是最重要的成果。普选制的全面推行，在使西方资本主义民主政治体系更趋完备的同时，也大大促进了选举制度的建设和发展。当代资本主义国家选举制度的发展主要表现为六大趋势。

一是选举权进一步扩大，实现普选制。资本主义国家的选举制最初对选民个人附加有财产、教育、性别等多方面的限制。当代资本主义国家基本上都实现了普选制，即凡是公民就有选举权，取消了其他的资格限制。例如在英国，1711 年的法案对选民资格作了财产等多方面的严格限制，使有选举权的人口约占成年人数的 5%；并对当选下院议员的财产资格作了非常高的规定，还允许高价出售议席(4000～5000 英镑)。这样，实际上使中小资产阶级也不可能当选下院议员。1867～1868 年改革法案规定，凡年收入有 12 镑，或拥有年租金为 5 镑土地的人，享有选举权；市区中凡有单独住宅者，或租用市区房屋租金 10 镑且租满一年者，皆有选举权。后来又进行了多次选举改革，使年满 21 岁的男女公民都享有了选举权。直到 1969 年英国议会通过的《1969 年人民代表制法》才将选举年龄从 21 岁降到 18 岁。在英国选举法案的影响下，1971 年 3 月，美国国会也通过宪法修正案，把公民享有选举权的年龄从 20 岁降到 18 岁，这样一下就扩大了 1100 万人的选举权；1971～1972 年国会众、参两院还先后通过了男女权利平等的修正案。法国在经过民意调查并在广大青年的强烈要求下，德斯坦总统于 1974 年 7 月 5 日颁布法令，也把享有公民权和政治权的男女公民年龄降至 18 岁。当代资本主义各国的普选制度逐步进入臻于完善的阶段。

二是从不平等选举发展为平等选举。历史上存在过的不平等选举表现为每个选民或者拥有的投票数不相等，或投票数虽然相等，但其效力不相等。例如，英国就曾允许受到较高教育的人或执行高级职务的人有两票以上的投票权。牛津、剑桥等大学的毕业生可以分别在其住所选区和大学选区投票，有的人甚至可以在一次选举中投票十多次。复票制的存在使有产者和“才智较高的人”享有更多的政治特权，造成了选民之间的不平等。直到1948年修订的《人民代表选举法》，英国才废除了营业处所、伦敦市和大学选区的复票资格，实行了“一人一票，一票一值”和“男女平等”的原则。在美国历史上，妇女、黑人与白人男子也是不平等的。在1787年制宪会议上，围绕众议院代表名额分配是否应当把奴隶计算在内的问题，南北之间发生了严重分歧。南方要求把奴隶计算在内，这样可以增加代表名额；北方则坚决反对。经过激烈的辩论，代表们最后达成了3/5妥协方案，即一个奴隶按3/5个自由人计算。至于妇女和黑人争取平等投票权的运动，则经历了更长、更艰苦的历程。19世纪后半期，随着妇女就业人数的不断增加，职业妇女要求实现与男子平等的选举权的呼声更趋强烈，在女权运动的推动下，美国国会才终于在1920年通过了宪法的第19条修正案，从而实现了男女平等的选举权。关于黑人的选举权问题，南北战争后，虽然国会曾于1865年、1868年和1870年连续通过了三个禁止奴隶制和禁止因种族、肤色及以前是奴隶而被剥夺公民选举权利的第13、14、15条宪法修正案，并相继获得各州批准，但美国南方各州继续实行着种族歧视和种族隔离政策，他们采取各种措施来限制黑人的选举权。例如实行所谓“文化测试条款”，规定黑人在登记为选民之前，不仅对他们的写读能力要进行测试，而且还要求他们对联邦宪法和本州宪法进行阐释；“人头税条款”规定只有交纳人头税的公民才能有选举权；“祖父条款”则规定，只有在1867年1月1日起有选举权的人及其后代，才能有选举权等等。这些规定都极大地限制和剥夺了黑人的选举权。许多对黑人选举权进行限制的不合理规定，直到20世纪60到70年代才得以逐步取消。在当代资本主义各国以往不平等的选举已被平等选举所取代，一人一票，且每票效力相等。

三是选举更加直接。即由间接选举发展为直接选举。间接选举是因经济、文化发展水平的限制所实行的民主程度较低的选举，即由公民选出代表，再由代表选出当选人。为了能够更真实地体现民意，现在大多数国家都采用了直接选举制，即由公民投票直接选出当选人。例如，法国总统就由间接选举改为直接选举。法国前总统戴高乐在解释这个转变时说，为了使今后的总统“有充分的能力和义务担负最高责任”，为了使共和国“继续有很大的可能保持公正、有效和得人心，他们必须直接得到全体公民的授权委任”。

四是选举程序更加完善。选区的划分更加规范化和科学化，选民登记更细致，候选人的提名更严肃，并且从公开投票发展至秘密投票。公开投票即记名投票，这种方式容易增加投票人的顾忌，不利于体现选民的自由意志。现在大多数发达国家都采用秘密投票的方式，即无记名投票；与此同时都强化打击选举腐败的力度。

五是选举投票从强制投票变为自由投票。强制投票也称义务投票，即认为公民有投票的义务，如无故不尽义务，则受相应的制裁；自由投票则认为投票是公民的权利，公民既可行使也可放弃这一权利，不应进行干涉。目前，美、英、法等主要资本主义国家都采用自由投票制。而且选举制度运行稳定而规范，不仅保证了权力移交的稳妥性，而且也保证了政治参与的稳定性。

六是选举手段日趋现代化。20 世纪 90 年代，随着信息化时代的到来，选举手段的现代化步伐大大加快，以互联网络为核心的信息技术为民主的发展开辟了新的前景，它将把人类带入“电子民主”的时代。同时信息技术的介入使资本主义选举制度也面临如何全面创新的问题。

从当代资本主义国家选举制度发展演变的过程可以看出，其发展趋向是：由限制选举制到普选制；从不平等选举制到形式上的平等选举制；从间接选举制到直接选举制；从强制投票制到自由投票制；从公开投票制到秘密投票制。在选举制演进过程中，不但资产阶级内部选举权利得到了扩大，而且无产阶级和劳动群众的选举权利也逐渐得到了扩大。前者是资产阶级政治统治确立和巩固的必然结果；后者既是无产阶级和劳动群众长期斗争的结果，也是世界民主化潮流的必然趋势。选举制度的发展，是西方资本主义民主政治建设和发展的重要推动力量，同时也是保障西方资本主义民主政治有效运作的重要力量。

（二）政党格局出现了新的转型

资产阶级政党是资本集团培养、选拔自己的政治家的大学校。近代意义的政党产生于英国。最早的近代政党是产生于1679年的英国的“托利党”和“辉格党”，分别代表封建贵族和城市资产阶级。在资本主义国家里，党派政治在国家权力系统内具有双重身份。如在英国，首相必须是议会下院多数党的领袖。这样政党实际上参与了国家权力的决策和行使过程。再者，政党的成员或党的支持者同时又是选民，是对国家政治生活具有重要影响的社会力量。

当代资本主义国家中，因为历史传统、阶级关系、政体形式的不同，存在着一党制、两党制、多党制等各种政党体制，多数政党参与议会政治。两党制的典型是英国和美国；多党制的典型是法国、德国、意大利；一党制主要指一党长期执政，其他各党作为陪衬。党派力量对比，政党体制变化对国家权力结构和政府政策有决定性影响，这种影响在当代资本主义国家不断加强，特别是在西欧国家，党派政治渗入各个方面，几乎无孔不入。在19世纪，对于普通劳动者来说，政党政治实际上是离他们很遥远的事，而在20世纪，特别是在当代，由于普选权以及由于社会民主主义的兴起及政治代表在西方各国政党政治竞争中相继取得一席之地，政党政治的基础更加广泛了。在党派政治中，意识形态界限趋于模糊，党派活动日渐活跃，不少社会党执政或参与执政，甚至共产党也曾参与执政。如法国共产党自1944年起曾连续五届参加联合政府，有8个领导人曾出任部长或副总理，目前它仍是法国主要政党之一。

政党是资产阶级国家政治制度的重要组成部分，政党格局的状态关系到政治制度的稳定和经济社会的发展。20世纪以来，西方国家政党格局的两次转型对西方社会产生了重大而深远的影响。

1. 西方国家政党格局的第一次转型及其影响

第一次世界大战后，社会民主党（含工党、社会党，下同）从反体制的政党转变为体制内政党并登上西方政坛，西方国家政党格局从单极走向多极。工人阶级政党成为执政党，打破了资产阶级政党单独把持西方政坛的局面，对西方政治生活产生了重大影响。

一是推动了西方国家政党格局的多极化发展。社会民主党登上政治舞台并成为执政党，一方面使自身的性质发生了变化，即从反体制的革命党，转变为维护资本主义制度的改良党；另一方面改变了西方国家右翼政党独霸政坛的局面，为代表不同阶级、阶层利益的政党和平共处，和平竞争创造了条件。第一次世界大战后，无论是主张革命的政党，主张改良的政党，还是保守主义政党，甚至极右翼政党都取得了合法执政的地位，实现了西方国家政党格局由单极向多极的演变，从而使西方国家政党政治逐步走向平衡。

二是促进了西方国家政治生活的民主化。由于中下层民众思想的普遍"左"倾和社会民主党在部分国家执政，加快了西方国家政治民主化的进程。在一些国家社会民主党、共产党和工会组织快速成长，左翼政党力量的增强，为实现共和民主制创造了条件。譬如，第一次世界大战结束后，瑞典各地普遍出现了要求民主的示威，最终促使国会通过普选权提案，用民主共和制取代了贵族特权政治制度，等等。

2. 两极政党格局的形成和传统左右翼政党的中间化发展

在第二次世界大战后的西方国家中，左翼、中左翼政党力量得到了空前发展，社会主义、共产主义思想为更多的民众所接受。之所以如此，一是因为在二战中，不少西方国家的上层阶层与执政党在德国纳粹超强的军事威慑下，在一个时期内均实行对之让步，并与之合作的政策，正是这种政策使得希特勒得以在短期内征服多数欧洲国家并成为该地区的霸主，同时也使中下层民众与右翼政府和执政党的矛盾尖锐化，产生了对上层阶层与右翼和极右翼党派的不信任。二是由于左翼和中左翼党派，在抗击法西斯斗争中勇敢顽强，做出了巨大牺牲和突出贡献，从而赢得了民众的支持。因而，在二战后的大选中，左翼与中左翼党派在多数国家中取代右翼成为执政党。与此同时，随着选举权的扩大和民主政治的发展，西方国家除传统政党外，又涌现出数以百计的新的政党。战后初期，仅在德国西部三个占领区就有500多个组织要求建立政党，由于美、英、法三国占领当局的限制，后来成立了150多个政党。① 在二战后的意大利，每次参加竞选的党派不下30个，其

① 马啸原：《西方政治制度史》，高等教育出版社2000年版，第330、276页。

中依法在议会中取得席位的有 10 个左右。[①] 法国二战后活动在政治舞台上的政党约有 50 多个，第四共和国时期进入议会的就有 15 个。西方国家出现了党派林立、群党争雄，争夺国家政治领导权的局面。

在政党格局多极化的国家，由于各政党相互间彼此抗衡，没有一个政党能形成绝对优势，政府只能是几个政党的联合，参与联合的政党一旦出现分歧，政府就有被推翻的危险，因此，频繁的政府危机便成为这些国家政治生活的显著特点之一。法国第四共和国时期（1946～1958 年）约 12 年的时间，先后更换了 20 届政府，其中较长的如戴高乐的第一届临时政府和 1956 年的摩勒政府都只存在了 15 个月，最短的如 1948 年 9 月组成的舒曼政府则只存在了 7 天。[②] 意大利从 1946 年 7 月 13 日组成首届共和国政府到 1996 年 4 月的 50 年间，内阁更迭达 55 次，平均每届政府的寿命不到 11 个月。[③] 政府的频繁更迭不仅影响了社会经济的发展，也引起人民群众的强烈不满。为了维护社会政治稳定，西方有关国家的政府采取了一系列措施，促使政党分化组合，从而使这些国家的政党逐渐形成了阵线分明的左右两大阵营。这种情况以德国和第五共和国时期的法国最为典型。

在德国，吸取魏玛共和国时期小党大量进入议会的教训，实行相对多数当选与比例选举相结合的制度，这样就限制了许多小党进入联邦议院，能进入联邦议院的往往只有 3～4 个大党。1990 年全德联邦议院进行统一后的第一届大选，进入联邦议院的仍是 4 个政党，依然保持着以基民盟—基社盟与社会民主党为两翼的政党格局。在法兰西第五共和国第一届国民议会成立之前，戴高乐一改过去的比例代表制，实行单记名多数两轮投票制，这种选举制度客观上促使法国政党格局向左右两翼集合。每经历一次选举，法国的政党便重新进行一次分化组合，1975 年 5 月底的法国总统选举后，法国最终形成“两派四党”的政党格局。

20 世纪 70 年代中期以来，随着新科技革命和经济全球化的发展，发达资本主义国家的产业结构、阶级结构发生了重大变化。传统的工人阶级队

---

① 顾俊礼：《欧洲政党执政经验研究》，经济管理出版社 2005 年版，第 166 页。

② 马啸原：《西方政治制度史》，高等教育出版社 2000 年版，第 242 页。

③ 金太军：《论当代西方政党制度的特征与走势》，《政治学研究》1997 年第 3 期。

伍日益萎缩，新中间阶层的人数大量增加。以知识分子为主体的新中间阶层的经济地位和社会地位，决定了他们在政治和政党取向上通常表现出相当程度的保守性和实用性。他们害怕社会动荡，不愿意进行反制度的“革命”；在选择政党时，淡化意识形态，而优先考虑的是该党的政治地位和方针政策能否维护自己的切身利益。这就迫使各政党为适应变化了的新形势，采取多种措施，扩大党的社会基础和政治影响，促使传统的左、右翼政党向中间化发展，左翼政党向中间靠近，右翼政党向温和方向倾斜，传统左右两极政党格局逐渐向中左、中右两翼对垒的方向演进。

左翼的社会民主党从 20 世纪 50 年代到 90 年代，先后进行了两次重大理论革新。第一次是以德国社会民主党 1959 年制定的《哥德斯堡纲领》为标志，实现了党的非意识形态化和从工人阶级政党向全民性政党的转变。第二次是以英国工党在 20 世纪 90 年代提出的“第三条道路”为标志，实现了党从传统政党向以争取上台执政为主要奋斗目标的现代政党的转变。在 1995 年 4 月召开的工党特别代表大会上，以布莱尔为首的工党现代派实现了对党章中党的宗旨和奋斗目标的修改，放弃了实现公有制社会的目标，把社会主义目标规定为社会公正、充满活力的混合经济、开放的民主社会和健康的环境等等。工党的第三条道路就是要在传统的民主社会主义与新自由主义之间寻找一条中间路线。第三条道路一经提出便很快成为国际现象。德国社会民主党结合本国国情提出了“新中间派政策”；法国社会党提出了“新阶级联盟”战略；意大利左民党完成了向社会党的全面转化，成为“橄榄树”中左势力的核心；瑞典社民党、荷兰工党都先后重新解释了“民主社会主义原则”。适应社会结构变化的特点，各国社会党为争取中间选民重新进行了自身定位，大幅度地调整经济社会政策，逐步向中间阶层靠拢。

与左翼的社会民主党一样，为了吸引中间阶层选民，右翼的保守政党也加大了政策调整的力度。西欧国家的一些保守政党通过总结和反思，极力改变在选民心目中的“冷酷”形象，更加关注选民关心的发展经济、增加就业、保护生态环境、改善社会福利等问题，提出了“改良主义的中间路线”，要建立一个兼顾效率与公正的中右特色的“欧洲社会模式”，喊出了“欧洲的未来在中间”的口号。多数保守政党结合本国实际，提出了治国理政的新思路。英国保守党推出了《相信英国》的未来施政方案，表示要加大对教育、医疗、福利体制等各项社会政策改革的力度;德国的基民盟提出要塑造“新的社会市场经济模式”;西班牙人民党奉行“改良的中间主义”路线,把经济增长、改善人民生活作为党的工作重点。保守政党的这种政策调整和改革,不可避免地使其与社会民主党的政策出现趋同现象。

20 世纪 90 年代以来,随着西方国家经济的多样化发展,传统主流政党的影响力有所下降,如德国的社会党和基民盟、英国的工党和保守党,以前总得票率都超过 90%,现在得票率之和只有 70%左右;①而共产党、绿党的力量有所上升;中间党派的力量,如意大利的自由党、共和党力量有较大发展;极右翼党派,如法国的国民阵线等,势力急剧膨胀。但可以断定,由于世界经济、政治的大环境在短期内不会改变,因而在一定时期内由以社会民主党为代表的中左翼政党和以基民盟为代表的中右翼政党主导西方国家政坛的两极政党格局的大框架将不会发生变化。

3. 西方国家政党格局演变对社会政治经济的影响

两极政党格局的形成和政党政治的趋中化发展,对当代资本主义国家的政治、经济和社会发展产生了重大而深刻的影响。左右翼政党通过选举,有序更替,轮流控制政坛,实现了政党政治的平衡发展和有序运行。中左翼党派特别是社会民主党的转型和政治权力稳定化,使得当代资本主义国家能够通过议会政治的温和方式进行社会变革,推进福利国家的建设;协调和平衡不同阶级、阶层的利益关系,从而实现了社会的长期稳定。左右翼党派同为体制内政党,在治国理念上均把国家利益置于首位,把党派利益置于国家利益之中,为了赢得选民,各自不断进行自身定位和政策调整,使彼此相互接近,在内外政策上能够达成某种共识,从而推动了社会经济的稳定、快速发展。

(1) 实现了当代资本主义国家政党政治的有序运行。资本主义经济上的竞争必然导致不同利益集团力量对比的变化,这种变化要求对政治权力进行重新分配,而对政治权力分配状况的改变则是通过政党制度,即通过政治领袖人物的不断更迭来实现的。正是政治领袖人物的不断变动,才给不

---

① 李慎明、王逸舟:《2006 年全球政治与安全报告》,社会科学文献出版社 2006 年版,第 177 页。

同的利益集团提供了一种选择适当人物代表他们要求的机会，并由这些人制定政策，适应其经济力量对比的变化。政党的竞争与领袖人物的更迭是有利于维护资本主义制度的，但更迭频繁时，就会与统治秩序的稳定产生矛盾，如在多极政党格局时期的法国和意大利，政府是多党派的联合，党派之间在许多重大问题上主张并不一致，因而政府不能获得稳定多数的支持，经常面临改组的威胁。政府频繁更迭，造成政治和社会的不稳定，政治和社会的不稳定导致了社会经济发展的滞后和各种社会矛盾的尖锐，这是广大民众所不愿看到的。随着多极政党格局向两极政党格局的演变，在当代资本主义国家中逐步形成了两大主流政党或政党联盟轮流执政的局面。内阁由议会中多数党组成，政府有议会中多数党的支持，因此它便有了相对的稳定性、独立性、自主性和权威性，很少发生议会推翻内阁或内阁解散议会的情况。主流政党可以在宪法的框架内和平共处，“执政”和“在野”可以通过选举依法、有序地轮换。执政党励精图治，锐意革新；在野党加强对执政党的监督和制约，并通过多种途径了解民意、体察民情，进行总结、反思和政策调整，以迎接新一届大选，从而促进了政党政治的平衡发展、有序运行和当代资本主义民主制度的实施及不断完善。

（2）促进了当代资本主义社会的长期稳定。两极政党格局的形成是当代资本主义国家各国政党面临利益集团和多极政治格局的挑战所做出的一种积极反应。它表明了当代资本主义国家两翼政党的利益协调和整合功能的进一步完善。它不仅保证了执政党和政府政策的连续性，而且有效地避免了同一政治体系中不同利益的选民间过分的政治分化和冲突，进而抑制了社会阶级、集团之间的严重分裂和对立，使社会政治得以稳定而有序地向前发展。

第二次世界大战前，西方国家存在着十分鲜明的对立阶级、阶层以及宗教文化，使社会高度分立化，政党斗争、阶级冲突和社会矛盾十分尖锐，不时地引起政局和社会的动荡。随着两极政党格局的形成和左右翼政党的中间化发展，执政党为了扩大政治基础、保持执政地位，以及顺利地推行内外政策，纷纷建立了共识和合作模式。英国保守党和工党之间建立了“共识政治”，即在社会保障制度、混合经济、充分就业、工会和外交、防务等一系列政策方面基本一致，相互妥协。英国的“共识政治”是通过议会斗争方式达到政治合作。政府更迭后，新执政党并不轻易抛弃上届政府的议案，而往往重提下台政府因大选而被暂时搁置的一部分议案，甚至是它在野时所批评、攻击乃至反对的某些议案。瑞典社会民主党在长期的执政过程中逐步建立和完善起了合作主义的执政民主模式，即由政府、工会代表和雇主代表共同协商国家大计，然后由政府实施。合作主义实际上是执政党和在野党、官方和民间共谋国家大计，相互妥协以达成共识，因而出台的政策较为温和，能为多方接受。同时左右翼政党间的合作，促进了社会伙伴关系的建立。德国雇主联合会和工会联合会长期结成稳定的社会伙伴关系，在工人参与企业管理(共同决定权)、工资自治等方面，出色地平衡与协调了劳资经济权利与经济利益，起到了“社会稳定器”的作用。法国在战后逐步把社会伙伴关系制度化，建立了定期协调机制。英国首相布莱尔在提出的“第三条道路”中特别强调要建立合作包容型的新社会关系，强调“市民社会”，提倡为社群服务，建立劳资双方共担风险和共享利益的新社会伙伴关系。社会伙伴关系的建立缓和了政府、雇主和雇员之间的矛盾和冲突，从而保持了当代资本主义社会政局的长期稳定。

(3) 推动了经济的持续发展和福利国家建设

两极政党格局的形成，使当代资本主义各国政权，通过选举实现了在左翼与右翼政党之间的有序更替。对于某一政党来讲，其当选和争取连任的基本条件，一是靠政绩，二是靠民意，而政绩和民意的获得，最主要的取决于其所制定和实行的政策，是否体现了国家利益，是否能推动经济和社会发展。因此左右翼政党审时度势，都逐渐开始修正自身较为激烈或极端的理论纲领和政策主张，越来越多地依据客观形势的需要而非意识形态来决定政党的政策，以务实态度面对和解决目前社会中存在的各种经济政治问题，从而导致了当代资本主义国家的左右翼政党在调整经济政策时彼此靠拢，彼此差异日益模糊。只要是能够促进经济社会发展的政策措施，左右翼政党均协力推行和实施。从第二次世界大战结束到 20 世纪 70 年代石油危机前，西方国家执政党无论是左翼还是右翼先后都推行凯恩斯主义的经济政策；从石油危机到 80 年代末，西方国家执政党都改弦更张，推行新自由主义的经济政策；20 世纪 90 年代起，西方国家各国执政党又都相继推行凯恩斯主义和新自由主义相结合的政策，或称为“第三条道路”的政策。执政党政策的相似性和连续性，为当代资本主义国家经济的持续快速发展创造了条件，经济的快速发展又为福利国家建设奠定了雄厚基础。

（三）对政府的监督和制约的内外因素大大加强

在当代资本主义国家的监督体系中，议会对政府的监督仍然是主要的。议会通过宪法赋予的质询权、调查权、倒阁权等，在一定程度上发挥了监督政府的作用。但随着民主政治多元化的嬗变，由于广大劳动者的广泛组织化，使传统的多元化框架被新型的多元化体系所取代。它表现为各种类型的利益集团的大量涌现，成为同政党并驾齐驱的政治力量，弥补着议会政治的不足，有力地影响着国家的政治生活；表现为普选制的普遍确立和公民直接参与国家决策，使公民可以直接地表达自己的意愿而不受议会、政府、政党等中间渠道的阻碍；还表现为自由的大众化的新闻媒体对于政府的巨大影响和有力的监督。当代西方民主政治的多元化体系，反映了西方民主的重大变化，表明了当代资本主义国家对政府的监督和制约的内外因素的加强。

1. 议会对政府的人事、施政及不信任监督

在当代资本主义国家，议会对政府的监督处于主导地位。议会的人事监督主要是通过对政府人事问题的同意和弹劾有劣迹的官员来完成的。任命权是一项重要的权力，一般是由议会和政府共享的。虽然各国规定不一，但归纳起来，主要有以下三种：一是由议会将内定官员人选提交国家元首，由国家元首任命，国家元首只能在议会推荐的基础上加以任命。荷兰、奥地利、比利时等国家皆如此。二是由议会直接选举和任命官员。如法国高等法院的法官，半数由国民议会选出，半数由参议院选出。三是政府任命高级官员，但政府的任命必须得到议会的批准。美国、日本等皆如此。如美国，根据宪法，总统有任命高级官员之权，政府各部部长、各独立机构的负责人、驻外使节、最高法院法官等都由总统任命，但这些官员的任命都必须得到参议院的批准。在多数情况下，参议院都能批准总统的提名，但有时参议院也会否决总统的提名。

弹劾是议会对犯有叛国罪、贿赂罪或其他重罪、轻罪的政府官员的严厉惩治。资本主义国家各国议会的弹劾程序不尽相同，但归纳起来大致也有

以下三种方式:一为由议会两院共同组成特别机构来行使弹劾权,如日本。二为由议会通过弹劾案,由宪法法院或普通法院进行审判,如德国、意大利、比利时等国。三为由众议院提出弹劾案,由参议院审判定罪,如美国。美国宪法规定,总统、副总统及合众国文官,因叛国、贿赂或其他重罪和轻罪而受弹劾并被定罪时,应予免职。弹劾的程序是:由众议院以简单多数通过所提出的弹劾案,由参议院进行审理,如果被弹劾的是总统时,由最高法院院长担任主席,参议院对审理结果进行表决,必须有出席议员的2/3多数通过方能定为有罪。被弹劾免职的总统所犯的如果是刑事罪,还要继续以普通公民身份接受普通法院的审理。1972年6月17日晚,有5个人因闯入华盛顿的水门大厦民主党全国委员会的总部进行窃听活动而被捕。其中一人是支持尼克松的"争取总统连任委员会"的工作人员。虽然尼克松采取许多措施平息这一事件,并于1972年11月再次当选连任,但民主党人仍穷追不舍,1973年底美国掀起了一个群众性的弹劾尼克松的运动。1974年8月4日,众议院司法委员会提出了弹劾尼克松的报告。在这种情况下,尼克松不得不于8月8日宣布辞职。水门事件虽然是财团间争夺和党派倾轧的反映,但也是广大人民运用宪法赋予的权利制约总统非法行径的一个成功范例。1999年美国众议院围绕克林顿与莱温斯基的绯闻案对克林顿总统提出了弹劾,但在参议院审理投票表决时,因未能获得出席议员的2/3多数而被判为无罪。西方学者认为,弹劾权的有效行使是资产阶级民主最重要的体现。应当说,弹劾确实体现了议会对政府的监督,它是一种剧烈的手段,虽并不常用,但它的威慑力却是巨大的。它是议会悬在执政党政府高级官员头上的一把达摩克利斯剑,使他们不得不谨言慎行。

在不同的资本主义国家,议会对政府施政的监督权是不一样的。一般地说,在议会制国家,由于政府对议会负责,而政府又是在议会中居多数议席的政党执掌,监督权要相对弱小。比较而言,在典型的三权制衡国家,议会的监督作用相对大些。如美国国会委员会往往通过听证会和作证形式来监督一个行政部门的工作。当需要就某一事件进行调查时,可以把调查的工作交给一个常设委员会,如越南战争期间,参议院外交委员会举行了一系列的听证会。也可以设立一个特别委员会,如水门事件曝光后国会成立的以欧文参议员为首的调查委员会等。举行听证会时,国会可以传唤行政官员到听证会作证，这种调查往往对政府官员形成一种压力，因为调查可能揭露他们工作中的错误。许多调查就是直接针对政府的，如 1976 年国会为防止情报机构滥用权力，就中央情报局和联邦调查局举行的听证会等。被国会传唤的人如果拒绝到会作证，国会可以以藐视国会罪论处。

议会对政府的不信任监督主要是指，如果议会不同意执政党的施政纲领、一般政策，可以提出不信任案，即倒阁。从当代西方国家议会的实践来看，议会对政府表示不信任的方式有以下几种：一是议会通过对内阁的施政纲领或内阁组成的不信任案。二是议会拒绝通过有关政府重要决策的议案，如政府的预算案、财政案，或拒绝批准政府缔结的国际条约。在英国这样的内阁制国家，由于预算案是由议会中占多数席位的执政党的内阁提出来的，因此预算案一般都能顺利通过。与此不同的是像美国这样的总统制国家，为了控制政府的支出，不让政府滥征税、乱花钱，政府收入和开支的细目都要得到国会的批准，政府的开支只能限于国会同意的范围。在 1994 年的国会选举中，共和党获胜并控制了参众两院后，国会主张为了实现收支平衡，应大幅度削减联邦预算，减少老人医疗保险，削减学校的免费午餐等。国会与政府双方难以达成妥协，拖到 10 月 1 日新的财政年度开始时，预算仍未通过，联邦政府只能一再要求国会通过临时拨款来维持政府运转，但双方依然相持不下，结果演出了一场政府被迫三度关门的喜剧。三是政府就某一重大决策主动向议会提出要求信任表决，但在表决中失败。四是议会通过一项反对政府提案的反提案以及通过对政府的谴责案。对政府提出不信任案，迫使政府总辞职，或由国家元首解散议会以及随之而来的重新举行大选，并诉诸选民公断这一整套做法，被西方政治家或学者视为议会监督政府的有效手段。

2. 公众舆论对政府及政府官员的监督

在美国等西方发达国家宪法中都明文规定，公民享有言论和出版自由。美国宪法修正案还特别规定：国会不得制定法律剥夺言论或出版自由，或人民和平集会和向政府请愿申冤的权利。这里的言论或出版自由是对言论或出版物不作事前的约束，在发表前，无须征得政府官员的同意，政府无权阻止一个人撰写、出版及分发小册子或图书，政府不得禁止传递意见，但在一个人发表言论之后，政府可以因他所发表的言论而处罚之。美国立法者在言论出版自由的立法时，立法的要旨十分明显，即要使公务讨论不受任何限制，坚持政府权力必须加以约束，而不能让它变成极权。自由发言（言论出版自由）作为发展公众舆论的一种方式，对政府及其官员的政务活动起着重要的监督作用，当然言论出版的自由也可能给社会带来一些负面影响，但是从政府及其官员有可能滥用职权，导致腐败的可能性出发，“公务讨论的不受任何限制”，在没有挑拨犯法的情况下批评政府，政府就决不能对他提出起诉。这一规定不仅有利于对政府及其官员的权力给予制约，也有利于公民（包括新闻工作者）权利的保护。因此，在美国许多州里，人们可以自由地针对一个官员、一个官职的候选人或其他公务人员发表任何评语，只要你认为你的陈述是真实的，即使以后发现你的陈述有错误，也无须对你的陈述所可能导致的损害负责。在这里，政府及其官员更应该注意到自己是被舆论监督的对象，在舆论的监督面前，首要的是要强化义务意识而不是权利意识，这种观念不仅被美国所提倡，就连西欧的法国等国对此也有同样的规定。

3．新闻媒体对政府及其官员的监督

在当代发达资本主义国家，报纸、电台等新闻媒体对政府官员发挥着重要的监督作用。掌握大众传播媒介的新闻界在西方被誉为制约立法、行政、司法三种权力甚至凌驾于它们之上的“第四种权力”，这是当代西方民主政治的又一奇特景观。

新闻界所拥有的这一所谓的“第四种权力”，是与当代欧美各国极其发达的大众传播媒介紧密相关的。随着科学技术的进步，欧美各国大众传播的规模和范围已经达到惊人的程度。以美国为例，全国共有各类报纸 3580 种，杂志 7955 种，平均每千人拥有报纸约 787 份；美国电视的普及率达到了全国家庭总数的 98%。特别是随着信息技术的发展，网络信息更是几乎实现了全覆盖。大众传播媒介的影响力已深入到西方国家社会生活的各个领域，通过大众传播媒介来制造和控制舆论的新闻界也就成为一支强大的政治力量。

（1）新闻传媒为大众广泛参与国家和社会的政治生活以及对官员的监督提供了机会。电子通信、声像、统计手段使政府与公民之间信息的沟通反馈更加容易。政府利用传播媒介，定期不定期地举行记者招待会、新闻发布会、提供新闻公报、约见新闻界人物座谈、及时报道国家经济和社会生活的消息动态，通过公民表决、公民投票、民意测验、预选等来决定国家的重大事情。政府利用电视系统定期举行听证会，与公众对话，而居民可以通过各种传播媒介，就政府的政策和政府官员的政治行为发表意见，提出批评，这就为公众参政以及对官员的监督创造了一种较为适宜的政治形式，提高了公民政治参与的深度和广度。

(2) 加强了社会对政府的监督制约。在资本主义社会，电视报刊等大众传播媒介主要是利益集团、特别是垄断资本家的私营企业。如同政府一样，新闻界同样是受资本的所有者控制和操纵的。但政府是一个整体，而新闻单位却是成千上万家。不仅各新闻单位之间是互相竞争的，新闻界同政府也是互相制约的，政府并不能完全控制新闻界，新闻界则在很大程度上左右干预政治生活，监督政府行为。新闻媒介对政府的监督具有两个明显的特点。

一是公开性。大众传播媒介在传递信息上具有公开、迅速、覆盖面广等特点。新闻界通过各种传播媒介报道政府活动，对政府的施政方针进行评论以及披露政府官员的违法活动，就是把政府活动的内幕向社会公开，以期引起社会各方面、各阶层人士的关注，促进某种社会舆论的形成，从而构成对政府的政治压力。1986 年 11 月美国的“伊朗门事件”就是由《纽约时报》和《华盛顿邮报》率先予以曝光，披露了白宫高级官员背着国会和美国公众，为获取美国人质获释而私下向伊朗出售武器的内幕，引起了美国公众的广泛关注，给政府造成了巨大压力。

二是广泛性。新闻界对政府监督的范围十分广泛。就对人的范围而言，包括总统在内的所有政府官员；就对事的范围而言，包括政府机构制定的各种政策及上述人员的一切失职行为。可以说，当代西方国家的任何一位政治家，从他参加竞选或就任公职起，就时刻处于新闻界的监督之下。新闻媒体甚至可以对一件正在进行中的审判案件进行自由评论，只要报纸等媒体的攻击不构成对“司法的迫切的威胁”，它就无须受到惩罚。1998 年克林顿的绯闻案具有典型意义。1998 年 2 月，克林顿曾一口咬定与莱温斯基这位白宫女实习生没有不正当关系。但事有凑巧，关键时刻适逢英国首相布莱尔来访，在克林顿与他举行的记者招待会上，一位记者未等总统开场白结束即大声发问:"请问总统先生,莱温斯基本来可以过平常人的生活,但是因为你,现在看来她的一生都将改变,你对此有何感想?"当时克林顿真是尴尬至极,脱口说出:"那很好,很好。"招待会大厅内一片哄然。随后,全美广播公司、美联社等美国各大媒体都粉墨登场,追踪克林顿绯闻,一时间全世界都传得沸沸扬扬。最后克林顿不得不承认与莱温斯基有"不恰当关系"。这也从一个侧面反映了大众传媒对政府官员的监督作用。

当代资本主义国家的广播、电视、报纸、网络等新闻媒介作为舆论工具,它无疑是为资产阶级服务的;但它同时也为人民大众提供了自由发表意见的阵地和机会,使社会不满在平时有发泄之处,不至于将矛盾积累到总爆发的程度,起到了"减压阀"的作用。

4. 利益集团对政府行为的制约

当代西方民主政治发展的一个最显著的特点就是成千上万、形形色色的利益集团的迅猛崛起,并在社会政治生活中的作用越来越大,成为政府和议会背后左右决策活动的最重要的社会力量之一。有人认为,西方国家已由三权分立制变为立法、行政、司法和利益集团四权分立。有人甚至认为,当今西方国家已由"多党政治"进入"利益集团政治"。无论怎么说,利益集团在当代资本主义国家的政治体系中都起着重要作用,它已成为当代西方民主机制的重要组成部分。

利益集团是具有共同利益或态度并希望对政府施加影响以达到某一目的的一群人的集合。利益集团通常是在政府的架构内进行活动,并采取诸如游说等措施来达到它们的目的。利益集团的类型多种多样,其中某些利益集团是正式的组织,另一些利益集团则没有正式的组织。归纳起来,利益集团大致可分为这样几类:经济利益集团,包括工商和劳工组织;意识形态或单一问题利益集团;公共利益集团;对外政策利益集团;政府利益集团。据估计,仅经济利益集团在美国就有数千个。美国人分别属于10万多个协会、俱乐部和私人组织。所有这些形形色色的利益集团,构成了无数大大小小的相对独立的社会力量和压力集团,成为当代西方民主政治体系中的重要角色,并在经济政治生活中发挥着日益重要的作用。

一是通过院外活动对议会和政府施加影响。这是利益集团意志表达的重要途径。利益集团集中和代表本集团内部的各种利益,为了实现集团的利益，他们往往派出人员常驻立法机构所在地，设立办事机构，与议员密切交往；聘请专门说客充当“走廊议员”，在议员中穿梭往来，进行游说，或通过举办邀请议员们参加的各种社交聚会、鸡尾酒会等，以及提供免费旅行、赠送礼品等，对议员进行拉拢，以影响议员的观点；还通过支持议员竞选、捐款、提供有关情报、散发材料等方式来影响立法机构的成员，使其支持或反对某一法案的通过。

与此同时，院外活动也影响政府和司法机构。它们向行政机构派出代表掌握重要权力；接受行政机构的咨询，与政府进行对话；聘请政府官员或议员担任本集团的顾问或名誉职务；直接派出代表向官员施加压力；为行政官员竞选提供赞助，在政府中寻找自己的代理人。利益集团也经常关注法院的情况，利用舆论的力量或协商的办法来影响司法机构人选的任命，经常提出对法律的解释，提出对本集团有利的判例和论点，提出有说服力的研究成果来影响判决，寻找机会提出诉案。西方不少利益集团特别是一些经济实力比较弱小的集团，曾通过这种方式达到了自己的目的，如“美国有色人种促进会”自 1930 年成立后，领导美国黑人上诉 46 次，在联邦最高法院中进行斗争，结果胜诉 42 次，促使联邦政府有关部门在 20 世纪 60 和 70 年代期间，制定了一系列法律，从而使美国黑人的平等、自由和民主权利得到了确实的保障。

二是利用抗议、示威游行等手段，特别是通过发动大规模的舆论宣传运动对政府施加压力。例如，利用所掌握的电视、报刊等新闻舆论工具，制造舆论声势和压力，控制舆论导向，将有关政策主张诉诸公民；利用公民联名写信、打电话、静坐、示威、游行等方式来强化选民的影响力。1961～1974 年越南战争期间，美国曾出现了众多的反战集团，他们在全国性的报刊上刊登整版的反战广告，召开反战群众大会，组织募捐，策动学生罢课，组织反战示威游行，激发公众的反战情绪，使美国国内在整个越战期间一直存在着强烈的反战舆论，并愈演愈烈，成为促使尼克松总统决定结束战争的动因之一。1972 年美国(环境)“保护协会”收集了许多乱倒有毒废料引起公害的实证，在报纸、电台、电视上广为宣传，引起公众极大关注，最终迫使议会很快通过“处理有毒废料法”。

利益集团在集中、综合和表达利益，控制和实现利益的过程中，具有极其重要的功能，在涉及人们大量的社会具体利益这个层次上，起着政党起不到的作用。统治阶级的对内对外政策的制定，不过是一定时期各大利益集团之间的矛盾、斗争、妥协的产物。在政府决策的酝酿、制定、实施、反馈过程中，有关利益集团起着至关重要的作用。这种作用对国家权力执掌者又是一种重要的制约，是非国家权力对国家权力的制约，对垄断集团也是一种互相制衡。尽管利益集团的活动在一定程度上会干扰政府正常的决策程序，引诱官员腐败，腐蚀政府权威，但从其主导作用来看，通过利益集团影响政府决策是人民参政的重要形式，利益集团直接代表公民意见，它们是政府与公民之间的桥梁，在公民与政府之间进行信息沟通，它们促使政府的决策更加切合实际，更加符合公民利益，它们也促使官员慎重思考，使政府更加富有活力，有助于国家的政治和社会稳定。

(四) 文官制度更加完善，资产阶级的统治秩序趋于稳定

资本主义经济上的竞争，导致各资本集团力量对比的变化，这种变化必然要求政治上的竞争与此相适应，也就是说要求不断改变政治权力的分配状况，而政治上的竞争是通过政党制度，即通过政治领袖人物的不断更迭来实现的。正是政治领袖人物及政务官员的走马灯似的不断变动，才给资本集团提供了一种选择适当人物代表他们要求的机会，并由这些人制定政策，适应其经济力量对比的变化。为了适应资本主义经济竞争导致的政治上不断进行权力再分配的需要，资本主义民主共和制国家都规定了政治领袖人物的任期制，例如美国在1947年共和党占绝对优势的第80届国会上提出了一项宪法修正案，把总统的任期定为最多不超过两届。政治上的竞争与领袖人物的更迭是有利于资产阶级统治的，但更迭频繁时，就会与统治秩序的稳定产生矛盾，尤其在多党制的国家显得更加明显，这是各资本集团所不愿看到的。就资产阶级整体来说，需要的是稳定的有秩序的统治。因此，必须找到一种与政治竞争、领袖人物更迭相适应的方法，既能顺利地转换权力，以适应经济竞争，又不致影响资产阶级整体统治秩序的稳定性。

同时，在政党出现后，也随即出现了在竞选中取得胜利的执政党只使用本党的党员或本党的支持者担任政府官员的情况，而且愈演愈烈。政党分赃的后果十分严重，它不仅导致了公职人员的大批轮换，造成了公职人员的

短期行为和使许多工作缺乏继承性，而且由于任人唯亲，平庸无能之辈充斥政府，导致行政效率的极度低下，引起公众强烈不满，要求改革官员任用制度的呼声日益高涨。正是在上述情况下，发达资本主义国家的文官制度应运而生了。

在文官制度建立之初，尽管各国因具体情况而有所差异，但基本原则是一致的：一是把政府官员区分为政务官和事务官（即文官或公务员），政府根据大选的结果进行定期或不定期的换届，政务官便随之变动；而维持日常行政的事务官则“不与政府共进退”，即不受政府换届和政务官变动的影响，仍然依法行政。二是通过公开考试选拔文官，选拔遵循公平竞争、择优录用的原则。三是凡通过公开考试录用的文官，除违法者外，不得因政治原因（指政党竞争或政府更迭）而被免职。四是文官在政治上保持中立，不参与政党的竞争活动。此外，各国对文官的招聘、试用及考试作弊、行贿受贿的处分等，也都作了相应规定。

尽管在第二次世界大战前，西方发达国家已初步建立起了文官制度，但文官制度的真正确立和完善则是在二战以后。二战后，随着经济规模的增大和社会事务的日益复杂化，特别是由于国家对经济活动干预的加强，使政府的规模、职能和工作的复杂性也随之变化，原来的文官制度已无法适应变化了的新情况，于是各国先后颁布了一系列法律法规，逐步形成了统一、完备的文官制度。1945 年 10 月，法国政府颁布了《关于对某些方面的公务人员的培养、录用和规范而建立公务指导局、常设民政顾问委员会和国家行政管理学院的法令》，建立了统一的公务员管理机构——“公职管理总局”，后又更名为“行政与公职总局”，建立了国家行政学院和统一规范的高级公务员的录用、培训和任用制度，第二年又通过了国家《公务员总章程》。美国在 1978 年根据卡特总统提出的文官制度改革计划，国会通过了《文官制度改革法》，确立了美国文官“功绩制”的基本原则。德国在二战后也先后颁布了《德国公务员法》、《联邦公务员工资法》、《公务员劳保法条例》、《公务员工作时间条例》、《公务员休假条例》等一系列法律和法令，对文官的录用、晋升、奖励、进修、工资、福利、退休等做了详细明确的规定。其他发达资本主义国家也都相应地颁布了一系列有关法律法规，形成了比较完善的文官制度。

通观各发达国家的文官制度，其基本内容主要是：保证人人机会平等，经过公开竞争的考试，仅根据能力、知识、技能来决定文官的录用和提升；所有的求职者和文官，不论党派、种族、宗教、性别、婚姻状况、年龄、国籍、肤色，在人事管理方面都应受到公平合理的待遇；同工同酬，对于工作优秀者给以适当奖励；所有在职者应保持正直、高尚的情怀，应关心公众利益；应有效率和有效益地使用文官，工作成绩良好者继续任职，不够好者改进，不改进者免职；为文官提供有效的教育和培训机会，以改进文官工作；保护文官免受上级的专横行为或个人好恶之害，避免他们被迫为政党的政治目的而进行活动，并禁止文官使用其权力和影响去干预选举的结果；保护文官不因进行合理的揭发而遭受打击报复。各国还都普遍给予文官比较优厚的待遇。比如德国规定，工资与物价挂钩，与资历挂钩，随物价和工作年限的增加而不断增加，工资之外还有各种补贴，有职务津贴、岗位津贴、特殊负担津贴、额外工作津贴、地区津贴和国外工作津贴等。

发达资本主义国家系统、完善的文官制度，保证了公务员录用、晋升的公开、公正和平等，保证了文官队伍的高素质和队伍的稳定，进而保证了政府政策的连续性，无论政府、领袖人物如何更迭，文官始终是常任的，从而成为维护资产阶级政治统治的“稳定器”。

资产阶级政治领袖人物的不断更迭，是通过一定的程序，即选举制度来实现的，这就给国民一种政治心理的满足感，似乎是担当了政党竞争的裁决人。尽管资本集团在选举中经常进行种种非法活动，但形式上人民是仲裁人，是由人民决定政治领袖人物的统治地位的。另外，人民还可以将自己的希望寄托在几年以后的新一届政府的领袖人物身上。同时，资本主义国家文官制度的确立和完善，给普通民众提供了平等竞争进入政界的途径，文官制度又给资产阶级的政治制度罩上了“公平、公正、平等”的光环，这在一定程度上起到了稳定国家政局和权力在资产阶级内部和平转移的作用。

（五）公民权利普遍扩大，政治参与程度进一步提高

二战后，反法西斯战争胜利和各国无产阶级及民主力量发展壮大的新形势，迫使各主要资本主义国家统治者在制定宪法时，对公民的基本权利和义务作了更加详细的规定，扩大了公民权利的范围，而且公民权利部分在宪法中的地位也提高了。例如，二战后日本宪法对“国民的权利及义务”的规

定有31条,其中规定国民可以享有的许多权利是过去没有的。又如,法国过去的宪法根本没有关于公民基本权利和义务的规定,二战后的新宪法,除了宣布"确认人权宣言所赋予人类及公民之权利与自由"外,还在序言中专门列举了法国公民享有的各种政治、经济和社会权利,使公民的各项基本权利在宪法中居于突出的地位。再如,二战后德国基本法,把公民基本权利的保护列在第一章。第一条规定保护人的尊严,指出人的尊严不可侵犯,尊重和保护人的尊严是全部国家权力的义务,承认不可侵犯和不可转让的人权是一切社会、世界和平和正义的基础。第二条规定保护个人自由,指出人人都有生存权和人身不可侵犯权,个人的自由不可侵犯,只有根据法律规定才能侵犯这些权利。第三条规定法律面前人人平等,男女享有同等权利,谁也不得因性别、门第、种族、语言、出身、籍贯、信仰、宗教或政治观点而受到歧视或优待等。

公民权利的扩大不仅表现在政治方面,而且表现在经济方面,劳动者的经济地位有了显著提高。首先,西欧发达国家普遍实行了"共决制",即企业的重大事项由资方和职工共同决定的制度。德国的共决制比较有代表性,其主要内容有:(1)"企业委员会"制度。按照1952年颁布、1989年修订的《企业宪章法》,在一切企业中设立企业委员会,企业委员会由就业者或者就业者代表组成,它享有代表就业者讲话以及决定部分企业内部关于就业者事务的权利。其权利主要包括:在集体事务方面如就业者的休假计划、工作时间、职员宿舍的安排以及工作秩序、工人岗位、劳动监督、企业新技术引进等问题上,企业委员会拥有决定权;在企业对就业者的个人处置事务如就业者的培训、岗位调换、解雇等问题上,企业委员会拥有知情权和建议权;在企业变更损害到20名以上的就业者的利益时,企业委员会有为他们取得利益补偿和申请社会救济的建议权等。(2)就业者参加企业监事会制度。根据前述德国《企业宪章法》、1951年的《产业企业共决权法》、1976年的《共决权法》等法律,就业者有权在一切股份公司、两合公司、股份有限公司中拥有监事会席位。法律对就业者席位的多少有明确规定,如在拥有500名以上就业者的矿山、钢铁企业中拥有1/3至半数的席位,在企业集团如康采恩的监事会中拥有至少20%的席位。在监事会中,就业者监事行使与其他监事同样的权利。在德国,企业的重大问题,如关厂、合并、改变工艺、受雇、解雇、调职、晋升、工资等级、劳动报酬、职工培训等，都由监事会和工厂委员会决定，每个代表一票，多数通过，这表明，工人直接参加了企业管理。

其次，西欧发达国家广泛实行了集体谈判制度。职工的工资、工时等由企业方决定转为由劳资双方集体谈判决定。例如，法国政府在 1982 年颁布的新的劳资协议法案明确规定，劳资双方每年必须就工资、工时、工作环境进行谈判，并具体规定了谈判的程序、范围、争议处理方式等。签订集体合同的基本原则是“有利职工原则”，即在不违反现行法律的前提下，集体合同中所作的规定可以更有利于职工。这一原则在各种类型的集体谈判中普遍适用。再者，西欧一些发达国家还专门设立了劳工法院（如德国），或在法院中设立了劳资调解委员会，专门负责处理雇主和雇员之间劳资契约方面出现的纠纷。这些措施的实行缓和了劳资矛盾，保护了劳动者的合法利益，显著地提高了劳动者在生产中的地位。

当代发达资本主义国家公民政治、经济权利的不断扩大，不仅反映了人民斗争的成果；同时也反映了资产阶级在新形势下，利用政治上、经济上的让步来巩固其统治的明显意图。

政治参与是指公民在政治过程中所起的作用，特别是对国家权力产生的影响作用。当代发达国家的公民政治参与带有一定普遍性，并有所发展和提高。具体表现是公民在法制范围内较为广泛地通过个人的政治、法律行为，或以团体、组织、政党为单位，通过集体的政治法律行为，如投票（包括选举、全民公决、民意测验等）、竞选、参加有组织的活动（如罢工、游行、示威、请愿、联名书信等），对国家政策的制定与执行施加压力，从而对国家权力意向的形成和有效行使产生影响。

当代发达资本主义国家公民政治参与的一个重要形式是“公民投票”。战后的法国是公民投票实行较多的国家。在实际政治生活中，法国曾多次诉诸公民投票来决定修改宪法和重大立法问题。如 1958 年 9 月 28 日戴高乐为扩大总统权力而使用公民投票来通过第五共和国宪法。再如密特朗总统关于教育体制的提案也是通过公民投票、公民复决的方式最后决定的。

瑞典、丹麦、英国、德国、瑞士等国家都曾使用过公民投票的方法。特别是瑞士联邦由于特殊的历史传统和地理环境，比较经常地采用“公民表决”和“公民倡议”等直接民主形式。甚至连是否实行夏令时间、行车时是否必须系安全带、要不要改进人行道等问题，也要通过公民表决，更不用说内政外交上的一些大事了。如 1976 年瑞士政府拟向联合国国际开发协会捐款 2 亿法郎，结果被公民投票否决。此外瑞士联邦宪法还规定，一个公民如果征集到 5 万人的签名，或者有 8 个州（瑞士共 23 个州）的提议，对某些他们认为重大的问题，就可以付诸“公民表决”。

虽然公民投票这类“直接民主”或“半直接民主”只是代议制民主的一种补充，其应用范围以及作用都还十分有限，但它的出现毕竟反映了当代西方民主的发展趋势，表明公民参政程度的加深、参政方式和途径的发展，同时也有利于激发公众对国家事务的关心和讨论。可以预料，随着大众传播媒介的进一步发展和公民民主意识的增强，这种直接民主或半直接民主的政治参与形式，将会得到越来越广泛和有效的运用。

公民政治参与的效力，在西方资本主义国家实际政治过程中，较之国家权力系统中的其他权力主体以及统治阶级内部的各利益集团而言，还是很微弱的。再加上发达国家民众对政治淡漠情绪不断加深，其效力更可想而知了。在资产阶级统治下，民众的政治参与无论怎样扩大，都不可能改变资本主义的国家权力性质。政治参与只不过表明，资本主义国家政权在处理与被统治者关系时，采用了各种手段；除必要时动用武力镇压外，在一定范围内允许甚至引导民众参与政治，以达到疏导和减少社会压力、缓和冲突的目的。

西方民主政治在其发展过程中已经积累了一些关于政治权力运行的经验。西方民主政治中的合理成分，不只是资产阶级的创造，也是西方各国劳动人民的创造和长期斗争的结果。西方民主政治中的合理成分不只是西方国家的财富，也是人类社会的共同财富。同时，我们也应看到，西方民主政治绝不像一些人标榜的那样，是世界上唯一的民主政治模式，它有其固有的弊端和局限性。特别是在全球化的背景下，资本主义“民主政治”正在发生变异。

民主的实质是“民众统治”，但在全球化进程中，西方的民主政治正呈现着一种精英登台、民众出场的景象。全球化中形成的跨国公司的垄断，产生了与民主政治的对立。跨国公司为达到自己的目的不仅能够对政府施加各种影响，甚至可以左右政府的决策过程。在美国最有权力和势力的是大财团。美国式的民主一定程度上是大财团(包括跨国公司)操纵的政治游戏。

拿选举制度来说,西方国家的选举其实是金钱操纵的选举,西方发达国家的总统、总理、州长等都是大的利益集团的代言人。譬如美国,目前的百万富翁超过八百多万,但生活在贫困线以下的人达三千多万。整日花天酒地和每天沿街乞讨的人之间能有平等吗?年薪上千万的企业高管能与随时都可能被炒鱿鱼的雇员平等吗?另外,美国的联邦法律规定实行普选制,但又通过“选举人”制和“胜者通吃制”暗度陈仓,相当程度地削弱了普选制。在资本主义社会,阶级差别和两极分化的存在,决定了“民主”的不真实性。建立在经济不平等基础上的所谓政治“平等”,大多是虚幻化的。

西方民主有它非常严重的缺陷和弊端,但也有值得我们借鉴之处,比如法制原则、分权制衡原则、选举制度、弹劾制度等等,特别是当代西方的民主机制,如参与机制、竞争机制、制衡机制等,不仅包含了民主制的运作法则,而且体现着民主制的一些共性原则。更重要的是我们要从西方民主存在的问题入手,来探索社会主义政治文明建设规律和途径。要看到西方民主与社会主义民主在同一个地球上将长期共存的趋势,从而增进交流,取长补短,把防止“西化”建立在科学分析、科学认识的基础上。这有助于我们拓宽中国特色社会主义政治发展道路。

第六章　当代资本主义文化的发展变化

与经济、政治相对应的观念形态的文化，主要包括政治法律思想、道德观念、哲学、艺术、宗教等。一定社会的思想文化是由该社会的生产力和生产关系的状况所决定的，并对该社会的经济基础和政治上层建筑产生巨大的反作用。如同毛泽东所说“一定的文化（当作观念形态的文化）是一定社会的政治和经济的反映，又给予伟大影响和作用于一定社会的政治和经济”①。随着新科技革命和全球化浪潮的兴起以及西方国家经济和政治体制的调整，当代资本主义文化出现了显著的变化，它既反映了战后资本主义经济和政治变革的要求，又对战后资本主义经济和政治的发展产生了巨大的影响。

由资本主义社会基本矛盾所决定，当代资本主义文化存在着深刻的内在矛盾，具有多样化的特征，是一个多层次的、纷繁复杂的矛盾集合体；多种文化同时存在、相互冲击、相互碰撞、相互影响，展现出异彩纷呈不断发展变化的景观。其中既有维护资本主义经济政治制度，反映垄断资产阶级的生活方式、思想观念和权利要求的主流文化，即主流意识形态，又有反映知识阶层以及工人阶级和其他中下阶层在内的一般民众的生活方式、思维方式和权利要求的非主流的民众文化。资本主义制度是以获取剩余价值为目的的经济制度。资本的趋利性质驱使人们狂热追求个人的物质财富积累和物质占有，以优胜劣汰为内容的冷酷竞争激发起“优胜者”物质消费、物质享受以及物欲横流的疯狂。如同西方马克思主义者高兹所说：“资本主义企业管理首要关注的并不是来如何使劳动变得更加愉快，使生产与自然相平衡以及人的生活相协调，或者确保它的产品仅仅服务于公众为其自身所选择的

① 《毛泽东选集》第2卷，人民出版社1991年版，第663～664页。

目标。它首要关注的是花最少的成本而生产出最大的交换价值。”①资本主义主流意识形态既是这种经济制度的产物,同时也是其维护者和传播者。但随着科学技术和生产力的发展,当代资本主义制度内部产生了日益尖锐的内在矛盾,作为这种矛盾的反映,资本主义文化内部也萌生了自身的否定因素。一种代表中下阶层利益和要求的后现代主义文化开始风靡西方世界。一些有识之士开始接受后现代主义价值观,理性地看待人类文明的发展,理性地看待人生价值,更加关注经济的可持续发展,生态环境的保护,人的健康,生活的质量,自我价值的实现等等。显然这种后现代主义发展趋向与资本主义主流意识形态存在着深刻的内在矛盾和结构性冲突。这种冲突同样是社会制度同人类理性的深刻矛盾和冲突。资本主义制度已成为人类理性发展的制度障碍。

资本主义主流意识形态作为当代西方的主文化,在西方文化体系中占主导地位,对西方社会的主流思维方式、价值观念和行为方式具有决定性的影响;而民众文化作为当代西方的亚文化,在资本主义文化体系中处于从属地位,表现出西方社会中广大民众反对现存社会秩序、追求个性自由解放的愿望,它是人类从工业社会进入后工业社会的必然产物,其中的建设性因素预示着人类文明的发展趋势和前进方向。

一、当代发达资本主义国家主流意识形态及其演变

(一)资产阶级意识形态的形成及基本内容

“意识形态”概念是由19世纪初法国经济学家、哲学家特拉西在《意识形态概论》中首先使用的。它指考察观念的普遍原则和发生规律的学说。在马恩经典著作中,最早出现这一概念是在《神圣家族》中,以后他们又在《德意志意识形态》的有关论述里具体阐述了这一概念。马恩经典作家将意识形态作为与经济基础相对应的历史唯物主义范畴,其概念的内涵是十分确切的,它虽然是由认识论中的“意识”一词演化而来,但与认识论中的意识不

---

① AndreGorz. Ecology. As Politics, South End Press. 1980. p5..

同,意识形态是社会现象中的一种形态,它始终是指系统地、自觉地反映社会经济形态和政治制度的思想体系,是特定阶级或社会集团根本利益的体现。意识形态作为国家机器的功能就是把各阶级的成员塑造成驯服的社会主体,当然它的功能可以通过各种各样的国家和社会机器来实现,如家庭、教会、学校、军队、警察、体育、传媒、文学艺术等。在存在着阶级和阶级对立的社会中,统治阶级和执政党经常通过各种各样的国家和社会机器来实现自己的意志,维护自己的主流意识形态或主导意识形态。

资产阶级意识形态的产生、发展是和资本主义制度的萌芽、建立紧密地联系在一起的,是生产力迅速发展、生产社会化程度不断提高的结果。生产力的长足发展要求打破一切束缚它的封建桎梏,"起而代之的是自由竞争以及与自由竞争相适应的社会制度和政治制度、资产阶级的经济统治和政治统治"①。而资产阶级意识形态的实质性的、核心性的内容正是在这个过程中确立起来的,是与解放生产力,确立资产阶级统治的需要相适应的。

1. 资产阶级意识形态的形成

资产阶级意识形态的形成和发展,其渊源可以追溯到文艺复兴和宗教改革时期。14～16世纪,资产阶级刚刚形成,本身的力量十分软弱,尚不能直接提出夺取政权的要求。他们首先在思想意识形态领域展开了斗争,用人文主义思想反对封建神学,以理性为武器批判封建特权和等级制度,用人性反对神权,用个性解放反对禁欲主义,用理性反对蒙昧主义。文艺复兴运动推动了另一场反封建反教会斗争——宗教改革运动的发生、发展。通过这场斗争,资产阶级初步形成了新的意识形态。主要代表人物及其理论有马基雅弗里的共和政体论;马丁·路德的信仰自由和思想自由思想;加尔文改革教会的民主思想;在宗教改革时期一些思想家提出的人民自由、人民主权等思想;法国一些思想家提出的自由状态、自然权力、人民主权、政府源于契约思想等等。这些理论观点为近代西方主流意识形态的形成提供了重要的思想材料。

17～18世纪,在欧美许多国家相继发生了由资产阶级领导的人民群众广泛参加的反封建革命运动。一些资产阶级思想家,为适应资产阶级夺取

① 《马克思恩格斯选集》第1卷,人民出版社1995年版,第277页。

政权和建立新社会制度的需要，提出了以“自然权利”说、“社会契约”论、“人民主权”思想为核心的学说。美国的《独立宣言》和法国的《人权宣言》所体现的人权原则和包括的公民基本权利，构成近代资产阶级民主制度的重要内容。其最显著的特点，是把各项权利，诸如自由权、平等权、参政权、财产权等，均说成是一切人的、普遍的权利。所有这些为西方主流意识形态奠定了思想理论基础、基本原则并成为其重要内容。

2. 资产阶级意识形态的基本内容

资产阶级意识形态是以私有制为基础，以保障私有财产不可侵犯为目的的，是资本主义经济关系发展的必然产物，它的核心是以个人为中心来对待社会和他人的个人主义。马克思、恩格斯在《共产党宣言》中曾生动而形象地揭示了资产阶级意识形态的特征，他们指出：“资产阶级在它已经取得了统治的地方把一切封建的、宗法的和田园诗般的关系都破坏了。它无情地斩断了把人们束缚于天然尊长的形形色色的封建羁绊，它使人和人之间除了赤裸裸的利害关系，除了冷酷无情的‘现金交易’，就再也没有任何别的联系了。它把宗教虔诚、骑士热忱、小市民伤感这些情感的神圣发作，淹没在利己主义打算的冰水之中。它把人的尊严变成了交换价值，用一种没有良心的贸易自由代替了无数特许的和自力挣得的自由。”①根据马克思、恩格斯的论述和资本主义社会意识形态的现实发展，我们可以归纳出资产阶级意识形态的五个方面的基本内容。

（1）自由。自由即在法律规定的范围内，随自己的意志活动的权利。个人自由是资产阶级的基本价值观。美国学者詹姆斯·麦格雷戈·伯恩斯曾指出：“在美国的政治文化中没有什么价值观念比自由更受人推崇。”他还转引已故的著名政治学家克林顿·罗西特的话说：“我们一直是一个迷恋自由的国家。自由高于权威，自主高于责任，权利高于义务——这是我们的历史选择。”“在这片美好的‘自由国土’上，衡量一切事物的尺度不是好人而是自由人；政治权威的目标以及检验其目标是否具有价值的标准不是民族荣耀

① 《马克思恩格斯选集》第1卷，人民出版社1995年版，第274～275页。

而是个人自由。”①

（2）平等。平等包括社会平等、政治平等和机会平等。在美国《独立宣言》中，杰斐逊的名言表达了资产阶级平等的主要思想：“我们所坚持的这些真理是不言而喻的，那就是人人生而平等，所有的人都被造物主赋予了某些不可转让的权利，其中包括生命、自由和追求幸福的权利。”②同时，每个人都享有平等的法律保护权利和平等的选举权，尤其是在改善经济地位方面每个人都应该享有平等的机会，社会背景、种族、性别或宗教都不应该限制人们拥有尽其所能获得成功的机会。

（3）个人主义。摆脱“天然的”封建束缚所需要的个性解放，使得资产阶级意识形态无论在理论上还是实践上都必然要崇尚个人主义；以金钱为尺度衡量一切的“金钱拜物教”，对现金、财富无休止地攫取欲望必然使人们产生“冷冰冰”的利己主义。在资本主义社会，资产阶级把自我和个人看成是高于一切的，个人永远是目的和中心，他人和社会只是实现目的的手段；因而强调从个人出发，以个人为中心，追求收入高、地位高、消费享受高的个人成功，并把这作为人生的目的和生活的动力。这种个人主义价值观的形成可以追溯到资本主义反对封建专制制度的斗争时期。翻开历史人们可以看到，文艺复兴运动中对以人为本、个性解放的提倡，对理性权威的弘扬，适应了时代的潮流和人们的需要，具有进步的意义，并在价值观上支配了此后几个世纪的资本主义历史。资本主义的发展过程中，追求个人利益，以个人为中心，忽视甚至排斥社会公共利益的行为日益发展，到了20世纪后半期，个人主义演化为极端的个人主义。极端个人主义把发展自我和解放个性变成了对权威、中心、主流、秩序、规范、和谐的藐视，走向了对家庭、责任、义务和道德的放弃，从而导致了对社会共同秩序的腐蚀和瓦解。

（4）自由竞争。在资本主义制度下，商品生产代替了封建宗法式的自然经济，因而资产阶级必然要求用自由竞争来取代封建特权等级制；激烈的竞争和对个人奋斗成功的向往，必然激发出人们的敬业、冒险和进取精神。同

① [美]詹姆斯·麦格雷戈·伯恩斯：《民治政府——美国政府与政治》，中国人民大学出版社2007年版，第89页。

② [美]詹姆斯·麦格雷戈·伯恩斯：《民治政府——美国政府与政治》，中国人民大学出版社2007年版，第89页。

时资本主义的发展一方面需要国外市场推销其工业品，另一方面又要从国外得到廉价原料，因此资产阶级必然要求取消贸易限制，打破贸易壁垒，实行自由贸易。如同马克思所说，自由贸易实际上“就是资本的自由。排除一些仍然阻碍着资本前进的民族障碍，只不过是让资本能充分地自由活动罢了”①。

(5) 民主共识。民主共识是一种对基本的政府治理原则以及其中蕴含的价值观达成的相当普遍的一致意见。民主共识的要素是多数原则和人民主权。多数原则是根据在定期的选举中获胜的多数派的喜好进行治理；但同时也认为那些少数派人士应该有权利通过努力赢得多数派对其观点的支持。人民主权，即最终权力属于人民。基于这种观点，政府之所以存在是为了服务人民而不是为了其他方面的目的。政府通过选举的方式了解人民的意愿，因为选举可能是最重要的表达人民意愿的方式。民主共识的基础是宪法原则，宪法被尊崇为一个国家的象征。美国学者詹姆斯·麦格雷戈·伯恩斯指出：“把我们凝聚在一起的最重要因素就是民主共识”，坚定地支持民主的价值观和宪法的价值观“是美国人的普遍特征”②。

资本主义的意识形态是为维护资产阶级的统治服务的，但西方各国却都在其宪法中宣布了人民主权原则，都确认自由、平等原则和法律面前人人平等的原则，都把这种意识形态粉饰成全民的民主意识，这就必然使其带有虚伪性和欺骗性。美国学者詹姆斯·麦格雷戈·伯恩斯在《民治政府——美国政府与政治》一书中也承认：“在过去，非裔美国人、美国土著人和妇女都曾被拒绝给予选举权和参与国家其他政治活动的权利。”③

（二）当代发达资本主义国家的政治意识形态

政治意识形态与政党政治密切相连，是政党政纲中所包含，并在实际政治活动中体现出来的政治思想。它既包括反映社会中占统治地位的生产关

---

① 《马克思恩格斯选集》第1卷，人民出版社1995年版，第227页。

② ［美］詹姆斯·麦格雷戈·伯恩斯：《民治政府——美国政府与政治》，中国人民大学出版社2007年版，第91页。

③ ［美］詹姆斯·麦格雷戈·伯恩斯：《民治政府——美国政府与政治》，中国人民大学出版社2007年版，第89页。

系的主流意识形态，也包括反映现存社会中正在成长着的生产关系的意识形态，但一般来讲，其主要反映的是占统治地位的生产关系的主流意识形态。当代资本主义社会中的政治意识形态主要有新自由主义，国家干预主义，民主社会主义，自由意志主义，环境保护主义。

1. 自由主义

自由主义的产生和发展可以分为两个时期。从 17、18 世纪自由主义产生到 20 世纪 30 年代为古典自由主义时期，20 世纪 70 年代以来为新自由主义时期。

(1) 古典自由主义。在 17、18 世纪，古典自由主义者为了将政府作用降到最低限度而斗争，他们强调个人权利，认为政府是权利和自由的主要威胁。英国是世界上率先进行产业革命，最早确立资本主义制度的国家。18 世纪后期，作为"世界工厂"的英国，迫切需要一个自由贸易的环境。适应这种需要，主张自由放任的古典经济学理论诞生了。最早对该理论作系统论证的是英国著名资产阶级经济学家亚当·斯密，他在 1776 年出版的《国民财富的性质和原因的研究》一书中，系统论述了自由放任思想，主张用市场这只"看不见的手"自行调节经济，要求政府扮演"守夜人"角色。他指出：由于每个人都在力图使其产品的价值达到最高程度，而不关心公共福利的增减，他所追求的只是自己的利益和安全，这时，"他受着一只看不见的手的指导，去尽力达到一个并非他本意想要达到的目的。也并不因为事非出于本意，就对社会有害。他追求自己的利益，往往使他能比在真正出于本意的情况下更有效地促进社会的利益"①。亚当·斯密的这种自由主义思想，历经李嘉图的"补充"，萨伊的"发展"，密尔的"改良"，在马歇尔那里形成了比较完善的体系。"自由主义"的要义，即不受政府干预的自由市场经济能够自动实现经济均衡，自由放任的经济政策是最好的政策，不干预经济生活的政府就是最好的政府。这种市场经济要求经济自由发展，强调经济运行完全靠市场价格来调节，反对国家干预经济生活，主张政府只承担某种公共工程或最低限度的社会保障，而不干预经济运行过程。

---

① 亚当·斯密：《国民财富的性质和原因的研究》下卷，商务印书馆 1981 年版，第 27 页。

从18世纪到20世纪30年代，这种自由主义思潮一直占据西方经济理论界的主流地位，古典自由主义者提倡建立一个权力有限的政府，并寻求保护人们免受政府困扰的办法。尽管随着时间的推移，这种对个人主义的强调仍旧存在，但人们关于政府是否有必要存在的看法却发生了变化。

（2）新自由主义。20世纪60年代末70年代初，"福利国家"政策陷入困境，西方主要国家经济出现滞胀，爆发严重的经济萧条，引发了大量的社会问题。国家干预主义的理论和政策遭到了挑战。此时，新自由主义兴起，并且迅速蔓延，成为在西方国家占主导地位的政治思潮。主要代表人物有英国籍奥地利政治思想家哈耶克，美国的弗里德曼以及布坎南、诺齐克等。

新自由主义者反对20世纪30年代的新政计划、60年代的"消灭贫穷"运动以及公民的许多权利和赞助性行动计划。他们认为个人的需要应该由家庭和慈善机构来满足。新自由主义者更相信个人的能力，不喜欢求助于政府，尤其不喜欢为了解决社会问题而求助于国家政府。他们认为政府开展社会活动不仅开支巨大，而且达不到预期目标。他们倾向于依靠个人自愿付出的努力而不是依靠政府的方案来解决社会和经济问题。新自由主义已开始认识到一些社会问题需要政府干预，但他们与自由主义者对政府干预这一问题有着不同的看法，他们在继续对政府持普遍批评态度的同时，又赞成政府采取行动。例如，在2000年年初的总统选举中，乔治·W.布什曾说："我所在的政党经常把有必要建立一个权力有限的政府与对政府本身的蔑视混为一谈。"他说，对国家的热爱"被杂乱无章、傲慢自大而又毫无目标的政府所削弱，但对国家的热爱可由精力集中、有效、充满活力的政府来重新构建"①。新自由主义的主要观点有4个方面。

第一，政府的范围必须有限、权力必须分散。新自由主义认为，达到这一目标的最好方法是建立一个自由经济市场。然而，政府仍有必要实行统治。密尔顿·弗里德曼说：自由市场的存在当然并不排除对政府的需要。相反地，政府的必要性在于：它是"竞赛规则"的制定者，又是解释和强制执行这些已被决定的规则的裁判者。市场所做的是大大减少必须通过政治手

---

① ［美］詹姆斯·麦格雷戈·伯恩斯：《民治政府——美国政府与政治》，中国人民大学出版社2007年版，第102页。

段来决定的问题范围,从而缩小政府直接参与竞赛的程度。

第二,主张在机会平等的基础上理解自由。新自由主义者认为,由于各人的才能不同,所以任何使人们所得的结果真正均等的尝试都是“不公正的”,只有“机会均等”的原则才是“公正的”。他们认为,自由和平等是美国民主理想的两个方面,但不是一个东西,它们对所有的人并非时时刻刻都是平等的。自由就是要求每个人去碰自己的运气,展现自己的才能。平等就是机会均等,就是对自由的要求,不排斥生产竞争。机会均等总是意味着结果的不平等。

第三,实行适度民主。新自由主义主张要限制民主。在他们看来,美国民主发展到20世纪60～70年代“民主浪潮”那样的极端形式,其结果必然造成思想上的大混乱,发生了信仰危机。他们认为,信仰危机的一个重要后果就是丧失了文明,丧失了自觉服从法律、尊重别人等素质。美国著名的政治学家塞缪尔·亨廷顿认为:“民主的混乱包括两个方面:政府活动的膨胀和政府权威的下降。民主的混乱进而对政治体系的功能产生了严重后果。”政府活动的膨胀与政府权威的下降是互为因果的,它表现政治体系的功能减弱,来自社会的政治参与太多,民主已经过剩了。他说:“今天在美国有关统治的一些问题正是因为民主过剩引起的。”面对所谓的“民主过剩”,就需要对人民群众对政治活动的参与加以压制,以阻止大众民主运动的发展蔓延。亨廷顿为此论证道:“政治民主的无限扩大也潜在地存在着一些合乎需要的限制。如果民主在一个更为平衡的状态下存在,其寿命会更长久一些。”①

第四,崇尚早期传统伦理道德。在新自由主义看来,普遍的和无条件的道德的存在是绝对的,现存秩序的核心是以基督教为代表的伦理秩序,因而他们相信基督教伦理和道德秩序,相信基督教的“原罪”学说。霍罗威茨说:新自由主义的空想“是建立在下述坚定信念的基础上的;国家是绝对必要的,这种必要性产生于这样一些根深蒂固的习惯,如私有制、宗教、家庭和爱国主义”②。因此,为了防范世俗主义的虚无态度以及个人主义的享乐和贪

① 米歇·克罗齐等:《民主的危机》,求实出版社1989年版,第91、100、102页。

② J.L.霍罗威茨:《美国的意识形态和乌托邦1956—1976》,纽约1977年版,第154、136页。

婪腐蚀社会根基，导致西方社会的没落，新自由主义力图恢复宗教、家庭、亲族、村社等传统价值在社会生活领域的权威。

新自由主义在理论上研究了一些重要问题，如机会平等和结果平等、自由与平等、效率与公平的关系问题。在新自由主义看来，国家干预主义注重了公平，但失去了自由和效率。它奉行的国家干预政策，力图调节人们收入的差距，得到结果的平等，但反过来必然危及机会平等和人们自由竞争的权利，影响生产效率的提高，并且使那些辛苦劳动的人去养活那些靠社会福利而生活的人，这也是不公道的。所以新自由主义主张，国家不要干预社会经济生活，以保证个人在市场中的自由竞争和发展。新自由主义从与国家干预主义不同的角度研究和处理了国家与个人、机会平等与结果平等的关系。

2. 国家干预主义

发生在20世纪20～30年代的资本主义经济危机，对市场自动均衡的自由竞争理论提出了质疑。在大萧条的冲击下，凯恩斯的国家干预理论开始为各国所接受。该理论认为，资本主义经济危机的主要原因是有效需求不足，而要刺激有效需求，单靠自发的市场调节机制是不够的，必须通过减税、扩大政府开支、增加货币供给等一系列国家的财政和货币政策才能奏效。在凯恩斯的国家干预理论的支撑下，罗斯福新政后，尤其是二战以后，西方发达国家强化了政府对经济的调控和干预，在保持市场机制和自由竞争的前提下，通过指导性计划来消除由市场失灵带来的经济周期波动。古典自由主义被凯恩斯的国家干预主义所代替。

国家干预主义主张积极利用政府以实现公正和机会平等，希望保留个人权利和拥有私人财产的权利，但他们也愿意政府干预经济以补救资本主义的缺陷。国家干预主义者提倡全体公民都应享有平等的医疗保健、住房和教育的权利。总的来看，他们推崇赞助性行动计划、工人健康与安全保护、税率随收入增加而提高以及工会有组织罢工的权利。

从哲学的角度看，国家干预主义者普遍相信进步是可能的，他们相信明天会更美好，相信困难是可以克服的。国家干预主义者断言，现代技术和工业化可以促使政府采取行动以补偿穷人和弱者所失去的自由，强调需要建立一个强有力的政府。

在国家干预主义者看来，机会平等是最基本的。为了实现这个目标，必须消除歧视行为。国家干预主义者试图减少财富分配不平等所造成的影响，并努力将机会给予所有的人而不论他们的经济状况如何。

国家干预主义的特征主要有三个方面：

一是国家干预主义的核心仍然是要维护资产阶级的个人自由。国家干预主义对古典自由主义的修正在于强调个人对国家和社会的依赖性，进而论证国家或政府干预的重要性和必要性，目的不是要取消个人自由，最终是为了保护个人自由。因为，完全放任的自由主义既会引起社会矛盾的激化，又会因垄断的出现而限制自由的发展。这两者都会危及个人自由。同时认为经济自由是政治自由的保证。其主要代表人物布兰代斯认为，没有经济上的自由，就没有政治上的自由。他说，一个人如果经济上不自由，即使他完全享有宪法上规定的一切权利，但仍不能说他拥有完全的自由。因为，一个公民在决定严重影响其生活的问题上没有发言余地，而必须接受那个付给他工资的主人的命令，那他不能被认为是有自由的。

二是国家干预主义是改良的理论和政策。面对资本主义社会在发展中出现的各种各样社会矛盾和危机，它采取了积极应对的态度。自由竞争必然导致垄断。资产阶级政府面临的主要问题是打破垄断，增加竞争机会，恢复"公开"待遇，减少失业和遏制通货膨胀。最早在社会领域和具体行动中实施国家干预主义"社会改良"方案的，是美国总统富兰克林·罗斯福。在他当政的头四年里，积极地运用了联邦政府的力量，搞所谓"社会再分配"，颁布社会保障法，设立工程振兴局。"新政"把国家干预主义意识形态转变成为社会政策和改良措施，在一定程度上缓解了经济和社会的危机。

三是国家干预主义主张提高国家的职能作用，但又不背弃西方社会的民主原则与自由价值观。他们既要维护资产阶级民主制度下的"自由"，又不能让自由牺牲资产阶级统治权力和政治秩序。他们虽然主张国家干预，但反对把一切生产资料集中在国家手里。当牵涉到私人占有制领域时，他们宣称：在私人主动精神占主导地位的私人企业，用不着将政府公有制代替私有制。在分配上，霍布豪斯认为：只要不危害他人利益，给社会稳定造成危险，个人拥有积累财富的无限权利。可见，国家干预主义者希望在不违反代议制政府公认的民主原则的条件下，个人自由应当得到政府保护。

国家干预主义在理论上触及了较深层次的矛盾问题。它通过对个人与国家关系的研究，论证了个人利益同国家或社会利益是相联系的，个人是依赖于国家的，论证了国家干预的必要性和重要性，从而把个人自由同国家干预联系起来，把自由竞争同经济公平和社会利益联系起来，把机会均等同收入上的保障（结果的平等）联系起来。这些论证试图使关于自由与平等、公正的关系的理解更为全面。虽然这并不能真正解决资本主义的矛盾，但在如何处理机会平等和防止两极分化的问题，鼓励竞争和防止垄断的问题，也就是效率和公平的问题等等方面，国家干预主义所作的探索是有一定的价值的。

3. 民主社会主义

民主社会主义，亦即社会民主主义，是当代社会民主党、社会党和工党奉行的思想体系的总称。民主社会主义的产生和发展经历了一个从推翻资本主义制度的革命理论到维护资本主义制度的改良主义理论的演变过程。

（1）民主社会主义的演变。19 世纪 40 年代，工人阶级作为独立的政治力量登上社会历史舞台后，曾经把“社会”一词加在当时流行的民主主义概念上，表明要把政治改革同有利于劳动群众的社会改革结合起来。这个概念曾经在工人运动中广为流传。在当时，这个概念表达了工人阶级的经济和政治要求。19 世纪 60 年代，社会民主主义成为工人政党的纲领。第二国际所属的各党一般都称为社会民主党。这个时期，社会民主主义同科学社会主义的含义基本上是一致的。马克思、恩格斯有时也称自己是社会民主主义者。

到了 19 世纪末 20 世纪初，社会民主党发生了分化。1895 年恩格斯逝世后，党内左右两派分野日益明显，左派坚持革命路线，右派转向改良路线。1899 年社会民主党的右翼首领伯恩施坦赋予民主社会主义以改良主义含义。20 世纪初党内还出现过中派，力主调和折中，最终也和右派合流。到 1914 年第一次世界大战爆发后，右派站在狭隘爱国主义、沙文主义立场，支持本国帝国主义政府的战争政策，从而完全背离了无产阶级国际主义立场；左派则坚持反对帝国主义战争，号召无产阶级起来革命，推翻帝国主义政府。十月革命后，1918 年 3 月俄国社会民主工党（布尔什维克）以共产主义同盟为榜样，改名为俄共（布），随后西欧大批社会党或社会民主党的左派纷纷退出该党另建共产党。从此，在国际工人运动中共产党与社会党、科学社会主义与社会民主主义两派就分道扬镳了。

1919 年 3 月在列宁的领导下，各国共产党成立了共产国际，即第三国际。同年 2 月社会党右派恢复了在战争时期停止活动的第二国际。1921 年 2 月社会党中派另建国际工人联合会，又称第二半国际。到 1923 年 5 月，第二国际与第二半国际联合成为社会主义工人国际。20 世纪 30 年代以后，随着法西斯政党的上台执政和发动对外侵略战争，共产党和社会党都遭到迫害和镇压，社会主义工人国际于 1940 年停止活动，共产国际也于 1943 年自动解散。西欧共产党人和社会党人都转入地下，进行反法西斯的抵抗运动。

第二次世界大战后，社会民主主义有了重大变化。1951 年 6 月社会党在德国的法兰克福召开了代表大会，正式成立了社会党国际，大会通过了《民主社会主义的目标和任务》(称《法兰克福宣言》)的基本纲领。纲领中明确把民主社会主义作为社会党国际的指导思想。民主社会主义成为社会党国际各成员的旗帜。

在民主社会主义影响下的各国社会民主党已经成为国际舞台上颇具影响的重要政治力量。截至 2003 年 10 月社会党国际二十二大，该国际成员已遍布世界五大洲的 122 个国家和地区，达 168 个。其中有 53 个成员党在约 50 个国家执政或参政。① 其中有的社会党(如瑞典)曾持续执政时间长达四五十年。

(2) 民主社会主义的基本理论和政策主张。尽管民主社会主义的理论体系十分庞杂，各国社会党人对民主社会主义的解释也很不一致，但从各国社会党共同协商制定的社会党国际的宣言、决议和声明来看，它们具有许多共同的基本理论和政策主张。

在指导思想上，奉行多元主义的世界观，反对马克思主义的指导地位。民主社会主义奉行世界观的多元论，反对把马克思主义作为统一的指导思想。1983 年，社会党国际在《阿尔布费拉宣言》中指出，“我们实行我们所主张的多元主义”，社会党国际是“一个民主的、多元的、建立在各种共存的价值观念团结一致基础上而不是建立在权力基础上的机构”，它把“能够促成

① 王子昌、李明祥：《社会党国际重建以来的发展历程及政策调整》，《当代世界与社会主义》，2005 年第 5 期。

各国人民进步和解决人类问题的各种文献纳入自己的文化宝库”。其实质就是奉行世界观的多元主义，以及对各种不同意识形态和价值观念兼收并蓄，并反对把马克思主义作为统一的指导思想。从根本上说，民主社会主义的世界观属于资产阶级实用主义和折中主义的思想体系。

在基本理论和政策主张方面，民主社会主义追求的目标是在不触动资本主义私有制以及垄断资产阶级根本利益的基础上，把资本主义改造成一个在政治、经济、社会各个领域具有民主、自由、公正、互助的社会。社会党国际《法兰克福宣言》的提法是：“这个目标是一个社会公平合理、生活美好、自由与世界和平的制度。”具体讲就是实现政治民主、经济民主、社会民主、国际民主。战后由于社会民主党在一些发达资本主义国家先后上台执政，民主社会主义的推行，使资本主义得到一定的改良。

在政治民主方面，民主社会主义强调，政治上的民主和自由既是实现社会主义的前提，又是实现社会主义的目标。《法兰克福宣言》提出：“社会主义只有通过民主才能完成。而民主亦只有通过社会主义才能充分实现。”政治民主是实现经济民主与社会民主的一个至关紧要的条件。广泛和充分发展了的民主自由是人民权利本身必不可少的基础。1986 年 6 月社会党国际第 17 次代表大会通过的《利马宣言》对政治民主的内容作了进一步的说明，它指出，关于政治民主这种概念至少应包括以下内容：进行普遍、直接和秘密的投票来选出人民代表，保护舆论、出版、受教育、自愿结社、宗教和少数民族权利，并建立一种以法律为准绳，任何人不得例外的司法制度。这种民主虽然只是在资产阶级民主制度的范围内完善普选制和多党议会民主制，健全法制和实现法律面前人人平等，虽然不能动摇资本主义的根本政治制度，但却摧毁了那些使人民的民主政治权利无法实现的政权统治结构，一定程度上扩大了公民的自由民主权利。

在经济民主方面，民主社会主义强调要通过实行“参与制”、“共决制”，让劳动者参加企业管理，实现劳动民主化、管理民主化、计划民主化。在社会党执政的国家曾先后采取了一系列措施，以实现经济民主。

一是建立“混合经济”体制。社会党认为，实行公有经济与私有经济多种经济成分共存的混合经济，有利于克服资本主义经济单纯追求利润和公有经济产生集权、效率不高的弊病。虽然对国有化的认识存在分歧，但社会党都主张实行“混合经济”。

二是实行“参与制”或“共决制”，即企业职工代表与资方代表共同参与企业决策和管理的制度。民主社会主义认为，资本主义经济具有决定意义的特点是对生产资料的管理职能操纵在少数资本家手中，经济改革的目的就是要把资本主义私有制的管理职能社会化，即通过实行“参与制”、“共决制”逐步剥夺资本家管理企业的职能，限制、监督资本家控制企业的权力，使资本家变得像国王一样有名无实，使劳动者在民主的企业中劳动；达到这一步，经济民主也就实现了。

三是发展“工人所有制”。民主社会主义认为，只有把劳动者和生产资料结合在一起，使劳动者都能占有一份他们赖以为生的生产资料，才能调动劳动者生产经营的积极性。因此他们主张由职工集体或个人购买企业股票，使资本所有权扩散。经济民主虽然并未从根本上消灭资本统治经济的权力，但由于工人参与了企业的决策权、管理权和监督权，使工人的劳动条件有了较大改善，使工人在企业中的地位有了提高。

在社会民主方面，民主社会主义认为政治民主和经济民主只是实现社会民主的基础，如果没有社会民主，就不可能实现社会主义的理想。社会民主的主要内容是保障人民的工作权，使人们生老病死、受教育都有社会保障。主要途径是通过高税收和建立社会福利制度对社会财富实行公平分配。欧洲社会党先后执政的国家，近几十年都建立了福利制度。尽管近年来，随着经济形势的变化，社会党内对社会福利和社会保障制度的看法产生了一些分歧，政策上作了一些调整，但社会党人认为经济公平原则、财富合理分配原则、扩大机会均等的原则，仍然是民主社会主义的基本信念。

在国际民主方面，民主社会主义认为社会主义是通过对世界各国的政治、经济、社会和文化结构民主化的手段来争取人类解放的运动，是民主的一种最具有国际性的表现；社会主义旨在创造使世界摆脱贫困、压迫和战争的条件，把所有人从各种形式的经济、精神与政治的束缚中解放出来；社会主义的目的只有在和平的环境中，依靠国家之间的自愿平等的合作才能实现。因此，国际关系中的公正、民主和平等是指导全世界社会党人行动的基本原则。民主社会主义主张反对各种形式的帝国主义，维护和平与集体安全；要求严格履行联合国宪章，认为联合国是走向国际共同体的重要步骤；

要求促进落后地区经济、社会与文化的发展。

20 世纪 80 年代以来，社会党国际还把保护生态环境作为其重要的国际政策。1986 年，社会党国际利马代表大会把环境保护与自然资源问题写入《利马宣言》；1989 年，把保护生态环境同和平发展一起，作为基本的价值原则。他们认为，环境危机，严重威胁着世界的发展和安全，他们呼吁发达国家和不发达国家联合起来共同对付环境危机，而发达国家应发挥更大的作用。

4. 自由意志主义

自由意志主义是一种珍爱个人自由并坚持主张严格限制政府的政治意识形态。这种意识形态提倡自由市场经济、不干涉主义的外交政策、对道德和社会领域不加管制。它带有一定的无政府主义色彩，与英国过去的古典自由主义有些相似。

自由意志主义者强烈反对限制公民的自由，例如限制表达意见的自由（言论自由、新闻自由、信仰自由等等）、禁止人民自愿地组织团体、在非合法诉讼的程序下侵犯个人的人身和财产或施加惩罚。他们反对任何形式的审查制度（包括审查攻击性的言论），以及在审判前就没收财产的举动。

自由意志主义者对任何限制了个人或双方自愿情况下之行为的法律均表示不满。他们相信个人有选择产品和服务的权利，而不应被政府以执照限制或国家授权的垄断，或是任何形式的对于产品选择和服务的贸易限制。他们也反对有关消遣用毒品、赌博和卖淫的禁令。他们认为公民应该有自由从事风险行动，即使这种行动可能伤害他们本身。举例而言，当大多数人都赞成规定使用安全带时，自由意志主义者却认为这是一种家长专制的命令而加以反对。同样的，自由意志主义者反对食品和药物管理署禁止未经检验的药物和医疗，主张有关医疗的方法应该由病人和医生来决定，而政府最多只能以通过非约束力的裁判来表达关于医疗安全性和效力的看法。

除了排斥政府干预个人行为之外，自由意志主义者相信政府应该避免加诸任何确实的道德义务，像宗教信仰、义务的兵役，或经由课税而建立的社会福利体制。事实上，自由意志主义者将任何由政府所发动，类似于强制性重新分配财富的政策都视为是被合法化了的偷窃行为；无论这个手段是经由个人行动，还是国家机器强征税赋。他们反对以课税作为资金来源的公共服务，例如邮政、运输、社会保险、公共教育和保健事业。许多自由意志主义者反对重新分配财富的政策，因为他们认为那在经济上是毫无效率的，如果生产的过程被政治干预了，那必将导致产品品质降低、更高的成本和其他因为脱离了自由市场而造成的扭曲现象。他们也反对政府与企业的勾结，也就是一般所称的裙带资本主义和企业福利政策，因为这在他们看来是以税赋手段强迫个人补贴那些没有利益产生的企业。

自由意志主义在美国有一定的影响，他们对几乎所有的政府方案都持反对态度。主张大量削减政府支出，取消联邦调查局、中央情报局和大多数管制性机构。他们反对加入联合国，并主张美国在遭受直接攻击时才需要建立防御体系。他们反对所有的政府规章，包括要求系安全带和戴头盔的规定。自由意志党和保守党不同，他们希望废除所有约束人们道德的法律，包括限制堕胎、淫秽读物、娼秽读物、娼妓和毒品等的法律。

在美国最近几届的总统选举中，自由意志党的总统候选人在所有 50 个州都获得了选票，但其所获选票数从未超过总票数的 1%。① 哈里・布朗是 2000 年美国总统选举中自由意志党的总统候选人，他的政治纲领强调从政府那里获得自由，建立一个更小的、受宪法具体条文制约的政府，并提议迅速全面地废除联邦政府对教育、能源、控制犯罪、福利、住房、运输、医疗保健和农业的管制；废除所得税和其他所有直接税；主张毒品合法化和赦免那些被指控犯有非暴力吸毒罪的罪犯；撤回海外武装力量。自由意志党在立场上异常坚定，其观点引起了人们的争论。

5. 环境保护主义

20 世纪 60 年代，随着科学技术高度发展、地球生态环境急剧恶化、资本主义社会危机日益严重和世界和平运动的深入开展，一批西方思想家在对人与自然关系的深刻反思和对资本主义工业文明理性批判的基础上，提出了环境保护主义理论。这一理论以生态效益为核心价值，以人与自然的和谐关系为追求目标，通过环保运动和绿党而付诸政治实践，对西方社会产生了越来越广泛的影响。

---

① [美]詹姆斯・麦格雷戈・伯恩斯：《民治政府——美国政府与政治》，中国人民大学出版社 2007 年版，第 107 页。

20 世纪 70～80 年代，一场以市民为主体的绿色运动在西方国家勃然兴起。在广泛的群众运动的基础上，欧洲出现了一批环保主义政党。1973 年在绿色政治的发源地欧洲出现了第一个绿党——英国的人民党。1979 年西德环境保护者组成了第一个正式意义的绿党——德国绿党。继之欧洲各国纷纷建立起绿党，欧洲以外的澳洲、美洲、非洲等地也出现绿党。现在，绿党已遍布全球各大洲，达 70 多个绿党组织。其中仅欧洲绿党联盟就有 43 个成员党。

与传统政党不同，绿党的意识形态公开希望超越阶级界线，超越左派和右派，把与人民和自然界共存亡，看作是自己的最高目的。绿党的主张既不是资本主义的，也非社会民主主义的，更不是社会主义的。它的出发点是全人类的，不分阶级和阶层，它所关心的不是哪一个阶级、阶层或哪一部分人的生存，而是整个人类和星球的生存。人们一般把绿党的意识形态称为环境保护主义，这种意识形态主要有 4 个特点。

(1)“生态优先”原则。强调保护环境，实现生态平衡，这是环境保护主义最根本的政治学原则，它既是绿党区别于其他政党的标志，也是绿党制定其纲领和政策的基础。环境保护主义意识形态以一般系统论为哲学基础，以生态学为核心思想。认为，人是自然界的一部分，而不是在自然界之上；我们赖以进行交流的一切群众性机构以及生命本身，都取决于我们和生物圈之间的相互作用。我们人类以自然界主人的身份自居，以征服自然、改造自然为追求目标而自鸣得意，不断地向自然进行索取，这是非常有害的。生态环境一旦遭到破坏就不可能恢复，所谓的补救措施也只能是损人利己、嫁祸于人的权宜之计。环境保护主义明确反对那种只受利益驱动而肆无忌惮地破坏资源、破坏生态平衡、毫无限制地提高生产率的消费性经济，认为这种经济不但会推动经济走向崩溃，而且使人为了获得收入不得不接受劳动的一切悲惨的和压迫性的方面。

为了生态平衡，环境保护主义提出“不进行不考虑未来的投资”，主张将危害生态、消耗能源的行业取缔。强调保护生态系统的平衡高于一般经济增长的需要，主张以“生态经济”、“生态财政”代替“市场经济”、“市场财政”。要求从改变人们的生活方式开始，逐步否定传统的经济增长模式和消费观念，提倡生活简朴和回归自然。

(2) 非暴力原则。环境保护主义的非暴力原则包括终止单纯性暴力和结构性暴力。前者即反对用暴力手段解决冲突，而后者则是绿色政治中的一个带有根本性的政治学原则。

环境保护主义的非暴力原则指反对一切个人及国家的暴力。认为以暴制暴只能造成更严重的暴力。他们旗帜鲜明地反对战争，维护世界和平。认为现代战争在摧毁人类的同时，也会对生态环境造成严重破坏。他们遵循非暴力原则，广泛开展世界和平运动、要求裁军运动、反对部署核武器运动。

他们在反对结构性暴力的斗争中，反对对妇女的压迫是一个重要的组成部分。他们认为在现代社会里，妇女是一个最大的受压迫、受剥削的集团，为此，保护妇女权利成为绿党向国家制度暴力发起的最猛烈的进攻。他们提出了大量的女权主义的立法，如要求同工同酬、教育平等以及关于流产的权利等等，在全社会激起了广泛的关注和强烈的震动。

在环境保护主义者看来，目前的世界秩序充满了结构性暴力及事实上的不平等、不公平。发达国家利用他们在各方面的优势，残酷地剥削和掠夺第三世界，是造成发展中国家贫穷落后的主要原因。基于此，他们提出给第三世界以援助，为其提供一个自力更生、调整经济、谋求发展的机会，减少发展中国家对发达国家的依赖，力求建立一种平等互利、友好合作的伙伴关系。

(3) 基层民主原则。环境保护主义极力强调基层民主原则。他们认为，传统的政党政治已与大资本的利益结合在一起，大资本集团通过游说、贿赂、馈赠等各种手段控制了国家和各级政府的决策，权力日益集中在少数人手里。各政党的上层决策者们由于其官僚化和等级化的组织结构已与下层党员和群众相脱离，失去了社会责任感，无法再代表下层群众的利益和愿望。其对现存的社会问题和生态问题负有不可推卸的责任，在解决这些问题时，也缺乏足够的信心和能力。因此，环境保护主义要求把基层民主的原则贯穿在组织结构中，通过扩大民主参与的方式尽量吸收更多的民众支持。德国绿党在 1983 年制定的联合纲领中表达得十分明确："我们决定建立一种新型的党的结构，以不可分割的基层民主和分散化概念为基础的结构。我们相信，缺乏这种类型结构的党，就不适用于令人信服地支持议会民主机制内的生态政策。”绿党这种基层参与性的组织机构，其目的就是扩大基层的权力，防止形成权力被机构与个人垄断。

(4) 世界和平原则。环境保护主义者呼吁世界必须保持和平安定的局面。其一，主张用各种“生物区”组织取代民族国家。他们认为历史上形成的民族国家是一种“固有的危险”，因为巨大的权力集中不可避免地会导致竞争、剥削和战争，而用按照文化传统、民族习惯、社会风俗、语言文字和生物分布的标准划分的生物区代替民族国家，实行区域自治，就可以消除战争和压迫的根源。其二，反对世界的局部战争，尤其是反对核试验和核军备。因为核试验不仅威胁人类的安全，浪费大量人力物力，而且严重污染环境，破坏生态平衡。特别是20世纪80年代以来，“核竞赛”造成了人类极大的精神负担，助长了军国主义思潮的泛滥，使民主精神遭到践踏。其三，要求解散北约，用“欧洲生态共同体”取代“欧洲经济共同体”，这是维护和赢得世界和平的基本保障。

应该承认环境保护主义思想具有一定合理性。它关心整个人类生存和发展的命运，其出发点和态度是正确和真诚的。可以说，保护生态平衡，反对军国主义、法西斯主义，反对战争和核军备，争取和维护世界和平，不仅是环境保护主义者的奋斗目标，更是全世界人民的共同心愿。环境保护主义对资本主义制度的揭露和批判，对于人们进一步认清资本主义制度的本质及其历史命运，具有现实意义。他们主张社会公平和正义，反对资本主义国家的结构性暴力，是正当而又值得人们欢迎的。

但也应该指出的是，我们在充分肯定环境保护主义的积极性、合理性和进步意义的时候，还应该充分看到其局限性。如其主要成员虽不乏西方资本主义社会中底层和边缘群体，但真正掌握这些绿色组织命脉的则是由民主社会主义气息极浓的教授和学者、前政治体系的部长、议员或政客、极右甚至反动的保守党人、与政治体系保持千丝万缕联系的工会领导人等所组成的“精英集团”。绿党远离科学社会主义指导的工人运动，注定了它缺乏坚强的领导力、有效的号召力和持续的战斗力。

(三) 当代资本主义国家主流意识形态的演变

马克思深刻指出：“统治阶级的思想在每一时代都是占统治地位的思

想。”“占统治地位的思想不过是占统治地位的物质关系在观念上的表现，不过是以思想的形式表现出来的占统治地位的物质关系；因而，这就是那些使某一个阶级成为统治阶级的关系在观念上的表现，因而这也就是这个阶级的统治的思想。”①一般说来，在阶级社会中，统治阶级的意识形态是该社会思想文化的理论基础和核心内容，规定着思想文化的根本性质和发展方向，也即社会的主流意识形态。

资本主义主流意识形态从20世纪以来发生了两次深刻的变革。20世纪30年代“罗斯福新政”开创了资本主义的改革之路，开始了资本主义主流意识形态的第一次转型。二战后西方各国纷纷采用凯恩斯主义的国家干预经济的政策和措施，确立了政府干预主义的现代化道路。20世纪70年代末、80年代初的“撒切尔主义”、“里根革命”，标志着新自由主义意识形态在当代发达资本主义国家上升为主流政策取向，实现了资本主义主流意识形态的第二次转型。撒切尔、里根上台后以哈耶克、弗里德曼的学说取代了凯恩斯主义，推动了欧美国家反滞胀的改革，引发了西方世界20余年历久不衰的“新自由主义”浪潮。

1. 古典自由主义向国家干预主义的转变

就意识形态分野而言，自由主义始终是社会主义主要的对手。20世纪初的自由主义属于古典自由主义。它延续了19世纪自由放任主义的路线，是20世纪自由主义的最初形态。垄断资本主义的残酷竞争和帝国主义重新瓜分世界市场的角逐，引发了世界历史上第一次世界大战。一战的惨痛教训，特别是1929年的资本主义世界经济危机，使人们开始对古典自由主义进行反思；当时社会主义苏联经济一枝独秀，欣欣向荣，又从另一个侧面给人们以启迪。正是在这一背景下，“罗斯福新政”开始对古典自由主义进行改革，国家干预主义应运而生。

“罗斯福新政”突破了亚当·斯密以来自由主义的传统模式，大胆地借鉴社会主义的计划经济和福利制度的优长之处，并部分地将其纳入制度框架，形成了不同于苏联“战时共产主义”的国家资本主义的新形式，确立了美国式的“政府干预—福利国家”的改革模式。如果说，对政府的怀疑是自由

---

① 《马克思恩格斯选集》第1卷，人民出版社1995年版，第98页。

主义的根本精神，它强调人类的自然状态，因而强调市场的自由调节，那么，罗斯福的实践则在不违背自由主义根本精神的基础上，扩大了政府干预的成分，这是一次创新。正是从这个意义上说，“罗斯福新政”这一改良了的资本主义可以称之为国家干预主义。“罗斯福新政”的改革是美国也是西方世界现代化道路上的一个重大选择。西方国家总结罗斯福新政的经验，在凯恩斯经济学的指导下，通过财政、税收、货币、计划、福利等调节机制，加强对经济和社会生活的干预，使国家从市场经济的“守夜人”转变为市场经济的调控者。二战后，西方资本主义各国纷纷采用了凯恩斯主义的国家干预经济的政策和措施，“凯恩斯时代”取代了自由放任时代。

2. 新自由主义的兴起及其向全球的扩张

对于20世纪30年代“罗斯福新政”时期的资本主义改革，以奥地利经济学家冯·哈耶克为代表的自由主义知识分子进行了顽强的抵抗。1936年美国政治评论家沃尔特·李普曼为自由主义辩护的著作《良好社会原则的探究》是自由主义思想发展中的重要代表作。1938年哈耶克、米塞斯等26位学者在巴黎召开了以“自由主义的危机”为主题的李普曼著作讨论会，并在这次集会上产生了建立这一派新自由主义知识分子组织的想法。1944年，哈耶克出版了《通往奴役之路》一书，对国家干预主义和福利国家政策展开了猛烈的抨击。这部著作被视为是新自由主义的宪章，其矛头直接针对英国工党。哈耶克在书中认为，英国的社会民主主义尽管出自善意，但其政策必然会导致与德国纳粹相同的灾难：现代奴役制。1947年4月，以哈耶克为首成立了佩勒兰山学会。佩勒兰山学会的宗旨，一方面是要反对凯恩斯学说及二战后占统治地位的社会福利政策；另一方面是为创建一种强硬的和不受任何约束的资本主义模式奠定理论基础。新自由主义派声称，国家干预经济和调节分配的做法必将压制公民的自由和扼杀人们的积极性。他们认为，财富和收入的不平等不但不是坏现象反而有利于刺激经济增长。但是，20世纪五六十年代，正值西方资本主义国家经济增长的黄金时代，新自由主义派提出的关于国家控制市场可能出现危险的警告得不到各国政要的响应。在此后长达20年的时期内，新自由主义派的观点始终未被西方国家统治集团所接受。

从20世纪60年代后半期开始，西方国家经济在经历了二战后的繁荣后逐渐走向停滞与衰退。1974年的“石油危机”把发达资本主义国家卷入经济衰退的漩涡，形成了西方经济史上前所未有的失业与通货膨胀并发的经济“滞胀”，这种现象严重动摇了凯恩斯主义在西方经济学界的统治地位。在这种背景下，西方经济学的其他流派纷纷对主流经济学派进行抨击和责难。其中，以对抗凯恩斯主义而出现的三个主要派别是货币主义、供给学派和新古典宏观经济学派，这三者被统称为新自由主义经济学派。

新自由主义认为通过市场供求作用的自动调节能够达到充分就业，使资源得到充分利用；信赖市场的自由放任可以达到经济均衡的发展，反对凯恩斯主义的国家干预，断言国家的过度干预是危机的根源。1979年撒切尔夫人出任英国首相，1980年里根当选美国总统后，以哈耶克、弗里德曼的学说取代了凯恩斯主义，标志着新自由主义意识形态在发达资本主义国家上升为主流经济政策取向。新自由主义的兴起，推动了20世纪80年代欧美发达国家反滞胀的改革。这一改革涉及了宏观调控政策的调整，其中包括：实施货币主义的反通货膨胀政策；紧缩的财政政策，压缩福利开支，减少国家对经济的干预；所有制结构的调整，即把国有企业私有化；社会保障制度的改革以及经济政策的重大调整，如从重点刺激需求转为重点刺激供给等等。这些政策的推行，虽在一定程度上促进了欧美国家经济的恢复和发展，但也不可避免地带来了财政赤字等一系列严重后果。

针对资本主义在发展中遇到的新问题和新情况，以英国的布莱尔、德国的施罗德、美国的克林顿等人上台执政为标志，在欧美兴起了走“第三条道路”的思潮。“第三条道路”是英国工党、德国社会民主党、美国民主党及其领导人，为解决在世纪之交经济全球化和知识经济到来这样一个大转折的历史时期，资本主义世界面临的一系列新问题而提出的一种新的政治理论，其根本点就是要走一条既超越国家干预的老左派理论，又超越自由放任主义的“新右派”理论，寻找一种介于自由放任主义和福利国家之间的中间道路，就是说，要在国家干预主义和新自由主义之间走出一条新的道路。但这些只能说是对新自由主义的一种局部的、或者说是具体政策的调整，新自由主义发展路线基本上依旧保持下来。尤其是小布什在美国继任并连任总统后，又重新恢复了新自由主义，极力主张市场发挥更大作用，反对政府对经济过多干预。正是因此，又导致了2008年夏天以来的国际金融经济危机的爆发。

3. 新自由主义兴起和走强的原因

需要指出的是，当代新自由主义并没有彻底抛弃国家干预主义的理论成果。西方社会民主党人喜欢的凯恩斯固然主张加强国家干预，受保守主义者欢迎的“市场先生”弗里德曼也并没有回到早期的自由放任主义，也不是一般地拒绝政府宏观调控经济政策的作用。2008 年夏天国际金融危机爆发后，美国及西欧各国政府马上就推出了救市举措。因此，只要不含偏见的人都能看到，当代新自由主义是资本主义在 20 世纪发展史上的又一次重大变革，不能简单地将之归结为对传统自由放任主义的复归。由于当代新自由主义敢于直面资本主义发展中的新问题，努力探索变革之路，所以它不仅结束了 20 世纪 70 年代西方深重的经济危机，而且在治理凯恩斯主义的后果、帮助发达国家重新走出困境的同时，推动西方现代化走出工业化阶段，进入新一轮以网络信息产业革命为特征的后现代化、全球化路程。但由于它过分强调市场的作用，忽视政府的调控和监督，终于又导致这场新危机的来临。虽然这场金融经济危机来势凶猛，但由于西方发达国家近几十年已积累了大量的社会财富，逐步建立了相对完善的社会保障体系，因而没有像 20 世纪 30 年代的危机一样，导致资本主义世界的大动荡，也没有彻底动摇新自由主义在西方世界的主导地位。

新自由主义意识形态在 20 世纪末的兴起和走强决非偶然，而是具有多种深刻而复杂的原因的。一是社会主义运动陷入低潮，减轻了资本主义国家的危机感。国家干预主义的产生，部分地是因为恐惧社会主义而做出的一种反应。当发达资本主义国家内的社会主义威胁力量减退，特别是当一些社会主义国家被和平演变后，从国际和国内来讲，国家干预主义都失去了存在的理由。二是凯恩斯主义理论存在着内在缺陷。凯恩斯主义认为，资本主义经济出现危机的根本原因是有效需求不够，为此必须由国家进行“需求管理”。虽然在理论上凯恩斯主义强调扩张性政策和紧缩性政策交替使用，但在实际中却是以扩张为主。长期扩张的结果，推迟了眼前生产过剩的危机，却造成以滞胀为特征的经济危机。在滞胀面前，凯恩斯主义政策失去了有效性。到了 20 世纪 70 年代，美国经济出现衰退，当政策出现问题的时候，其理论的危机也就到来了。三是新自由主义满足了资本向全世界扩张的内在需要。新科技革命的发展，促进了经济的全球化。主张国家职能最小化、市场作用最大化和贸易自由化、金融自由化的新自由主义，正是适应垄断资本打破国内福利国家体制束缚、国外民族国家疆界和国家主权等障碍的需要，而一跃成为发达资本主义国家占主导地位的意识形态理论的。新自由主义在全球的蔓延是国际垄断资本在全球扩张的理论表现，同时又是资本主义从国家垄断走向国际垄断的思想基础。

4. 当代发达资本主义国家主流意识形态的功能

当代发达资本主义国家主流意识形态的基本功能，在于为制定和施行符合资产阶级的经济、政治要求的政策和措施，提供理论的依据和形成舆论环境，以便资产阶级更有效地组织和管理好包括经济生活、政治生活在内的整个社会生活，安定社会人心，维护资产阶级的统治。具体地讲，当代发达资本主义国家主流意识形态的功能主要有 3 个方面。

（1）调节西方社会政治观念。当代发达资本主义国家主流意识形态对社会政治观念的调节主要表现为：一方面正面排斥其他意识形态，尤其是马克思主义的意识形态。当马克思主义、社会主义不仅作为一种政治运动、一种社会制度，而且也作为一种政治意识形态，与资本主义相抗衡，使资本主义转为守势时，西方主流意识形态就提出“非意识形态化”，把“非意识形态化”作为处于守势时的一种策略和意识形态宣传；以非意识形态化为名，适应资产阶级官方意识形态“和平演变”社会主义的战略需要，维护资产阶级政治意识和垄断资本的统治。另一方面当西方政治势力处于优势时，直接强化对马克思主义、社会主义的排斥，直截了当地主张反共意识。

（2）维护西方社会政治制度。当代发达资本主义国家主流意识形态对政治制度的维护有两个方面。一方面是为西方政治制度辩护。他们主张三管齐下：第一，尽一切可能宣传资本主义的个人自由、民主、人权等基本社会价值观念，宣扬资本主义优越性；第二，利用现代资本主义商业文化，稳定和维护资本主义制度，演变社会主义制度；第三，寻找一切机会歪曲和丑化社会主义制度，其中也包括利用社会主义制度本身的不完善和失误来诋毁社会主义。资产阶级统治者认为这种意识形态的斗争不能局限于西方的范围，它们进攻的目标和主战场都应在社会主义国家之内。另一方面是主张通过实行温和的改革来维护资本主义制度。当然变革只能针对制度的非本质方面，而不能触及本质，不能违反原则。20 世纪 70 年代以来，新自由主义的变革观，影响甚至是指导了当代资本主义国家的政治实践，发挥了实际的政治功能。新自由主义强调对传统资本主义的复归和对固有价值的重新肯定，实行保守改革，从而给陷入困境的资本主义带来了生机和活力。新自由主义政策在当代主要资本主义国家中一定程度上取得了成功，如 20 世纪 80 年代美国历届共和党政府都奉行新自由主义政策，避免使用激进的改革，重新肯定了资本主义的一些传统做法，实际上是采用了温和的、渐进的改良代替了对资本主义进行大刀阔斧的改革，结果这种温和的改革稳定了资本主义并使其有所发展。

（3）欺骗和控制发展中国家。埃及著名学者萨米尔·阿明认为新自由主义建立在两个相互联系的原则之上：一是金融的逻辑控制社会的一切；二是给市场以最大的自由。推行这两个原则是为了追求利润的最大化。这种什么都由市场来控制的经济逻辑，实质上表现了资本要控制一切的倾向。因此，西方主流意识形态是建立在阶级原则之上的，是为谋求国际垄断资产阶级的最大利益服务的。新自由主义是西方发达国家在后殖民时代向发展中国家灌输的价值观念和意识形态，意在促使发展中国家实行“门户开放”的政策，以便发达国家可以不费一枪一弹就将西方文化和商品源源不断地输送到发展中国家，同时又将大量财富运回本国。美国前总统克林顿讲得很清楚：“某些人把这种不断增加的国际相互依赖视为对我们国家和我们作为美国人的价值观的威胁，但事实几乎恰恰相反，在世界上影响不断加强的正是美国的价值观——自由、自决和市场经济。从国际贸易的迅速发展中获益最多的正是美国公司。当世界其他国家的生活水平提高之后，需求最多的正是美国工人制造的美国产品。”①从克林顿的话语中，可以发现以美国为首的西方发达国家推进全球化的初始目的在于从不发达国家获取超额利润，并占领其市场。它一方面是为了侵蚀和瓦解以传统民族国家为基础的“国际旧秩序”，另一方面又在强化一种以资本为中心的西方发达国家主导下的“世界新秩序”。

20 世纪 70 年代新自由主义思潮兴起以后，西方发达国家通过各种途径

---

① ［美］比尔·克林顿：《希望与历史之间：迎接 21 世纪对美国的挑战》，海南人民出版社 1996 年版，第 117 页。

向发展中国家大肆宣传和灌输新自由主义以达到欺骗和控制发展中国家的目的。新自由主义鼓吹“国家作用的弱化”，但是，在发达国家中国家的作用并没有“弱化”，而是仍在对经济进行干预。西方国家自身贸易保护主义加强，却常常以“市场万能”的神话迫使发展中国家放弃其经济保护和限制措施，使经济转变为自由市场经济。新自由主义要求发展中国家尽可能地减少国家对经济的干预，同时让渡主权给由发达国家占支配地位的国际货币基金组织和世界银行等国际金融机构；它貌似推行市场自由化——由市场这只“看不见的手”来调节国家经济，而实质上是图谋由最强国家担负起组织和管理世界经济的任务，阻止弱国拥有保护自己市场的机制和手段，保证其企业对弱国市场行使霸权。所谓“市场决定论”，有意掩盖了垄断资本和发达资本主义国家支配世界市场的这个本质。很多发展中国家，特别是拉美国家“虔诚和认真地弱化国家”造成了严重的后果：新自由主义意识形态的进攻使许多国家特别是发展中国家在价值观念等意识形态上失去了正确的方向，许多国家在新自由主义意识形态的指引下，完全“西化”，取缔了原有的符合本国国情的意识形态，使这些国家付出巨大的经济和政治代价，导致经济恶化，劳动者利益受损，政府频繁更迭，国家和地区政治动荡。①

二、当代发达资本主义国家民众文化的发展变化

当代资本主义民众文化是区别于主流文化的亚文化，它以多样化为其重要特征。在传统文化、现代文化、后现代文化等众多文化思潮中，最具代表性的是后现代文化。后现代文化是后工业社会文化，也有人称其为晚期发达资本主义文化或后资本主义文化。20 世纪 50～60 年代受科学技术和生产力发展的影响，西方发达资本主义国家的社会生产方式和社会生活方式都发生了重大的变化。1959 年美国著名的社会科学家丹尼尔·贝尔第一次用“后工业社会”来表示这个新型的工业化社会。随着西方发达资本主义国家从工业社会向后工业社会的发展，当代资本主义的亚文化，出现了从现

① 刘昀献：《论 20 世纪以来西方主流意识形态的演变及其功能》，《新华文摘》2004 年第 16 期。

代主义向后现代主义转变的趋势，诞生了后现代文化。后现代文化开始于50年代末60年代初的美国，70年代盛行于西方发达工业国家，至今仍风靡整个西方社会。

关于当代资本主义民众文化的发展，国内外学者虽然众说纷纭，但大多承认20世纪六七十年代西方资本主义民众文化发生了一次从现代主义到后现代主义的根本变革。① 后现代主义文化不仅影响到当代的哲学、美学、社会学、政治学等理论领域，也影响到当代的小说、诗歌、戏剧、音乐、美术等文艺领域，并渗透到人们的日常生活之中。从某种意义上说，现代主义和后现代主义是当代西方民众文化中最有影响的思潮和流派，它们前后相继，互相批判、互为补充，从一个侧面反映了当代资本主义民众文化演进的脉络、特点和趋势。

（一）发达资本主义国家现代主义文化的产生和延续

现代主义是随着西方现代化运动的兴起和资本主义社会的发展而产生、演变的一类文化思潮，它根源于西方的启蒙运动，在本质上是对西方启蒙思想的批判、变革与维护。启蒙运动靠理智取代了迷信，论证了人作为认识主体和实践主体的地位，确立了人类能够掌握关于世界的永恒的真理、实现普遍的人类解放的理想。在资本主义的上升时期，新兴资产阶级的经济冲动力所产生的挺进边疆、开发荒原的雄心壮志和冒险精神，推动西方文化摆脱封建主义社会那种在贵族庇护和教会束缚下的软弱无力，形成了“浮士德”式的上天入地、无所畏惧的现代人格和自由平等、个性解放的现代意识。然而，到19世纪中期以后资本主义经济和文化这对孪生子弟完成资本主义制度的建构不久，便分道扬镳、相互背离了。资产阶级企业家们在经济领域贪婪进取，但在道德方面变得落后保守。他们本能地维护经济和社会制度的稳定，反对与“功能合理性”背道而驰的艺术灵感、自发倾向和多变趣味；而资产阶级文艺家们高举自由、解放的大旗不断进军，把“自我”扩张到无以复加的地步，并对资本主义的传统社会秩序和价值观念进行激烈的批判。特别是西方列强进入帝国主义时代以后，两次世界大战所带来的空前灾难

① 靳辉明、罗文东：《当代资本主义新论》，四川人民出版社2005年版，第417页。

和现代资本主义社会的严重异化导致了人们对西方传统理性主义的深度怀疑和信仰危机，而尼采的权力意志论、柏格森的生命哲学、弗洛伊德的潜意识学说以及海德格尔、萨特等人的存在哲学等非理性主义思潮则为现代主义提供了哲学基础。正是在这种条件下，西方思想家举起反理性主义的旗帜，批判传统的启蒙思想所宣扬的人类永恒本性以及普遍的自由、平等、博爱等社会原则对个人的生存和主体性的束缚，从而形成了持续一百多年的现代主义思潮。

现代主义从19世纪中后期逐渐兴起，一直延续到20世纪60年代。它作为一种同现代化运动相联系的文化思潮表现在哲学、社会学、心理学、文学、艺术等方方面面。它不是少数文学艺术家和知识分子一时的心血来潮，而是代表一种激进反传统的文化精神，它具有3个方面的显著特点。

1. 重视表现人的主观意象，将非理性因素本体化

现代西方哲学往往将人的意志、直觉、爱欲等非理性因素本体化，将其视为人和世界本质的东西，进而构建人本主义的世界观和历史观。唯意志主义的代表人物叔本华把世界分为表象的世界和意志的世界，认为表象的世界仅仅是世界外表的方面，而意志的世界才是世界的核心和本质；意志是无所不在的，它既表现于盲目的自然力中，也表现于人的自觉行为中，整个世界不过是意志的一面镜子。生命哲学的代表人物柏格森认为，世界在本质上是一种“生命之流”；科学、理性只能认识外在的世界，内在的生命只能靠直觉去领悟。弗洛伊德则把人的潜意识尤其是性本能看作人们行为的决定因素，断言“性的冲动”对人类“心灵最高文化的、艺术的和社会的成就做出了最大的贡献”①；社会历史就是一场“爱罗斯”和“塔纳托斯”（即爱神和死神）相互斗争的戏剧。存在主义的代表人物萨特也主张从个人的存在即人的主观性出发，建立所谓“人学本体论”，宣称“除掉人的宇宙外，人的主观性宇宙外，没有别的宇宙。这种构成人的超越性和主观性的关系——这就是我们叫做的存在主义的人道主义”②。

2. 强调人的主体性，反对“异化”和“物化”倾向

---

① ［奥］弗罗伊德：《精神分析引论》，商务印书馆1984年版，第18页。

② ［法］萨特：《存在主义是一种人道主义》，上海译文出版社1988年版，第30页。

德国哲学家尼采认为，由于“非人格化”的机械和机械主义、工业的“非人格化”、错误的分工经济，生命便成为病态的了；作为达到文化之手段的现代科学活动，产生了“野蛮化”。美国哲学家马尔库塞批判现代科学技术、工业文明以及“合理化”的管理体制严重损害了人的主体性，使人类异化为“一种材料、物品和原料而已，全然没有其自身的运动原则”①。在詹明信看来，现代主义经典作品中一个重要的主题是异化和焦虑的经验和反对异化和“物化”的影响。他认为，现代主义的心理体验同“物化”有关，他的时间意识典型地表现于存在主义的焦虑之中；从个人体验来说，现代主义中表达的是人的异化，以及伴随异化而来的孤独、沉沦、焦虑、颓废等情感。他还反复说明：一切现代主义作品所表现的东西都是“物化”，而驱使它去如此表现的东西则是一种关于理想社会的乌托邦精神；“物化”表示对现存社会的不满和批判，乌托邦则表达了对未来的憧憬和重建。②

3．激进地反传统，对现实生活持彻底的否定态度

现代主义哲学的先驱尼采从权力意志论出发，要求“打倒偶像”、“重估一切价值”。他自称是“炸药”，是“地道的破坏者”，把基督教的伦理规范和近代启蒙思想家所倡导的自由、平等、博爱原则统统斥责为使人堕落的奴隶道德，“是谋杀高贵人类之最大的最恶毒的企图”；主张重新确立一种“主人道德”，建立一个强者统治弱者的超人社会。现代主义文学也往往否定合乎传统的、符合常识的东西，从而将世界和人生荒谬化。存在主义文学的代表人物加缪认为，人的责任在于反抗这个荒谬的世界，他在《局外人》中就以赞赏的笔调描绘了莫尔索蔑视一切的傲然态度。正如詹明信所说：现代主义的一个显著特点，或者说理解现代主义的一个关键术语就是时间化，即“关于时间的新的历史经验”。现代主义作品中无处不在的那种对往昔、对记忆的新的深沉的感受，与传统的文艺复兴时代对时光流逝、青春不再的咏叹完全是两回事。③

现代主义义无反顾地摧毁着旧的文化传统和现存的社会秩序，但又不

① ［美］马尔库塞：《受欲与文明》，上海译文出版社1989年版，第73页。

② ［美］詹明信：《晚期资本主义的文化逻辑》，三联书店1997年版，第288～297页。

③ 靳辉明，罗文东：《当代资本主义新论》，四川人民出版社2005年版，第423页。

能建立起新的文化体系和社会秩序，其破坏有余而建设不足的特性决定了它最终走向衰落的命运。现代主义在文化形式上流于不断的花样翻新和追赶时髦，它不断宣布新的文化形式、文化风格，但这些新玩意很快就成了“明日黄花”，为更加新潮的文化流派所取代。到20世纪60年代以后，现代主义逐渐消耗殆尽，它的创造冲动也松弛下来，反叛情绪被“文化大众”制度化，实验形式也变成了广告和流行时装的符号象征。正如现代派诗人帕兹在1974年出版的《泥沼的孩子：从浪漫主义到先锋派诗歌》一书中所说：现代艺术正开始丧失它的批判力量，“反叛已经成为程序，批判也已沦为空谈。我们处于艺术的垂危时期，我们正在经历现代主义艺术思想的枯竭”①。就在这时，一种更为激进的文化思潮——后现代主义应运而生。②

（二）发达资本主义国家后现代主义文化的兴起

在20世纪60年代以后，西方资本主义国家的人们既承受着两次世界大战、朝鲜战争、越南战争等带来的物质生活和精神生活的创伤，还要承受资本主义从工业社会过渡到后工业社会或信息社会过程中所造成的经济、政治和自然环境诸方面的压力和挑战。他们在失去原有的精神家园和自然家园之后，纷纷批判现代西方的社会现实和意识形态，提出各式各样的后现代主义文学、艺术、哲学等理论流派。

1. 后现代文化产生的背景

只要考察一下当代发达国家人的思想观念，特别是年轻一代的人生观、价值观和审美观发生的巨大变化，看一看流行于当代林林总总的文化艺术，就不难得出结论：由工业化决定的现代文化的确已经发生裂变。原先那种明显具有科学谋算、技术自恋、宗教专断，以及普遍存在的理性化、物质化、功能化、齐一化、机械化、主客两极化、人为中心化和绝对化等基本特征，那种好像一张无形的织网牢固地束缚着人的思想和行为的现代文化和观念，已被势如破竹的后现代思潮撕裂得支离破碎。在原先那个完全被商品和物

---

① ［美］丹尼尔·贝尔：《资本主义文化矛盾》，三联书店1989年版，第93、66页。

② 靳辉明、罗文东：《当代资本主义新论》，四川人民出版社2005年版，第424页。

的关系所包围、贯彻和统治的社会中,“一种非物质性的文化正在出现”①。那里到处都弥漫着“超越同一性”、反基础主义、反本质主义、解构主义和重构主义等潮流和趋向。

造成这种文化反叛的原因在于以科学技术为轴心的现代文化并没有能从肉体和精神上解放人类,只是有利于资本主义统治,使它一步步将人民普遍地变成资本主义现实原则的驯服工具,并导致虚假需求。“在现行的形式中,劳动损害了人类的一切才能,并取消了人的享受。”②通过异化劳动不断提高的生产率所导致的只是不断加强的文化整合作用与公民顺从。它剥夺的恰恰是人类能够得以很好生存的首创性;它用无主体的职员理性或工具理性替代了创业精神,使得现代社会几乎每个人都缺乏拒绝强加的团体理性命令的适应能力。

这是工业社会必然形成的“极权主义”和机械性的控制系统。这个系统并不主要是运用政治镇压或经济手段来剥夺人的自由与个性,而是通过生产和消费过程中固有的支配结构和管理技术进行控制和操纵,使得每个人都成为一种政治和感情上消极的人;使具有创造潜力和能动性的人在工业社会的庞大机构面前处于无能为力的低迷状态;使得一种完全是为资本利益服务的社会形态和文化观念凌驾于一切特定的个人或团体的利益之上,扼杀了文化主体的个性特征,弥漫着物质至上主义。这恰如海德格尔曾经对工业社会科学技术的异化作用持有的批判:正是它“把动植物、金属、大地和人都变成单纯的物质;使一切都化成千篇一律的和无本质的东西,否决事物所享有的等级,抹杀了任何差别”③。这种社会文化的“极权主义”就是阿多尔诺所谓的“绝对一体化”。它只能够用一种非异化的社会制度来摧毁。

这种“极权主义”是由人们所需求的“经济技术协作”、“物质消费攀比”造成的暗中为害的软控制。正是这种自觉自愿的协作和攀比否定了那具有积极属性的自由解放的可能性;使人民普遍相信既定的现实是一切可行的社会中最好的状态,是所有先前文化发展的顶点。这样,也就自然消除了人

① 马克·第亚尼:《非物质社会》,四川人民出版社 1998 年版,第 37 页。

② 马尔库塞:《理性和革命》,重庆出版社 1993 年版,第 252 页。

③ 冈特·绍伊博尔德:《海德格尔分析新时代的技术》,中国社会科学出版社 1993 年版,第 32 页。

们对现存制度进行有组织反抗的基础。人们已经满足于“不幸之中的安慰”，习惯于“心甘情愿的服从”。美丽的别墅、精美的汽车、丰富多彩的影视艺术以不可遏止的魅力牢牢地控制了广大消费者，使它们完全忘记自由的本质；忘记这些都是统治阶级利益孵化的结果，都是由异化劳动导致的消费的异化和人性的异化。由科学技术和现代化带来的人口爆炸、能源危机、环境污染、生态失衡、物种退化以及战争升级导致的更深层的罪恶是：不断地泯灭人性，不断加剧人类痛苦的心灵。

正是为了反抗资本主义制度及现代文化对人类心灵的摧残和带来的痛苦，后现代文化呐喊而起。后现代文化主张一个健全的、非祛魅的社会应该在消除异化基础上，实现多元的、有机的、整体的、过程的、有灵性的、非决定论的和在生态伦理支配下的自由的后现代社会。后现代文化担负着如此历史重任，必然使它远离传统、狭隘的主要是为了争权夺利的政治目的，而日益带有超越于阶级、国家、种族、性别、肤色乃至宗教信仰之上的后现代性质；直接“指谓一种当代生活状况，或是一种文本的、美学的实践”①。不再像过去，文化即政治，政治即文化。在以往的人类史上，大凡文化艺术巨匠从来都是积极投身于政治，既是千姿万态的世界的描绘者和创造者，美感和幸福的发现者，也是真善美、自由、平等和正义的实践者，以及人类普遍利益的维护者和奋争者。而今天，在那些经济发达、后现代思潮兴盛的国家，不仅许多知识分子、文化学者日益超脱政治生活，而且以往推动文化研究的许多理论参照系也都日趋土崩瓦解。从黑格尔主义到结构主义、后结构主义和女性主义，都出现信仰的落潮和危机。原先真假、美丑、善恶、爱憎分明的二元体系纷纷转向德里达的“一系列无尽的差别”；使得这个纷杂繁复的世界除了多样性和差异性之外，不再崇尚其他独断、齐一的人为属性和关系。“自我时尚的设计”、“自我理念的确立”，以及“自我行为的显露”以压倒性优势对现代文化的绝对主义和垄断构成威胁和冲击。②

从形式上看，后现代主义是一股源自现代主义但又反叛现代主义的思

---

①　安吉拉·默克罗比：《后现代主义与大众文化》，中央编译出版社 2001 年版，第 18 页。

②　张之沧：《后现代文化观》，《江苏社会科学》2002 年第 3 期。

潮，它与现代主义之间是一种既继承又反叛的关系；是在批判和反省西方社会、哲学、科技和理性中形成的一股文化思潮。一方面，现代主义与后现代主义在时间上前后相继，具有历史的延续性。后现代主义主要继承了现代主义以下三个特性：一是要求“距离的销蚀”，以获得即刻反应、冲撞效果、同步感和煽动性；二是不注重艺术的内容和性能，而追求一种错乱无序的强烈的瞬间感受，以满足普通民众寻求刺激的猎奇心理，走向大众文化；三是对资产阶级酷爱秩序的心理进行激烈的反抗和否定。正因为现代主义与后现代主义具有这些相似的特性，有时难以将二者明确区分开来。另一方面，现代主义与后现代主义又尖锐对立，具有历史的差异性。荷兰一些学者认为：“后现代主义并不是一种特定的风格，而是旨在超越现代主义的一系列尝试，在某种场合下，这意味着被现代主义‘废除’了的艺术风格的‘复活’；而在另一场合，它又意味着反对客体艺术或包括你本人在内的东西。”①从一定意义上说，后现代主义具有“在现代主义走向极端之后”产生“物极必反”的含义，它是对现代主义的摒弃和反叛。

从内容和实质上看，后现代主义是一种源于工业文明、对工业文明的负面效应的思考与回答，是对现代化过程中出现的剥夺人的主体性、感觉丰富性的死板僵化、机械划一的整体性、中心、同一性等的批判与解构，也是对西方传统哲学的本质主义、基础主义、“形而上学的在场”、“逻各斯中心主义”等的批判与解构。实质上是对西方传统哲学和西方现代社会的纠正与反叛，是一种在批判与反叛中又未免会走向另一极端——怀疑主义和虚无主义——的“过正”的“矫枉”。

后现代主义经过20世纪30～40年代的孕育、60～70年代的形成到80年代的蔓延，广泛渗透在文学、哲学、音乐、绘画、雕塑等文化领域，对西方人的精神世界与社会生活产生了深刻的影响。

2. 后现代主义文化的复杂性和多样性

后现代主义是一个复杂的、矛盾的、多样性的、令人迷惘的多面体。其主要有三种形态，或者说有三种形式的后现代主义：一是激进的或否定性的

---

① ［荷兰］佛克马、伯顿斯：《走向后现代主义》，北京大学出版社1991年版，第12页。

后现代主义，二是建设性的或修正的后现代主义，三是简单化的或庸俗的后现代主义。① 其实，所谓三种后现代主义或后现代主义的三种形态指的是后现代主义的三个向度。

（1）激进的后现代主义。其主要代表人物是法国哲学家福柯、德里达、利奥塔，美国哲学家费耶阿本德，意大利哲学家瓦提莫等。激进的后现代主义的主要特征是它的否定性。这种否定性的理论内容具体表现为对“唯一中心”、“绝对基础”、“纯粹理性”、大写的“人”、“等级结构”、“单一视角”、“唯一正确解释”、“一元方法论”以及“连续性历史”的彻底否定。不难看出，作为一种思维方式的激进的后现代主义，志在向一切人类迄今为止所认为究竟至极的东西进行挑战，志在摧毁传统封闭、简单、僵化的西方思维方式。恩格斯曾经谈到“每一种新的进步都必然表现为对某一神圣事物的亵渎，表现为对陈旧的、日渐衰亡的、但为习惯所崇奉的秩序的叛逆”②。从这个意义上讲，后现代主义的产生也是一种进步。

后现代思维让我们学会对“绝对真理的幻想”，对“代圣人立言”的做法保持苏格拉底式的警觉。它告诉我们，任何公度性的元话语，任何单一的、无所不包的解释性理论都只能是一种幻想，一个梦。也许现代主义者认为这种幻想有助于人们指导人生、抚慰心灵，但在当前，在人类目前的发展阶段上，这个梦更多的是起着阻碍我们按照现实去认识现实的作用。其实在顶礼膜拜的过程中，不仅膜拜者是被损害的对象，而且被崇拜者也是被损害的对象。按照尼采的理解，当一个东西受到崇拜时，它就有了生命之忧，因为崇拜的过程实质上就是宰杀的过程，它的被崇拜就是它的被宰杀，就是被变成“无生命的木乃伊”。

后现代思维通过一系列持续不断的摧毁，使我们重新想到了思维本应担当的原始而朴素的任务，即“尽可能从广阔的视野来思考问题”。包括从一个新的视角重新省察人与世界，人与人的关系；重新省察思维与存在的关系；理论与实践的关系；语言与世界的关系；历史与虚构的关系；文学与现实的关系以及哲学与文学的关系等等。正是这种重新省察宣布了“二元对立”

① 王治河：《论后现代主义的三种形态》，《国外社会科学》1995年第1期。

② 《马克思恩格斯选集》第4卷，人民出版社1995年版，第237页。

思维的破产，使传统思想家在思维与存在之间，理论与实践之间，历史与虚构之间，文学与现实之间，哲学与文学之间建构的对立高墙纷纷坍塌了。还事物以本来复杂、多元的面目，这就是后现代思想家所谈的“保持事物的原样”。后现代主义的“保持事物的原样”并非像哈贝马斯所理解的那样，是企图退回到尚未分化的生活形式，即退回到前现代生活世界的有机结合成一体的状态，而是让人们接受以前所不能接受的复杂性。

(2) 建设性的后现代主义。激进的后现代主义侧重于对西方上千年来占统治地位的思维方式进行摧毁，而建设性的后现代主义则侧重于在激进后现代主义开辟的空间中从事建设性的耕耘。建设性的后现代主义的代表人物主要是美国的罗蒂、霍伊和格里芬。建设性的后现代主义主要有5个特征。

一是倡导“对话”和沟通。其目标是促进不同文化、不同范式之间的对话，在各种学说之间进行调停。为了加强自己理论的力度，罗蒂将自己的“新解释学”与西方哲学中的实用主义传统认同起来，他用自己的“协同性”取代了传统形而上学的“客观性”，这种“客观性”认为真理有独立于或外在于社会和人类的客观存在性，而罗蒂的“协同性”指的是某社会团体中人们在兴趣、目标、准则等方面的一致性。

二是倡导开放、平等。在罗蒂看来，要达到“协同性”，没有什么路好走，只有诉诸“对话”。因而“对话理论”构成了罗蒂“新解释学”的重要内容。这所谓的“对话”并不是内心的独白，而是指现在与过去的对话，解释者与本文的对话，解释者与解释者的对话。这种对话不是封闭的，而是开放的，不是专制的，而是平等的。建设性后现代主义的平等就是要向一切人开放，面向所有的人，倾听一切人的声音，哪怕是最卑微的小人物的声音，专家的声音与外行人的声音都要倾听，以防人微言轻的悲剧再度发生。概言之，后现代思想家志在培养人们倾听“他人”，学习“他人”，宽容“他人”，尊重“他人”的美德。

三是倡导创造性。由于“新解释学”标举真理本质上是自由的，强调意义解释的多元性，强调认识主体在解释中的主动介入，因此便为人的自由创造敞开了空间。鼓励人们去思、去想、去感受、去创造是建设性后现代主义的重要内容。利奥塔鼓励人们寻找机会，特别是寻找创造的机会。他坚信，

“人们是能够抓住有幸创造的机会的”。在福柯的心目中,生活本身就是活生生的创造,生活的真正乐趣就在于创造。

四是鼓励多元的思维风格。按照德利兹的说法多元论的观念——事物有许多意义,有许多事物,一事物可以被看成各种各样——“是哲学的最大成就”。他这里所说的哲学当然是指的后现代哲学。建设性后现代主义号召人们要像读一首诗,一部神话一样来解读哲学原著和哲学本文,其用意也在于倡导一种多视角看问题的思维方式。所谓“解构”,按照德里达的界定,就是一种“双重写作”和“双重阅读”。德里达就往往在人们认为是统一的本文中,读出不一致和混乱。

五是倡导对世界的关爱。福柯十分崇尚一向被基督教和传统哲学所蔑视为“邪恶”的“好奇心”。他声称他“喜欢这个词”,因为这个词对于他意味着某种不同的东西。“它唤起关心,唤起对存在着的事物和可能存在着的事物的‘关心’”,它使人们敏感现实,它准备发现我们周围稀奇古怪的东西。福柯憧憬着一个“好奇的新时代的来临”。这显然是针对现代人的对世界态度冷漠,感觉迟钝的心态而发的。

格里芬等人所倡导的建设性的后现代主义将福柯的“憧憬”进一步具体化了。与现代性视个人与他人、他物的关系为外在的、偶然的和派生的相反,后现代主义强调内在关系,强调个人与他人、他物的关系是内在的、本质的、构成性的;与二元论的现代人与自然处于一种敌对的或漠不关心的异化关系不同,后现代人信奉有机论,在世界中如同在家一样,由于这种家园感和亲缘感,现代统治和占有的欲望在后现代被一种联合的快乐和顺其自然的愿望所代替;它倡导对过去和未来的关心,十分推崇“绿色运动”,因为它所倡导的“内在关系”理论、“有机论”在“绿色运动”中得到了很好的体现。他们主张用“绿色运动”的精神来“绿化我们的政治,我们的精神以及我们的文化”。

(3) 庸俗的后现代主义。庸俗的后现代主义是对否定性的后现代主义和建设性的后现代主义的庸俗化,这种庸俗化是对否定的后现代主义和建设性的后现代主义进行简单化地理解的结果。它有四个主要特征。

一是坚执现代主义与后现代主义之间的二元对立。认为后现代主义是对其对立面——现代主义的绝对否定。殊不知,后现代主义对现代主义的否定是建立在肯定、吸收现代主义的精华的基础之上的。后现代主义否定掉的是理性主义、英雄主义、理想主义、浪漫主义、乐观主义的特权和霸权，并没有否定它们的生存权，相反，后现代主义从中汲取了大量的营养。同样，后现代主义对高雅的主流文化的挑战并不是像庸俗后现代主义所理解的那样，是要从根本上否定高雅文化，它只是将高雅文化从拥有特权的象牙之塔中移出来，使之在更广阔的世界中显身手。

二是抽掉了或者说没把握到后现代主义的底蕴，仅仅抓住后现代主义的某个或某些表面特征，以偏概全，视其为后现代主义的本质特征。这方面杰姆逊可谓是一个典型。按照他的界定，“后现代主义最大的特征除了民粹主义，复制现象外，就是一种新的平面性，无深度感，严格意义上的表面现象”。在他那里，“后现代主义”在很大程度上被简化为某种文学艺术上的后现代主义，认为“后现代主义”所推崇的恰恰是被斥之为“低级的”一整套文化现象，如电视连续剧、《读者文摘》文化、广告模特、大众通俗文学以及谋杀故事、科学幻想等等。

三是视后现代主义的策略为目的。后现代主义的许多作法（如强调“复制”，“模仿”，“解构”，“什么都行”）其实仅仅是策略，这些策略不仅是为了论战的需要，为了以其人之道还治其人之身的需要，而是为了帮助人们打破各种思想的束缚和偏见，进而说明一个道理，而并非将策略本身当作其哲学的目的。

四是用单一的原因来解释后现代主义的产生及其理论内容。杰姆逊的商品拜物教式的后现代主义是这方面的代表。杰姆逊由于将后现代社会等同于“消费者社会”，从文化商品化的视角来透视和解说后现代主义，以至于使他得出这样的结论：作为后现代主义现象的“理论”的目的“现在是不断的翻新以满足消费者的需要。例如法国现在出口理论就像它出口自然主义小说和电影一样，是上层建筑的对外贸易”。一句话便断然抹杀了后现代主义丰富的理论内涵。杰姆逊将后现代主义与政治紧密联系起来，认为后现代文化是美国政治和经济新趋向在上层建筑领域里的表现，殊不知后现代文化恰恰是对美国式的政治、思想、文化霸权的挑战，恰恰是对白人资产阶级的主流文化的挑战。显然，杰姆逊将后现代主义这样一场有深刻的社会、历史、世界文化背景的世界性的思想运动过分简单化了。

其实，三种后现代主义也就是说后现代主义具有否定性、建设性和庸俗性三个向度，这是一个一体三面的问题，从中也可以看出后现代主义的复杂程度。当后现代主义强调否定一切，摧毁一切的时候，同时也就暗含着保留一切，建设一切的意思。可见否定性后现代主义和建设性后现代主义双方的区别只在于侧重点的不同，否定性后现代主义侧重于强调对事物的摧毁，建设性后现代主义侧重于强调对事物的重新建构，摧毁和建构是同一个过程，摧毁的过程也就是建构的过程，可谓“破字当头，立在其中”。至于庸俗性也是人们认识发展过程中必然伴生的副产品，人类几千年来所形成的简单化思维不可避免地要折射到对后现代主义的理解上，对此我们应保持必要的警觉。①

3. 后现代主义的特点

后现代文化作为后工业社会人类拥有的一种生存状态、精神样式和美学实践，其目的、性质、对象、形式、内容、功能和价值都发生了“哥白尼式”的变化。不论人们对后现代思潮如何评价，它都已经普遍地渗透到人类社会的政治、经济、意识形态、世界观、人生观、价值观、科学观和历史观等诸多领域。后现代文化是对现代文化的批判和超越，主要有以下 4 个特点。

(1) 反对基础主义，倡导不确定性和差异性。罗蒂把几乎所有的现代主义哲学流派都归属于基础主义，认为它们之间的区别只是以何种东西为基础的区别。他认为柏拉图的理念、笛卡儿的(经验)自我、康德的(先验)自我都是“基础家族”中的一员，只要寻找知识和行动的可靠准则，那就是遵循某种形式的基础主义。后现代主义者否定了这种基础的存在。在他们看来，这种基础主义不仅是西方哲学与文化形而上学思维方式的积习，而且也必然导致一种所谓的“权威话语”的垄断地位，导致用“一”取代、统摄“多”、取消差异性，因此，对基础的消解几乎成为所有后现代主义文化思想者的共同主题。

放弃了基础主义，就有可能放弃普遍性和确定性。后现代主义者哈桑主张“不确定性原则”，杰弗里·哈特曼断言，“当代批评的宗旨是不确定性

---

① 王治河:《论后现代主义的三种形态》,《国外社会科学》1995 年第 1 期。

的阐释学”①。法国后现代主义思想家德里达论证了差异的重要性，“延异就是差异和差异之踪迹的游戏，在语言系统中，只有差异”②。在怀特海整个哲学中，差异概念始终扮演着一个至关重要的角色。与赋予差异消极色彩的传统相反，怀特海以一种非常肯定的眼光看待差异。在他看来，正是差异为更高的发展提供了条件。他强调，存在于人类社群之中的多样性与差异是至关重要的，因为它为人类的精神冒险之旅提供了“驱动力和原材料”。在《科学与现代世界》一书的结尾处怀特海有一段文字非常警世，在那里他强调指出：“习俗与我们不同的其他国家并非敌人。它们是上天赐予我们的礼物。人需要邻居具有足够的相似处以便相互理解，具有足够的不同之处以便激起注意，具有足够伟大之处以便博得敬仰。”③怀特海也提醒人们不要求全责备，即使我们的邻居有令人纳罕之处，只要它能够激起我们的兴趣，我们也应该感到满意。

容忍差异，就是避免垄断真理。后现代主义反对用真理的名义讲话，认为真理作为一种话语不具有对其他话语的优先地位，反对将真理置于知识金字塔的最高点，并作为知识统一性的标志。真理的优先地位是一种霸权主义。福柯将真理与权力联系到一起，揭示出真理同权力是不可分离的，没有真理权力无法运行，真理为权力立言，权力以真理的名义行事。

（2）反对“本质主义”，消解深层模式。不论在本体论还是在认识论中，西方哲学有一种根深蒂固的传统，认为存在着本质和现象的区别。这种区别认为，本质是事物固有的、内在的属性，现象是这种属性的外在表现，是偶然的和不确定的。把握了事物的本质才算真正认识了事物，而人的认识就是要达到对本质的认识。这种对本质的追求贯穿了哲学和人类认识的整个发展阶段。后现代主义反对这种对本质的追求，反对本质、现象的二元对立，反对规律、原则、范式这类概念。后现代主义对所有“深层模式”都持激

① 王岳川：《后现代主义文化研究》，北京大学出版社 1992 年版，第 252～257 页。

② [法]德里达：《延异》，《哲学译丛》1993 年第 3 期。

③ Whitehead. Science and the Modern World, NewYork: The Free Press, 1967. p. 207.

烈的批判态度，主张用“实践、话语和文本游戏”以“代替这些深层模式的东西”①。后现代主义哲学认为传统哲学往往追寻事物的“始基”，还原式地寻找事物的终极本质，但事物不存在一个固定的、先在的本质，一切都是变动的、不确定的，意义只存在于解释者的解释行为中，因而“本质主义”是应该被解构的。后现代主义用解构的方法去重估过去的一切价值，现代文化所追求的“绝对的”、“永恒的”、“本质的”东西，在后现代文化中已经瓦解，已经不复存在。后现代主义反对一切绝对的普遍化的价值标准，所有的价值标准，甚至所有的崇高理想只是语言的游戏，都需要将其打碎、解构。后现代主义艺术也要求绘画或者艺术品本身消融在它周围的空间中，目的是通过这种新的空间现象来把握画家的原意。

(3) 主张多元论，反对统一性和中心主义。后现代主义倡导多样性、差异性、个体性，而否定一元性的、统一性的、一致性的存在。从近代的启蒙文化开始，现代科学努力寻求统一性、普遍性的知识，探索普遍性的真理，统一性、普遍性成为解释世界的有效性的标准，是科学知识的合法性的根据。只有普遍的统一的东西，就像黑格尔的绝对精神那样方能对世界作出合乎逻辑的解释。对统一性、普遍性的原则的追求是现代的科学、哲学、文学等各类知识的目标。后现代文化对统一性、普遍性、一致性的存在进行了激烈的批评，以片断性、差异性、个体性来取代统一性、普遍性、一致性，以多样性取代一元性。后现代主义认为，追求统一性、一致性、普遍性只会导致专制主义，甚至融入恐怖主义。因而，他们反对任何形式的统一，认为统一即代表统治，以普遍性的名义消灭特殊性，以同一性的名义取消差异。“把一切(区域)理性(比如欧洲的理性)绝对化是错误的，后现代作为吞噬一切统一性的批判和反驳而出现，反对任何方式及任何领域上的统一化的回声”。“我们生活在一个多元化的文化间际性中”，“唯一真理的观点已是明日黄花，多元比单一及它自身无法表现的自然法则更具有原创性”②，以至法国后现代思想家利奥塔以广告式的用语奉劝世人“拯救差异”。

---

① [美]詹明信：《后现代主义或晚期资本主义的文化逻辑》，杜克大学出版社 1991 年版，第 9、12 页。

② [美]马尔：《现代、后现代与文化的多元性》，《国外社会科学》1995 年第 2 期。

逻各斯在希腊语中具有多重含义，指话语、说明、尺度、规律、存在及思维和理性的意思。逻各斯中心主义认为存在着一种关于世界的客观结构，某种东西居于结构中心，科学和哲学的目的就在于认识这种结构。德里达施行解构策略，通过颠倒二元结构模式的位置，指出二元模式的次序不是固定不变的，中心优于边缘的说法是虚假的。在后现代主义者看来，人类中心论也是可疑的，因为它是以主—客、心—物等二元对立为前提，往往导致人的异化（物化、对象化），应抛弃主体性原则和人类中心论，倡导多元化。

（4）否定自我，消解人的主体性。对待作为主体的人和自我的态度是区分现代主义和后现代主义的主要标志之一。尼采所说的“上帝死了”可以视为现代主义旗帜上的口号，因为没有了上帝，人才能成为主体，才能成为万物的中心；而福柯所宣扬的“主体的死亡”可以视为后现代主义旗帜上的口号，因为没有了主体，也就没有了权威、没有了法则，人也就失去了自我认同。后现代主义消解了现代主义赖以安身立命的主体观念，也否定了现代主义的唯我独尊的自我概念。福柯在《事物的秩序》的最后说：“人将被抹去如同大海边沙地上的一张脸。”宣布西方传统哲学特别是近代哲学的“人类中心主义”已经破灭。后现代主义还提出，现代性在解放了个人的同时，也摧毁了人的精神中有魔力的东西。经济个人主义导致了自私自利和纵欲无度，破坏了生活的价值准则，同时对自然和资源造成了严重的破坏和巨大的浪费。后现代主义反对人类对自然的独裁和霸权，提出应该对工具理性的日益膨胀加以有效限制，主张人与自然之间是一种动态平衡的关系，人与自然应该和谐相处，这些都体现了一种极为自觉的反对人类中心主义的思想。

后现代主义作为对现代主义进行质疑、反思和批判的一种社会批判理论，是当代西方文化对资本主义自身发展的一种理论反省，而作为一种新的思维方式，它又是文化在当代发展的一个转向，它的矛头直指现代主义文化中的教条主义、经验主义、形式主义和本质主义，是彻底反传统、反权威的。由逻各斯中心主义转向非中心的多元主义，由统一性转向差异性和多样性，由以人为中心转向反人类中心，拓展了文化视野，转变了思维方式，实现了理论探索与现实生活的贴近。

4. 后现代主义的主要意义和价值

后现代主义是一种集否定性、建设性、庸俗性为一身的一体多面的文化思潮。一些人认为后现代主义是对现代文化的划一思维、二元对立思维、机械思维和碎化思维以及与此相联系的霸道、支离破碎、急功近利的超越；也有人认为后现代主义“平庸”、“肤浅”、“缺乏深度”，这进一步说明了后现代主义内容的庞杂。应该说纷繁复杂才是大千世界的本来面目，而后现代主义正是世界面貌的真实反映。只要不含偏见的人都会看到，后现代主义从其主导方面讲毫无疑问是建设性的；尽管某些方面难免有“平庸”、“肤浅”之嫌，但瑕不掩瑜。它解放了人们的思想，给深受现代性束缚的人类吹来了一股清新之风，解答了人们在现代社会面临的困惑，在某种程度上预示了人类未来的发展方向。

第一，后现代主义给囿于现代性的人们提供了一种新的思维方式。与封闭的现代思维坚执划一思维不同，后现代思维推崇思维的多元性。对于怀特海来说，“作为一个整体，宇宙在本质上是多元的”①。在怀特海那里，不存在唯一的实在。存在的只有不同的现实实在。后现代智慧强调认识真理的方式是多样的，不存在唯一正确的认识方式和思考方式。因此它非常鼓励倾听“不同的声音和不同的观点”。鼓励不同观点之间的“对话”②。对于后现代思想家来说，一个人能够获得的观察事物的视角越多，他的解释就将越丰富越深刻。在后现代思想家看来，获得真理的捷径是对话。真理是从对话中产生的。在这个意义上，真理永远是不完全的。真理的发展与变化是随着对话深入而展开的。后现代思维要求对话的参与者摈弃偏执与自以为是，怀抱一颗开放的心态，向不同的观点开放，向真理开放。用著名比较哲学家诺思罗普的表述就是：我们必须使自己的直觉、想象力甚至灵魂向与我们自己的视野、信仰和价值观不同的视野、信仰和价值观开放。③

后现代主义解构了现代性的神话，反基础主义、反本质主义、反主体，并在这种否定性的批判过程中，彰显了一种十分值得赞赏的知识态度。后现代主义哲学通过反对绝对性的霸权和虚妄，揭露人道主义的内在虚构和暂

---

① Keller，Catherine. From A Broken Web，Boston：Beacon Press，1986. p. 184.

② MaxineGreene. Curriculum and Cultural Transformation：AHumanistic View，Cross Currents，1975. p. 183.

③ 王治河：《生态文明呼唤一种后现代思维》，《中国浦东干部学院学报》2010 年第 3 期。

时性，消解历史进步观念的盲目性，批判了普遍的人类历史观念，它的目的在于试图澄清世界的多元化与文化的多样性，在于为被淹没的声音讲话，在于为人类历史的多元化发展方向探索道路。它试图说明，没有什么东西可以为人类幸福和社会发展提供绝对保证，并成为人类社会普遍的楷模与发展方向。后现代主义的这种知识态度，是直接针对现代主义与现代社会的局限的；它使自由精神从对其进行禁锢和束缚的文化与哲学语境中挣脱出来，对人类思想文化的繁荣发展具有重要的意义。

第二，后现代主义彰显了人与环境和谐共存的理论意蕴。与执著非此即彼的现代二元对立思维相反，后现代主义推崇亦此亦彼的和谐思维。后现代主义的主旨在于批判、反对主客对立的二元论的思维方式。在这个批判与反思的过程中，表现了一种反对主客两极对立，力图追寻人类与其生活环境和谐共存的理论意向。后现代主义者在对待以工业化为中心的主体的现代化与异化的问题上，表现出了一种批判、反思和超越现代工业文明的弊端及其负面效应的理论态度。

后现代主义从和谐思维的立场出发，要求人们以全面的、整体的视角审视问题，坚持经济、社会和生态三者的统一，追求包括经济持续增长、自然生态平衡、社会和谐有序在内的综合效益，而不是以高耗费、高污染的方式追求经济效益的最大化，从而忽视生态价值、生态效益和社会和谐。他们相信梭罗在瓦尔登湖畔悟出的真谛："一个人的富有与其能够做的顺应自然的事情的多少成正比。"①在后现代人看来，"优美的山野令人心旷神怡，它使我们的精神从人生的忧愁中解脱出来，赋予我们以勇气和希望。奔流不息的大河，使僵化思维活跃起来，得以扩展死板的思维范围。郁郁葱葱的大森林还诱发出对万象之源——生命的神秘感，唤起对生命的尊重意识"②。他（她）们坚信，"大自然不仅是我们的衣食父母，而且对于培养我们的审美心胸，对培养我们的高尚情怀，对于我们健康人格的形成，大自然都具有一种不可替

① 艾伦·杜宁：《多少算够》，《吉林人民出版社》1997年版，第113页。

② 池田大作、狄尔鲍拉夫：《走向二十一世纪的人学与哲学》，北京大学出版社1992年版，第49页。

代的珍贵价值”①。人与环境和谐共存的理论旨趣，深刻揭示了科学技术及人类社会的长远发展方向。

第三，后现代主义揭示了生命的意义，表达了人们对美好未来的憧憬。后现代主义的话语，始终是作为一种相对于中心话语或主流意识形态而存在的边缘话语。它在自身的理论建设与发展中，在对现代性的反思与批判中，在关于社会知识的运作机制中，不断地侵蚀、消解、冲击、反思中心话语，并自觉地远离中心话语。以福柯为例，他在自身的哲学建设中，通过对精神病史的研究，在他的考古学中通过为历史中埋没的声音讲话，为我们展现了一幅边缘性的历史，使我们自觉到中心对边缘的压迫与异化。这种边缘性的历史与边缘性的声音是在整个主流与中心文化的权力压迫下产生的。针对资本主义主流意识形态对人的麻醉化、机械化，后现代思想家强调对那些要求僵硬的中心性、权威、稳定性的偏执狂和顺从性人格进行抵抗，并认为这种抵抗是维护自由的必要条件。

现代社会造就了一大批心肠刚硬，想象力匮乏，同情心萎缩的“理性人”。他们受过良好的理性教育，面对消费主义的猖獗，面对横流的物欲，他们随波逐流、逆来顺受，日复一日过着理性的机械的生活。在这种令人窒息的氛围中，后现代思想家通过自身理论的极端化发展，在对现代性的否定和批判中，使哲学及整个社会所关注的焦点从以理性的方式来认知外在客观世界转移到关注人的生命意义以及对宇宙人生的终极关怀上来，揭示了在现代工业社会中被遮蔽的人的根本意义与生活价值。他们不满现代人对现实性的迷恋，倡导新的思维和生活方式，这对于疗救现代病，是一剂不可多得的良药。后现代对“齐一性思维”的抵抗，对人的自由的捍卫，有助于把我们从非人的状态中解放出来，使我们免做各式各样的“生产机器”、“欲望机器”、“经济动物”和“消费动物”。

后现代主义反对一味仿效他人，过一种理性的机械的生活。他们注重精神生活，追求丰富多彩的人生。因而拒绝参加风靡全球的现代经济主义、物质主义、消费主义、拜金主义及其进军自然的大合唱，而且大唱反调。他

① 樊美筠：《中国传统美学的当代阐释》，中国社会科学出版社 1997 年版，第 85 页。

们不向生存事实屈从，主张告别铺张性物质消费方式，倡导合理的物质消费方式；告别奢侈性物质享受方式，倡导质朴的物质享受方式；关注生活质量，主张过一种崇尚自然的简朴生活。① 在物欲横流，许多人屈服于生存事实，迷恋物质主义和消费主义的当代资本主义社会，后现代主义努力寻求与他人不同的生活风格，勇敢地倡导活出风格、活出优雅、活出美、“活出生命的意义”，这无疑鼓舞了人们面向未来，争取美好生活的信心和勇气。

第四，后现代主义推崇创新，认为生活的真正乐趣在于创造。后现代主义作为一种思维方式它不只是在时间上后于现代的，而是对当代西方现存文化秩序的批判、否定与破坏，是对主流思想和意识形态的挑战。它所倡导和鼓励的是对现存的一切信条和规范的蔑视与批判，重新审视一直被人们视为理所当然的、被我们所忽视的理论、观点、学说和一切未经批判与反思的前提与假设，大胆进行理论探索与创新。

在后现代思想家那里，最推重的活动是创造性的活动，最推重的人生是创造性的人生，最欣赏的英雄是从事创造的人。在大卫·格里芬看来，创造性是人性的一个基本方面，他认为：“从根本上说，我们是‘创造性’的存在物，每个人都体现了创造性的能量，人类作为整体显然最大限度地体现了这种创造性的能量（至少在这个星球上如此）。我们从他人那里接受创造性的奉献，这种接受性同许多接受性价值（例如食物、水、空气、审美和性快感等）一起构成了我们本性的一个基本方面。但是，我们同时又是创造性的存在物，我们需要实现我们的潜能，依靠我们自己去获得某些东西。更进一步说，我们需要对他人做出贡献，这种动机和接受性需要及成就需要一样，也是人类本性的基本方面。”②

对于建设性后现代思想家来说，“活着就是去创造”。法国后现代哲学家德勒兹认为，哲学活动就是创造概念。伟大的哲学家之所以伟大，就在于他是新概念的创造者。据此，他表示了对“哲学的终结”观念的不满。在德勒兹看来，哲学终结观念的提出，是哲学家缺乏创造力的表现。现在要做的

---

① 王治河：《作为一种生活方式的后现代主义》，《北京大学学报》（哲学社会科学版）2006 年第 3 期。

② ［美］大卫·格里芬著，马季方译：《后现代科学》，中央编译出版社 1998 年版，第 23 页。

是去开辟新的领域，进行新的尝试。作为后现代主义主皋的福柯对创造更是推重备至。在他的心目中，生活本身就是活生生的创造，因此是最好的艺术品。

现代主义虽然也讲“创造”，但其所谓“创造”与后现代主义所讲“创造”的意义是大相径庭的。一方面，现代主义仅仅将创造看作极少数人的事，特别是天才、艺术家的事，从而将创造特权化了。而后现代思想家则试图还创造性于民，通过阐发创造乃人的“天性”来激发普通民众的创造热情。另一方面现代人所讲的创造是建立在对自我的迷恋基础上的，是“个人英雄主义式”的创造。在现代人那里自我表现是某种比关心他人，注重道德更重要的东西。而后现代人不仅具有创造力而且具有责任感。

后现代思想家不仅在理论上倡导创造，而且身体力行，在自己的人生中，也始终践履着这种可贵的创新精神。福柯本人就是一个典型的代表。他研究哲学，而且大半生时光教授哲学，但他的哲学却并非讨论柏拉图、康德和黑格尔等哲学家通常所讨论的东西，而是研究有关疯狂、医学监狱和性的内容。但他又不是严格意义上的精神病学家、医学家、犯罪学家和性学家。他研究历史，但他却不是常规意义上的历史学家，因为他所研究的历史并非我们通常所了解的历史。正是他创造性地将结构主义与现象学的研究方法，将马克思主义与批判理论，将结构分析与历史分析成功地结合起来，为人们留下了宝贵的思想财富。①

当代资本主义国家民众文化的演进对资本主义社会的影响是双重的。一方面，它作为首先从西方中下层阶层中兴起的文化，具有与主流意识形态和精英文化不同的特点和功能，对西方上层社会的文化特别是垄断资产阶级的意识形态具有不同的消解作用。贝尔认为：20 世纪 60 年代“生成了一种新型文化。可以称之为幻觉文化，或者照它的倡导者的主张，叫它‘反文化’。它高喊要反对资产阶级价值观和美国传统的生活方式”。这种文化的鼓吹者批判“资产阶级贪婪成性，唯利是图；它在性生活方面拘谨无能；在家庭生活方面俗鄙不堪；它在衣着打扮上的千篇一律令人沮丧，它那充满铜臭

① 王治河：《作为一种生活方式的后现代主义》，《北京大学学报》（哲学社会科学版）2006 年第 3 期。

的生活成规更使人难以忍耐”。当代资本主义国家民众文化对资本主义社会的批判和鞭笞，有利于人们看清资本主义的真实面目，能够促使资本主义正视自己的弊端，对于正在从前现代化走向现代化的国家具有启示和警示作用。另一方面，当代资本主义国家民众文化与主流意识形态、精英文化处于同一生产方式和社会环境中，受主流意识形态、精英文化的渗透和制约，对上层社会的文化特别是垄断资产阶级的意识形态具有不同程度的维护功能。在当代西方国家，几十家大公司控制着所有的主要传媒，通过广播、电视、报刊控制社会，成为了除立法、行政和司法之外的资产阶级“第四种权力”。大众传媒商业化、集中化、垄断化的倾向，使某些西方学者也感受到：关于报纸与电视网是中立的这种天真的想法的时代已经过去了。难怪法兰克福学派批评大众文化是一种“总体性意识形态”控制下的文化工业，是无个性的、虚假的、剥夺大众真正欲望和选择自由的统治阶级意识形态的宣传工具。它使人们在一次次雷同的、机械化的大众文化活动中丧失了创造力和自由个性，在廉价的幻觉和媚俗的抚慰中压抑了反抗的欲望，变成了对资本主义社会缺乏否定性、超越性的“单向度”的人。

三、当代资本主义文化的历史进步性和局限性

当代资本主义文化的历史局限性，主要体现在其维护资本主义经济政治制度，反映垄断资产阶级的生活方式、思想观念和权利要求的主流意识形态方面，而其历史进步性则更多地体现在反映包括工人阶级和其他中下阶层在内的一般民众的生活方式、思维方式和权利要求的民众文化以及反映资产阶级上升时期的精神面貌的思想文化方面。

（一）当代资本主义文化的历史局限性

从本质上讲，资本主义文化是围绕资本主义生产和资产阶级统治而形成的价值观和思想道德。它是一种以资本主义私有制为基础，以金钱为本位，以追求无限利润为中心，为资本增值和资本统治服务的文化体系。受历史的和阶级的局限，当代资本主义主流文化大肆宣扬个人主义、享乐主义的思想观念，维护资本主义剥削制度和资产阶级政治、思想统治，即使普通民

众的思想意识也带有相对主义和悲观主义的色彩。当代西方有识之士纷纷揭露个人主义和享乐主义文化的严重危害。他们认为，西方“一部分青少年在道德和伦理上失去了方向”，其原因是“个人主义的泛滥”；西方社会正受到“疲惫、价值观低落和个人主义”的威胁。

以个人主义为中心的价值观，导致极端利己主义行为的泛滥，引发了经济社会一次次的动荡和危机。实际上 2008 年爆发的金融危机，就是美国统治者为了维护美国的生活方式和价值理念的有意所为，2000 年网络泡沫破灭后，美联储变本加厉地采取扩张性的货币政策，从 2001 年 1 月至 2004 年 1 月，12 次降息。美国的基准利率从 5.98％下调到了 1.00％，房地产市场迅速膨胀，次级房贷市场空前火爆。同时，鼓励各种衍生工具的发展，而且对衍生工具采取放任不监管的方式，导致各种投机行为滋生蔓延。最典型的是制造了美国历史上最大金融诈骗案的纳斯达克股票市场公司前董事会主席伯纳德·麦道夫的欺诈行为，他以虚假投资项目和高收入为诱饵，骗取个人投资者和金融机构总额 600 亿美元钱财，让不少上当受骗的投资者倾家荡产。麦道夫自己承认，对财富的贪婪让自己“越陷越深”。尽管他被美国法院判处 150 年监禁，但给许多人也带来了无尽的痛苦。当初格林斯潘采取这些措施时，应该说他是知道这样做的后果的，他之所以还要做，是这种制度的要求。结果必然导致经济动荡和危机。

引起全球金融海啸的美国次级贷款的规模实际上仅有 4000 亿美元左右，之所以能量如此之大，关键在于美国的各种金融机构对这 4000 亿进行重新包装，在此基础上创造出了高于其上百倍的债券和金融衍生品。美国放纵资本贪欲的结果造成了各种金融投机泡沫的无限膨胀，使金融衍生品规模高达 600 多万亿美元，比美国 14 万亿的国内生产总值高出四五十倍，比世界各国国内生产总值总和高出近十倍，从而产生了震撼世界的力量。

以个人主义为中心的价值观，导致了人们社会关系的异化，产生了一系列家庭、伦理问题，人们之间关系冷漠，缺乏社会责任感。据美国人口普查局 1996 年 3 月发表的报告显示：1970 年以来，美国居民的离婚人数增加了 3 倍多，从 400 万人增加到 1700 万人。离婚者占美国成年人口的 39％。报告还显示，从 1970 年以来，由结婚的夫妻及孩子构成的“标准家庭”的数量已由 40％下降到 26％。单亲家庭由 13％上升到 30％，达 1000 多万个。22％的美国儿童生活在单亲家庭。而据美国学者伯恩斯在《民治政府——美国政府与政治》一书中说，美国现在有 1/3 的婴儿是非法出生的，婚姻平均只能维持 7.2 年，佛罗里达州 1/2 的婚姻会以离婚告终。①

以个人主义为中心的价值观，导致享乐主义的滋生和蔓延。西方享乐主义的危害之大超出了一般人的想象，造成了一代又一代人的纵欲、吸毒与颓废。据美国毒品滥用问题研究所 1977 年和 1979 年两次调查，当时美国 2.2 亿多人口中，"试用过非法毒品的美国公民有 1 亿人，有 3000～4000 万人经常使用一种或多种毒品。每年他们仅仅花在非法毒品上面的钱高达 500 亿美元"②。日本哲学家梅原猛指出，促进日本现代化的有利因素在渐渐消失，统治阶级的道德水平不高，政治家和官僚把行贿和撒谎当作家常便饭，追求先进东西的热情在消退，缺乏独立自尊的精神。"如果资本主义成为私欲膨胀的社会，那么它就要崩溃"。总之，当代资本主义意识形态使人摆脱封建关系和上帝的束缚，又使人陷入雇佣劳动的异化和资本的统治之中，不能反映各国人民争取民族解放和社会进步的根本利益和共同意志，不能指导人类的自由全面发展。

（二）当代资本主义文化的历史进步性

当代西方文化在形成发展过程中应用了新科技革命的新成果，在一定程度上反映了普通民众的文化需求，以及他们对资本主义制度特别是垄断资产阶级统治的不满和抗议，具有一定的历史进步性。

在历史上，资本主义意识形态冲破封建专制主义和等级秩序，提倡自由、平等、博爱、民主和人权，把人类从人身依附关系和宗教神学的禁锢中解放出来，在一定程度上促进了人的能力和社会交往的发展。当代西方民众文化进一步反对垄断资本主义社会中人的个性的丧失、自由的被剥夺，要求消除人的异化，恢复人的本质和尊严，在某种程度上反映了当代工人阶级和劳动人民的普遍利益和共同理想。

① [美]詹姆斯·麦格雷戈·伯恩斯：《民治政府——美国政府与政治》，中国人民大学出版社 2007 年版，第 130 页。

② [美]柏忠言编著：《西方社会病》，三联书店 1983 年版，第 39 页。

尤其值得注意的是，在当代西方社会，后现代文化研究日益成为人们对生活于其中的社会环境进行反思的批判性活动；多样化的民众文化将成为亿万人形成自己的人生观、价值观和伦理道德观的主要资源。后现代文化主张和提倡文化多样性，认为多元思维与长期统治人类的划一思维相比，才是真正合理的、人道的，只有多元主义才能公平、宽容地对待各种传统、理论和文化；文化多样化的理念为实现多元共存、多极共处和构建和谐世界提供了丰厚的思想基础。后现代文化对现代社会人性阴暗面的揭露和抨击、对人性光明面的歌颂和鼓励、对真理的认识和正义的捍卫，对促进人们文明人格的塑造、思想境界的升华、精神情操的陶冶、生活信念的鼓舞、生命意志的锤炼以及对全人类光明前途的推进都发挥了不可替代的作用。后现代思想家推崇创新，反对将创造特权化，主张还创造性于民，并身体力行推进理论创新，这对于激发民众的创造热情，共同探索人类的未来发展、共同建设美好生活具有重大的意义。特别是建设性后现代思想家以及西方左翼学者对国际垄断资本主义的批判，对替代资本主义的种种新社会的设想，作为资本主义文化内部产生的否定因素，在一定程度上预示着西方文化的发展方向和人类社会发展趋势。

当代资本主义在政治、经济、文化诸方面都发生了巨大变化，这些变化的发生既有资本主义国家对生产关系的自我调节等内因，也有科学技术革命和经济全球化的推动等外因。① 当代资本主义尽管发生了重大变化，但在西方国家，资本主义私有制的主体地位并没有改变，资本主义的生产目的和动机没有改变，因而资本主义的本质并没有改变，资本主义必然被社会主义所代替的历史大趋势也没有改变。②

① 刘昀献：《国际垄断资本主义论》，河南人民出版社 2005 年版，第 366 页。

② 刘昀献：《国际垄断资本主义论》，河南人民出版社 2005 年版，第 443 页。

第七章 资本主义新变化对世界社会主义的严峻挑战

资本主义进入国际垄断阶段以来，在经济、政治、文化诸方面发生了一系列新变化，使社会主义从价值载体、实现形式、活动方式到理论的构建基础和未来发展支点都受到深刻的挑战。特别是资本主义制度表现出的对经济、政治危机的相当程度的抵御能力，一方面维护了资本主义社会的稳定，促进了经济的快速发展，民主政治的不断完善，人民生活水平和自由民主程度的提高，表明资本主义仍具有生命力和发展生产力的能力；另一方面对社会主义的传统理论观点、现实社会主义实践提出了严峻挑战，减弱了社会主义的吸引力和感召力，导致苏东剧变，社会主义运动陷入低潮，对世界社会主义运动的规模、进程、发展前景都产生了重大的影响。

一、资本主义新变化对社会主义理论提出的新课题

1848 年 2 月《共产党宣言》的发表标志着以“两个必然”为核心的科学社会主义的诞生。160 多年来，国际无产阶级和人民的革命斗争，使世界的面貌发生了巨大变化，证明了科学社会主义的巨大生命力。但我们也必须看到，20 世纪 70 年代以来，随着新科技革命和经济全球化的发展，当代资本主义出现的新变化，使科学社会主义正在面临越来越多的新情况新问题，科学社会主义理论要继续引领时代发展，必须随着实践的发展而与时俱进，不断进行理论创新。

（一）关于资本主义的发展空间问题

马克思、恩格斯在 19 世纪 40 年代，运用唯物史观对资本主义生产社会化和生产资料私人占有的矛盾进行了深入分析，指出随着资本主义的发展，

这一矛盾的激化，势必引起生产过剩的经济危机。资本主义经济危机表明"资产阶级的关系已经太狭窄了，再容纳不了它本身所造成的财富了"①。这一分析，宣告了资本主义灭亡的命运，成为无产阶级社会主义革命的理论基础。按照这一分析，由于生产关系的束缚，发达资本主义国家不可能再出现生产力的质的飞跃；资本主义生产力最发达的国家，资本主义生产关系就将最先被消灭。

正是根据上述分析，马克思早在1850年就充满信心地指出：19世纪是无产阶级解放的世纪。他多次表示同意工人们的预言，"19世纪革命的秘密：无产阶级的解放"②。恩格斯晚年就《共产党宣言》中对资本主义成熟程度做的过高估计进行了深刻反思，但只是认为在19世纪80年代之前资本主义经济的发展远没有达到铲除资本主义生产方式的程度。但到了19世纪90年代由于历史条件的变化，他依然乐观地认为资本主义即将要崩溃。从恩格斯的以下论述我们可以清楚地看到这一点。1892年恩格斯在《英国工人阶级状况》德文第二版序言中指出："不久的将来"，"英国的工人政党就会组织得足以一下子永远结束为使资产阶级统治永存而轮班执政的两个旧政党的跷跷板游戏"③。在1893年恩格斯和法国《费加罗报》记者谈话时，该记者说"德国社会党人能够实现自己学说的时候，在我看来，还非常遥远"。恩格斯马上反驳说"我认为，我们党担负起掌握国家管理的使命的时候已经不远……可能到本世纪末您就会看到这一点"④。恩格斯1894年11月10日在给弗·阿·左尔格的信中，在谈到1894年中日甲午战争时认为"资本主义征服中国的同时也将促进欧洲和美洲资本主义的崩溃"⑤。列宁在《帝国主义是资本主义的最高阶段》一书法文版和德文版序言中进一步指出帝国主义是腐朽的、垂死的资本主义，"是无产阶级社会革命的前夜"⑥。他在十月革命后曾预言：20世纪是社会主义的世纪。1918年他曾满怀激情地说：

① 《马克思恩格斯选集》第1卷，人民出版社1995年版，第278页。

② 《马克思恩格斯选集》第1卷，人民出版社1995年版，第386页。

③ 《马克思恩格斯选集》第4卷，人民出版社1995年版，第433～434页。

④ 《马克思恩格斯全集》第22卷，人民出版社1965年版，第629页。

⑤ 《马克思恩格斯选集》第4卷，人民出版社1995年版，第738页。

⑥ 《列宁选集》第2卷，人民出版社1995年版，第582页。

“普天同庆世界革命第一天的日子快要到来了”①,1919 年又说:“国际苏维埃共和国的建立已经为期不远了。”②1920 年他甚至认为“再过 10—20 年就会生活在共产主义社会里”③。第二次世界大战后,斯大林认为资本主义世界体系总危机深重,西方必然发生革命;苏联可以先进入共产主义,然后带动欧亚国家也进入共产主义。在纪念《共产党宣言》发表 100 周年时苏联《真理报》曾响亮地提出:20 世纪是共产主义世纪。毛泽东在总结两次世界大战与无产阶级革命关系的基础上,于 1968 年进一步明确指出:“从现在起,五十年内外到一百年内外,是世界上社会制度彻底变化的伟大时代,是一个翻天覆地的时代,是过去任何一个历史时代都不能比拟的。”④

然而,当 20 世纪结束的时候,人们看到的却是另一幅画面。生产力的巨大扩张力和科技革命的发展并没有炸毁资本主义生产关系的外壳,表面上看,资本主义好像仍然充满活力。新科技革命使资本主义生产的现代化程度更高,发达国家开始从工业社会向后工业社会过渡,劳动生产率成倍成倍地增长,工人群众的劳动条件和生活条件也随之有了很大的改善。当今在发达的资本主义国家,物资都比较充足,社会都比较稳定。

从当代科学的最新研究成果来看,马克思的唯物史观和剩余价值学说仍然是无懈可击的;这就是说马克思主义的“两个必然”和整个理论大厦是不可动摇的。但任何理论的产生都与当时的社会历史条件和人们的科学文化知识密切相关,必然受一定的时空限制;任何事物都有一个产生、发展和灭亡的历史过程。从今天的视角来看,19 世纪 40 年代,欧洲资本主义尚处于发展的初级阶段;19 世纪末 20 世纪初,资本主义才刚刚走向成熟,资本主义生产关系的巨大扩张力尚未显示出来,社会生产力还没有达到高度发展的地步。同时,无产阶级革命“是世界性的革命,所以将有世界性的活动场所”⑤。而当时资本主义的生产关系还远没有扩展到欧洲以外所有国家。此

---

① 《列宁全集》第 35 卷,人民出版社 1985 年版,第 132 页。

② 《列宁全集》第 35 卷,人民出版社 1985 年版,第 503 页。

③ 《列宁全集》第 39 卷,人民出版社 1986 年版,第 311 页。

④ 参见肖枫:《社会主义向何处去——冷战后世界社会主义运动大扫描》上卷,当代世界出版社 1995 年版,第 97 页。

⑤ 《马克思恩格斯选集》第 1 卷,人民出版社 1995 年版,第 241 页。

时，就认为资本主义生产关系已经严重阻碍生产力的发展，资本主义已经衰老、腐朽，是与事实有一定距离的。当代资本主义在新科技革命推动下经济政治文化的新发展说明，在发达资本主义国家，虽然阶级对立、两极分化、经济危机、失业等资本主义固有的弊病仍然存在，但资产阶级还可以通过调整生产关系、通过国家干预和各项福利政策使矛盾得到缓解，使生产力继续得到发展；资本主义生产关系仍具有运用科技革命成果，推动社会生产力发展的巨大空间，资本主义发展的历史进程仍将继续。

（二）关于资本主义民主问题

20世纪，对于东方社会主义的发展来说，很难用幸运或者不幸来评判。当世界上第一个社会主义国家诞生的时候，谁也不曾想到，她会成为历史的匆匆过客，新世纪的钟声尚未敲响就倏然离去。社会形态是经济基础与上层建筑的统一体。反思苏东剧变的教训，不同的人从不同的审视角度出发，得出的结论是不尽相同的。一些学者认为“苏东的悲剧能够发生，经济没有搞好是深层根源，于是在同资本主义的竞争中败下阵来”①。经济因素是历史发展的决定性因素，这是从归根结底的意义上说的，但并不是说是唯一的决定因素。对于苏东剧变这一具体历史事件来说，客观地讲，经济没搞好不是根本的直接的原因。拿苏联来讲，在其存在的几十年中，经济成就是举世瞩目的。革命前的1913年，旧俄国工业还不到世界的3%，到1985年已达到20%。② 在革命前，俄国没有一样重要的产品在世界上占第一位，到1980年则有生铁、钢、铁矿石、石油、水泥、化肥、拖拉机、棉花等22种主要工农业产品的产量在世界上占第一位。1950年苏联的国民收入、工业产值、农业产值、基建投资仅为美国的20%、20%、50%、24%，到1980年这4项指标已分别达到美国的67%、80%、85%、100%。③ 从1951年到1982年，苏联国民收入的年均增长速度为7.2%，工业产值为8.4%，农业产值为3%，而同一时期美国仅为3.2%、3.6%和1.8%。④ 可见，苏联比发达资本主义国家经济

① 肖枫：《社会主义向何处去》上卷，当代世界出版社1999年版，第78页。

② 樊亢：《苏联社会主义经济七十年》，北京出版社1992年版，第230～233页。

③ 周荣坤、郭传玲：《苏联基本数字手册》，时事出版社1982年版，第361页。

④ 樊亢：《苏联社会主义经济七十年》，北京出版社1992年版，第230～233页。

发展速度快得多。在经济发展的基础上，人民的生活水平有了明显提高，1985 年与 1940 年的水平相比，居民的实际收入（扣除物价因素）提高了 5 倍多；在 20 世纪 50 年代初，苏联居民平均住房面积不到 5 平方米，到 1985 年已增加到 14.6 平方米，增加了近 2 倍。事实说明，经过短短几十年的努力，苏联经济虽然仍落后于美国，但差距已明显缩小，苏联已经成为经济实力雄厚的世界超级大国。说苏联经济没搞好无论如何是说不通的。事实说明，苏东剧变的主要原因不在于其经济基础不稳固，而在于上层建筑出现了问题，是高度集中的政治经济体制窒息了社会主义的生命力。

在上层建筑系统中，国家政权是核心问题。马克思、恩格斯通过参加 19 世纪的工人革命实践和科学研究活动，创立了马克思主义国家学说，阐明了国家的本质和内外职能，指出国家实质上是阶级统治的工具，其内部职能主要是政治统治职能和社会管理职能。但鉴于 1848 年革命特别是 1871 年巴黎公社革命的教训，他们更多强调的是国家作为暴力机器的阶级镇压职能。认为过去一切革命都是使国家机器更加完备，而这个机器是必须打碎，必须摧毁的。工人阶级不能简单地掌握现成的国家机器，并运用它来达到自己的目的。1871 年 4 月 12 日，即正当巴黎公社存在的时候，马克思在给库格曼的信中写道："如果你读一下我的《雾月十八日》的最后一章，你就会看到，我认为法国革命的下一次尝试再不应该像以前那样把官僚军事机器从一些人的手里转到另一些人的手里，而应该把它打碎，这正是大陆上任何一次真正的人民革命的先决条件。我们英勇的巴黎同志们的尝试正是这样。"列宁在《国家与革命》中引证马克思的这段论述时，做了进一步的阐释。认为马克思"把他的结论只限于大陆。这在 1871 年是可以理解的"，那时英国还是一个纯粹资本主义的、但是没有军阀并在很大程度上没有官僚的国家的典型，所以马克思把英国除外。当时在英国，革命，甚至是人民革命，被设想有可能而且确实有可能不以破坏"现成的国家机器"为先决条件。现在，在 1917 年，在第一次帝国主义大战时期，马克思的这个限制已经不能成立了。英国和美国这两个全世界最大的和最后的盎格鲁撒克逊"自由制"（从没有军阀和官僚这个意义来说）的代表，已经完全滚到官僚和军阀支配一切、压迫一切这样一种一般欧洲式的污浊血腥的泥潭中去了。现在，无论在英国或美国，都要以打碎、破坏"现成的"（是 1914～1917 年间在这两个国家已制造出来而达到了“欧洲式的”、一般帝国主义的完备程度的)“国家机器”，作为“任何一次真正的人民革命的先决条件”。

列宁进而指出：巴黎公社用来代替被打碎的国家机器的，似乎“仅仅”是更完全的民主：废除常备军，一切公职人员完全由选举产生并完全可以撤换。自上至下一切公职人员，都只应领取相当于工人工资的薪金。“但是这个‘仅仅’，事实上意味着两类根本不同的机构的大更替。在这里恰巧看到了一个‘量转化为质’的例子：民主实行到一般所能想象的最完全最彻底的程度，就由资产阶级民主转化成无产阶级民主，即由国家(＝对一定阶级实行镇压的特殊力量)转化成一种已经不是原来意义上的国家的东西。”

在《国家与革命》中，列宁深刻地揭示了资产阶级民主的实质和功能。他认为：“极少数人享受民主，富人享受民主，——这就是资本主义社会的民主制度。如果仔细地考察一下资本主义民主的结构，那末无论在选举法的‘细微的’(似乎是细微的)条文上(居住年限、妇女被排斥等等)，或是在代议机构的办事手续上，或是在行使集会权的实际障碍上(公共的集会场所不准‘叫化子’使用！)，或是在纯粹按资本主义原则办报等等事实上，到处都可以看到对民主的重重限制。对穷人的这种种限制、禁止、排斥、阻碍看起来似乎是很细微的，特别是在那些从来没有亲身体验过贫困、从来没有接近过被压迫阶级群众的生活的人(这种人在资产阶级的政论家和政治家中，如果不占百分之九十九，也得占十分之九)看起来是很细微的，但是这些限制加在一起，却把穷人排斥和推出政治生活之外，使他们不能积极参加民主生活。马克思正好抓住了资本主义民主的这一实质，他在分析公社的经验时说：这就是容许被压迫者每隔几年决定一次究竟由压迫阶级中的哪些代表在议会里代表和镇压他们！”①“总之，资本主义社会里的民主是一种残缺不全的、贫乏的和虚伪的民主，是只供富人、只供少数人享受的民主。”②

在《无产阶级革命和叛徒考茨基》中，列宁进一步指出：“资产阶级民主同中世纪制度比较起来，在历史上是一个大进步，但它始战前终是而且在资本主义制度下不能不是狭隘的、残缺不全的、虚伪的、骗人的民主，对富人是

① 《列宁选集》第3卷，人民出版社1972年版，第246页。
② 《列宁选集》第3卷，人民出版社1972年版，第248页。

天堂，对被剥削者、对穷人是陷阱和骗局。”①

正是因此，十月革命后在国家政权建设中，社会主义各国对资产阶级国家政权都采取了彻底打碎的态度。于是在政权建设中，在没有可供借鉴的成功经验的前提下，为了表明与资本主义不同，在制度创新的同时，自觉不自觉地吸收了许多封建官僚制的因素，从而形成了民主不足而集中过度的政治经济体制，进而为社会主义事业的健康发展埋下了深深的隐患。而当代资本主义在进一步发展的过程中，国家的职能则发生了很大变化。国家不再仅仅是阶级镇压的工具，而且日益成为社会经济的管理者和社会福利的保证人。资产阶级民主制度也出现了一些新的趋势，选举制度更为完善，权力竞争公开化、制度化和规范化；公民的政治、经济权利普遍扩大，政治参与程度不断提高。因而，当下如果仍然用凝固和僵化的观点看待资本主义民主，仅仅把其看作“陷阱和骗局”而不承认其作为“人类政治文明的有益成果”②具有可资借鉴之处是不妥当的。

（三）关于资本主义经济危机问题

对资本主义经济危机的原因、性质和后果的分析是马克思主义的重要内容。当代科学技术和经济全球化的发展，资本主义的新变化使科学社会主义在此方面的有关理论面临日益严峻的挑战。

1. 关于资本主义经济危机的原因

马克思认为资本主义经济危机根源于资本主义基本矛盾。他在分析资本主义的生产社会化与资本主义私人占有这个基本矛盾的基础上，提出了这个基本矛盾在生产方面的两点表现：一是个别企业生产的组织性与整个社会生产的无政府状态的矛盾。即“虽然大工业在它的发展初期自己创造了自由竞争，但是现在它的发展已经超越了自由竞争的范围。竞争和个人经营工业生产已经变成大工业的枷锁，大工业必须粉碎它，而且一定会粉碎它……大工业使建立一个全新的社会组织成为绝对必要的，在这个新的社会组织里，工业生产将不是由相互竞争的单个的厂主来领导，而是由整个社

① 《列宁选集》第3卷，人民出版社1972年版，第630页。

② 本书编写组：《十六大报告辅导读本》，人民出版社2002年，版第29页。

会按照确定的计划和所有人的需要来领导”①。

二是生产无限扩大的趋势与工人阶级有支付能力的消费相对缩小的矛盾。马克思认为，在资本主义社会由于资本对剩余价值的贪婪和追逐，资本有无限扩大生产力的趋势；与此同时，工人的消费既受工资规律的限制，又受他们只有在能够为资本家带来利润时才能被雇佣的限制。资本积累的增加结果必然引起用于直接消费的收入的减少。马克思指出.“资本主义生产竭力追求的只是攫取尽可能多的剩余劳动……因此，在资本主义生产的本质中就包含着不顾市场的限制而生产。”②资本主义生产“是在这样的条件下进行的：一方面，广大的生产者的消费只限于必需品的范围，另一方面，资本家的利润成为生产的界限”③。所以，资本主义无限扩大的生产和有限的消费范围之间必然会不断发生冲突，而且“生产力越发展，它就越和消费关系的狭隘基础发生冲突”。“社会消费力既不是取决于绝对的生产力，也不是取决于绝对的消费力，而是取决于以对抗性的分配关系为基础的消费力；这种分配关系，使社会上大多数人的消费缩小到只能在相当狭小的界限以内变动的最低限度。这个消费力还受到追求积累的欲望的限制，受到扩大资本和扩大剩余价值生产规模的欲望的限制。”④因此，相对于资本家无限追求发展生产力的趋势，群众的贫困和其有限消费才表现为形成危机的因素。“一切真正的危机的最根本的原因，总不外乎群众的贫困和他们的有限的消费。”⑤

马克思始终认为个别企业生产的组织性与社会生产的无政府状态以及生产与消费的矛盾是资本主义基本矛盾的表现，正是这两对矛盾导致了资本主义经济危机，因而经济危机是资本主义的必然产物。

然而，当代发达资本主义国家出现的新现象却对这一传统观点提出了挑战。在当代发达资本主义国家，一方面，尽管资本主义社会生产与消费的矛盾仍然存在，但是生产却越来越与消费出现协调和可以控制的局面；资本

① 《马克思恩格斯选集》第1卷，人民出版社1995年版，第236～237页。
② 《马克思恩格斯集》，第26卷（Ⅱ），人民出版社1973年版，第596页。
③ 《马克思恩格斯全集》第26卷（Ⅱ），人民出版社1973年版，第603～604页。
④ 《马克思恩格斯全集》第25卷（上），人民出版社1974年版，第272～273页。
⑤ 《马克思恩格斯全集》第25卷（下），人民出版社1974年版，第548页。

主义的积累与大众的收入的矛盾仍然存在，但是可怕的普遍的贫困现象在今天的发达国家已不复存在。另一方面，尽管资本主义社会个别企业的生产与整个社会的生产之间的矛盾没有完全消失，但是企业间的竞争事实上已经处于整个社会的宏观控制之内，资本主义发达国家建立了一整套经济、行政、法律的规范，对全社会的生产起到了引导、约束、调控的作用。在当代发达国家，一旦出现严重危机，譬如2008年以来的全球金融危机，政府就会马上出手干预，不致引发全社会的动荡。

原因何在？主要在于以往我们是把这两个对立当作资本主义基本矛盾的表现、本质反映来看待的，既然如此，那它将是不可克服的，必然日益激化，导致资本主义的危机和灭亡。事实上这两个对立，并不是资本主义基本矛盾的本质反应，它只是市场经济与资本主义生产关系相结合而表现出来的现象，因而是可以利用资本主义国家的力量加以调节的。

资本主义不仅是一种“经济制度”，即资本占有的所有权关系，还是统治阶级的国家，资本主义的文化等等。在自由竞争的资本主义阶段，确切地说，在资本主义制度自发运用市场经济手段发展经济的阶段，供给、需求和价格的自动调节机制随着市场的起落发生作用。为了争得市场份额，资本家严格地按照市场规律组织生产，统治者的注意力此时更为集中在所有制的领域，解决谁胜谁负的问题。国家对组织市场，调节生产关注较少，更多地发挥的是政治统治、阶级斗争、阶级镇压的职能。这就出现了个别企业生产的高度组织性，而整个社会的众多企业生产实际上的无组织性，出现了生产的无限扩大的趋势与整个社会大众支付能力相对缩小的矛盾。这些现象与市场经济存在密切的联系，本质上是市场机制自发的消极作用的显现，当然与资本主义私有制的存在也有不可分割的联系。但从根本上讲，这两个矛盾是市场经济自发性的必然表现。社会主义国家搞市场经济，如果缺乏必要的措施，也会出现这种情况。例如，在我国某个时期也曾出现过，生产企业内部管理不断加强、效率不断提高，而全社会的重复投资、重复建设严重(无政府)；市场价格等因素导致某些产品走“俏”，然后是全社会一拥而上，如VCD、电视机大战等，导致很大的社会浪费。市场经济的发展，使一部分人、一部分地区先富起来，但市场经济的本性是嫌贫爱富，它按照市场配置的原则，导致地区之间、人与人之间差距拉大，部分企业工人下岗失业等。

因此，这些年，虽然我国经济获得了快速增长，然而社会中的一部分人却从中获利甚少；正因此党和政府提出了构建和谐社会的构想，以期逐步实现使广大人民群众共享经济社会发展成果的目的。

在当代发达资本主义国家，由于垄断资本与国家政权的结合，资本主义越来越不再是以一个个的资本家的个体出现在社会之中，而是越来越以国家的面目凌驾于全社会，并在市场经济机制发挥作用的更高层次，运用国家的经济、政治、文化等全面的社会功能，通过国有化，福利政策，不同程度的计划化和诸多宏观调控措施，对市场经济的一系列机制发挥着调节的作用，使市场机制在资本主义国家利益的范围内运行，同时对市场机制自发的消极方面发挥着全面的遏制作用。这就自然出现了资本主义市场经济两个对立的缓和。

2. 关于资本主义经济危机的性质和后果

马克思认为资本主义经济危机是灾变性质的，是社会革命的“生身的母亲”。既然经济危机是资本主义内在矛盾运动的结果，那么周期性经济危机的爆发说明资本主义制度已经患了不治之症，死期已迫在眼前，而更高一级的社会制度——社会主义将取而代之。马克思通过对1840～1850年欧洲经济史的研究，形象地把经济危机视为革命的“生身的母亲”，认为社会主义革命只有作为经济危机的对立物、并在危机中才可能获得自身的力量。他明确指出：“……从事实中完全弄清楚了他以前半先验地根据不完备的材料所推出的结论，即：1847年的世界贸易危机是二月革命和三月革命生身的母亲；从1848年年中开始逐渐重新到来而在1849年和1850年达到全盛状态的工业繁荣，是重新强大起来的欧洲反动势力的振奋力量。”①在马克思的一生中，不论他对革命前途和策略设想作了何种变动，始终都将经济危机看作是社会革命发生的历史条件，社会革命只能是资本主义经济危机的后果和产物。正如列宁所说，“革命是不能‘制造出来’的，革命是从客观上（即不以政党和阶级的意志为转移）已经成熟了的危机和历史转折中发展起来的”②。依据资本主义的周期性危机规律，马克思主张无产阶级在总危机爆发的时

① 《马克思恩格斯选集》第4卷，人民出版社1995年版，第507～508页。

② 《列宁选集》第2卷，人民出版社1995年版，第487页。

刻进行革命，推翻资产阶级的统治，完成对剥夺者的剥夺的历史使命。

客观地说从19世纪中期到20世纪中期，马克思主义关于经济危机和社会革命的论述在这段时间获得了鲜明的确证，在资本主义由自由竞争走向帝国主义、进入全面战争的这段时间里，经济危机总是伴随着社会矛盾的激化和革命运动的高涨。工人运动从自发到自觉，从一国内部到国际联合，从西方到东方，从间接的“合法斗争”到直接的夺取政权，程度越来越深，规模越来越大，曾经形成世界社会主义体系和阵营，将资本主义推向崩溃的边缘。

然而，我们也必须看到，在资本主义由自由竞争发展到国家垄断、特别是国际垄断阶段之后，经济危机引发的社会矛盾日益复杂，后果也发生了与过去不同的变化。虽然在垄断资本主义阶段，经济危机时有发生，但马克思所论述的资本主义总危机却并没有到来，资本主义不仅没有在危机中被消灭，反而在每次危机过后，都会迎来一场新的科技革命，使资本主义在更大规模上得到扩张和发展。20世纪30年代的“大萧条”后，随之而来的以原子能技术的利用和电子计算机的发明为标志的科技革命推动了发达资本主义国家二战后20多年的黄金发展；20世纪70年代的资本主义危机，引发了以信息技术为代表的新科技革命的发生和发展，推动了发达资本主义国家近30年的发展浪潮。

当代资本主义经济危机造成的社会震荡已微乎其微，特别是其与社会革命的关系日益疏离。20世纪70年代资本主义的“滞胀”型危机不仅没有导致新的革命运动，其推动的以信息技术为代表的新科技革命和全球化的发展，却作为众多原因之一导致了苏东剧变。

2008年以来的全球金融危机曾给许多人带来社会主义振兴的美妙幻想，但事实却又一次使善良的人们陷入苦闷和失望。在2009年6月7日落下帷幕的欧洲议会选举中，除极个别国家外，欧洲大陆的左翼政党和绿党的支持率并未有所提高；相反，较之以前，所获选票出现了大幅下挫。而右翼民族主义政党和其他极右翼政党却在选举中“咸鱼翻身”，支持率有较大的提高。在法国，萨科奇所在的右翼“人民运动联盟”获得27.87%的选票，社会党则仅为16.48%。德国总理默克尔领导的基民盟获得38%的选票，远高于社会民主党的20.8%。尽管经济陷入严重衰退且卷入桃色绯闻，意大利总理贝卢斯科尼领导的中右翼自由人民党仍获得35%的选票，也高于中左翼民主党的28%。由于受“报销门”事件和经济危机的影响，英国工党15.3%的得票率不仅低于其长期竞争对手保守党的27.7%，也落在右翼民族主义政党英国独立党(16.5%)之后。其他国家的状况也基本如此。而在欧洲议会，右翼人民党党团的席位虽从36.7%微降至36.3%，却也维持了其作为欧洲议会第一大党团的地位；而社会党党团的席位则从27.6%大幅减少至21.6%。虽然此次选举没有改变欧洲议会中原有的政治平衡，其传统格局基本得到了维持，但仍然凸现了左翼政党的衰退困境。欧洲社会民主党、社会党和工人政党成为了此次大选的最大输家，而且输得比预想的都惨痛。在此后德国和英国的大选中，社会党和工党纷纷落败。老牌左翼政党陷入了深刻的危机之中。

为什么会出现当代资本主义经济危机与社会革命关系的疏离？从直接原因来讲主要有三个方面。

一是随着科技革命的发展，发达国家开始了从工业社会向后工业社会的过渡。发达国家由于在高技术领域的领先地位，因而在全球产业分工和产业链中处于高端。科技革命推动了经济全球化的发展，引发了全球范围内的产业转移。发达资本主义国家把高科技含量、高附加值、低污染的企业及企业的核心部门留在本国，而把低科技含量、低附加值、高污染的企业和某些企业的配套加工部门转移到发展中国家。发达国家科技含量高、技术密集型企业所雇用的员工知识水平高、数量少，受经济危机冲击相对较小；而发展中国家的企业多为科技含量低、劳动密集型企业，一旦遇到危机来临，将会导致大批工人失业。发达资本主义国家通过不合理的国际产业分工，将危机转嫁给了发展中国家。因而在经济危机时期，往往发达国家社会相对稳定，而发展中国家则会出现激烈的内部矛盾。

二是发达资本主义国家的社会福利制度，弱化了工人阶级的斗争意志。在当代发达资本主义国家普遍建立了社会保障制度，尤其是在西欧、北欧国家，由于实行了覆盖全民的社会保障制度，生病有保险，失业有救济，住房有补贴，生育有补助，不论贫富，吃、穿、住、用的基本生活有保障，退休养老有保障；即使在经济危机时期，一般民众仍能过上相对尊严和体面的生活，因而对于阶级斗争和革命运动失去兴趣。

三是随着新科技革命和经济全球化的发展，发达资本主义国家产业工人的地位和政治立场发生了微妙变化。随着后工业社会来临，发达国家工人阶级队伍发生了分化，新中间阶级队伍日益扩大，产业工人队伍则日益萎缩。新中间阶级收入丰厚、地位优越，求稳怕乱，革命意志消退。产业工人收入较少，地位较低，由工业社会的强势群体变成了弱势群体。产业工人本来是左翼政党稳固的阶级基础，但在新形势下，一方面由于左右翼政党的政策日益趋同，模糊了工人阶级的视线；另一方面，产业工人由于知识水平相对较低，其工作岗位容易被新技术设备排挤掉，尤其是在全球化背景下人员流动便捷，发达国家产业工人的工作还面临被来自发展中国家的廉价劳动力代替的压力，从而使产业工人在与资方的谈判中处于被动、弱势地位，因而他们的政治倾向便趋向保守，在选举中往往把选票投给主张排外倾向的保守政党。法国近两届总统选举充分说明了这一问题。

当代资本主义出现的新情况要求我们对传统的关于资本主义经济危机的性质和后果理论进行新的反思，并通过对当代世界最新材料的研究分析得出科学的回答，从而丰富和发展马克思主义的经济危机理论。

（四）关于发达国家未来社会主义革命的路径问题

无产阶级采取什么样的斗争方式，走什么样的道路去夺取国家政权，这是关系到革命能否取得胜利的一个重大问题。马克思、恩格斯认为，资本主义经济危机和无产阶级贫困化的加深，必然激化阶级矛盾和阶级斗争。资产阶级为了维护自己的统治，总是不断地加强暴力机关，往往首先使用反革命暴力，发动内战，把刺刀提到日程上来。所以无产阶级和人民群众没有别的选择，只有拿起武器，以革命暴力对付反革命暴力，解除敌人的武装，夺取革命的胜利。暴力革命是无产阶级革命的一般规律，是“每一个孕育着新社会的旧社会的助产婆”①。在《共产党宣言》中马克思、恩格斯公开宣布：无产阶级革命的目的，“只有用暴力推翻全部现存的社会制度才能达到”②。在马克思、恩格斯晚年，他们根据不同国家历史条件的变化，认为英国、美国等国

① 《马克思恩格斯选集》第2卷，人民出版社1995年版，第266页。

② 《马克思恩格斯选集》第1卷，人民出版社1995年版，第307页。

家存在和平过渡的可能性。但他们同时认为这只是一种可能,“在大陆的大多数国家中，暴力应当是我们革命的杠杆，为了最终地建立劳动的统治,总有一天正是必须采取暴力”①。恩格斯 1892 年在《答可尊敬的卓万尼·博维奥》一文中严正声明:“我根本没有说过什么‘社会党将取得多数，然后就将取得政权’。相反，我强调过，十之八九我们的统治者早在这个时候到来以前，就会使用暴力来对付我们了;而这将使我们从议会斗争的舞台转到革命的舞台。”②资本主义进入帝国主义时代后,列宁进一步指出:“马克思主义者从来没有忘记,暴力将必然伴随着整个资本主义的彻底崩溃和社会主义社会的诞生。”③“资产阶级国家由无产阶级国家(无产阶级专政)代替,不能通过‘自行消亡’,根据一般规律,只能通过暴力革命。”④

然而,在经济全球化时代,世界范围的阶级斗争形势发生了新的变化,对传统的革命路径理论提出了质疑。

资本与劳动的对立是资本运动的固有矛盾,在资本主义发展的早期,这一矛盾主要存在于资本主义国家内部,表现为一国生产过程中资本与劳动的对立,资本家对雇用工人的残酷剥削,导致阶级矛盾日益尖锐和发达国家无产阶级反对资产阶级斗争的不断爆发。而在当代经济全球化的前提下,随着资本增值的循环与周转在全球范围进行,资本运动的这一矛盾已越出一国范围,存在于资本的国际循环中,向更大的世界范围扩展。当代资本主义世界体系是一个以少数发达的西方国家为“中心”,以大多数不发达的发展中国家为“外围”的对立的二元结构。发达国家运用跨国公司、国际经济或政治组织,通过资本输出、国际信贷、国际贸易、技术转让等各种途径对发展中国家进行剥削和支配,在国际范围内进行不利于发展中国家的收入再分配。当代资本主义剩余价值的获取,大量地来自资本国际循环过程中“中心”与“外围”之间的不平等交换。在资本国际循环的过程中,作为“外围”的发展中国家成为处于“中心”的发达国家的资本积累的对象,发达国家凭借在资本、技术、信息等方面的垄断优势,通过国家间的产品、技术、资金、劳动

① 《马克思恩格斯全集》第 18 卷,人民出版社 1964 年版,第 179 页。
② 《马克思恩格斯全集》第 22 卷,人民出版社 1965 版,第 327 页。
③ 《列宁全集》第 34 卷,人民出版社 1985 年版,第 44 页。
④ 《列宁选集》第 3 卷,人民出版社 1995 年版,第 127 页。

力、信息的不平等交换获取巨额利润。

国际垄断资本对世界的剥削，把发达国家的危机转嫁给发展中国家。国际垄断资本凭借强大的资金与技术实力，可以在别国主要是在发展中国家攫取高额垄断利润，而发展中国家出于自身发展的需要，也不得不容忍国际资本的盘剥及其总代言人——发达国家的强权政治和不公正待遇。发达资本主义国家内部无产阶级与资产阶级的对立关系，由于人民总体生活水平的不断提高，资产阶级统治方式的变化而出现缓和，资本家与雇佣工人在经济稳定发展时期能够和平相处。资本主义的基本矛盾在“中心”地区暂时得到缓解。

资本剥削范围由一国发展到多国，剥削对象由本国工人转向别国工人，呈现明显的国际化甚至全球化的趋势。资本剥削的国际化、全球化，使传统意义上的阶级关系发生了变化。在当代资本主义发达国家中，由于本国生产力的发展，由于社会保障制度的建立，由于普通群众也能从垄断资本从发展中国家获取的超额利润中分得一杯羹，人民生活水平普遍得到了提高。同时，由于资产阶级统治策略的改变，工人群众在政治上、经济上也得到了一定的权利和利益，因而，劳资合作多于斗争，多数工人群众安于现状，害怕动乱，缺乏变革现状的强烈要求，阶级斗争已被钝化，暴力革命的可能性已愈来愈小。事实也说明了这一点。当代资本主义世界虽然经济危机不断发生，政局也多次出现动荡，特别是 2008 年全球金融危机爆发以来，西方国家工人运动和群众运动此起彼伏，罢工不断发生，但基本上都是为争取经济权益和民主权利的改良主义斗争，并没有发展成为根本触及资本主义制度的暴力革命运动。这种状况的存在，要求马克思主义者必须认真分析研究当代资本主义的新发展和新变化，努力探索发达资本主义国家走向社会主义的新途径。

二、资本主义新变化对社会主义实践带来的新挑战

当代资本主义的发展变化，增强了其科技、经济、军事、文化实力和综合国力。加之 20 世纪以来西欧、北美等发达资本主义国家始终没有发生无产阶级社会主义革命，从而使诞生在经济文化落后国家的现实社会主义长期

处于资本主义的包围之中，形成一球两制，西强东弱的态势。资本主义新变化，对发达资本主义国家的社会主义运动和社会主义国家的社会主义建设事业都产生了重大影响。

（一）抑制了发达资本主义国家的社会主义运动

在当代西方国家，适应社会生产力发展的需要，资产阶级对生产关系进行了局部调整，民众经济、政治权力不断扩大，物质文化生活水平不断提高，居于贫困线以下的人口占总人口的比重不断缩小，中间阶层数量越来越多，社会作用不断加强。人民群众尽管对资本主义剥削制度愤懑不平，但大多数人安于现状，求稳怕乱。这些新情况的出现，淡化了工人阶级的阶级意识，导致社会冲突及解决方式的变化，阻碍了无产阶级政党的发展，使西方发达国家的工人运动走入低谷。

1．工人阶级的阶级意识逐步淡化

随着新科技革命和生产力的发展，具有一定技术和管理经验的白领工人成为西方发达国家工人队伍的主体。当代资本主义国家的垄断资产阶级为了适应高度社会化的生产力的要求和巩固政权的需要推行了一系列稳定社会的改良措施，如在政治民主方面，选举制度不断完善，公民选举权不断扩大，基本实现了普选制，西方发达国家普遍实行了自由、平等、直接的选举；在资本所有权方面，实行所谓“资本民主化”，越来越多的普通劳动者也通过股份和债券等形式进入到资本的无形和局部占有者队伍；在生产和经营管理方面，实行所谓“管理民主化”，推行“职工参与制”，职工代表直接参加作为企业决策机构的监事会，通过企业委员会参与企业日常管理活动；在分配方面，通过劳资谈判解决工人工资待遇，同时实行贫困救济、免费医疗、失业补贴等社会保障和社会福利制度，国家还通过税收调节收入分配，从而使工人阶级的生活质量，包括受教育程度及工作和社会环境都有了明显改善和提高。

生活水平的提高和生产劳动条件的改善，使工人阶级的满足感增加，这不仅削弱了工人阶级的斗争精神和战斗力，而且在一定程度上淡化了工人阶级的阶级意识和阶级认同感，在法国进行的一次调查中，24％的工人不认为自己是无产阶级，许多熟练工人把自己看作是中间阶级。在英国举行的一次民意测验中，半数以上的被询问者都不再将自己视为工人阶级。同时随着资本主义民主制度的逐步健全，工人阶级在政治上获得了一定的民主权利，在某种程度上有了情绪和愿望的发泄和倾诉渠道。这些与马克思、恩格斯所描绘的早期工人阶级状况已大不相同。虽然我们不能认为生活和工作条件的改善就意味着工人阶级社会地位的根本改变，但是它却影响到工人阶级的社会意识，缓和了工人阶级与垄断资产阶级之间的矛盾。

2. 社会矛盾及冲突的解决方式发生了变化

在当代发达资本主义国家，普选权的实现，使普通民众的民主权利不断扩大，他们的意见表达方式也多种多样。同时，由于当代工人阶级主要是由白领工人和知识分子构成，所以他们与资产阶级解决矛盾和斗争的方式表现得趋于理智和温和，不再像马克思那个时代采取“暴力革命”的方式，而更多的是采取非暴力、合法斗争的方式。工人阶级的斗争要求主要的是希望行使参与职能，参与经济政策和涉及劳动者利益的政策的讨论和制定，要求同政府、雇主采取合作协商的方式解决事关自身利益的问题。

集体谈判制度是当代资本主义社会调节劳资关系的一项基本制度。它通过雇主代表和工人代表之间的谈判，形成合同来确定劳动者的工资和劳动条件，确定劳资双方的权利和义务。具有典型意义的是法国的劳资谈判制度。在法国，集体谈判和集体协议的方式由来已久，但真正具有法律效力和制度化是在20世纪，而它的完善是在1968年“五月风暴”以后。1968年五月风暴开创了劳资谈判和协调的新阶段。在五月风暴之后劳资谈判达成了许多新的集体协议，这些集体协议不再局限在工资的多少，而是越来越注重工人生活劳动条件和质量的改变，最重要的有：缩减劳动时间，工资月薪化，工人的职业培训权利，妇女的产假等。20世纪70年代中期以后，一个新的现象是集体协议更多地出现在企业层面，这和1968年以后，工会在企业中的存在和权利得到正式承认有关，同时也是集体谈判和集体协议这种调节方式向纵深发展的必然结果。1982年以劳工部长名字命名的一系列法案(奥卢法)规定在部门和企业层面必须就工资、工时、分级和职业培训等问题进行谈判和协商，使得集体协议的做法更加制度化和普遍化。同时由于经济全球化的发展，行业、部门和企业都面临着不同的竞争压力，每个企业必须根据自己面临的经济形势采取不同的管理和经营模式，因此这也需要以企业为单位来签订集体协议。在 20 世纪 80 年代中期到 90 年代中期，国家一级的协议数稳定在每年 550 项上下，地方级的也稳定在每年 350 至 400 项的水平，而企业协议从 1983 年的每年 5000 项，增加到 1995 年的 8000 多项。这种调节机制的完善一定程度上避免了劳资紧张关系的极端化，从而减缓了冲突的力度，推动了劳资双方的对话与合作。促进了一种社会包容的趋势而不是 19 世纪的那种阶级对立趋势，使工人阶级和资产阶级的冲突程度大幅度降低，规模化的暴力行动几乎消失。

3. 对共产党的阶级基础提出了挑战

在工业经济时代，制造业占主导地位，尽管雇佣劳动者存在着技术工人和非技术工人的划分，但蓝领工人是主体，社会阶级界限清楚，社会结构呈现出两头大、中间小的“哑铃形”状态，传统制造业工人一直是共产主义政党的阶级基础和依靠对象。

随着知识经济的发展，雇佣劳动者严重分化，蓝领工人减少，服务业和知识生产者增加，形成了人数逐渐增多的“中间阶层”，社会结构呈现出中间大、两头小的“橄榄形”状态。特别是近些年来，在当代资本主义国家，中间阶层力量日益强大，其在当代资本主义国家的经济、政治生活中扮演着日益重要的角色。在美国数以百万计的新就业者中 90%是知识型工人。这些“知识型工人”是掌握现代科学知识，使用计算机和互联网络，对信息进行分析、整理、传播、应用，并具有开发能力和创新精神的新型劳动者。中间阶层正是主要由这些有知识、懂管理、掌握专门技术的一大批知识分子和白领工人所组成的。他们的地位和作用在社会生产结构中已变得越来越重要，他们作为社会生产和消费的主体，作为社会构成中一个最重要的部分成为新的生产力和先进生产力的代表，成为推动生产力发展的主要动力。

从当代的情况来看，发达资本主义国家的下层贫民一般不会对资产阶级的政治统治带来威胁，他们甚至不参加投票选举活动。但是占人口绝大多数的中间阶层则不同，由于他们是以科研工作者、教师、会计师、医生、技术人员以及中下级管理人员等脑力劳动为主的知识分子为重要组成部分的，所以他们受过良好的教育并拥有一定的技能，也是各个行业、部门和各种职业的骨干。他们往往代表着一种自由、民主的价值观，对国内的政策、形势、利益分配以及全球问题等很敏感，并且对社会政治和经济的参与程度越来越高，既是国家选民的主体，也是选票的主要来源。他们作为社会阶层的主要基础和中坚力量，其社会态度和政治要求往往可以在统治阶级贯彻其意志的过程中起到延缓或促进作用并施加一定的影响，甚至可以直接影响资本主义社会的发展进程。

在传统产业工人队伍日渐萎缩，中间阶层的队伍日益壮大、作用愈来愈重要的情况下，共产党如果仍一味突出其"无产阶级先锋队"性质，势必导致"关门主义"。这就迫使共产主义政党扩大自己的阶级基础和社会基础，从新生的社会阶层中寻找支持。当代发达资本主义国家的共产党在党的阶级构成上纷纷主张由工人阶级政党向"全民党"转变。现在除希腊共产党继续强调是"工人阶级先进的、有觉悟的、有组织的队伍"外，其余共产党虽然仍宣称它们是工人阶级政党，要为工人阶级利益而奋斗，但同时又表示代表所有劳动者的利益，是其他社会阶层、特别是工薪者的群众组织。法共从全球化条件下的阶级矛盾突出地表现为金融资产阶级对整个社会的统治这一特征出发，强调其阶级基础不再是一个阶级，而是包括"经理"在内的所有被金融资产阶级奴役的雇佣劳动者。葡共则宣称是"工人阶级和所有劳动者的先锋队"，明确提出要"把志同道合的劳动者尽可能多地吸收到党的队伍中来"。1998 年葡共还在全国范围内开展了为期一个月的"葡共与劳动者在一起"的宣讲活动。意大利重建共产党也宣布它是一个新的群众性党，是"意大利工人阶级、劳动者，所有男女、青年、知识分子和公民的一个自由的政治组织"，是意大利现实生活中一支生机勃勃的对抗性政治力量。日本共产党在 2000 年第 22 次代表大会上通过的新党章中删除了日共是"前卫政党"或"前卫党"的提法，改为"日本共产党是工人阶级的政党，同时又是日本国民的政党。为了民主主义、独立、和平、提高国民生活和日本的未来而努力，向所有的人开放门户"。① 美国共产党提出应把党建设成为一个重在实行工人阶级政策的工人阶级的党，一个扎根于阶级斗争的群众性的党。西班牙共产党则希望将整个解放运动的共同利益置于优先地位，从而促进各种不同的社会解放运动的改革力量同其他争取人类解放的力量结合在一起。

发达国家阶级阶层结构的多元化，导致政治力量的变化，分化了发达国

① 《日本共产党章程》(2000 年 11 月 24 日修改)http://www.jcp.or.jp

家共产党的依靠力量。发达国家在经历了二战后 20 多年的迅速发展之后，从 70 年代开始，环境保护、妇女权益等问题日益突出，从而引发了新的社会矛盾。为解决这些矛盾，发达国家兴起了一系列新的社会运动，其中又以生态运动、和平运动、女权运动最为突出。这些新兴的社会运动发展迅猛，如以生态保护为宗旨的绿党，在 20 世纪 70 年代还只是在少数几个国家进行微不足道的活动，而现在这一运动已遍及发达国家，并进入了绝大多数国家的议会和欧洲议会，在全国大选中得票率连连上升，在一些国家，绿党的支持率已经达到 20％。像意大利、法国和德国的绿党，都分别在 1996 年、1997 年和 1998 年的大选中与各自国家的社会党社会民主党在大选中结成左翼联盟，获胜后成为参政党。德国社会民主党在 2002 年的大选中，更是依靠绿党的支持，才得以执政。可以说，在许多发达国家，绿党已成为一支举足轻重的新兴政治力量，其发展势头至今仍然强健，以至于有人认为它是 21 世纪最有生命力的政治运动。这些新社会运动的成员来源广泛，包括社会各个阶层的人员，又以青年人、知识分子为主。他们对资本主义持批判态度，表达了相当一部分人对社会的不满情绪，但同时他们又同各类传统政党均保持距离，形成自己的独立政治力量。他们的出现，打乱了发达国家的原有政治格局，对各派传统政治力量都产生影响，但又以发达国家共产党为甚，因为在发达国家的政治图谱之中，新社会运动更多带有左翼色彩，他们分化出去的群众队伍，大多是共产党传统上努力争取的中间偏左的力量。

4. 社会主义运动处于低迷状态

当代资本主义国家工人阶级内部结构不断变化、层次日渐增多。工人阶级的这种多层次化趋势，这种横向工作部门和职业等级以及性别、宗族和民族等方面的差别，必然造成工人阶级内部各阶层之间的文化素质、劳动条件、生活方式、政治态度的差异和具体利益的多元化，导致工人相互之间矛盾增加，内部竞争扩大。工人阶级已不再是一个利益完全一致的集团，工人阶级内部的一些自我联系的纽带已逐步被割断。当代工人团结协作的集体主义精神与过去的产业工人相比大大削弱了。

工人团结协作精神和阶级意识的淡化，减弱了工人阶级的凝聚力和战斗力。当前的工人运动主要着眼于暂时、局部的具体斗争，忽视长远、整体利益的斗争。阶级意识弱化，政治斗争意识下降，历史使命感不强，使得共产党以及其他社会主义力量很难获得坚强、有力、广泛的阶级基础和社会支持。这一切都严重地削弱了工人阶级及其政党的战斗力，从而使得近年来欧美发达资本主义国家的社会主义运动长期处于低迷状态。这突出表现为三个方面：一是参加工会组织的工人大幅减少。在20世纪70年代初，法国总工会有200多万会员，法国劳工民主联合会成员数在80万至100万之间。70年代中期以后，出现了所谓的“非工会化”。到90年代末法国总工会的会员只剩60多万，另一重要的工会团体法国劳工民主联合会，也只有60万成员了。二是绝大多数共产党都出现了不同程度的党员退党现象，力量损失严重，共产党的队伍总体上在缩小。仅以欧洲为例，党的数量原来有35个，到20世纪末减少到21个，党员人数由260多万减少到不足100万，在本国议会中所占据的席位总数由288席减少到89席。从西方发达国家目前的总体情况看，除了葡萄牙、法国、日本等少数几个共产党在国内政治舞台上还拥有一定实力和影响外，其他共产党已很难称得上是一支独立的政治力量。三是工人斗争消沉。工人的罢工行动呈下降趋势，私人企业工人的罢工天数明显减少，公共部门的罢工一直维持在相对低的水平。工人斗争的乏力还表现在工厂工人的斗争都局限在地方和企业，而重要的示威和全国性的大规模斗争则主要集中在服务业。总的来讲，20世纪70年代以来，大规模的阶级冲突在西方社会中已经较为罕见，传统的以罢工、示威为主要形式的工人运动呈衰退之势，即便是大规模的示威活动也不单纯是阶级之间的冲突，而是带有民族、种族等其他多种因素。

（二）对社会主义国家形成巨大压力，减弱了社会主义的感召力

当代世界先进生产力的大部分为资本主义国家所占有；在科技方面，发达资本主义国家处于领先地位；发达资本主义国家还普遍扩大了公民的经济、政治权利并建立了社会保障制度。西方发达国家科学技术的发展和生产关系的局部调整，促进了资本主义经济的发展、人民民主权利的增加和生活水平的提高，对关于社会主义优越性的传统观点和现实社会主义国家的社会主义建设事业形成巨大压力和挑战。

1. 对现实社会主义定位的失误，导致了社会主义理论与实践的对立

社会主义革命没有按照马克思主义创始人设定的顺序，首先在经济发

达的资本主义国家同时胜利，而是恰恰相反，小农经济占优势的落后国家先于发达国家取得了一国数国革命的胜利。这些国家革命的发生，并不是由于资本主义生产关系已经熟透，而是由于战争打断了正常的自然历史进程，造成革命形势，出现了统治阶级不能照旧统治下去，被统治阶级不能照旧生活下去的状况；同时，由于无产阶级政党较早地认识了自己的历史使命，自觉动员和组织人民群众进行革命斗争并取得了胜利。因为这些革命的矛头是对准资产阶级的，所以革命后建立的新社会自然冠以社会主义的名字。

革命发展顺序上的颠倒，使理论与实践出现明显反差，给社会主义发展带来了不少历史难题。第一，国际环境十分严峻。由于20世纪内西欧、北美等发达国家始终未能突破资本主义，因而形成了两个体系并存和"一球两制"的世界大格局。经济文化落后的社会主义国家长期处于实力强大的资本主义国家包围中，始终面临着被资本主义国家扼杀、颠覆、演变的威胁。第二，经济上的强烈反差使社会主义国家面临严重挑战。社会主义国家因基础差，起点低，要在经济上赶上并超过资本主义国家，体现出社会主义优越性，需要花费九牛二虎之力，甚至需要人们牺牲部分眼前利益，勒紧腰带，支援国家建设。第三，由于缺乏关于落后国家革命后的社会发展系统的理论指导和建设经验，需要经历长期曲折的探索过程。

现实社会主义制度都是在经济文化落后国家建立的，本来落后国家经过无产阶级革命建立的新社会并不是高于发达资本主义的经济形态，而是一条不同于资本主义的实现社会化、工业化的新途径，是不够格的社会主义。但作为由"两个必然"理论武装起来的革命者，人们却希望在社会生产力的发展并没有为其提供实现理想社会的必要条件的情况下，亲眼看到理想的实现，在心理上不愿意把理想社会的实现推向遥远的未来。于是便把马克思、恩格斯所说的共产主义社会中才能实现的原则作为现实的原则而在社会中推行。这样便产生了一系列与资本主义处于同一时代，而生产力水平却低于发达资本主义国家的尚未现代化的社会主义国家。现实社会主义与马克思、恩格斯设想的经典社会主义无论在生产力水平，精神文化方面，还是在国际环境方面都具有很大的不同。然而，由于这些国家的革命是共产党人领导的，而共产党人是坚信《共产党宣言》中对资本主义发展状况的估计的，所以这些国家毫无例外地都把建立起来的社会主义定位在马克思、恩格斯所讲的高于资本主义社会的共产主义第一阶段上。正如邓小平同志所说:“我们都是搞革命的,搞革命的人最容易犯急性病。我们的用心是好的,想早一点进入共产主义。这往往使我们不能冷静地分析主客观方面的情况,从而违反客观世界发展的规律。”①

十月革命后,列宁曾试图通过新经济政策对实践中社会主义的历史定位和模式选择进行校正,但由于他的过早逝世,他对现实中社会主义的历史定位和模式选择还未来得及在理论上以准确的概念确定下来。斯大林掌权后,很快中止了列宁的“新经济政策”,教条主义地对待和运用马克思、恩格斯对建立在发达资本主义基础上共产主义社会基本特征的预测,力图在经济文化落后的俄国现实社会历史条件下尽快实现这些原则和设想,从而形成了以权力高度集中、行政手段为主,以指令性计划为特征、排斥商品经济和价值规律作用的经济模式。机械地理解共产主义就是同传统所有制关系和传统观念实行“最彻底的决裂”的思想,在生产关系上强调“一大二公”,在思想观念上强调“破旧立新”,割断同资本主义一切联系,把社会主义看成是资本主义的简单对立物,把社会主义建设理解为与资本主义对着干。这样,整个实践中的社会主义都发生了历史定位和模式选择的失误,大跨度地脱离了社会现实。

经济文化落后国家革命胜利后,建立起来的经济基础并不高于发达资本主义,因而必须大力发展生产力,通过不同于资本主义的方式实现工业化、社会化、现代化,在长期的比较、借鉴和竞争中创造出高于资本主义的生产率。但现实社会主义的实践者们,出于阶级利益和阶级斗争的需要,大都教条地对待经典作家关于社会主义历史定位的论述,普遍认为自己处在比发达资本主义更高的发展阶段上。在舆论宣传上,不加分析地讲:社会主义国家的经济发展高于和快于资本主义,社会主义已消灭饥饿和贫穷;社会主义国家人民的生活水平和质量(包括人均每日摄取的热量、婴儿死亡率、成人识字率、预期寿命、平均每名医生负担的社会人口等)都高于资本主义国家,而资本主义已陷入严重危机,资本主义国家的工人处于饥寒交迫、水深火热之中;社会主义国家实行按劳分配制度,能确保在生产力发展基础上人

① 《邓小平文选》第3卷,人民出版社1993年版,第139～140页。

民群众吃得饱、穿得暖，资本主义社会则是社会两极分化、贫富悬殊。社会主义民主是真正的人民当家做主，是人类社会迄今最高类型的民主，资本主义民主是狭隘的、残缺不全的、虚伪的、骗人的、少数人压迫多数人的民主；社会主义能促进科学文化发展，社会主义国家科学技术的一些重要领域已经接近、达到乃至赶上了世界先进水平，而资本主义制度已窒息了科学的发展，不可能再发生新的科技革命，社会主义文化是高于资本主义的新型文化，资本主义文化是没落的腐朽的文化。既然现实社会主义在经济上、政治上、文化上都比资本主义优越，那就没有向资本主义学习的必要了。因而，社会主义国家大都拒绝承认资本主义所创造的先进科学技术和生产力，否认资本主义发展生产的潜力和资本主义生产方式的生命力。而在另一边，西方资本主义则从社会主义国家的产生和发展中，特别是从 20 世纪 30 年代席卷整个资本主义世界的大危机中，深刻认识到了原始的自由放任的市场经济发展模式的弊端以及自身的生存危机。它们借鉴了社会主义的计划经济手段、社会福利政策、工人参与管理等措施，普遍建立了比较完整的国家调节制度，原始的自由放任的市场经济体制转化为具有宏观调节功能的现代市场经济体制。在这种情况下，客观地说现代资本主义经济发展模式已占居了比较优势。

由于对现实社会主义所处历史方位认识的失误，导致了社会主义理论与实践的严重对立。理论上讲，社会主义制度在各方面都优越于资本主义制度，而实际上，在许多方面，尤其是在经济和科学文化方面，大多数的社会主义国家都落后于发达资本主义国家。但由于种种原因，我们又没有客观地、实事求是的把真实情况告诉人民，从而没能在人民群众中形成植根于现实的社会主义价值观。我们长期宣传的社会主义价值观是脱离落后国家实际的未来社会的价值观，虽然人们表面上对这种宣传表示认同，但实际上并没有也不可能内化为人们对社会主义的坚定信念。随着时代主题的转换，两大阵营从对抗走向对话，国门打开后，人们突然发现，外面的世界与自己原来接受的教育反差如此之大，一些过去我们长期宣传的理论观点，一下子变得苍白无力了。

2. 资本主义科学技术和经济的发展对社会主义国家形成巨大压力

20 世纪 70 年代以来，世界范围科学技术的迅速发展，一方面引起了生产力的巨大变革，极大地提高了劳动生产率。从第二次世界大战结束到2005年，世界各国国内生产总值增加了14倍，从3万亿美元增加到44.4万亿美元。在这半个世纪中世界人口翻了一番(从25亿增加到64.4亿)，而人均收入却增加了5倍多。另一方面使生产的自动化进入了高级水平，大大减少了劳动者的工作量。据美国1982年的统计，使用电子计算机所完成的工作量，相当于4000亿脑力劳动者一年的工作量。① 今天，美国以2%的人生产了足够的粮食，以不到16%的人生产了所需的冰箱、彩电、汽车、火车等工业品，也就是说18%的人生产出了82%的人所需要的物质产品。由于劳动生产率的提高，人们的劳动时间大大缩短，目前，英国、日本每个劳动力每年约劳动1800～1900小时，德、法为1600～1700小时，除每年有带薪休假外，每周工作5天甚至不到5天。

由于信息革命带来的生产力的普遍发展和人们交往的普遍发展，经济发达国家已开始从工业社会向知识经济社会转变，“三大差别”在消失。工业高度发展，农业人口已日渐减少；随着农业现代化的实现，农民与工人的本质差别正在消失。由于交通运输、通讯事业的发展，乡村已彻底改变了闭塞、落后面貌，乡村和城市已不存在本质差别。随着信息工业的发展，整个社会中以脑力劳动为职业的人员日益增多，而原来主要从事体力劳动的工人则逐渐从重复的、繁重的、危险的体力劳动中解放出来，日益成为电脑机械和工艺过程的控制者和管理者。在发达国家，“白领工人”人数已超过了“蓝领工人”，脑体差别也在趋于消失。

与此同时，垄断资产阶级为了适应自身统治的需要，进行了生产关系的局部调整。西欧资本主义各国相继确立了横向上覆盖全民、纵向上“从摇篮到坟墓”的社会福利制度。美国确立的社会福利制度虽然没有“从摇篮到坟墓”保障民众终生，但也实现了对民众的基本生活保障。当代资本主义各国的社会福利种类繁多，保障全面。几乎每个公民都享有医疗保险、失业保险、工伤保险和养老保险。生病有医疗，失业有救济，养老有依靠，民众的物质生活得到很好的保障。

---

① 刘吉、金吾伦：《信息化与知识经济》，社会科学文献出版社2002年版，第447页。

失业救济金是西方社会中低收入阶层生活保障的重要形式，也是西方各国普遍推行的福利形式。法国失业工人第一年能拿到相当于原工资90%的生活补助，第二年是80%，从第三年起开始拿集体补助。单身的人每月最低生活补助金为405欧元，两个人为每月605欧元。瑞典规定，失业救济金随物价上涨而调整，但不超过纳税后平均工资的92%，1989年，失业救济金实际达到职工平均税后收入的90%。50岁以下的人最多可领取300天的救济金；54岁以上者，可领取450天的救济金，每天领取金额大约有400克朗左右。领取失业救济金期满后如仍没有就业则转为发放最低生活救济金。据福布斯调查显示：在过去3年里（指2005年至2008年）工作了52周的丹麦失业者能够在接下来的4年里领取相当于其平均收入的90%的津贴。在卢森堡，一位在过去一年中工作6个月以上的失业者，可获得相当于原工资80%的津贴。在挪威，失业者可以在失业后500天内领取相当于原工资87.6%的津贴。芬兰的失业者在失业一年内可以领取原工资85%的津贴。在德国、日本等国家，失业者可以申请领取相当66%到90%的补贴。

在养老保障方面，西方各国老年养老金的覆盖面达到90%以上，几乎所有职工都参与了养老保险，所有退休老人都能领取养老金。与此同时，西方国家的医疗保险、工伤保险十分完善和优越。在瑞典，凡有正式收入的家庭，只需将收入的12.8%缴纳医疗保险税，全家就可在被指定的医院享受免费医疗待遇。在美国，凡是处在政府规定的生活在贫困线下的家庭都可以享受免费医疗待遇。

社会保险制度的推行，使民众有了切实的生活保障，即使是社会底层的民众也能生活无忧。2005年德国一个长期失业的5口之家，主人每月的救济金为345欧元，夫人得到的救济金为289欧元，3个孩子每人每月补助207欧元。该家庭每月总共可领到1255欧元的现金作为生活费。此外，他家750欧元的房租和医疗健康保险由政府支付。该家庭的实际收入同德国职工平均工资（月收入2800欧元）的差距已经不大。

西方国家的社会福利，不仅为民众设立了“安全网”，而且在较高水平上满足了民众的物质生活需要。社会保险、福利补贴、津贴、反贫困计划等的推行，提高了民众物质生活水平，使民众物质生活方面的需要在较高程度上得到满足。小汽车、彩色电视机、电冰箱、洗衣机等高档耐用消费品已在民众中普及。1990 年法国 74.6%的家庭拥有小汽车，94.5%的家庭装有电话，94%的家庭有彩色电视机，97.5%的家庭有冰箱，85%的家庭有洗衣机。1990 年美国有 9334.7 万户家庭，平均每户 2.56 人(其中上班人数 1.27 人)，每户平均有 1.77 辆汽车。在美国即使“穷人”，也有 43%的家庭拥有自己的房屋，73%有汽车，80%家里装有空调，99%的家庭有冰箱，64%有洗衣机，97%拥有彩电。

完善的社会福利制度为西欧民众建立了物质生活的“安全网”，提供了“无风险社会”的制度基础。广大民众都不必为衣食住行分忧，每一个人的物质生活都得到切实保障。无论是失业、竞争失败、破产抑或患有重病，社会成员都能得到体面生活的物质保证。如同一位丹麦人所讲：“对每个丹麦人来说，从我们出生开始就很有保障，这使我们能够随心所欲地做自己想做的事。”

发达资本主义国家丰裕的物质生活远远超出我们父辈的期望，福利国家使得穷人获得了一定的生活保障，需要社会主义来消除饥饿的观点失去了说服力；二战后西方发达国家在资本主义条件下，经历了一代人的充分就业，而社会主义国家则出现了隐性失业，只有社会主义才能消除大众失业的观点也不再有效了；过去我们引为自豪的东西，如国有经济、经济计划化、福利政策等，已为资本主义国家所借鉴，不再是社会主义的专利。此外，由于社会主义国家的民主制度尚不健全，甚至遭到不同程度的损害，也还没有充分显示出无产阶级民主与资产阶级民主的本质区别。体制的趋同模糊了人们对制度区别的视线，社会主义的影响力和感召力日益减退，于是，一些人难免产生精神空虚和信仰危机。

三、苏东国家回归资本主义，世界社会主义跌入低谷

历史的发展往往有惊人的相似之处。19 世纪末，巴黎公社失败后，资本主义进入和平发展时期，以电机的发明和电力的应用为标志的科学技术革命推动了生产的集中和社会生产力的大发展，资本主义开始从自由竞争向私人垄断阶段过渡。伯恩施坦借口时代的变化，修正了马克思主义，使以推翻资本主义制度、建设社会主义为目的的无产阶级政党变为维护资本主义

制度的、以议会斗争为手段的改良主义政党；导致第二国际的破产，使世界社会主义运动陷入低潮。20世纪末，1975年印度支那三国抗美救国战争结束后，资本主义进入了一个新的和平发展时期，以信息技术为标志的新科学技术革命推动了经济全球化的发展，发达资本主义国家劳动生产率成倍地增长，资本主义开始从国家垄断向国际垄断阶段过渡。戈尔巴乔夫借口资本主义新变化，提出人道的民主的社会主义，鼓吹公开化和意识形态多元化，否定共产党的领导地位，在国内外敌对势力的夹击下，葬送了苏联的社会主义事业，导致苏东剧变，使世界社会主义运动又跌入了新的低谷。

（一）苏东“改革”与剧变

苏联是世界上第一个社会主义国家，东欧作为政治概念，指苏联以外的波兰、捷克斯洛伐克、德意志民主共和国、匈牙利、罗马尼亚、南斯拉夫、保加利亚、阿尔巴尼亚等8个社会主义国家。当代资本主义的发展变化引发了社会主义的改革浪潮，但由于戈尔巴乔夫所谓“新思维”的影响，改革变成了改制，导致了苏东剧变。

1. “新思维”与苏联解体

1985年3月，戈尔巴乔夫担任苏联共产党总书记后，针对资本主义的新变化和苏联面临的新问题，推行所谓“新思维”，并以此为指导对苏联的政治、经济、社会、外交等方面进行了全面改革。

“新思维”是1984年戈尔巴乔夫访问英国时提出来的，1986年在苏共二十七大被确定为苏联对内、对外政策的指导思想。1987年应美国出版商之约，戈尔巴乔夫写了《改革与新思维》一书，以俄文、英文同时出版。“新思维”的主要内容，一是认为现在是核时代，强调由于核武器的出现，核战争没有胜利者，各大国之间除合作外，别无选择，社会主义和资本主义的矛盾只有通过和平竞争的形式才能解决。二是彻底否定传统社会主义，推崇民主社会主义。认为苏联20世纪30年代以来形成的传统社会主义理论概念和实践模式已经过时，必须更新和改造社会主义，“用民主手段建立一个自由的新社会”，即“真正的、现实的人道主义社会主义”。三是强调全人类价值和利益高于一切，否定两种不同社会制度和两种意识形态的斗争；认为资本主义适应历史环境的能力超出了人们的预料，其总危机并没有导致绝对停滞,故不能用总危机理论来预测资本主义总的发展趋势。

在20世纪80年代,苏联是唯一能与美国抗衡的超级大国。尽管国际国内矛盾错综复杂、疾病缠身,但如能对症医治,还不至于发生剧变,倏然解体。然而戈尔巴乔夫却采取了置苏联于死地的错误的疗救方法,抛弃马克思主义和社会主义、否定党的领导,从而使苏联走上了不归之路。

首先,戈尔巴乔夫用“人道的民主的社会主义”代替马克思主义的科学社会主义,使苏联的存在失去了理论根基和思想支柱。早在1987年,在庆祝十月革命70周年大会上的讲话中戈尔巴乔夫就公开提出要改变“被扭曲的”社会主义制度;在1988年苏共第19次全国代表会议上他明确提出“人道的民主的社会主义”的概念和特征。1989年11月26日,戈尔巴乔夫在《真理报》发表了题为《社会主义思想与革命性改革》的长篇文章,较系统地阐明了他的民主社会主义政治思想。文章宣称必须从完善苏联过去几十年形成的制度,转向“根本改造我们整个社会大厦,从经济基础到上层建筑”;“马克思对资本主义自我发展的可能估计不足”,列宁根本没有“一个完整的建设社会主义的纲领”;社会民主党“长期以来对发展社会主义价值观”做出了突出贡献,要研究和利用“社会民主党积累的丰富的、多方面的经验”,这表明戈尔巴乔夫已定下了全面改制、放弃科学社会主义、仿效西方社会民主主义的决心。1990年7月苏共二十八大通过的新党章明确规定苏共的目标是建立“人道的民主的社会主义”,不再提“马克思主义”这个概念,完全取消了马列主义作为苏共的指导思想的提法。

科学社会主义与民主社会主义是代表不同阶级的完全不同的意识形态。在20世纪的长期发展中,社会民主党已从反体制的革命政党变成了维护资本主义制度的体制内政党,其指导思想民主社会主义也变成了资本主义意识形态。苏联作为世界上第一个社会主义大国,曾取得过举世瞩目的辉煌成果。它之所以能够取得辉煌成果,就是因为当时的苏联以马列主义为指导,制定、实施了正确的路线、方针、政策、措施,苏联人民能够团结一致,齐心协力,艰苦奋斗。现在,戈尔巴乔夫公开替换了党和国家的指导思想,把所谓的“人道的民主的社会主义”硬塞给了广大的苏联民众,从而动摇了苏联社会主义的思想根基,使人们失去了正确的信仰、奋斗目标、指导方针和行动路线,难免导致人们思想迷茫、人心散乱;进而由散乱发展到国家的剧变。

其次，取消共产党领导地位，使苏联的存在失去了领导核心和政治基础，为反对派夺取政权，回归资本主义扫清了道路。1988 年，戈尔巴乔夫开始打着反对官僚政权、区分党政职能的旗号，攻击党的领导，他公开说，苏联过去以共产党为领导的政治体制，是“自上发号施令的官僚主义的政权”，是党政不分、以党治国。因此，必须改变这一现象，党应放弃对国家和社会机构的“发号施令”。这实质上是释放出了取消党的领导的信号。1990 年 1 月，他访问立陶宛，公开声明“实行多党制并不是悲剧”，“我们不应当像魔鬼怕烧香那样害怕多党制”。他第一次公开表态，共产党的领导地位可以改变，多党制可以容忍。1990 年苏共二月全会召开，他在会上宣称：“必须从根本上改变苏共在社会上的地位，放弃一贯正确的奢望，放弃政治垄断地位。”党将“不觊觎特权和在苏联宪法中巩固自己的特殊地位”。“社会的发展不排除创建政党的可能性”，苏共将在“自由选举”中“争取”地位。在 1990 年 3 月苏联第三次人代会上，宪法第六条关于苏共领导作用的条款被取消，新条款改为：“苏联共产党，其他政党以及工会、共青团、其他社会团体和群众运动通过自己选入人民代表苏维埃的代表并以其他形式参加制定苏维埃国家的政策，管理国家事务。”从而以法律方式取消了共产党领导地位，仅把之放到与其他社会团体并行的地位。

1991 年“八一九事变”失败后，戈尔巴乔夫从被软禁地回到莫斯科的第二天，即 8 月 22 日就公然辞去了苏共总书记的职务，并建议苏共中央“自行解散”，“各共和国共产党及地方党组织的命运由他们自行决定”。8 月 29 日，苏联最高苏维埃决定暂停苏共在苏联全境的活动，存在了七十多年的苏共就这样给葬送了。

历史证明，没有共产党的领导，就不可能有社会主义革命和建设事业的顺利发展。任何削弱乃至取消党的领导的举动，必然导致社会主义事业的瓦解和覆灭。戈尔巴乔夫从削弱苏共、取消苏共领导地位到解散苏共，砍断了苏联社会主义制度的政治支柱，导致国家机器的运转失灵，社会出现“权力真空”，使无政府主义大泛滥，民族分裂与反共势力空前猖獗。

1991 年 8 月 24 日乌克兰宣布独立，叶利钦借此拒绝签署新联盟条约，并撇开戈尔巴乔夫宣布承认乌克兰独立。1991 年 12 月 8 日，叶利钦与乌克兰总统克拉夫丘克、白俄罗斯最高苏维埃主席舒什克维奇签署了成立“独立国家联合体”的协定。1991 年 12 月 21 日，原苏联 11 个共和国最高领导人在哈萨克首府阿拉木图签署了《关于建立独立国家联合体协议的议定书》，宣布苏联已不复存在，苏联总统的设置已停止，由俄罗斯代替苏联占有联合国的席位。12 月 25 日，戈尔巴乔夫发表电视讲话，宣布辞去苏联总统职务。苏联社会主义大厦倏然倒塌了。

2. 东欧国家的剧变

东欧各国解放后，由于受苏联模式影响，积累了大量矛盾和问题，从而迫使这些国家在 20 世纪 70 年代下半期开始进行改革。但由于自身改革失误和外部影响，结果最后均发生了社会制度的剧烈变化。

第二次世界大战后，东欧各国无论在经济上还是在政治上都与苏联具有密切联系。东欧剧变从总体上说一方面在于自身在改革过程中的重大失误，即各国党在改革中没有始终坚持党的领导、社会主义制度，而是在反对派的压力下步步退让，走上政治多元化、意识形态多元化和多党制，进而否定了社会主义制度。另一方面在于戈尔巴乔夫的“新思维”，对东欧剧变起了催化作用，戈尔巴乔夫担任苏共总书记后，推行所谓“新思维”，强调全人类利益高于一切，竭力推进人道的、民主的社会主义，插手东欧内政，利用各种方式促使东欧演变。如民主德国发生社会动荡期间，戈尔巴乔夫在柏林访问时说：“真正的危险是对生活没有反应。那些摸到生活和社会脉搏的人不必害怕。”这被西方记者认为是提醒昂纳克必须跟上时代，向民主社会主义演变。之后昂纳克辞职，主张放弃党的领导、实行政治多元化、多党制的克伦茨上台，戈尔巴乔夫立即电贺其当选。东欧各党很快先后接受了民主化、公开性和“人道的、民主的社会主义”思想，导致指导思想混乱、组织涣散瓦解、宣传舆论失控，反共反社会主义成了时髦，社会剧烈动荡，最后发生演变。

1989 年及以后的两年间，波兰、匈牙利、德意志民主共和国、捷克斯洛伐克、保加利亚、罗马尼亚、南斯拉夫、阿尔巴尼亚等东欧各国执政党或丢失政权，或改变性质，从政治、经济、社会制度到意识形态，均发生了剧烈变化，重新回归了资本主义道路。

(二) 世界社会主义运动跌入新的低谷

资本主义的新变化和苏东剧变,使发达资本主义国家和发展中民族主义国家的社会主义运动都受到巨大影响,一度出现严重衰退,面临生存危机;社会主义国家的人口、面积和实力大为减少;世界上除中国以外的各国共产党总人数由4400万减少到1000多万①;世界社会主义运动的规模,共产党的数量和政治地位急剧下降,跌入二战后的谷底。

1. 社会主义国家的总体力量受到削弱,一些国家面临严重困难

苏东剧变后,原来执政的15个共产党,有10个丧失了政权,世界上的社会主义国家由原来的15个减少到5个,党员数量减少,总体力量受到严重削弱。在两种社会制度的国家中,发达资本主义国家无论在经济上,还是在科技上都居于领先地位,社会主义面临巨大压力;在矛盾错综复杂的世界经济领域和国际关系中,经济相对落后的社会主义国家在国际竞争中处于弱势地位;在国际竞争较量的新的主战场——争夺综合国力优势的剧烈角逐中,社会主义国家实力不足,处于劣势。特别是苏东剧变的冲击波,使社会主义各国的国际环境更加严峻,国内矛盾更加突出,稳定发展面临不同程度的困难。

苏东剧变后,古巴面临"双重封锁"的严峻局面。多年来,古巴外贸的85%,石油供应的90%,每年15亿美元的军事援助主要依靠前苏联,每年200万吨食品消费中的160万吨依靠进口。苏东剧变后,古巴许多工厂停工,居民基本消费品供应没有了来源,自行车、马车等成为主要的交通工具,居民经常停电停水,面临着生存威胁。与此同时,苏东剧变后,美国政府对古巴的态度越来越强硬,公开声称美国政府的目标就是结束卡斯特罗政权。一方面设立"马蒂电视台"向古巴发动意识形态宣传攻势,同时加强对古巴的经济封锁。另一方面支持和煽动古巴国内的"持不同政见者"从事非法活动,破坏社会秩序,力图使古巴"民主化"。面对"双重封锁"的严峻形势,古巴共产党提出反对"双重封锁",坚持"三不放弃"原则。② 同时根据形势的变化,适时修改党章党纲,强调在新的形势下,党必须坚持共产主义的理想,必

---

① 刘昀献:《国际垄断资本主义论》,河南人民出版社2004年版,第435页。

② "三不放弃"原则:即"不放弃革命原则、不放弃人民政权、不放弃为人民造福"。

须坚持走社会主义道路,必须坚持马列主义和何塞·马蒂思想,必须坚持共产党的领导。1991年10月,古巴共产党召开了党的"四大",提出了"拯救祖国、革命和社会主义"的口号,号召古巴人民"誓死捍卫社会主义、誓死捍卫马列主义"。

苏东剧变亦令越南的经济社会发展雪上加霜,传统的经济联系被割断,大批工人失业,人民生活极端困苦。一部分人对社会主义产生了怀疑、动摇,甚至持否定的态度。面对国内出现的否定马克思主义和社会主义道路的思潮,越南共产党高举马列主义旗帜,对各种错误思潮与行动进行了坚决的回击,对越南社会主义道路进行了深刻的反思。强调坚持马克思主义指导地位不动摇,坚持共产党领导和社会主义方向。越共认为,苏东剧变只能说明苏联社会主义模式的失败,而不能因此否定社会主义,旗帜鲜明地提出了以坚持马克思列宁主义、社会主义目标和党的领导为核心的革新开放"五项基本原则"①。

老挝和朝鲜两国同样受到苏东剧变的巨大冲击,但两国党能够坚决顶住西方"和平演变"的巨大压力,克服国内经济社会发展方面存在的严重困难,坚定地领导人民进行社会主义建设,探索适合各自国情、各具特色的社会主义道路。特别是朝鲜在苏东剧变后经济困难、矛盾重重,面临的形势极为严峻和复杂。1993年12月朝鲜劳动党第六届二十一中全会宣布,朝鲜进入了"国内外形势最为复杂和尖锐的时期"。在随后面对内忧外患、天灾人祸造成的极度困境时,朝鲜劳动党再次强调"严重的国际形势和复杂的事态给朝鲜的革命和建设造成严重影响"。1994年金日成去世,接着连续几年农业歉收、粮食紧缺。面对国内经济困难、美国的外部经济封锁与政治对抗、军事包围,朝鲜劳动党坚定走"朝鲜式社会主义道路",坚持以"先军政治"作为治国理政的基本模式,提出"军事先行,先军后工"的口号,强调应先有强大的军事力量,才能在稳定环境下进行经济建设,明确了军队在国家生活中的核心地位。

---

① "五项基本原则",即坚持社会主义目标和理想,坚持马克思列宁主义,坚持无产阶级专政和党的领导,实行有集中的社会主义民主,将爱国主义与无产阶级国际主义相结合,以及民族力量与时代力量相结合。

总之，当代资本主义的发展变化和苏东剧变，对现实社会主义国家带来的冲击和造成的影响是巨大的，它进一步削弱了社会主义的力量，加强了在“一球两制”即资本主义与社会主义的世界性竞争中，西方世界的优势地位。

2. 发达国家共产党出现严重衰落，面临生存危机

发达国家共产党是世界社会主义运动中的重要力量，在发达国家的政治、经济和社会生活中，曾经发挥过重要作用。但随着资本主义的新变化，发达国家共产党颓势日显，特别是苏东剧变之后，更是出现了严重的衰落。

以西欧国家共产党为主体的发达国家共产党自二战结束以来，走过了一条不平坦的道路。由于大多数西欧国家共产党在二战中与其他民主进步力量一道，组织或领导了国内抵抗法西斯的武装斗争，并做出了巨大的牺牲和贡献，战争末期和战后初期又顺应形势，采取和平民主的正确道路和策略，从而赢得了广大人民支持，力量空前壮大，战后初期先后获得合法地位，在各自国家的政治生活中发挥着重大作用。此后，由于冷战的爆发和国际共产主义运动内部的纷争，曾导致发达国家共产党的意见分歧、组织分裂和力量削弱。

20 世纪 70 年代后，由于苏联的实力和在国际共产主义运动中的威信下降，对其他共产党，尤其是发达国家共产党的控制力开始减弱，而最主要的是由于发达国家经济结构和阶级结构的新变化对发达国家共产党形成的巨大压力，促使发达国家共产党开始积极探索独立发展的道路。以意共、法共、西共等为主的 18 个党提出和奉行了欧洲共产主义的主张，强调要“使革命的马克思主义同西欧各国具体实践相结合”，走一条既不同于欧洲社会民主党，也不同于苏联东欧发展道路的“革新路线”。欧洲共产主义从 70 年代形成后，发展比较顺利，力量和影响不断扩大。80 年代初，奉行欧洲共产主义的各党共拥有党员 330 万(约占发达国家共产党党员数的 75%)，在西欧两亿多选民中，共获得 2000 多万张选票，在各自国家议会中拥有 1 到 100 多不等的席位，在欧洲议会中有 44 个议席。①。其中力量最大的是意共，其党员人数高达 150 万人，得票率为 26.6%，选票 1000 万张，在议会拥有 177 个席位。法共、葡共、希腊共和西共也有一定的实力和影响，它们的得票率在

① 白先愚:《发达国家共产竞衰落的原因和教训》,《科学社会主义》2003 年第 3 期。

10%左右。其中法共有60万党员，得票率为11.3%，选票60万张，在国民议会有26个议席。葡共有20万党员，得票率为12.1%，选票70万张。西共有逾70万党员，得票率为9.5%，选票180万张，在众议院有17个议席。一些党还掌握了国内一部分从中央到地方的行政管理权，此外，还拥有人数众多的工会、共青团、妇女和合作社等群众组织。

但20世纪80年代末90年代初的苏联东欧剧变产生的冲击波，使发达国家共产党的力量遭到几近毁灭性的打击，走向了全面的衰落，其具体表现在以下3个方面。

一是党的力量和影响遭到严重削弱。苏东剧变之初，发达国家共产党普遍陷入思想混乱和组织分裂之中，有的党宣布解散，有的党改变了名称和性质，而绝大多数党都出现了不同程度的党员退党现象，力量损失严重。在欧洲，党的数量由35个减少到21个，党员人数由260多万减少到不足100万，在本国议会中所占据的席位总数由288席减少到89席。① 从目前情况看，只有葡萄牙、法国、日本等国家的少数几个共产党在国内政治舞台上还拥有一定实力和影响。就是这几个党，处境也不尽相同。法共现有党员约20万人，在1995年和1997年举行的总统选举和议会选举中，得票分别是8.6%和9.9%，36个议席，并参加了左翼联盟政府；而在2002年的选举中，得票分别只有3.37%和4.8%，20个议席②，已下降为一个小党。在北美和大洋洲，原本就落后的共产主义运动进一步衰退。这两大洲在苏东剧变前有共产党员2万多人，剧变后的党员数量不足万人，减少2/3以上。加拿大共产党发生分裂，党员人数由3000人减至600人；美国共产党的党员人数由苏东剧变前的7000人左右，一度减为5000人。

二是党内思想混乱，党的生存环境严重恶化，生存发展面临巨大困难。苏东剧变在欧洲共产党内造成极大的思想混乱。不少党员提出党是否有必要继续存在下去、苏东剧变是否意味着共产主义前景的消失等问题。有人还提出解散共产党、改变党的性质，把共产党变成“左翼论坛”、“左翼运动”。

① 肖枫:《社会主义向何处去——冷战后世界社会主义大扫描》(下卷)，当代世界出版社1999年版，第519页。

② 白先愚:《发达国家共产党衰落的原因和教训》,《科学社会主义》2003年第3期。

党内的思想混乱导致了组织上的涣散、分化。法共党内出现“革新派”、“重建派”和“再造派”。奥地利共产党内出现“教条主义派”、“革新派”和“取消派”。葡共党内也出现了批评党的领导的“革新派”。与此同时,各国舆论普遍右倾,资产阶级和各种反共势力,甚至社会民主党都通过各种媒体大造反共舆论,鼓噪共产主义大失败、马克思主义已经过时,共产党已经没有存在的必要,应当“解散共产党”,“取消共产党”。在整个西方社会中,新自由主义回潮,社会主义信仰已普遍丧失影响,很难吸引民众。

三是社会民主党化倾向加剧,纲领路线的独立性逐渐丧失。20 世纪 80 年代,发达国家共产党改良主义盛行,普遍放弃无产阶级专政的主张,社会民主党化倾向开始出现。苏东剧变之后,由于社会民主主义思潮泛滥,这一倾向得到强化。发达国家共产党中力量最为强大的意大利共产党更名为左翼民主党,放弃马克思主义,改宗社会民主主义,加入社会党国际,成为完全意义上的社会民主党。英国共产党于 1991 年改名为“民主左翼”,取消了党旗党徽上的镰刀斧头图案。圣马力诺共产党是 1978～1992 年 2 月间西方唯一参政的共产党,也把党更名为“民主进步党”,将党徽上的镰刀与锤子改为和平鸽,并于 1992 年 2 月从参政党变为在野党。此外,像法国共产党、日本共产党这样的坚持党的名称和奋斗目标,进行革新和探索并取得进展的党,在其纲领策略和行动方针中,也放弃了党的领导作用和民主集中制原则,不再提马克思主义的指导地位,赞成民主社会主义的多党制、议会制和经济民主、社会民主的主张,强调要把党由阶级政党改造为各阶级的联合体,在政治行动中与社会民主党结成左翼联盟,也无不表现出社会民主主义对他们的影响。

就总体发展趋势而言,苏联解体、东欧剧变后,发达国家的共产党均受到了极为严重的冲击。正如法共前主席罗贝尔·于等人所承认的,在发达国家“不管什么类型的共产党,无论其名称如何,无论其参政与否,都无一例外地陷入严重的生存危机”。

3. 发展中国家共产党被严重削弱或消亡

从发展中国家来看,苏东剧变前后,一些共产党更名改姓,一些党分裂解散,共产党的队伍不断缩小,社会主义的影响力日益下降。东南亚各国共产党大多曾开展过武装斗争,但在新的历史条件下,由于主观和客观原因,力量已严重削弱。1987 年泰共中央遭破坏，中央领导人陆续被捕，游击区丧失，武装力量全部下山缴械；1989 年 3 月，缅共内部分裂，一些军事领导人先后脱离缅共另立组织，缅共东北根据地全部丧失，1990 年缅共中央解散；1989 年 12 月，马来西亚共产党与马、泰政府签署了停止武装活动的和平协议，解散了武装部队，销毁了武器。

在西亚北非，巴勒斯坦共产党于 1991 年 10 月召开二大，通过新党纲、党章，做出了把党改名为“巴勒斯坦人民党”的决议。新党纲、党章宣布不再把马克思主义作为党的指导思想，取消民主集中制为党的组织原则，并宣布不再是工人阶级政党，而是全民性的左派政党。突尼斯共产党于 1993 年 4 月召开十大，正式宣布改名为“革新运动”。大会通过的《政治和组织文件》规定，革新运动是一个民族主义左翼政党，在其内部保持多元化的思想源流。阿尔及利亚社会主义先锋党于 1993 年 1 月举行代表大会，决定改变党的名称和宗旨，宣布自我解散，同时以“挑战运动”名义继续开展活动；1998 年 4 月 30 日正式宣布成立“社会民主运动”，其奋斗目标是在阿建立现代、民主、共和与人道的社会。

在拉美，苏东剧变前，该地区的共产主义政党有 40 多个，党员人数 50 多万（不包括执政的古巴共产党）。剧变后，巴西、乌拉圭、玻利维亚、阿根廷、智利、秘鲁、哥伦比亚共产党以及哥斯达黎加人民先锋党都发生了不同程度的分裂与分化。特别是原有 10 多万党员的巴西共产党在 1992 年召开的十大上，决定放弃原来的党旗、党歌和镰刀锤子标志，将党改名为“社会主义人民党”，投向社会民主主义营垒；只有 1 万多成员仍坚持社会主义，重建了巴西新共产党。

在撒哈拉以南的非洲地区，奉行马列主义为指导的科学社会主义，并在 20 世纪 60 年代末至 80 年代先后执政的莫桑比克解放阵线党、津巴布韦非洲民族联盟（爱国阵线）和安哥拉人民解放运动——劳动党都宣布改行民主社会主义，而贝宁人民革命党则宣布放弃社会主义。

苏东剧变后，无论是共产党执政的社会主义国家的总体实力，还是发达资本主义国家或发展中的民族主义国家的共产党的力量都受到了极大削弱，在世界社会主义与资本主义的力量对比中，社会主义已处于弱势，世界社会主义运动陷入了新的低潮。

第八章　现实社会主义的困惑与理论的新突破

当代资本主义的新变化，对传统社会主义理论和实践形成巨大挑战，并引发了苏东剧变，促使人们对传统社会主义理论和实践进行反思和审视，为解放思想和社会科学研究的繁荣发展提供了条件和契机。中国、越南等国经过改革开放，抛弃了“斯大林模式”，选择了社会主义市场经济体制。于是现实社会主义不断受到人们的诘难：现实社会主义与马克思、恩格斯的未来社会构想是否一致？如果二者是一致的，为什么按照科学理论建立的本应优越于资本主义的社会制度会垮台呢？俄国、中国等国家的社会主义是否搞早了，是否历史的早产儿？社会主义搞市场经济是权宜之计，还是历史的必然，其历史合理性是什么呢？这些难题的破解，不仅关系到对马克思主义社会主义理论的坚持和发展，而且关系到改革的现实合理性及未来的发展方向问题。

一、马克思、恩格斯关于未来社会的构想

马克思、恩格斯是从现实的社会运动来揭示社会主义的客观必然性的，他们把资本主义放在各种社会形态合乎规律地相继更迭的世界历史链条中进行考察，从而把社会主义代替资本主义看做资本主义社会生产及其内部矛盾发生的必然结果。因而他们无论对未来社会的实现方式和路径的设想，还是对未来社会基本框架的构想，都是建立在资本主义社会生产力高度发达、生产力同资产阶级所有制关系的冲突基础上的。

（一）关于未来社会的实现方式和路径

1. 关于未来社会的实现方式

社会主义代替资本主义是历史的必然，但这种必然性是怎样实现的呢？马克思、恩格斯把唯物辩证法运用于历史领域，考察研究了社会历史事件中必然性与偶然性、现实性与可能性的关系，指出了未来社会的实现方式，概括起来有3种情况。

（1）在资本主义走到历史尽头时实现社会主义。这是历史发展必然性的体现。这种代替的方式是无条件的。马克思、恩格斯始终认为，社会主义是“资本主义社会的最独特的最后的产物”①，“无论哪一个社会形态，在它所能容纳的全部生产力发挥出来以前，是决不会灭亡的”②；实现社会主义是一个自然历史过程，是不以人的意志为转移的。当然，自然历史过程的实现，又需要人的参加，这样便产生了共产主义运动。共产主义运动对人类社会发展的自然历史过程的作用，就是通过无产阶级革命，起到新社会的助产婆的作用。因此他们所说的社会主义是以社会生产力的普遍发展和交往的普遍发展为前提的，是以资本主义的历史终点为社会主义的历史起点的。马克思明确指出：对资本家的剥夺“是通过资本主义生产本身的内在规律的作用，即通过资本的集中进行的。一个资本家打倒许多资本家。随着这种集中或少数资本家对多数资本家的剥夺，规模不断扩大的劳动过程的协作形式日益发展，科学日益被自觉地应用于技术方面，土地日益被有计划地利用，劳动资料日益转化为只能共同使用的劳动资料，一切生产资料因作为结合的、社会的劳动的生产资料使用而日益节省，各国人民日益被卷入世界市场网，从而资本主义制度日益具有国际的性质。随着那些掠夺和垄断这一转化过程的全部利益的资本巨头不断减少，贫困、压迫、奴役、退化和剥削的程度不断加深，而日益壮大的、由资本主义生产过程本身的机制所训练、联合和组织起来的工人阶级的反抗也在增长。资本的垄断成了与这种垄断一起并在这种垄断之下繁盛起来的生产方式的桎梏。生产资料的集中和劳动的社会化，达到了同它们的资本主义外壳不能相容的地步。这个外壳就要炸毁了。资本主义私有制的丧钟就要响了。剥夺者就要被剥夺了”③。

① 《马克思恩格斯选集》第4卷，人民出版社1995年版第，442页。

② 《马克思恩格斯选集》第2卷，人民出版社1995年版，第33页。

③ 《马克思恩格斯选集》第2卷，人民出版社1995年版，第268～269页。

(2) 在资本主义走到尽头前，即其还有发展余地时实现社会主义。这种实现方式是必然性与偶然性的结合。马克思、恩格斯认为，由于资本主义生产社会化与生产资料私人占有的矛盾导致了生产过剩的危机，所以必须用新的生产关系来取代资本主义的生产关系；随着无产阶级与资产阶级矛盾的日益激化，一旦无产阶级在斗争中获胜夺取了国家政权，就必然用社会主义取代资本主义。他们在《共产党宣言》中指出：经济危机表明“社会所拥有的生产力已经不能再促进资产阶级文明和资产阶级所有制关系的发展；相反，生产力已经强大到这种关系所不能适应的地步，它已经受到这种关系的阻碍；而它一着手克服这种障碍，就使整个资产阶级社会陷入混乱，就使资产阶级所有制的存在受到威胁。资产阶级的关系已经太狭窄了，再容纳不了它本身所造成的财富了。——资产阶级用什么办法来克服这种危机呢？一方面不得不消灭大量生产力，另一方面夺取新的市场，更加彻底地利用旧的市场。这究竟是怎样的一种办法呢？这不过是资产阶级准备更全面更猛烈的危机的办法，不过是使防止危机的手段越来越少的办法”①。恩格斯在《法德农民问题》一文中进一步指出：我们无须等到资本主义生产发展的后果到处都以极端形式表现出来的时候，“等到最后一个小手工业者和最后一个小农都变成资本主义大生产的牺牲品以后，再来实现这个改造”②。马克思恩格斯的这些论断说明了两点意思，一是社会主义能够在资本主义走到尽头前实现。这时的资本主义并不是没有发展的余地了，资本主义依然能够通过一方面不得不消灭大量的生产力，另一方面夺取新的市场，更加彻底地利用旧的市场来继续自身的发展。《共产党宣言》诞生一个半世纪以来的历史已经证明了这一点。二是这种代替是有条件的。其主要条件是：资本主义爆发了周期性危机，生产力提出了建立新的生产关系的要求；如果同时具备了无产阶级在斗争中夺取国家政权这一条件，就必然能够建立社会主义制度。

(3)“处在资本主义以前的阶段”的国家，在先进国家的带动和帮助下，可以越过资本主义充分发展阶段走上社会主义道路。这是革命发展中的例

① 《马克思恩格斯选集》第1卷，人民出版社1995年版，第278页。

② 《马克思恩格斯选集》第4卷，人民出版社1995年版，第500页。

外,而且是有特殊条件限制的。19 世纪 70 年代以后,西欧工人运动处于低潮,东方革命运动兴起,马克思、恩格斯开始用大量精力研究经济比较落后的国家实现社会主义革命的条件和途径。他们认为经济落后的国家,在特定的条件下可以实现社会主义,这个特定条件就是先走上社会主义道路的先进国家的带动和帮助。因为社会主义是在资本主义创造的现代化大生产的物质基础上实现的,处于资本主义以前的发展阶段的一切国家只有在发达资本主义国家的无产阶级在战胜资产阶级方面做出榜样和支持;只有从实例中看到怎样"把现代工业的生产力作为社会财产来为整个社会服务的时候",这些落后国家才能走上这种缩短的发展过程的道路。① 1881 年 2 月,俄国女革命家查苏利奇写信给马克思,提出根据俄国农村公社的情况,请马克思说明人类社会的发展是否各国都必须经过完整的资本主义发展阶段才能进入社会主义。马克思认为俄国农村公社可以跨越"资本主义制度的卡夫丁峡谷"②,但是要有一定的条件,即要有西方无产阶级革命的支持,接着马克思、恩格斯在《共产党宣言》1882 年俄文版序言中进一步论述了这一问题。他们认为:"假如俄国革命将成为西方无产阶级革命的信号而双方互相补充的话,那么现今的俄国土地公有制便能成为共产主义发展的起点。"③同年 9 月 12 日恩格斯在给考茨基的信中又指出:像阿尔及利亚、埃及、印度等这些被西方征服的殖民地国家可以在欧美先进国家革命胜利之后,在先进国家帮助下,不必经过资本主义独立发展阶段,而逐步过渡到社会主义。他说:"只要欧洲和北美一实行改造,就会产生巨大的力量和作出极好的榜样,使各个半文明国家完全自动地跟着走,单是经济上的需要就会促成这一点。至于这些国家要经过哪些社会和政治发展阶段才能同样达到社会主义的组织,我认为我们今天只能作一些相当空泛的假设。不过有一点是肯定的:胜利了的无产阶级不能强迫他国人民接受任何替他们造福的办法,否则就会断送自己的胜利。"④1894 年 1 月恩格斯在《〈论俄国的社会问题〉跋》中进一步强调指出:"当西欧各国人民的无产阶级取得胜利和生产

① 《马克思恩格斯选集》第 4 卷,人民出版社 1995 年版,第 443 页。
② 《马克思恩格斯选集》第 3 卷,人民出版社 1995 年版,第 770 页。
③ 《马克思恩格斯选集》第 1 卷,人民出版社 1995 年版,第 251 页。
④ 《马克思恩格斯选集》第 4 卷,人民出版社 1995 年版,第 649 页。

资料转归公有之后”，像俄国这样刚刚进入资本主义生产而仍然保全了氏族制度或氏族制度残余的国家，可以“大大缩短自己向社会主义社会发展的过程，并避免我们在西欧开辟道路时所不得不经历的大部分苦难和斗争。但这方面的必不可少的条件是：目前还是资本主义的西方作出榜样和积极支持”。他并且认为“这不仅适用于俄国，而且适用于处在资本主义以前的阶段的一切国家”①。

进入19世纪末以来，西欧资本主义国家先后实现了资本主义工业化。资本主义工业化同时是一个通过国际贸易、国际资本流动和国际移民等途径使资本主义工业向世界范围扩展的过程。资本主义工业化的扩展不仅使资本主义国家工业生产得到迅速增长，也使亚洲、非洲、大洋洲等广大地区的经济注入了资本主义成分，近代工业开始建立和发展起来。在这种情况下，马克思、恩格斯设想的实现未来社会的第三种方式，即“处在资本主义以前的阶段”的国家，跨越“资本主义制度的卡夫丁峡谷”实现社会主义的方式，已经失去实际意义。

2. 关于未来社会的实现路径

社会主义革命的发生和取得胜利是历史发展的必然，但这种革命将首先在什么样的国家发生、怎样发生呢？马克思、恩格斯生活在自由资本主义时代，他们在进行深入的理论研究和总结无产阶级革命斗争经验教训的基础上，认为社会主义革命将在资本主义发达国家、至少将在几个主要的资本主义国家同时胜利。

马克思、恩格斯首先通过理论分析认为，社会主义是资本主义生产力高度发达，生产关系已经不能适应生产力进一步发展要求的产物，而且社会主义运动在本质上来说是世界历史性的。既然科学技术和生产力革命最先在西欧北美实现，所以他们认为社会主义将首先在西欧北美较发达的国家几乎同时实现，然后再带动、帮助东欧和亚、非、拉不发达国家逐步进入社会主义。

早在1846年，马克思、恩格斯在他们合著的《德意志意识形态》这部奠基著作中就明确指出：“只有随着生产力的这种普遍发展，人们的普遍交往才

---

①《马克思恩格斯选集》第4卷，人民出版社1995年版，第443页

能建立起来”,“交往的任何扩大都会消灭地域性的共产主义。共产主义只有作为占统治地位的各民族‘一下子’同时发生的行动,在经验上才是可能的,而这是以生产力的普遍发展和与此相联系的世界交往为前提的。”①恩格斯1847年在《共产主义原理》中更具体地讲到,单是大工业建立了世界市场这一点,就把全球各国的人民,尤其是各文明国家的人民,彼此紧紧地联系起来,以致每一国家的人民都受着另一国家的事变的影响,此外,大工业使所有文明国家的社会发展的不相上下,以致无论在什么地方,资产阶级和无产阶级都成了社会上两个起决定作用的阶级,他们之间的斗争成了我们这一时代的主要斗争。因此共产主义革命将不仅是一个国家的革命,而是将在一切文明国家里,即“至少在英国、美国、法国、德国同时发生的革命”②。在《共产党宣言》中马克思、恩格斯进一步指出:“联合的行动,至少是各文明国家的联合的行动,是无产阶级获得解放的首要条件之一。”③

“共同胜利”也是马克思、恩格斯总结无产阶级革命被斗争经验教训得出的重要结论。在自由资本主义时期,由于世界殖民地还没有被瓜分完毕,资本主义国家之间的矛盾还没有发展到极端激化的程度,因而单独在一个国家发生无产阶级革命,便容易遭到国际资本的联合镇压,使革命遭到失败,巴黎公社革命就是遭到欧洲国家的联合镇压而失败的。如同马克思所说:“欧洲各国政府在巴黎面前表明了阶级统治的国际性质。④”“巴黎公社之所以失败,就是因为在一切主要中心,如柏林、马德里以及其他地方,没有同时爆发同巴黎无产阶级斗争的高水平相适应的伟大的革命运动。”⑤及至恩格斯晚年(1892年)还这样说:“欧洲工人阶级的胜利,不是仅仅取决于英国。至少需要英法德三国的共同努力,才能保证胜利。”⑥

可见,马克思、恩格斯是从唯物史观和共产主义世界革命的普遍性来论证共产主义将要在发达国家同时胜利的;“同时胜利”也是总结无产阶级革

---

① 《马克思恩格斯选集》第1卷,人民出版社1995年版,第86页。
② 《马克思恩格斯选集》第1卷,人民出版社1995年版,第241页。
③ 《马克思恩格斯选集》第1卷,人民出版社1995年版,第291页。
④ 《马克思恩格斯全集》第17卷,人民出版社1963年版,第383页。
⑤ 《马克思恩格斯全集》第18卷,人民出版社1964年版,第180页。
⑥ 《马克思恩格斯选集》第3卷,人民出版社1995年版,第718页。

命斗争经验教训得出的结论，它不是马克思、恩格斯的偶然所思，而是他们的一贯思想。

（二）关于未来社会的基本框架

马克思对未来社会基本框架的构想是建立在资本主义生产力已高度发达，生产关系已经成为生产力发展的桎梏，社会主义在欧美发达资本主义国家共同胜利的基础上的。他在《哥达纲领批判》一文中，通过对资本主义社会经济基础和上层建筑的总体分析，预测了未来社会形态的发展及其特征，科学地划分了未来社会两个不同的发展阶段。共产主义社会两个阶段同属于一个社会形态，它们的区别只在于成熟程度的不同，其基本特征有 4 个方面。

第一，消灭了资本主义私有制，建立了生产资料公有制。马克思、恩格斯把资本主义私有制视为“建立在阶级对立上面、建立在一些人对另一些人的剥削上面的产品生产和占有的最后而又最完备的表现”①，因此，他们始终把所有制问题即消灭私有制代之以公有制作为无产阶级解放运动的“基本问题”②。他们甚至断言：社会主义理论在一定意义上可以概括为一句话，即“消灭私有制”③。马克思、恩格斯所设想的生产资料公有制，是指生产资料的社会所有制，在《1848－1850 年的法兰西阶级斗争》中马克思把它具体化为“使生产资料受联合起来的工人阶级支配”④。在《资本论》中马克思称其为“个人所有制”，“在协作和对土地及靠劳动本身生产的生产资料的共同占有的基础上，重新建立个人所有制”⑤。

第二，社会生产将有计划地进行，不存在商品生产、货币交换和市场。按照马克思、恩格斯的设想，在未来的社会制度中没有商品和货币交换，实行有计划的生产。“……生产者不交换自己的产品；用在产品上的劳动，在这里也不表现为这些产品的价值，不表现为这些产品所具有的某种物的属性，因为这时，同资本主义社会相反，个人的劳动不再经过迂回曲折的道路，

---

① 《马克思恩格斯选集》第 1 卷，人民出版社 1995 年版，第 286 页。
② 《马克思恩格斯选集》第 1 卷，人民出版社 1995 年版，第 307 页。
③ 《马克思恩格斯选集》第 1 卷，人民出版社 1995 年版，第 286 页。
④ 《马克思恩格斯选集》第 1 卷，人民出版社 1995 年版，第 409 页。
⑤ 《马克思恩格斯选集》第 2 卷，人民出版社 1995 年版，第 269 页。

而是直接作为总劳动的组成部分存在着。”①这样，“一旦社会占有了生产资料，商品生产就将被消除，而产品对生产者的统治也将随之消除。社会生产内部的无政府状态将为有计划的自觉的组织所代替”②。在生产资料的社会化和由此而来的管理的社会化的基础上，每一个别行业的生产以及这种生产的增加都不再通过价值规律和市场机制调节，而是直接由社会需要调节和控制，由社会“按照一个统一的大的计划协调地配置自己的生产力”③。

第三，实行按劳分配的原则，并逐步从按劳分配向按需分配过渡。马克思认为，为了实现再生产，在消费品分配给劳动者之前，必须从社会总产品中扣除生产力方面的消耗和需要，实行等量劳动领取等量产品的原则。共产主义第一阶段“不是在它自身基础上已经发展了的，恰好相反，是刚刚从资本主义社会中产生出来的，因此它在各方面，在经济、道德和精神方面都还带着它脱胎出来的那个旧社会的痕迹。所以，每一个生产者，在作了各项扣除以后，从社会领回的，正好是他给予社会的。他给予社会的，就是他个人的劳动量”。“他从社会领得一张凭证，证明他提供了多少劳动……他根据这张凭证从社会储存中领得一份耗费同等劳动量的消费资料。”④随着社会生产力的增长和个人的全面发展，“集体财富的一切源泉都充分涌流之后”，即到了“共产主义高级阶段”，社会才能实行“各尽所能，按需分配”。⑤

第四，消灭了阶级，国家逐步自行消亡，建立起“自由人联合体”。马克思、恩格斯认为，当彻底消灭了阶级剥削和阶级压迫，消灭了人对人的统治的时候，国家也就自行消亡了。“当阶级差别在发展进程中已经消失而全部生产集中在联合起来的个人的手里的时候，公共权力就失去政治性质。”无产阶级在消灭旧的生产关系的同时，“也就消灭了阶级对立的存在条件，消灭了阶级本身的存在条件，从而消灭了它自己这个阶级的统治”。未来社会“将是这样一个联合体，在那里，每个人的自由发展是一切人的自由发展的

① 《马克思恩格斯选集》第 3 卷，人民出版社 1995 年版，第 303 页

② 《马克思恩格斯选集》第 3 卷，人民出版社 1995 年版，第 633 页

③ 《马克思恩格斯选集》第 3 卷，人民出版社 1995 年版，第 646 页

④ 《马克思恩格斯选集》第 3 卷，人民出版社 1995 年版，第 304 页。

⑤ 《马克思恩格斯选集》第 3 卷，人民出版社 1995 年版，第 305～306 页。

条件”。① 自由人的联合体不仅是共产主义社会生产的组织者，也是人们社会生活的组织者。

二、革命路径理论的创新与经济落后国家革命首先胜利的必然性

19 世纪末 20 世纪初，资本主义由自由竞争进入垄断时代，资本主义经济政治发展不平衡规律的作用，导致了帝国主义国家之间的战争，为无产阶级社会主义革命创造了有利条件。在新的历史条件下，是固守马克思、恩格斯的“共同胜利”理论，遵循“自然的发展阶段”，坐等“瓜熟蒂落”，还是顺应时代发展的要求，利用有利的形势，夺取政权进而走向社会主义，成为摆在马克思主义者面前亟待解决的重大理论和实践问题。列宁在与第二国际教条主义的斗争中，创新了无产阶级革命路径的理论，领导俄国十月革命取得了胜利。

（一）第二国际教条主义固守发达国家“共同胜利”理论

任何伟大的思想都是时代的产儿，任何伟大的人物都必然受到生活在其中的一定时空的局限，同时，人对事物的认识还要受到认识对象本身在发展过程中暴露程度的限制。马克思、恩格斯关于社会主义革命在资本主义发达国家“同时胜利”的理论，无疑是他们立足于对当时自由资本主义发展阶段实际情况的理论分析作出的结论，这一理论只有随着时代的变化而发展，才能适应新时代的要求。

当资本主义由自由竞争进入垄断阶段以后，无产阶级革命的主客观条件都发生了很大变化。在帝国主义阶段，资本主义经济政治发展的不平衡异常突出。一些后期的资本主义国家，由于利用新的科学技术成就，在经济上能够以跳跃式的速度赶上和超过原来比较发达的老牌资本主义国家，这些后起的国家，随着经济、政治、军事实力的变化，就要求重新瓜分世界和划分势力范围，于是帝国主义国家之间的矛盾也空前激化，帝国主义战争不可避免。帝国主义之间的战争使它们相互削弱，造成了帝国主义阵线的分裂

① 《马克思恩格斯选集》第 1 卷，人民出版社 1995 年版，第 294 页。

和帝国主义链条上的薄弱环节，因而为无产阶级革命提供了有利的客观条件。如果无产阶级政党制定并执行正确的战略策略，利用革命形势，壮大革命力量，就有可能突破帝国主义链条的薄弱环节，取得社会主义革命的胜利。

然而，第二国际各国党的主要领导人却不顾世界和时代发生的变化，教条地对待马克思、恩格斯关于无产阶级革命路径的理论。以第二国际理论家自居的考茨基坚持认为，社会主义革命只能发生在经济文化发达、无产阶级成为人口中多数的国家。他认为，“只有靠资本主义所带来的生产力的大规模发展，只有靠资本主义所创造的并且集中在资本家阶级手里的巨额财富，社会主义——也即在现代文化之下的普遍福利——才会成为可能”①。“无产者的主要武器是他们的人数，在正常的时期，无产者只能运用这种武器来发挥影响，而且只有在无产者构成居民多数的情况下，无产者才能夺得国家政权。”②

考茨基进一步指出：“世界上不同的国家处于经济和政治发展上很不同的阶段。一个国家一方面愈是资本主义化，另一方面又愈是民主，那末它就愈接近社会主义。一个国家的资本主义工业愈发达，那末它的生产力就愈高，他的财富就愈大，劳动就愈社会化，它的无产阶级人数就愈多。而且一个国家愈民主，它的无产阶级就组织得愈好，愈有训练”③，无产阶级在与资产阶级的斗争中“不但能暂时取得胜利而且还能保持胜利的希望也就愈大”。如果一国无产阶级在这种条件下取得了国家政权，它就会在那里发现已经有足够的物质力量和思想力量来使经济立即朝着社会主义方向发展，并且增进普遍的福利。“这就对那些在经济上和政治上落后的国家提供了真正的事例教育。这些国家的无产阶级群众于是就会一致要求采取同样性质的措施，而较穷的阶级的其他各阶层以及许多知识分子也会要求国家走这种为人人谋福利的同样道路。这样，即使在那些今天还没有条件使无产阶级单单依靠自己的力量就能夺取国家政权和实现社会主义的国家里，先进国家的事例教育也会使社会主义事业成为无法抵挡的。”④

---

① 《考茨基言论》，生活·读书·新知三联出版社 1966 年版，第 291 页。

② 《考茨基言论》，生活·读书·新知三联出版社 1966 年版，第 291 页。

③ 同上，第 293～294 页。

④ 同上，第 294 页。

考茨基特别强调"但是俄国不属于这些主要的工业国家之列"，"俄国目前的革命只有在同西欧社会主义革命同时发生的情况下，才可能具有社会主义性质"。如果布尔什维克党要在俄国发动社会主义革命，那就是"完全忘记了"马克思的话，"任何国家的人民既不能跳过，也不能用法令来废除自然的发展阶段"①，他甚至更武断地说："如果还想用比喻来说明的话，那末这种做法更使我们想起这样一个怀孕妇女，她疯狂万分地猛跳，为了把她无法忍受的怀孕期缩短并且引起早产。这样生下来的孩子，通常是活不成的。"②

（二）列宁对无产阶级革命路径理论的创新

时代条件的变化是马克思主义社会主义理论发展的源泉和动力，与时俱进是马克思主义的理论品质。帝国主义时代，无产阶级社会主义革命的客观条件已经成熟，第一次世界大战又进一步加速了革命形势的到来。列宁通过对时代特征、主要矛盾及历史发展方向的分析，指出由于资本主义经济政治发展不平衡的加剧，社会主义革命可以在一国或数国首先取得胜利，从而创新和发展了马克思主义关于无产阶级革命路径的理论，为世界无产阶级革命运动指明了方向。

资本主义发展到帝国主义阶段以后，资本主义国家争夺商品市场、原料产地和重新瓜分世界的斗争越来越激烈。如何认识帝国主义的本质，事关社会主义的前途和发展方向。第二国际的"理论家"考茨基认为，帝国主义只是工业资产阶级征服、吞并落后民族和农业区域所采取的一种"政策"，只要各国垄断集团达成国际协议，建立国际金融资本的垄断联合，资本主义即可以经历一个新的"超帝国主义阶段"，就可以避免帝国主义战争，世界也就将进入"持久和平"的新时期。列宁通过深入研究，在批判考茨基"超帝国主义论"的同时，揭示了帝国主义的本质、特征和发展规律。他指出，帝国主义是自由资本主义不断发展的产物，其最根本的特征是垄断。各国垄断资产阶级为了攫取高额垄断利润，一方面要加强对本国人民的压榨，另一方面必然在全世界相互争夺投资场所、原料产地和销售市场，结果必然导致内外矛

① 《考茨基言论》，生活·读书·新知三联出版社 1966 年版，第 300 页。

② 《考茨基言论》，生活·读书·新知三联出版社 1966 年版，第 295 页。

盾激化，进而导致帝国主义国家的战争。战争一方面使资本主义的固有矛盾更加激化，并在原有的矛盾中增添了新的内涵，即帝国主义国家之间的矛盾，另一方面势必导致帝国主义国家彼此力量相互削弱，在帝国主义链条中出现薄弱环节。第一次世界大战爆发后形势的发展证实了列宁分析判断的科学性。

帝国主义国家经济政治发展的不平衡和各国革命形势的差别，决定了社会主义革命要在发达资本主义各国同时发生并取得胜利是不现实的。因而，列宁在1915年8月23日写的《论欧洲联邦口号》中提出："经济和政治发展的不平衡是资本主义的绝对规律。由此就应得出结论：社会主义可能首先在少数甚至在单独一个资本主义国家内获得胜利。"①在1916年8月写的《无产阶级革命的军事纲领》中，列宁又进一步加以阐述："资本主义的发展在各个国家是极不平衡的。而且在商品生产下也只能是这样。由此得出一个必然的结论：社会主义不能在所有国家内同时获得胜利。它将首先在一个或者几个国家内获得胜利，而其余的国家在一段时间内将仍然是资产阶级的或资产阶级以前的国家。"②在写《无产阶级革命的军事纲领》的稍后，列宁在1916年8～9月间写的《论面目全非的马克思主义和"帝国主义经济主义"》一文中说道："社会变革不可能是所有国家的无产者的统一行动，理由很简单：地球上的大多数国家和大多数居民，直到今天甚至还没有达到或者刚刚开始达到资本主义的发展阶段。……只有西欧和北美各先进国家才已成熟到可以实现社会主义的地步。……不是所有国家的无产者，而是少数达到先进资本主义发展阶段的国家的无产者，将用统一行动实现社会主义。……在不发达的国家里，在我们(我们的提纲第6条中)③列为第二和第三类的国家里，也就是整个东欧和一切殖民地和半殖民地，情形就不同了。这里的民族通常还是受压迫的、资本主义不发达的民族。在这些民族中客观上

① 《列宁选集》第2卷，人民出版社1995年版，第554页。

② 《列宁选集》第2卷，人民出版社1995年版，第722页。

③ 在《社会主义革命和民族自决权(提纲)》也就是这里列宁所说的提纲中，他把国家分为三类。第一，西欧的先进资本主义国家和美国。第二，欧洲东部：奥地利、巴尔干、特别是俄国。第三，中国、波斯、土耳其等半殖民地国家和所有殖民地。

还有全民族的任务，即民主的任务，推翻异族压迫的任务。”①

列宁关于社会主义可以首先在一国或数国胜利的理论，是对马克思、恩格斯“共同胜利”理论的重大发展。但从列宁的论述中我们能够看到，当他最初提出这一理论的时候，经济和文化落后的俄国还没有被包括在“一国或几国”之内。那末，像俄国这样经济文化比较落后的国家，能不能首先取得社会主义革命的胜利呢？1917 年二月革命后，这已作为一个迫切的问题提上了日程。为此，列宁根据实践的发展要求，在布尔什维克党的四月代表会议上进一步阐发了一国胜利学说，对这一问题作了明确的肯定回答。他指出：“俄国无产阶级是在欧洲最落后国家中的一个国家内，在大量小农居民中间进行活动的，因此它不能抱定立即实行社会主义改造的目的。但是，如果由此得出结论说，工人阶级必须支持资产阶级，或者必须把自己的活动局限在小资产阶级可以接受的范围内，或者在向人民解释必须立即采取若干实际上已经成熟的向社会主义迈进的步骤方面放弃无产阶级的领导作用，那就是极大的错误，在实际上甚至是完全转到资产阶级方面去了。”②列宁在此明确指出，一方面俄国还是一个生产力发展较落后的国家，没有足够的立即实现社会主义的物质前提；另一方面俄国又是一个“军事封建帝国主义国家”，资本主义有一定程度的发展，出现了垄断资本主义和国家垄断资本主义，可以实行向社会主义迈进的步骤。从而提出了社会主义可以在包括经济文化落后国家在内的“一国数国首先胜利”理论。十月革命以及中国、越南等国社会主义革命和建设事业的胜利实践，无疑证明了列宁一国胜利学说的正确性。

十月革命后，经过三年艰苦卓绝的斗争，布尔什维克党领导人民打败了帝国主义的武装干涉。但在全世界社会主义革命延迟爆发的情况下，苏俄一国能不能建成社会主义成为实践必须解决的问题。列宁经过实践探索和经验总结，在《论合作制》等文章中，肯定地说明了经济文化落后国家可以一国建成社会主义的问题。他指出：由于实行了合作制，“发现了私人利益服从共同利益的合适尺度，而这是过去许许多多社会主义者碰到的绊脚石。

① 《列宁选集》第 2 卷，人民出版社 1995 年版，第 765～766 页。

② 《列宁全集》第 29 卷，人民出版社 1985 年版，第 442～443 页。

情况确实如此，国家支配着一切大的生产资料，无产阶级掌握着国家政权，这种无产阶级和千百万小农及极小农结成了联盟，这种无产阶级对农民的领导得到了保证，如此等等……这已是建成社会主义社会所必需而且足够的一切”①。但列宁也十分明确地指出：无产阶级虽然可以在一个国家建成社会主义，但这还不是社会主义的最后胜利。社会主义“要在世界范围内取得彻底的最终的胜利，单靠俄国一国是不行的，这至少需要一切先进国家或者哪怕几个先进大国的无产阶级取得胜利”②。

（三）经济相对落后国家首先实现社会主义是社会发展的必然规律

经济文化相对落后国家能不能首先实现社会主义，为什么这些国家能够先于发达的资本主义国家进入社会主义社会，这里有没有历史的必然性，有没有客观规律性可循？这是在世界社会主义运动史上长期存在争议的一个问题。早在俄国二月革命之后，列宁针对革命后形成的两个政权并存的局面，提出把资产阶级民主革命转变为社会主义革命的要求时，当时就遭到党内外不少人的反对，第二国际教条主义者和孟什维克提出俄国的生产力水平远未达到可以实现社会主义革命的水平；随之，考茨基更是把苏俄的社会主义诅咒为“活不成的”早产儿。苏东剧变后，又有人企图以此为据否定十月革命的必然性，说它是在不具备建设社会主义的主客观条件下建设社会主义，是“病态的早产儿”、“人工的流产儿”，是后来种种危机和剧变解体的“原罪”。可以说，对十月革命的必然性的否定由来已久。由于现有的社会主义国家大都是在经济文化落后国家建立起来的，以上这些观点也是对其他国家社会主义革命的必然性的质疑，因此，必须予以科学的解答，才能坚定人们的社会主义信念，才能增强人们建设中国特色社会主义的信心。

为什么这一问题自俄国十月革命以来会一直萦绕在人们心头，一直为人们所关注，而且每逢历史发展的转折关头就会突出地提出并引起激烈的争论呢？我们认为，根本原因在于过去人们往往是从经济不发达国家走向社会主义的特殊条件，即从革命发生的偶然性上来认识和看待这一问题的，

① 《列宁选集》第4卷，人民出版社1995年版，第768页。

② 《列宁全集》第36卷，人民出版社1985年版，第36页。

既然它是特殊历史条件的产物，没有必然性，就难免有“人为制造”之嫌；由于理论的不彻底性，自然不能说服人，更难免为人诟病。历史的必然性是从实践中产生的，人类历史的实践告诉我们：社会制度的更替首先是从旧制度不很发达的国家或地区开始的，这是历史的必然。社会主义首先在经济文化相对落后国家取得胜利，这不是历史的偶然而是历史的必然规律！

1. 以往理论界关于社会主义首先在经济文化相对落后国家取得胜利问题的论述

我国理论界对社会主义首先在经济文化相对落后国家取得胜利问题的论述，主要是围绕两个问题展开的。一是社会主义首先在经济文化相对落后国家取得胜利是否符合历史发展规律？二是俄国是否具备了社会主义革命的条件？

关于社会主义首先在经济文化相对落后国家取得胜利是否符合历史发展规律这一问题，我国理论界基本上沿用了列宁的观点。

在马克思主义发展史上，列宁第一个提出了社会主义首先在经济不发达国家胜利的理论，并在一个经济不发达的国家把社会主义由理论变成了现实。当第二国际的首领们把西欧资本主义和资产阶级民主发展的道路，看作走向社会主义的唯一途径，以“俄国生产力还没有发展到足以实现社会主义的水平”为由，反对十月革命，否定俄国走上社会主义道路的可能时，列宁批评他们对马克思主义辩证法一窍不通，不懂得“世界历史发展的一般规律，不仅丝毫不排斥个别发展阶段在发展的形式或顺序上表现出特殊性，反而是以此为前提的”。列宁进而指出，“他们谁也没有想到问一问自己：面对第一次帝国主义大战所造成的那种革命形势的人民，在毫无出路的处境逼迫下，难道他们就不能奋起斗争”，并反诘道：“既然建立社会主义需要有一定的文化水平（虽然谁也说不出这个一定的‘文化水平’究竟是什么样的，因为这在各个西欧国家都是不同的），我们为什么不能首先用革命手段取得达到这个一定水平的前提，然后在工农政权和苏维埃制度的基础上赶上别国人民呢？”①从列宁的论述中，我们可以看到，它是从历史发展的必然与偶然的辩证法来认识和对待这一问题的，即在人类历史的发展中，社会主义在发

① 《列宁选集》第4卷，人民出版社1995年版，第776～777页。

达资本主义国家首先胜利是一般规律，但由于特殊的历史条件的作用，历史发展的顺序和形式会发生变化，新制度可以在旧制度比较不发达的国家里先产生。

对于列宁的阐释，我们应从其当时所处的复杂环境来理解。一方面，理论创新需要巨大的勇气，同时也充满风险。列宁虽然从无产阶级革命实践的要求出发，以大无畏的理论勇气发展了马克思、恩格斯的发达资本主义“共同胜利”说，提出了包含经济相对落后国家的“一国胜利”说，但在与以马克思主义正统自居的第二国际教条主义的论战中，它是无法也不能公开打出理论创新的旗帜的，倘若那样，就会遭到对手攻击。考茨基就曾多次攻击“一国胜利”说是“违反马克思的这一学说的：任何国家的人民既不能跳过，也不能用一个法令来废除自然的发展阶段”①。列宁的解释实际上就是针对考茨基的攻击的。为了表明对马克思主义的忠诚，它不能标新立异，它只能千方百计从理论上说明自己的观点与马克思、恩格斯“共同胜利”说的一致性。另一方面，马克思主义诞生后，以其世界观和方法论的科学性，迅速赢得了工人群众的拥护，在工人运动中占据了统治地位。马克思主义整体理论的科学性和影响力，使人们忽视了其个别结论的时效性，容易把其每个具体论断都当作不可更改的定律。正因为这样，为了动员和发动人民群众起来斗争，列宁只能把自己的理论创新与马克思主义原有结论统一起来，从而才能组织和教育群众，推动革命事业的胜利发展。

在我国出版的权威教科书中基本上都是沿用列宁的说法。譬如范若愚、江流主编的《科学社会主义概论——中国社会主义基本问题》一书，以斯巴达人、日耳曼人，以及罗马尼亚等多瑙河流域的国家未经历奴隶社会，直接由原始社会进入封建农奴社会，美国没有经过封建社会而直接进入资本主义社会为例，说明了“历史常常是跳跃式地和曲折地前进的”，虽然“一切产生出来的东西，都一定要死亡”，但是，产生和死亡的时间和顺序，并不总是一模一样。社会主义首先在经济文化落后国家取得胜利，这种历史发展的顺序和形式的变化，并没有否定社会发展的一般规律，并未越出人类社会

① 《考茨基言论》，生活读书新知三联出版社1966年版，第300页。

发展的共同道路。①

关于俄国是否具备了社会主义革命条件的问题,我国理论界主要是从革命的主客观条件和革命形势的形成方面来论述的,而且特别强调俄国特殊的历史条件。

首先在对革命条件的认识问题上,认为革命条件不仅包括经济条件也包括政治等条件。"革命的发生归根到底有其经济动因,但并不是纯粹经济的过程,也不只是由经济因素决定的。在这里,政治、经济、文化、军事、各个阶级和各种社会力量的对比,以及国际条件等因素都错综复杂地交织在一起。"②马克思、恩格斯确实认为生产力较高水平的发展是社会主义革命的重要条件。"经济状况是基础,但是对历史斗争的进程发生影响并且在许多情况下是起着决定作用的,还有政治的其他因素。"这就是说,生产力的发展水平是社会主义革命的重要前提,但决不能机械地理解为任何一个国家无论具体历史条件怎样都只有在生产力发展已经到了相当水平之后才能进行社会主义革命,因为"对历史斗争的进程发生影响并且在许多情况下是起着决定作用的,还有政治的其他因素。"即使在生产力水平没有达到较高水平,但是如果革命的其他条件具备的条件下,社会主义革命也是可能的。

其次,十月革命前俄国是否具备了社会主义革命的条件。理论界普遍认为,第一,俄国已经有了一定程度的现代经济,有了现代最先进的阶级——工人阶级及其先锋队工人阶级政党。第二,俄国已具备了革命形势。"由于战争的破坏,帝国主义的一切矛盾在这里特别突出、尖锐。"③从客观上看,帝国主义战争,使帝国主义各国彼此削弱并在资本主义链条上出现薄弱环节,十月革命前的沙皇俄国是帝国主义一切矛盾的集合点,正是这些矛盾集合点上孕育着革命。一是统治阶级已经不能照旧不变地维持其统治了。大战使统治阶级面临严重的政治危机,这种危机给被压迫阶级的革命发动造成了一个爆破口。二是被压迫阶级的贫困和灾难异乎寻常地加剧,已不

① 范若愚、江流主编:《科学社会主义概论——中国社会主义基本问题》,中共中央党校出版社 1983 年版,第 61～63 页。

② 范若愚、江流主编:《科学社会主义概论——中国社会主义基本问题》,中共中央党校出版社 1983 年版,第 65～66 页。

③ 高原:《科学社会主义》,湖北人民出版社 1985 年版,第 123 页。

能照旧生活下去了。三是广大人民群众对战争带来的灾难已无法忍受，资产阶级政府极端孤立，大大削弱，出现了将被推翻的危机。从主观上看，俄国革命力量广泛、强大。在俄国布尔什维克党的领导下，使工农群众受到了非常多的政治教育，并把无产阶级反对资产阶级的革命与农民反对地主的革命结合了起来，在工农联盟的基础上，汇合成一股强大的革命洪流，是冲破帝国主义阵线、取得革命胜利的基本力量。因而，俄国已经具备了社会主义革命的条件。

2. 社会主义首先在经济文化相对落后国家取得胜利的必然性

如果说当年列宁在提出社会主义首先在经济文化相对落后国家取得胜利的理论时，由于种种原因，还只能从偶然性和俄国的特殊条件来论证，不便于把其上升到必然规律的高度的话，我们今天则有必要从理论和实践相结合的高度来认识和把握其规律性的意义。

社会历史的发展过程往往比纯粹的逻辑推理复杂得多。理论来源于实践，必须接受实践的评判，因为实践是检验真理的唯一标准。从人类历史的发展实践来看，人类进入文明时代以后新旧制度的三次交替都不是首先发生在旧制度最发达的国家，而是发生在旧制度相对不太发达的国家：封建制度不是首先出现在奴隶制度最发达的古埃及，而是首先产生于奴隶制度相对古埃及来说不太发达的中国；资本主义制度没有首先产生在封建社会最发达的中国，而是首先产生于封建势力相对薄弱的英国；社会主义制度也不是首先产生在当时资本主义制度最成熟的英国，而是首先产生于经济文化相对落后的俄国。这说明新制度首先产生在旧制度“薄弱环节”的国家是一个必然规律。

为什么会出现这种情况呢？从理论上讲，一是旧制度比较成熟的国家，国家政权的力量过于强大，代表新制度的阶级力量难以得到充分发展并战胜它，而国家政权力量相对弱的国家，新兴阶级就容易战胜它。二是旧制度比较发达的国家，统治阶级积累了丰富的统治经验和方法，而且拥有丰富的物质的和精神的统治资源，它不仅善于运用国家机器即暴力来维护自己的统治，而且会灵活运用鞭子和糖果两手，软硬兼施，甚至收买被统治阶级中的部分精英为自己服务，维持政权的运转和社会的稳定。

我们可以资本主义制度与社会主义制度的诞生为例来说明这一问题。

为什么资本主义制度不是首先产生在封建社会最发达的中国而是首先产生在英国呢？这是因为，中国的封建社会长达2000多年，封建社会关系比较成熟，国家政权的力量过于强大，资本主义难以得到充分发展。比如19世纪前的中国，国家垄断了重要的工业部门，压制工业的发展，忽视发明创造活动，随意侵犯私有财产，使企业和个人的所有权得不到保障，因而不可能产生复杂的企业组织来进行高水平的分工和积累；同时，国家阻断海外贸易，严格控制人们的思想，对社会精英只给予仕途的激励，还实行了强硬却不合宜的产业政策——重农抑工商，直接干涉经济活动。所以，在当时的封建中央集权制度下，中国缺乏对私人创新的激励机制，交易效率低下，交易费用过高，从而抑制了分工演进和专业化水平的提高，直接影响当时中国的工业化进程，虽然也有许多属于市场经济的因子和活动，但却没有发展资本主义的可能。正因为如此，资本主义制度没有首先出现在封建生产关系最成熟的中国等国，而是首先在封建国家政权力量比较弱的英国产生了。

为什么社会主义制度没有首先产生在资本主义最发达的英国而是产生于俄国呢？

社会主义制度不是也不可能首先产生在资本主义制度最成熟的国家。社会主义制度首先在俄中等经济文化相对落后国家产生，这已是历史事实，无须赘述。那么为什么社会主义制度不可能首先产生在资本主义制度最成熟的英国呢？

首先，从经济上看，19世纪末的英国依然保持着世界工业霸权地位，同时它还掌握着世界殖民霸权，占有世界广大的市场，保持着世界贸易、银行资本和海军、商船的优势。它是当时最强大的资本主义国家。垄断资产阶级利用从殖民地掠夺来的利润，直接和间接地收买工人阶级，造成工人运动的衰落，导致国内阶级斗争的钝化。

在殖民地占有方面，1900年英国占有2780万平方公里的土地，它拥有的殖民地占世界首位；在世界贸易中，英国占世界第一位，1890年它的出口总额为4.207亿镑；其商船吨位在世界的比重为48%。英国的银行业在世界上是最发达的。作为世界金融中心的伦敦城，银行鳞次栉比；除了英国本国的银行外，几百家外国银行也云集在这里；世界各国的资本家都来这里投资和放债。英镑成为世界贸易的结算单位。这种优势使英国资产阶级不仅剥削本国工人而且剥削着全世界。它的国民收入理所当然地大大增加。垄断资产阶级可以把攫取到的巨额财富拿出一部分来，直接和间接地、公开和秘密地“收买无产阶级”，它不仅收买了工人的上层，使他们成为“工人贵族”，而且还使一部分工人群众资产阶级化，甘愿受“工人贵族”或领取资产阶级酬金的人的领导。根据查尔斯·布思的著名著作《伦敦人民的生活和劳动》的调查材料，19 世纪 80 年代末，有固定职业、工资较高、生活还不错的工人有 216 万人，占伦敦人口总数的 51.5%。恩格斯在 1874 年指出：“至于说到工人，首先必须确认，自从五十年代宪章派政党崩溃以来，英国再也没有工人自己的政党。这种情况在这个国家里是可以理解的。因为这里的工人阶级从大工业的巨大高涨中得到的利益，比任何地方的工人阶级所得的要多，在英国称霸世界市场的情况下也不能不是这样。”①1883 年，恩格斯又指出：“参与世界市场的统治，过去是而且现在依然是英国工人在政治上消极无为的经济基础。他们既然充当了资产阶级在经济上利用这种垄断地位的尾巴，并且毕竟总是分享资产阶级的利润，那他们自然就会在政治方面充当‘大自由党’的尾巴。”②

其次，从政治上看，英国垄断资产阶级的统治策略趋于成熟，方法趋于多样化，经验日益丰富，蒙骗工人的艺术日益精巧，使工人丧失了革命斗志。一是虚伪的民主制蒙蔽了工人的眼睛。统治阶级通过实行改良、让步等等的方法，逐步扩大了一些阶层的政治权利。1884 年，英国进行了第三次议会改革，选民人数由 1883 年的 315 万人，增至 1886 年的 570 万人。这种改革使英国逐步扩大了资产阶级民主，“已经大大接近于‘普选权”③。这就造成工人群众对资产阶级的“民主”、“自由”抱着普遍的幻想。似乎英国的民主给工人带来了高度形式的权利：言论出版和集会自由的权利，组织罢工的权利，被选举为官吏的权利，社会平等的权利等等。似乎英国“民主高度发展，不存在军国主义，有组织的工联力量巨大，英国国外投资的增长削弱了英国企业主和英国工人之间的对抗”④，工人们在政治方面已没有更多的苦难，有

① 《马克思恩格斯全集》第 18 卷，人民出版社 1964 年版，第 543 页。
② 《马克思恩格斯全集》第 36 卷，人民出版社 1974 年版，第 59～60 页。
③ 《马克思恩格斯全集》第 21 卷，人民出版社 1965 年版，第 227 页。
④ 《列宁全集》第 4 卷，人民出版社 1984 年版，第 137 页。

的只是关于工资、工作日、工作条件等的经济问题。这就是英国工人运动为什么“一直在为增加工资和缩短工作时间而罢工的狭小圈子里无出路地打转”的原因。二是精巧的两党政治制度阻碍了独立的真正工人政党的建立。18世纪以来的英国政治，表现为两大资产阶级政党，即托利党（保守党）和辉格党（自由党）互相轮换执政的局面。1868年至19世纪末，英国的两党制度更具有典型性，而且两个党在本质上已不存在什么差别，都是垄断资产阶级利益的代表，都是充当垄断资产阶级进行两手交替统治的工具。它们争论的焦点是帝国主义时代如何保持英国的霸权地位和如何对付社会主义运动问题。他们狡黠地声称这是为了工人的利益。他们在一些细小的问题上进行有声有色的论争，目的在于欺骗人民，巩固自己的统治。在自由党先后几次执政期间，于1872年通过了《投票法案》，确定了秘密投票制度，保证选举“自由”。1882年通过《市政府组织条例》，规定不受财产资格限制，公民均有权选举本市官吏。在保守党先后执政期间，于1875年修改了《主仆法》，承认工人和资本家之间的平等地位。此后又颁布了《工匠住宅法》，作为解决工人住房的必要措施。1888年，通过了关于雇主对雇用期间的工人在意外事故发生时应负的责任的法令。1890年颁布了《工厂法》，加强对工厂卫生条件和危险性行业的管理。1897年通过了《工人补偿法》。这些“自由主义”的点滴社会改良措施，起着蒙蔽工人的作用，使他们不去关心自己切身的利益，不去组织独立的真正的工人政党，而把希望寄托在资产阶级政党的身上。所以，两党制度乃“是阻止独立的工人政党即真正的社会主义政党产生的最强大的工具之一”①。

由于经济上、政治上的种种原因，19世纪末的英国还未能建立一个真正意义上的以马克思主义为指导的独立工人政党，而工人则成了资产阶级政党的尾巴。这样，英国的工人运动就不可能是政治性的，英国工人阶级也就不可能担负起首先实现社会主义革命的历史使命。

马克思、恩格斯通过早期理论研究认为社会主义将首先在西欧发达资本主义工业国家英、法、德等国同时取得胜利，但在实践中他们发现“由广泛的国际交往所引起的同工业比较发达的国家的竞争，就足以使工业比较不

① 《列宁全集》第22卷，人民出版社1988年版，第211页。

发达的国家内产生类似的矛盾”①。“在资产阶级机体中，四肢自然要比心脏更早地发生震荡，因为心脏得到补救的可能性要大些。”②这就暗示着，尽管危机的真正原因来自工业比较发达的国家，但革命形势不是在旧制度最成熟的国家，而是在旧制度不太成熟的国家出现。无产阶级革命可能先在资产阶级影响薄弱的工业比较不发达的国家发生。革命导师恩格斯生动而深刻地描述了这一现象。1884 年恩格斯说过这样一段话：“你看看多有趣。正是德国的工业落后，给我们事业的进展帮了大忙。英国和法国向大工业的过渡大体已经完成。无产阶级所处的境况现在已经稳定……”③1885 年，他进一步明确地说：“阶级斗争在英国这里也是在大工业的发展时期比较剧烈，而恰好是在英国工业无可争辩地在世界上占据统治地位的时候沉寂下去的。在德国，1850 年以来的大工业的发展也是和社会主义运动的高涨同时出现的，美国的情况大概也不会有什么两样。日益发展的工业使一切传统的关系革命化，而这种革命化又促使头脑革命化。”④英国学者唐纳德·萨松在《欧洲社会主义百年史》中也佐证了这一历史现象：“欧洲最发达的资本主义国家英国，有着强大的工会，但是到了 19 世纪末期，这个国家的社会主义政党才开始形成。”“在世界上资本主义发展最快的美国却没有发生社会主义运动。”“然而在欧洲一些仍主要是农业社会的国度，诸如意大利和芬兰，却有着强大的、在选举上颇有成绩的社会主义政党。”⑤他还转引葛兰西的观点指出：“西方强大的市民社会保卫国家并保护它。这个市民社会，‘至少在最发达的国家’，已经发展成‘一种很复杂的结构，可以抵御直接经济因素（如经济危机和萧条等）引发的灾难性入侵’。”⑥这种现象导致新制度不是先在旧制度最发达的国家，而是在旧制度力量比较薄弱的国家诞生。恩格斯虽然发现了这一现象，但遗憾的是，他并没有将其上升到理论的高度并得

① 《马克思恩格斯选集》第 1 卷，人民出版社 1995 年版，第 115～116 页。

② 《马克思恩格斯选集》第 1 卷，人民出版社 1995 年版，第 470 页。

③ 《马克思恩格斯选集》第 4 卷，人民出版社 1995 年版，第 668 页。

④ 《马克思恩格斯选集》第 4 卷，人民出版社 1995 年版，第 716～717 页。

⑤ [英]唐纳德·萨松：《欧洲社会主义百年史》（上），社会科学文献出版社 2008 年版，第 1 页。

⑥ [英]唐纳德·萨松：《欧洲社会主义百年史》（上），社会科学文献出版社 2008 年版，第 93 页。

出规律性的认识。

3. 社会主义制度代替资本主义制度是一个长期过程

由新制度首先产生在旧制度不太发达的国家这一规律所决定，新制度在诞生初期不可能迅速地成为与旧制度相抗衡的力量，进而很快代替旧制度，这就决定了在新制度出现后的相当长的历史时期中，旧制度中的统治阶级仍占据着时代的中心位置，新制度与旧制度将长期并存，竞争发展，新旧交替的过程必然充满复辟与反复辟的激烈斗争。

过去，我们在认识上存在着一个很大的误区，认为俄国十月革命具有划时代的历史意义，它冲破了世界资本主义阵线，开创了社会主义新时代。认为社会主义革命在苏联的胜利标志着资本主义的衰落。这种认识是不符合实际情况的。应该说十月革命后由于新的因素——社会主义运动的发展和社会主义制度的诞生，使得资本主义具有了过渡的性质；第一个社会主义国家的建立，标志着统一的资本主义世界体系开始解体，世界的发展进入了一个两种社会制度并存和相互斗争的新时期。但我们必须冷静地认识到，过渡不等于代替，因为资产阶级仍然占据着时代的中心位置。过去我们常常把社会主义与资本主义两个时代的交替当作代替。其实，这是两个完全不同的概念。交替是一个并存和竞争的过程，而代替则是战胜后的替代。

社会主义制度在一国的建立和资本主义在一国的被突破，并不表明整个资本主义的衰落或走下坡路。诚如 17 世纪 40 年代英国资产阶级革命的胜利，并不意味着整个封建主义的衰落一样。一种社会主义力量的兴起和整个资本主义力量衰落之间并没有时间上直接衔接的必然联系。胜利和灭亡不一定是同时发生的。从历史上看两种或多种社会制度并存的现象是屡见不鲜的，封建主义制度和资本主义制度在近代世界历史上就并存过不止一个世纪。作为社会主义制度和资本主义制度的并存，从时间上说还只有 90 多年时间。从发展趋势看，在一个相当长的时间内，将是强资本主义和弱社会主义两种社会制度之间共存和竞争，而不能简单理解为直线式的一盛一衰之间的力量的竞争。

社会主义与资本主义交替的过程，虽然由于社会主义首先产生在经济文化落后国家，因而在矛盾斗争中还处于弱势方面，但同样由于客观规律使然，其发展势头在日益增强。社会历史阶段的交替决不是像人类代际交替那样短暂,不是以几十年,而是以几百年,上千年来计算的。资本主义与封建主义的交替,从欧洲资本主义制度诞生算起,经过了大约300年。之所以经历如此之长的交替时间,正是因为,在开始交替的国家封建主义还有一定的生命力,还没有达到完全腐朽的地步,如果封建主义已经高度发达,走到了尽头,那时将不可能再发生王朝复辟。事实正如邓小平所说:"资本主义代替封建社会的几百年间,发生过多少次王朝复辟?"为什么会发生王朝复辟呢?由于新制度是在旧制度的薄弱环节突破的,在那里旧制度还有一定发展余地,"所以,从一定意义上说,某种暂时复辟也是难以完全避免的规律性现象"①。社会主义与资本主义的交替也是一样,所以"巩固和发展社会主义制度,还需要一个很长的历史阶段,需要我们几代人、十几代人,甚至几十代人坚持不懈地努力奋斗"②。新制度作为新生事物,在其初生阶段由于本身的弱少,必然需要一个较长时间的发展过程,才能走向成熟和强大。这也使新制度在诞生初期不可能迅速成为与旧制度相抗衡的力量,进而很快代替旧制度,在新制度出现后的相当长的历史时期中,旧制度中的统治阶级仍占据着时代的中心位置。但是,由于新的社会制度代表着社会历史前进的方向,具有无限生命力,因而尽管它诞生后会历尽艰辛,但终究会战胜旧制度。

20世纪,社会主义的大起大落,大喜大悲,特别是东欧剧变、苏联解体后实行了向资本主义制度的转轨,这典型地反映了社会主义制度的胜利不是一帆风顺的。但我们也应看到,在世界历史上,每一次社会制度的变革,无不经过曲折、反复的斗争,每一个新生的社会制度,无不有一个从不成熟到逐步成熟的过程。英国的资产阶级革命开始于1640年,但在战胜国王以后,接着就出现了1660年的旧王朝复辟。一直到1688年,英国的资产阶级专政才稳定下来。法国资产阶级革命从1786年爆发到1875年第三共和国成立,经过了86年,中间交织着进步和反动、共和和帝制、革命的恐怖和反革命的恐怖、内战和外战、征服外国和投降外国,尤其动荡不安。就整个资本主义制度来讲,从建立到成熟大体经历了二三百年的时间。资产阶级革命是用

---

① 《邓小平文选》第3卷,人民出版社1993年版,第383页。

② 《邓小平文选》第3卷,人民出版社1993年版,第379～380页。

一种剥削制度代替另一种剥削制度，尚且需要经过反复、曲折的斗争，无产阶级革命要消灭一切剥削制度，可想而知，更不可能是一帆风顺的。资本主义制度在诞生的过程中，尽管经历了长期的反复的斗争，但在当时是比封建制度先进的社会制度，代表了社会进步和历史发展方向，所以它最终战胜了封建制度；社会主义是一种崭新的制度，在其发展的过程中，必然也会遇到斗争和反复，但它是代表当代社会进步和历史发展方向的，所以它最终也必将战胜现在还貌似强大的资本主义制度，使整个人类逐步过渡到社会主义和共产主义。

三、现实困境的破解与理论的创新

列宁的社会主义一国胜利学说突破了马克思、恩格斯的发达国家“共同胜利说”，创新了社会主义革命的路径理论，领导俄国革命取得了胜利；在这一理论和十月革命的影响下，包括中国在内的欧亚一系列国家走上了社会主义道路。马克思、恩格斯的社会主义理论是包括革命和建设理论在内的完整系统的理论。由于种种原因，列宁仅完成了理论创新的一半，即仅创新了马克思、恩格斯的社会主义革命理论，而未能创新其建设理论。十月革命后，在经济文化落后国家建立的社会主义，却在按照马克思、恩格斯设想的建立在发达资本主义国家基础上的社会主义去建设；还必须发展商品经济，大力发挥资本发展生产力作用的社会主义，却采取了消灭商品市场经济、消灭资本的措施，从而使现实社会主义陷入了困境，进而导致了在两种制度斗争中社会主义的暂时失利。20 世纪 70 年代末，邓小平在领导中国改革开放的进程中，提出的社会主义市场经济理论，实现了社会主义建设理论的新突破，填补了马克思列宁主义理论的空白。

（一）理论和实践的错位与现实社会主义的困惑

按照马克思、恩格斯两个必然的理论，社会主义取代资本主义后，必然能够解放生产力，创造出比资本主义更高的劳动生产率，体现出相对于资本主义的优越性。然而，十月革命后按照马克思、恩格斯奠定在两个必然基础上的未来社会构想建立起来的社会主义，不仅没有能更迅速地发展生产力，反而出现了一系列挫折和失误，这到底是怎么回事呢？回答这一问题，需要我们认真分析研究一下现实社会主义与马克思、恩格斯的未来社会构想的关系。

马克思、恩格斯设想的社会主义是资本主义高度发达的产物，而且将在几个主要欧美发达国家同时胜利。同时，马克思、恩格斯在分析资本主义生产方式时，是从商品的一般性质出发的。他们错认为资本主义生产是商品生产的"最高和最后的形式"①，从而把资本主义生产方式看做机器大生产基础上商品生产的唯一方式，没有认识到市场经济是可以不依赖于资本主义而独立存在的生产力发展的必经阶段，错把资本主义的发展规律与市场经济的发展规律等同看待了，所以，在他们做出资本主义必然灭亡的结论的同时，也就做出了消灭市场经济和资本的结论。在他们构想的未来社会中，都没有市场经济和资本存在的余地，都将终止商品生产，都不存在商品货币关系，不可能有资本主义灭亡之后还要发展市场经济和利用资本的社会主义。马克思、恩格斯几乎所有的关于未来社会的论述都是建立在产品经济基础上的。如果历史的发展始终沿着自然的历史进程前进，社会主义首先在资本主义发达国家同时胜利，那么马克思、恩格斯对未来社会的设想将是无懈可击的，他们的失误也不会带来不良的后果。

事实上，市场经济的发展具有不依赖于资本主义制度的自身规律，市场经济是社会生产力发展不可逾越的阶段，只有市场经济的充分发展，人类才能进入产品经济的发展阶段。在资本主义高度发达的国家和经济文化相对落后的国家，这两种情况下建立的未来社会将是生产力发展状况差别极大的两种完全不同的经济形态。在经济文化落后国家，人们可以有条件地终止资本主义的发展，但根本无法终止市场经济的发展，阻止不了生产力还必然在市场经济条件下经历的发展过程。这时，人们建立的社会主义还必须是继续发展市场经济和利用资本发展生产力的社会主义。而当资本主义走到尽头，或者社会主义在几个主要资本主义发达国家同时胜利时，市场经济也就再也没有发展的余地了，资本主义与市场经济将同时走向灭亡，那时，人们建立起来的社会主义则将是生产力在产品经济基础上发展的社会主

① 《马克思恩格斯选集》第4卷，人民出版社1995年版，第441页。

义。显然,在资本主义高度发达的国家和经济文化相对落后的国家实现的将是具有根本区别的两种未来社会,一种是发展市场经济的社会主义,一种是发展产品经济的社会主义。

马克思、恩格斯在理论上的失误,使他们没有也不可能够对经济文化相对落后国家实现的社会主义进行科学分析和阐述,令人遗憾地在他们的科学理论体系中留下了一页空白。马克思、恩格斯关于未来社会的论述毋庸置疑地适用于资本主义走到尽头后或者社会主义在几个主要资本主义发达国家同时胜利、无条件地实现的社会主义,即适用于相对今天来说属于“未来”的社会主义,但却无法适用于在经济文化相对落后国家、有条件地实现的现实社会主义。

马克思主义是关于无产阶级解放运动的理论,无产阶级革命的领导者不仅以此为指导,而且对其坚信不疑。由于马克思、恩格斯认为在无产阶级革命胜利后,通过一个“过渡时期”,就将建立起他们所设想的未来社会;因此,从列宁、斯大林到毛泽东,这些社会主义革命的成功领导者,无不以尽快建立起马克思、恩格斯设想的社会主义为目标和任务。他们都成功地领导了无产阶级革命运动,建立了社会主义国家,并成功地终止了资本主义在国内的发展。但在实践中,又都不同程度地发现,在终止资本主义的同时,要完全终止商品货币关系,终止商品生产和交换是根本不可能的。在马克思主义与现实这个两难选择中,他们都显示了对马克思主义理论的忠诚,于是只有把商品货币关系看做旧社会遗留下来的“痕迹”,在利用的同时尽量限制其存在范围。尽管从斯大林到毛泽东,几十年间所建设的是一种与马克思、恩格斯的设想不完全相同的社会主义,因为其还保留着商品生产和交换,但毫无疑问,都是以马克思、恩格斯设想的未来社会为指导进行建设的社会主义。他们建设的都是一个越来越庞大的国有制体制,一个越来越广泛的计划经济体制,一个逐渐限制和消灭商品货币关系的体制。人们习惯于把过去几十年间搞的社会主义称为“斯大林模式”或苏联模式,事实上这是不正确的。所谓“斯大林模式”不过是马克思、恩格斯的未来社会设想在苏联现实中实践的结果。

现实社会主义是在经济文化落后国家实现的社会主义,不是马克思、恩格斯设想的未来社会,但却一直在以马克思、恩格斯设想的在发达资本主义国家"同时胜利"的未来社会为标准进行建设，即建设的是尚属于未来的社会主义。还必须发展市场经济的社会主义，却用已消灭了市场经济的社会主义原则来指导，这种做法是与现实社会主义的内在要求相违背的，结果是严重阻碍了生产力的发展，造成现实社会主义陷入困境，甚至社会主义在一些国家的失败。

（二）理论的新突破与社会主义市场经济理论的世界意义

俄国十月革命以来，社会主义在实践中尤其是在中苏两个大国的实践中充满艰辛和磨难。根本原因之一在于理论与实践的错位以及由此带来的超越发展阶段、急于消灭市场经济和资本、建设平均主义的贫穷社会主义的政策指向。毫无疑问，中苏两个在历史上起过巨大作用的领导集体都曾接近过市场经济，但都又中止了。为什么呢？其原因主要是，在马克思、恩格斯的未来社会构想中，只有资本主义与市场经济同归于尽后的社会主义，而没有其他形式的社会主义。列宁、斯大林、毛泽东他们作为唯物主义者，是无所畏惧的，他们必然自觉不自觉地按照客观事物的发展规律去理智地思考社会发展的道路；但作为无产阶级革命领袖，他们毕生为无产阶级解放事业而奋斗，对马克思主义理论的敬仰，对无产阶级的深厚感情，对社会主义美好前景的急切向望，使他们坚信马克思、恩格斯设想的未来社会就是现实社会主义的目标，而现实社会主义不远的将来就是共产主义。他们不可能去想象当无产阶级掌握国家政权、消灭了资本主义之后再去搞市场经济，再利用资本来发展生产力，因而他们都在时代进程中无意识地与市场经济失之交臂。

1．社会主义建设理论的新突破

中国共产党十一届三中全会后，邓小平同志在领导中国社会主义建设的过程中，反复思考着这样一个问题：根据马克思、恩格斯的两个必然理论，由于资本主义的生产关系不能适应生产力的发展，因而社会主义必然代替资本主义，社会主义是比资本主义优越的社会制度，因而必然能促进生产力的发展；然而，为什么我们国家在建设社会主义经济基础以后，多年来"社会生产力发展缓慢，人民的物质和文化生活条件得不到理想的改善，国家也无法摆脱贫穷落后的状态"①呢？对这一问题的进一步思考使他同样遇到了列宁、斯大林、毛泽东曾经遇到的难题，即在社会主义的目标、道路等问题上是从马克思、恩格斯所论证的未来社会的模式出发，还是从社会现实出发的矛盾。邓小平同志以一个马克思主义者的大无畏英勇气概，领导了实践是检验真理的唯一标准的大讨论，从而解放了人们的思想。他总结了俄国十月革命以来国际国内社会主义运动的经验教训，振聋发聩地向世人提出了究竟什么是现实社会主义，怎样建设这样的社会主义的问题。经过不懈的探索，他以理性直觉和丰厚的实践经验为基础，大胆地得出了社会主义与市场经济之间不存在根本矛盾，社会主义也可以搞市场经济的结论。1979 年邓小平在会见美国不列颠百科全书出版公司编委会副主席吉布尼和加拿大麦吉尔大学东亚研究所主任林达光的谈话中指出："说市场经济只存在于资本主义社会，只有资本主义的市场经济，这肯定是不正确的。""社会主义也可以搞市场经济。"②1992 年在视察武昌、深圳、珠海、上海等地的谈话中，他进一步指出："计划多一点还是市场多一点，不是社会主义与资本主义的本质区别。计划经济不等于社会主义，资本主义也有计划；市场经济不等于资本主义，社会主义也有市场。计划和市场都是经济手段。"③邓小平同志虽然没有明确指出为什么社会主义和市场经济之间不存在根本矛盾，社会主义也可以搞市场经济；没有从理论上阐述这是在经济文化落后国家实现的社会主义的必由之路；但他的这一结论已经暗含着市场经济是不依赖于资本主义而独立存在的生产力发展的必经阶段，在资本主义走到尽头前实现的社会主义，还必须继续发展市场经济，使市场经济在社会主义条件下走完它的最后路程，无疑是社会主义建设理论的重大突破。因而，邓小平同志的社会主义市场经济理论极大地丰富了马克思主义理论宝库，填补了马克思、恩格斯和列宁由于历史的局限而留下的社会主义理论的一页空白。

2. 开辟了社会主义战胜资本主义的新途径

现实社会主义是在经济文化落后国家实现的社会主义，不是马克思、恩

① 《邓小平文选》第 3 卷，人民出版社 1993 年版，第 134 页。

② 《邓小平文选》第 2 卷，人民出版社 1994 年版，第 236 页。

③ 《邓小平文选》第 3 卷，人民出版社 1993 年版，第 373 页。

格斯设想的未来社会,因而马克思、恩格斯构想的未来社会模式对现实社会主义只具有方法论意义,而不具有实际指导意义,现实社会主义无论在所有制形式、分配形式,还是经济手段方面都不应照搬马克思、恩格斯的构想。那么,现实社会主义将怎样解决资本主义生产社会化与生产资料私人占有之间的矛盾呢?它自然不能像马克思、恩格斯的未来社会那样,在生产资料社会所有制的基础上,建立共产主义第一阶段的生产关系,既消灭资本主义,又消灭市场经济,从而根除生产社会化与私人占有之间的矛盾。现实社会主义还不具备消灭市场经济的条件,因而也还不具备实行生产资料社会所有制的条件。它还必须发展市场经济,利用资本发展生产力,因而也还必须保护商品生产者的独立地位,还必须保留商品生产者独立地占有生产资料的权利。市场经济是人类社会必经的一种经济形态,它的尽头是产品经济。市场经济以市场上存在众多的互相对立的商品生产者为前提,众多的商品生产者之间以追逐利润为目的展开的竞争,促进了生产力的不断发展。竞争必然导致市场扩张和垄断,一旦市场扩张导致垄断在世界市场上形成,市场经济也就走到尽头了,它必然为产品经济取代,这是马克思、恩格斯在揭示资本主义发展趋势的同时揭示出来的市场经济一般的发展趋势。当我们认识到资本主义只是机器大工业基础上市场经济的表现形式之一,从而把资本主义与市场经济剥离开后,市场经济一般的发展趋势对现实社会主义同样具有意义。现实社会主义在消灭资本主义生产关系后,还必须促进市场经济的发展,也就是说,现实社会主义是用社会主义的形式走完市场经济原来要在资本主义形式下走完的路。因此,现实社会主义必须遵循市场经济的基本规则,保护市场上众多的相互独立的商品生产者的存在,保护竞争使其充分发挥促进生产力发展的作用。而要保留独立的商品生产者的存在,就必须保留商品生产者占有生产资料的权利,只有独立地占有生产某种商品所必需的生产资料的个人或集团,才能成为独立的商品生产者。由此可见,现实社会主义只能建立在商品生产者公有制的基础上,只能在商品生产者公有制的基础上解决生产社会化与生产资料私人占有之间的矛盾。能否实现商品生产者公有制,是现实社会主义能否比资本主义更快更好地发展市场经济的决定因素。

社会主义市场经济是建立在社会主义商品生产者公有制基础上的。在资本主义条件下，商品生产者的代表是资本家，在社会主义条件下，商品生产者的代表是企业劳动者集体。所谓社会主义商品生产者公有制实质上就是商品生产者(企业)内部全体劳动者共同占有生产资料的公有制。建立在商品生产者公有制基础上的社会主义市场经济，由于保留了众多的相互独立的公有制商品生产者的存在和竞争，自然也就保留了这种竞争对生产力发展的促进作用，因而它能够比资本主义更有益于社会生产力的发展。第一，它消灭了资本家对雇佣劳动者的剥削和资本家与工人的尖锐对立，在商品生产者内部实现了生产者与所有者的统一，劳动者成为企业的主人，能够在生产经营中发挥出更大的积极性和创造性，因而更有益于提高劳动生产率。第二，由于消灭了剥削，也就消除了资本家通过尽可能地压制工人的消费，盲目扩大生产所造成的越来越大的社会生产和越来越相对萎缩的社会需求的矛盾，以及由这一矛盾必然造成的周期性生产过剩危机和对生产力的巨大浪费和破坏，能够实现社会生产和社会消费的同步发展，更充分地发挥现有生产力的作用。第三，尽管人们还不能彻底消除由市场经济自身规律造成的生产无政府状态，但由于实现了全体劳动者根本利益的一致性，因而社会主义国家能够比资本主义国家更有效地发挥出调节市场经济顺利发展的作用。这些当然还不是社会主义市场经济的全部优越性，但已足以证明建立在商品生产者公有制基础上的社会主义能比资本主义更好更快地发展市场经济。

社会主义市场经济是一种与资本主义市场经济并存、竞争发展的市场经济实现形式。在社会主义市场经济发展的初期，它需要借鉴和吸收资本主义市场经济某些成功的经验，但社会主义市场经济的优越性决定了它将在竞争中战胜资本主义市场经济，尽管这是一个相当长的历史时期，但却是历史的必然。社会主义市场经济的发展及其巨大成就，将鼓舞越来越多的国家走上社会主义道路，逐步形成社会主义世界体系，进而在人类社会生产发展的市场经济阶段结束之前，就用社会主义代替资本主义，把社会主义的胜利从马克思、恩格斯设想的产品经济的基础上推进到市场经济的基础上，把资本主义的最终灭亡和社会主义在全世界的胜利提前上百年乃至几百年。

(三)发展市场经济就是利用资本的力量发展生产力

市场经济是社会化的商品经济。当人们把货币当作资本,而不是交换的媒介参与社会的经济活动时,商品生产和交换便日益社会化了,市场经济便产生了。资本的产生是市场经济产生的历史前提,在市场经济中,资本既是生产和经营商品的生产要素;又是能增值价值的生产要素,发展市场经济,就是要利用资本发展生产力的积极作用,推动生产力的发展和社会的进步。

马克思主义创始人认为,实现共产主义需要两个绝对必需的前提,即生产力的普遍发展和世界交往的普遍发展。“共产主义只有作为占统治地位的各民族‘一下子’同时发生的行动,在经验上才是可能的,而这是以生产力的普遍发展和与此相联系的世界交往为前提的。”①那么怎样才能达到这两个普遍发展呢?关键是要实现“社会成员对自然界和社会联系本身的普遍占有”。马克思指出:“只有以资本为基础的生产”,才能“创造出一个普遍利用自然属性和人的属性的体系,创造出一个普遍有用性的体系……并创造出社会成员对自然界和社会联系本身的普遍占有。”②也就是说,只能利用资本的力量,才能实现两个“普遍占有”,进而达到两个“普遍发展”。

资本将摧毁一切阻碍力量以实现自身的普遍性和社会成员对自然界和社会联系本身的“普遍占有”。资本追求普遍性的力量是任何力量所不能阻挡的。从资本的全部历史发展进程来看,尚未完成资本普遍性的历史,不可能成为其他社会内容的历史,而只能继续成为资本的历史,继续成为资本摧毁一切阻碍而实现自身普遍性的历史。在资本实现自身的普遍性之前,任何其他力量都不能够真正地和持久地成为资本发展的限制。最后,只有资本本身,即完成自身的全部历史普遍性的资本,才会成为最终消灭资本自身的世界历史力量。“资本不可遏止地追求的普遍性,在资本本身的性质上遇到了界限,这些界限在资本发展到一定阶段时,会使人们认识到资本本身就

---

① 《马克思恩格斯选集》第1卷,人民出版社1995年版,第86页。

② 《马克思恩格斯全集》第46卷(上),人民出版社1979年版,第392~393页。

是这种趋势的最大限制，因而驱使人们利用资本本身来消灭资本。”①

资本之所以能够具有这种摧毁一切而实现自身普遍性的历史力量，是因为，资本在尚未达到自身的历史普遍性之前，它始终是发展生产力的一种历史形式。所以，发展资本就是发展生产力。马克思说：“资本是生产的；也就是说，是发展社会生产力的重要的关系。只有当资本本身成了这种生产力本身发展的限制时，资本才不再是这样的关系。”②“劳动生产力的任何提高——我们撇开它为资本家增加使用价值这一点不谈——都是资本的生产力的提高，而且，从现在的观点来看，这种提高只有表现为资本的生产力，才是劳动的生产力。”③

在社会主义国家，长期以来存在着对马克思主义理论多方面的教条式的和错误的理解。这种情况同样存在在对马克思的资本批判理论的理解中。人们只强调马克思理论中对资本否定的一面，而不讲肯定的内容；用资本主义生产方式下的资本具体否定资本一般。人们耳熟能详的是“资本来到世间，从头到脚，每个毛孔都滴着血和肮脏的东西”④，而忽视“资本的伟大的文明作用”⑤；进而把资本看作洪水猛兽，一遍一遍地割资本主义尾巴。为什么会这样呢？根本原因在于，由于主客观多方面的限制，没有科学地理解马克思关于资本和资本主义的有关论述，错误地把资本等同于资本主义。在国际共产主义运动史上，之所以两个历史伟人——列宁和毛泽东，都与市场经济擦肩而过，丧失了发展市场经济的历史机遇，造成历史的遗憾，根源就在于此。

列宁从“战时共产主义”的经验教训中看到，在当时的历史条件下要发展经济必须恢复商品、恢复私有经济，这不仅是满足人民群众生活的需要，甚至是使新生的政权不至于灭亡所需要的。然而他却把新经济政策看成是“恢复资本主义”，提出实现无产阶级国家政权领导下的“国家资本主义”。事实上，在从资本主义向社会主义过渡的漫长历史时期中，特别是在经济文

① 《马克思恩格斯全集》第46卷(上)，人民出版社1979年版，第393～394页。
② 《马克思恩格斯全集》第46卷(上)，人民出版社1979年版，第287页。
③ 《马克思恩格斯全集》第46卷(上)，人民出版社1979年版，第306页。
④ 《马克思恩格斯选集》第2卷，人民出版社1995年版，第266页。
⑤ 《马克思恩格斯全集》第46卷(上)，人民出版社1979年版，第393页。

化落后国家基础上建立的社会主义社会中，都必须大力发展商品市场经济，充分发挥资本发展生产力的作用。由于列宁错误地把资本等同于资本主义，因而他的新经济政策也只是向罪恶的资本主义的“暂时退却”，而不可能长期地利用资本来发展社会主义生产力。也正因为这样，斯大林上台后很快就终止了新经济政策，并通过发展集体农庄和国营工厂，消灭商品市场经济，铲除资本的栖息地。历史是无情的。由于列宁和斯大林没有认识到资本与资本主义的不同，在消灭资本主义制度的同时也消灭了资本，因而不可避免地遭到了历史的报复。苏东剧变的原因无疑是多方面的，但是，主要原因之一就在于苏东国家始终没有真正完成在无产阶级国家政权条件下以资本的方式来发展生产力，进而占有包括物质的和精神的资本的全部文明成果的任务。相反，那种僵化的、高度集权的社会主义体制实际上成为资本实现其普遍性的一种障碍，从而不可避免地被资本所摧毁。苏联的逆转实质上就是资本摧毁阻碍其实现历史普遍性的力量的一种历史形式。

以毛泽东为代表的中国共产党第一代领导核心深知，在中国这样的经济文化落后国家建设社会主义，必须利用资本来发展生产力。新中国成立初期，我们党面临的最大任务是恢复国民经济和完成民主革命的遗留任务，在这种情况下，毛泽东提出要把小资产阶级、民族资产阶级团结起来，“不要四面出击”。新中国成立后不久，他在看到第一次全国统战工作会议发言记录后，针对会上的一些错误认识，他重申：今天斗争对象不是民族资产阶级，“对民族资产阶级是有斗争的，但必须团结它。是采取既团结又斗争的政策，以达到团结它共同发展国民经济之目的。”国营经济“在目前阶段不可能无限地发展，必须同时利用私人资本，因此应当划分公私阵地，即公私经营范围。‘与民（按：民族资产阶级）争利’、‘只许州官点火，不许百姓点灯’是错误的说法。‘大资本家要停工，就让停工’的主张是不对的”①。当时，由于连年战争破坏，私营工商业普遍发生困难。包括国家工作人员在内的一部分人都主张乘胜挤垮资本主义，致使民族资产阶级同党和工人群众的关系十分紧张。鉴于此，毛泽东在开国后召开的第一次中央全会上发表讲话，特

① 中共中央统战部研究室：《历次全国统战工作会议概况和文献》，档案出版社1988年版，第5页。

别指出“有些人认为可以提早消灭资本主义实行社会主义，这种思想是错误的，是不适合我们国家的情况的”①。提出要通过合理调整工商业和调整税收的办法，使工厂开工，从而改善和缓和同资产阶级的关系。在公私兼顾、劳资两利的方针和统筹兼顾的原则下，团结资产阶级。这一政策方针很快显现出巨大的威力，通过调整工商业、减少税赋等举措，国营经济得到了发展，私营工商业也摆脱了困境走上了发展道路。

当国民经济恢复后，毛泽东马上开始批评“巩固新民主主义秩序”的思想，提出要消灭资产阶级，消灭资本主义。1953年6月中旬，毛泽东在中央政治局的讲话中，批评了刘少奇等人“确立新民主主义社会秩序”的观点，指出：“所谓过渡时期，就是很剧烈很深刻的变动。按照它的社会深刻性来说，资本主义到15年基本绝种了。过去枪炮很激烈，不决定资本主义绝种。”②1955年10月，在扩大的七届六中全会上，毛泽东再次说明：“我们的目的就是要使资本主义绝种，要使它在地球上绝种，变成历史的东西。”“资本主义这个东西是历史上发生的，也是要死亡的，它有一个很好的地方去，就是‘睡’到那个土里头去。”③在此，我们不难看出，让资本主义绝种，只不过是彻底消灭资本主义的另一种表达形式。

经过“三大改造”，社会主义经济基础基本上建立起来了。但在带来社会主义建设勃勃生机的同时问题也接踵而来，单一所有制和单一计划体制的一些弊端很快暴露出来。如生产积极性下降，产品品种单一，质量下降，按钟点开店营业等，给人民生活带来极大不便。在此期间，苏联在长期建设社会主义中积累的问题和斯大林的错误被系统地揭露，这在我们党内也引起了巨大的震动。以苏联经验教训为借鉴，总结建国几年来自己的建设经验，思考中国的社会主义建设应该走怎样的路，一时间成为中国国家领导人关注的焦点。针对社会主义改造过程中暴露出来的种种问题和矛盾，以毛泽东为核心的党中央从实际出发，提出了搞活经济、扩大民主的初步设想，党的“八大”在一定程度上修正了所有制过分单一、忽视市场机制、过分集中

① 《毛泽东选集》第5卷，人民出版社1977年版，第19页。

② 薄一波：《若干重大决策与事件的回顾》（上卷），中共中央党校出版社1991年版，第65页。

③ 《毛泽东选集》第5卷，人民出版社1977年版，第198～199页。

的体制。1956年12月，毛泽东进一步发挥“八大”的思想，提出要搞“新经济政策”，他说地下工厂因为社会需要就发展起来了。要使它成为地上的，合法化的，可以雇工。现在合作工厂做衣服要三个月，袖子一长一短，扣子没有眼，质量差。最好开私营工厂，同地上作对，还可以开夫妻店，请工也可以。这叫做新经济政策。我怀疑俄国新经济政策结束得早了，只搞两年。退却转为进攻，到现在社会物资还不足。还可以考虑，只要社会需要，地下工厂还可以增加，可以开私营大厂，订条约，10年、20年不没收。华侨投资的20年、100年不没收。可以开投资公司，还本付息。可以搞国营，也可以搞私营。可以消灭了资本主义，又搞资本主义。① 在这里，我们可以明白无误地看出，毛泽东并没有突破列宁新经济政策对资本主义认识的理论界限，他关于发展资本主义的思想，并不是出于理论的自觉，而仍然是作为一种不得已而为的策略，是一种为了进攻而采取的暂时退却，只不过他认为这种退却时间可以更长一些。正因为这样，随着1957年下半年阶级斗争扩大化后，资本主义等私有经济在不断强化的社会主义意识和阶级斗争的社会环境下，成为罪恶之源，成为被革除和剿灭的对象。

在毛泽东领导中国社会主义建设的过程中，为什么会出现几次倾向于发展市场经济，而却又与市场经济失之交臂呢？原因仍在于他没有认识到资本与资本主义的区别，没有认识到资本发展阶段的不可逾越性，没有认识到发展资本就是发展生产力，只有资本的充分发展，才能为社会主义奠定坚实的基础，人为的想消灭资本是不可能的。他之所以几次靠近市场经济，并不是他的理论自觉，而是历史的必然性使然；但他作为无产阶级的领袖，在没有认识到资本与资本主义的区别而把发展资本等同于发展资本主义时，对党和革命事业的忠诚，必然使他在发展生产力与保卫革命成果的两难选择中，失却前者而选择后者。毛泽东对资本和资本主义的认识一方面建立在中国的国情基础上，尚不发达的中国民族资本和投靠洋人的官僚买办资本对他留下的是不佳的印象。另一方面是建立在他对马列经典著作中有关论述的理解上。我们说十月革命一声炮响，给我们送来了马克思列宁主义，实际上给我们送来的主要是列宁主义，或者是经过列宁咀嚼和加工过的马

① 林蕴晖等：《凯歌行进的时期》，河南人民出版社1989年版，第667页。

克思主义。且不说列宁对马克思主义理解得如何,仅就历史的限制来讲,他对马克思主义的理解也不可能是全面的。因为,马克思有关资本与资本主义的重要思想的相关著作,有些是在列宁去世多年之后才相继发表的。其中,《1857—1858 年手稿》上下两册第一次发表的时间是 1939 年和 1941 年,距列宁去世时间有 15 年和 17 年。《法兰西内战·初稿》第一次发表的时间是 1934 年,距列宁的去世时间已有 10 年。由于历史的限制而发生的过错是不应该受责备的。

今天我们已经正确认识到发展资本的历史必然性,并确立了社会主义市场经济体制,走上了在无产阶级国家政权条件下运用资本、发展资本以达到占有全部资本文明并最终消灭资本的科学道路。这是一条唯一能够保证中国社会主义不断取得胜利的历史之路,也是一条通向世界社会主义胜利的光明大道,只要沿着这条道路不断前进,就一定可以达到理想的彼岸。

(四)社会主义市场经济与共产党人的历史使命

市场经济是社会化生产的商品经济,资本是生产和经营商品的生产要素。资本的产生是市场经济的历史前提,发展市场经济就是利用资本发展生产力。从目前来看,市场经济是发展生产力的最有效形式。由于过去我们没有认识到社会主义社会发展市场经济的必然性,进而在与资本主义的竞争中丧失了有利地位。改革开放以来,我们确立了社会主义市场经济体制,推动了社会生产力的大发展。但是在利用市场经济发展生产力的同时,却忽视了市场经济的负面作用,进而引发了一系列社会问题,引起了人们对发展社会主义市场经济的疑虑和困惑。

在市场经济条件下,人们生产和经营商品的根本和最终目的,是满足人的消费需要。但从市场经济的主体看,其生产和经营商品的主观目的不是满足社会需要,而是为赚钱,为利润最大化,在商品价值中超过生产要素价值的价值增值是随生产经营状况而变化的,因而利润最大化就成了他可以追求的目标,利润最大化就成了经济主体生产和经营商品的直接动机和目的,而他提供的满足社会需要的使用价值,则成了他追求利润最大化的手段。把利润最大化作为商品生产经营的直接动机和目的,对一切商品生产经营的经济主体来说都是一样的。企业是这样,个体商品生产经营者也是这样。商品生产经营者为追求利润最大化的竞争，不断改进生产技术和管理，从而提高了劳动生产率。同时，追求利润最大化的竞争，使商品生产经营者不断积累资本而不断扩大再生产，从而使社会生产力不断提高。在生产力提高的过程中，不仅有生产资料量的增加和质的提高，而且还有劳动力数量的增加和素质的提高。随着生产力的发展，社会财富不断增长，社会成员的消费水平也得到极大的提高。

市场经济之所以取代自然经济，资本主义社会之所以取代封建社会，就在于市场经济利用资本的力量使社会生产力有了巨大的发展和社会成员的消费水平得到了不断提高。但市场经济的天然品性即其逐利性又必然诱发一系列严重的社会问题。第一，容易导致社会供求失衡和经济危机的发生。资本追求利润最大化的本性，会不顾社会的消费需要而盲目生产经营，导致社会总需求和总供给的失衡，继而引发经济危机，造成社会劳动和资源的浪费。第二，破坏生态环境。在我国社会主义初级阶段，实行以公有制为基础、多种所有制形式并存的所有制结构，存在着个体和私营经济。在一些个体商品生产者和私营企业中，资本追求利润最大化和消费最大化，会不顾环境污染和生态破坏，使当代人受苦，子孙受累。第三，破坏市场秩序，甚至谋财害命。某些利令智昏的不法企业主，为了个人利益，会目无国法，破坏公平竞争的市场秩序，生产经营假冒伪劣商品来获取利润，甚至进行毒品生产和经营，谋财害命。第四，导致贫富鸿沟拉大。由于资本的逐利性，市场经济是嫌贫爱富的。市场经济在资源的配置上必然向利润丰厚的地区倾斜，特别是在资本的流向上，必然青睐发达和富裕的地区和人群，这就必然造成一部分地区、一部分人的快速富裕和贫困地区、弱势群体的边缘化和贫困化，使贫富鸿沟不断加大。第五，引发群体性事件和社会动荡。在私营企业中，存在着剥削现象。某些有剥削性质的资本，为了追求利润最大化，不仅剥削了劳动者应得的价值增值，而且不顾劳动者的生命安全，迫使劳动者在异常恶劣的环境下工作，甚至非法克扣、拖欠工资，延长劳动时间等等，严重危害劳动者的利益，从而引起被剥削者与剥削者之间的对抗，导致群体性事件的发生和社会动荡。

资本具有推动生产力发展的积极作用，同时也具有历史局限性。我们决不能因为要搞市场经济，就忘记了资本的局限性。建立社会主义市场经就是要扬长避短，把资本发展生产力的积极性与共产党代表人民利益的先进性结合起来，充分发挥两个积极性。市场经济与资本主义具有天然联系，二者的结合是一种同构，不需要主体自觉活动的引导。市场经济要求企业等市场主体是独立、自主、具有平等权利，能够独立地做出经济决策，独立地承担决策的风险的经济实体。这与资本主义制度的生产资料私人占有制，追求生产的无限扩张和利润的最大化以及以个人主义为核心的意识形态等等具有天然联系。因而，当市场经济这种经济形式经过漫长的体外生长阶段（奴隶、封建社会）和资本主义制度结合在一起后，立即呈现出无限扩张的趋势，极大地促进了社会生产的发展和社会财富的增长。但与此同时，也必然地出现了"生产无限扩大与大众的支付能力相对缩小的矛盾"；"个别企业的组织性和整个社会生产的无政府状态的矛盾"，表明了资本主义不可克服的局限性。社会主义与市场经济的结合是一种逆构，社会主义的所有制主体是公有制、核心价值是集体主义，是共同富裕，是人民利益至上，这与市场经济的要求是不完全一致的。因而社会主义价值观的实现，必须依靠工人阶级先锋队——共产党的自觉引导和坚强领导，共产党不能为了利用资本发展生产力，而忘记了自己的宗旨和目的；更不能在资本的强大攻势面前步步退让，背离自己代表的阶级的利益，以致丧失领导权，那就得不偿失了。

共产党的先进性最根本的是坚持无产阶级和人民大众的利益高于一切的党性原则。无产阶级只有解放全人类才能最后解放自己，作为无产阶级先锋队的共产党，时刻也不能忘记自己是代表最广大人民利益的，时刻也不能忘记自己的历史使命是要通过发展生产力消灭阶级剥削、压迫，最终实现共产主义。忘记了最终目标，就是对阶级利益的背叛，就倒退到了机会主义的道路上。我们千万不能忘记我们搞的是社会主义市场经济，绝不能闭着眼睛装糊涂，更不能迷失方向随波逐流，一定要保持高度的清醒。发展市场经济是为了普遍提高人民生活水平，绝不能因为利用资本发展生产力而变成资本力量的守护神，而听任资本为所欲为，放任市场经济的盲目发展，进而损害劳动人民的利益。一定要在经济发展的同时兼顾社会公平，使广大劳动群众共享经济社会发展的成果。最根本的是要坚持社会主义基本价值，维护公平正义。一要制定公正的社会政策，妥善协调社会各方面的利益关系。要在经济发展的基础上提高全体公民的福利水平，为所有的公民提供均等的机会，以维护社会公平，不能让社会中的特定群体永远成为受益者或利益受损者。二要致力于维护经济平等，避免不同社会群体之间收入差距过分拉大。一方面要制定合理的收入分配政策，抑制某些部门、团体或个人的过高收入，坚决取缔非法收入，同时要注意扶弱济贫，为社会中的弱势群体（比如农民、失业工人）提供倾斜性政策。三要维护公民政治平等，推进公民有序政治参与健康发展。要加强公民政治参与的制度化、程序化建设，进一步健全和完善选举制度、听证制度、公民参与立法制度、公民批评制度、建议制度、对公职人员评价监督制度、陪审制度等，使其产生主人翁意识，进而提升其对整个政治共同体的信任。进而充分调动最广大人民群众建设社会主义的积极性、主动性和创造性，创造出高于资本主义市场经济的劳动生产率，超越并最终战胜资本主义！

第九章　社会主义在低谷中的探索与发展

苏东剧变后，世界社会主义运动一直在低谷中徘徊。由2007年美国“次贷”危机引发的全球金融危机，曾被许多对社会主义复兴充满期待的人们视为资本主义的“制度危机”，并由此在西方引发了“马克思主义热”的回归。但在2009年6月落幕的素有欧洲政治“晴雨表”之称的欧洲议会选举中，中左派政党却遭遇了几乎是有史以来最惨痛的失败，它们在欧盟27个成员国中的21个国家里落后于中右派政党。其中包括奥地利、比利时、捷克、芬兰、法国、德国、意大利、荷兰、波兰、西班牙和英国。尽管如此，欧洲工人面对危机毕竟表达了自己的愤怒，2009年整个春季，上百万法国工人在数百个城市发起罢工，屡次向本国政府、银行和企业抗议示威；意大利、希腊、冰岛和拉脱维亚，同样有成千上万人抗议经济危机。然而，作为本次金融风暴中心的美国，除了几起发生在纽约、旧金山街头的示威抗议，以及由美国钢铁工人联合会发起的要求美国政府创造更多就业岗位的游行之外，美国工人阶级几乎没有采取任何抵制行动。面对全国失业率达到8.5%，无业者超过1320万的现状，也没有发生任何大规模的罢工或停工。这种态势无疑说明，资本主义虽已遭到民众的质疑，但是还远没有走到尽头，从世界范围来看，资强社弱的局面尚未改变，社会主义在一段时期中仍将处于低谷。

资本主义的发展变化迫使人们结合本国国情重新认识社会主义和资本主义及其关系，打破了传统社会主义模式的思想禁锢，有利于东西方社会主义理论和实践研究的全景式展开和纵深发展，促进了马克思主义的本土化和社会主义理论的创新。现实社会主义国家通过经济、政治体制改革，实现了模式更新；发达资本主义国家的社会主义力量在资本主义体制内进行更深层次的探索，提出种种“新社会主义”思想；发展中国家社会主义力量结合本国实际，积极探索各具特色的社会主义道路。

一、社会主义在当代中国的创新和发展

以20世纪70年代末中国共产党人的改革为发端，世界社会主义运动中开始了新一轮改革浪潮。但在改革中，由于苏东国家共产党人的失误，导致了这些国家的剧变。与此形成鲜明对比的是，中国共产党人在波澜壮阔的改革进程中，坚定方向、大胆探索，实现了社会主义在当代的创新和发展。

1978年12月18日，中国共产党十一届三中全会召开，把中国推向了改革开放时代。1979年7月，中共中央决定在深圳、珠海、汕头、厦门建立经济特区。次年8月，五届全国人大第十五次会议向全世界宣布了这一消息。《纽约时报》惊叹：中国大变革的指针正轰然鸣响。作为改革开放总设计师的邓小平，对特区的领导者们下达了颇有军人气势的命令："你们自己去搞，杀出一条血路来。"①接着，大连、天津等14个沿海开放城市中设立经济技术开发区，开放的范围逐步扩大，给中国的经济发展注入了强劲的推进剂。经济特区的诞生和发展，标志着中国改革开放大幕的拉开。

此后，中国的改革开放从沿海到内地、从农村到城市、从机关到学校，以燎原之势，迅速遍及全国各地，不仅改变了亿万人民的命运，而且改变了整个国家的命运。改革开放的伟大实践发展了中国，发展了社会主义。中国共产党通过总结改革开放的经验，不断进行理论创新，形成了中国特色社会主义理论体系，而且找到了中国特色社会主义道路，解决和回答了当代中国的基本问题。

（一）创立了中国特色社会主义理论体系

中国特色社会主义理论体系是中国共产党领导的改革开放和社会主义现代化建设实践的理论结晶。中国共产党十七大报告指出："改革开放是决定当代中国命运的关键抉择，是发展中国特色社会主义、实现中华民族伟大复兴的必由之路；只有社会主义才能救中国，只有改革开放才能发展中国、

① 《邓小平思想年谱（一九七五—一九九七）》，中央文献出版社1998年版，第117页。

发展社会主义、发展马克思主义。”①在改革开放的历史进程中，中国共产党坚持十个结合，在实践中不断进行理论探索和理论创新。

1. 把坚持马克思主义基本原理同推进马克思主义中国化结合起来，解放思想、实事求是、与时俱进，以实践基础上的理论创新为改革开放提供理论指导。中国改革开放取得伟大成功，关键在于既坚持了马克思主义基本原理，又根据当代中国实践和时代发展不断推进马克思主义中国化，形成和发展了包括邓小平理论、“三个代表”重要思想和科学发展观等重大战略思想在内的中国特色社会主义理论体系，赋予当代中国马克思主义勃勃生机。

2. 把坚持四项基本原则同坚持改革开放结合起来，牢牢扭住经济建设这个中心，始终保持改革开放的正确方向。中国共产党毫不动摇地坚持党的基本路线，既以四项基本原则保证改革开放的正确方向，又通过改革开放赋予四项基本原则新的时代内涵，坚持把以经济建设为中心同四项基本原则、改革开放这两个基本点统一于发展中国特色社会主义的实践，使中国特色社会主义在当今世界的深刻变化和当代中国的深刻变革中牢牢站稳了脚跟，成为充满生机活力的社会主义。

3. 把尊重人民首创精神同加强和改善党的领导结合起来，坚持执政为民、紧紧依靠人民、切实造福人民，在充分发挥人民创造历史作用中体现党的领导核心作用。中国共产党坚持人民创造历史这一马克思主义科学原理，真诚代表中国最广大人民的根本利益，紧紧依靠人民，最广泛地调动人民群众的积极性、主动性、创造性，从人民中汲取智慧，加强和改善党的领导，使党得到人民充分信赖和拥护，始终发挥领导核心作用，为改革开放和社会主义现代化建设凝聚起强大力量、提供根本政治保证。

4. 把坚持社会主义基本制度同发展市场经济结合起来，发挥社会主义制度的优越性和市场配置资源的有效性，使全社会充满改革发展的创造活力。中国共产党既在深刻而广泛的变革中坚持社会主义基本制度，又创造性地在社会主义条件下发展市场经济，使经济活动遵循价值规律的要求，不断解放和发展社会生产力，增强综合国力，提高人民生活水平，更好实现经济建设这个中心任务。

---

① 本书编写组：《十七大报告辅导读本》，人民出版社2007年版，第10页。

5. 把推动经济基础变革同推动上层建筑改革结合起来，不断推进政治体制改革，为改革开放和社会主义现代化建设提供制度保证和法制保障。中国共产党既积极推进经济体制改革，又积极推进政治体制改革，发展社会主义民主政治，建设社会主义法治国家，保证人民当家做主，不断推动中国社会主义上层建筑与经济基础相适应，社会主义民主政治展现出更加旺盛的生命力。

6. 把发展社会生产力同提高全民族文明素质结合起来，推动物质文明和精神文明协调发展，更加自觉、更加主动地推动文化大发展大繁荣。中国共产党既重视物的发展即社会生产力的发展，又重视人的发展即全民族文明素质的提高，坚持物质文明和精神文明两手抓，实行依法治国和以德治国相结合，以科学的理论武装人、以正确的舆论引导人、以高尚的情操塑造人、以优秀的作品鼓舞人，着力培育有理想、有道德、有文化、有纪律的公民，不断提高全民族的思想道德素质和科学文化素质，为改革开放和社会主义现代化建设提供强大精神动力和智力支持、营造良好舆论环境。

7. 把提高效率同促进社会公平结合起来，实现在经济发展的基础上由广大人民共享改革发展成果，推动社会主义和谐社会建设。中国共产党既高度重视通过提高效率来增强社会活力、促进经济发展，又高度重视在经济发展的基础上通过实现社会公平来促进社会和谐，坚持以人为本，以解决人民最关心最直接最现实的利益问题为重点，着力发展社会事业，着力完善收入分配制度，保障和改善民生，走共同富裕道路，努力形成全体人民各尽其能、各得其所而又和谐相处的局面，为改革开放和社会主义现代化建设营造良好社会环境。

8. 把坚持独立自主同参与经济全球化结合起来，统筹好国内国际两个大局，为促进人类和平与发展的崇高事业作出贡献。中国共产党既高度珍惜并坚定不移地维护中国人民经过长期奋斗得来的独立自主权利，又坚持对外开放的基本国策，始终站在国际大局与国内大局相互联系的高度审视中国和世界的发展问题，思考和制定中国的发展战略，坚持独立自主的和平外交政策，坚持和平发展道路，坚持互利共赢的开放战略，推动建设持久和平、共同繁荣的和谐世界，为中国发展争取良好国际环境，也为世界和平与发展做出重要贡献。

9. 把促进改革发展同保持社会稳定结合起来，坚持改革力度、发展速度和社会可承受程度的统一，确保社会安定团结、和谐稳定。中国共产党既大力推进改革发展，又正确处理改革发展稳定关系，坚持改革是动力、发展是目的、稳定是前提，把不断改善人民生活作为处理改革发展稳定关系的重要结合点，在社会稳定中推进改革发展，通过改革发展促进社会稳定，在当今世界发生广泛而深刻的变化、当代中国发生广泛而深刻的变革的大环境下，始终保持社会大局稳定。

10. 把推进中国特色社会主义伟大事业同推进党的建设新的伟大工程结合起来，加强党的执政能力建设和先进性建设，提高党的领导水平和执政水平、提高拒腐防变和抵御风险能力。中国共产党既紧紧围绕推进中国特色社会主义事业来推进党的建设，又通过加强和改进党的建设来推进中国特色社会主义事业，顺应世情、国情、党情的新变化，明确党的历史方位，坚持党要管党、从严治党，坚持以改革创新精神加强党的自身建设，不断提高党的执政能力，保持和发展党的先进性，不断增强党的阶级基础和扩大党的群众基础，不断提高拒腐防变和抵御风险能力，始终保持党同人民群众的血肉联系，使党始终成为中国特色社会主义事业的坚强领导核心。

正是由于中国共产党坚持了以上十个结合，取得了在一个十几亿人口的发展中大国摆脱贫困、加快实现现代化、巩固和发展社会主义的宝贵经验。

从1978年到2010年，中国国内生产总值由3645亿元增长到39.8万亿元，年均实际增长9%以上，是同期世界经济年均增长率的3倍多，中国经济总量上升为世界第二。中国依靠自己力量稳定解决了13亿人口吃饭问题。中国主要农产品和工业品产量已居世界第一，具有世界先进水平的重大科技创新成果不断涌现。

中国人民生活总体上达到小康水平。改革开放以来的30多年是中国城乡居民收入增长最快、得到实惠最多的时期。从1978年到2007年，中国城镇居民人均可支配收入由343元增加到17175元；农民人均纯收入由134元增加到5000元。城市人均住宅建筑面积和农村人均住房面积成倍增加。群众家庭财产普遍增多，吃穿住行用水平明显提高。改革开放前长期困扰中国的短缺经济状况已经从根本上得到改变。

正是在改革开放的伟大进程中，中国共产党通过理论创新，形成了中国特色社会主义理论体系。以邓小平同志为核心的中国共产党第二代中央领导集体，坚持解放思想、实事求是，科学评价毛泽东同志和毛泽东思想，彻底否定“以阶级斗争为纲”的错误理论和实践，带领全党全国各族人民开启了全面改革开放的伟大历史进程，第一次提出了“建设有中国特色的社会主义”的重大命题，创立了邓小平理论。以江泽民同志为核心的中国共产党第三代中央领导集体，坚持改革开放、与时俱进，带领全党全国各族人民经受住国内外政治风波和经济风险等种种严峻考验，在深刻认识和准确把握世情、国情、党情发展变化的基础上，创立了“三个代表”重要思想。以胡锦涛同志为总书记的党中央，坚持以邓小平理论和“三个代表”重要思想为指导，顺应国内外形势发展变化，发扬求真务实、开拓进取精神，继续推进理论创新和实践创新，提出了科学发展观等重大战略思想。邓小平理论、“三个代表”重要思想和科学发展观等重大战略思想的有机统一构成了中国特色社会主义的理论体系。

在中国特色社会主义理论体系的指导下，中国共产党人经过艰难探索，终于找到了一条中国特色社会主义道路，这条道路就是中国共产党十八大报告概括的：“在中国共产党领导下，立足基本国情，以经济建设为中心，坚持四项基本原则，坚持改革开放，解放和发展社会生产力，建设社会主义市场经济、社会主义民主政治、社会主义先进文化、社会主义和谐社会、社会主义生态文明，促进人的全面发展，逐步实现全体人民共同富裕，建设富强民主文明和谐的社会主义现代化国家。”①改革开放30多年来，中国人民在中国特色社会主义理论体系指引下，沿着中国特色社会主义道路阔步前进，中国以世界上少有的速度持续快速发展起来，社会主义和马克思主义在中国大地上焕发出勃勃生机，给人民带来更多福祉，使中华民族大踏步赶上时代前进潮流、迎来伟大复兴的光明前景。

（二）探索回答了当代中国的基本问题

胡锦涛在纪念中国共产党十一届三中全会召开30周年大会上的讲话

① 本书编写组：《十八大报告辅导读本》，人民出版社2012年版，第12页。

中，把改革开放以来中国共产党探索和回答的基本问题归结为“四个怎样”。他指出：“30 年来，我们党的全部理论和全部实践，归结起来就是创造性地探索和回答了什么是马克思主义、怎样对待马克思主义，什么是社会主义、怎样建设社会主义，建设什么样的党、怎样建设党，实现什么样的发展、怎样发展等重大理论和实际问题。”①正是通过对这四个基本问题的探索和回答，中国共产党深化了对马克思主义发展规律、共产党执政规律、社会主义建设规律、人类社会发展规律的认识，实现了科学社会主义的一系列重大创新。

1. 通过探索和回答什么是马克思主义、怎样对待马克思主义，深化了对马克思主义发展规律的认识，实现了马克思主义中国化的新飞跃

在马克思主义发展史上，第一个提出研究马克思主义发展规律问题的是毛泽东。② 他在领导中国革命和建设的过程中，对这一规律进行了不懈探索，曾取得了指导革命和建设事业成功的宝贵经验；但由于客观历史条件等原因的影响，在其晚年也出现了像“文化大革命”这样的严重失误。改革开放后，中国共产党通过对这一问题的探索和回答，重新确立并发展了党的实事求是的思想路线，始终引领着中国特色社会主义事业沿着正确的航程前行。

（1）邓小平理论对这一问题的探索和回答，突出了解放思想的重要性。邓小平作为当代中国改革开放的旗手，一开始首先就提出了这一问题。他掷地有声地说：“马克思主义是什么，过去我们并没有完全搞清楚。”③在当时的背景下，想搞清楚并非易事。因为长期“左”的思想禁锢，马克思主义已被不可置疑地供奉在高高的神坛上。邓小平认为搞清楚什么是马克思主义的前提是怎样对待马克思主义，这就要解放思想。“解放思想，开动脑筋，实事求是，团结一致向前看，首先是解放思想。只有思想解放了，我们才能正确地以马列主义、毛泽东思想为指导，解决过去遗留的问题，解决新出现的一系列问题”④。他以超人的革命勇气发动和支持了关于真理标准问题的讨

① 胡锦涛：《在纪念党的十一届三中全会召开 30 周年大会上的讲话》，《人民日报》2008 年 12 月 19 日。

② 《毛泽东著作选读》（下册），人民出版社 1986 年版，第 785 页。

③ 《邓小平文选》第 3 卷，人民出版社 1993 年版，第 137 页。

④ 《邓小平文选》第 2 卷，人民出版社 1994 年版，第 141 页。

论，开启了一场新的思想解放运动，进而重新确立了党的思想路线。

思想路线端正了，怎样对待马克思主义的问题就迎刃而解了。邓小平经过深思熟虑，针对“两个凡是”的论调，振聋发聩地指出：“一个党，一个国家，一个民族，如果一切从本本出发，思想僵化，迷信盛行，那它就不能前进，它的生机就停止了，就要亡党亡国。”①他提出“老祖宗不能丢”②。同时要敢于讲“新话”，讲“老祖宗没有说过的话”③。因为“绝不能要求马克思为解决他去世之后上百年、几百年所产生的问题提供现成答案。列宁同样也不能承担为他去世以后五十年、一百年所产生的问题提供现成答案的任务。真正的马克思列宁主义者必须根据现在的情况，认识、继承和发展马克思列宁主义”④。

在这一前提下，人们对什么是马克思主义的认识也得到了升华。过去相当长一个时期中，中国理论界曾把阶级斗争和无产阶级专政当作马克思主义的核心，并以此作为划分马克思主义者和非马克思主义者的基本标准。因为列宁明确讲过：“只有承认阶级斗争、同时也承认无产阶级专政的人，才是马克思主义者。”⑤邓小平通过总结改革开放实践经验和艰辛的理论探索，用朴实的中国语言表达了当代马克思主义的基本含义：第一，“马克思主义是科学”⑥，不是教条，必须随着实践的发展而发展。第二，马克思主义是共产党人的理想信念，“马克思主义的另一个名词就是共产主义”⑦。第三，马克思主义的核心和精髓是实事求是，“马克思主义的辩证唯物主义和历史唯物主义，也就是毛泽东同志概括的实事求是”⑧，“实事求是是马克思主义的精髓”⑨。第四，马克思主义的基本原则是发展生产力，“马克思主义最注重

① 《邓小平文选》第2卷，人民出版社1994年版，第143页。
② 《邓小平文选》第3卷，人民出版社1993年版，第369页。
③ 《邓小平文选》第3卷，人民出版社1993年版，第91页。
④ 《邓小平文选》第3卷，人民出版社1993年版，第291页。
⑤ 《列宁选集》第3卷，人民出版社1995年版，第139页。
⑥ 《邓小平文选》第3卷，人民出版社1993年版，第382页。
⑦ 《邓小平文选》第3卷，人民出版社1993年版，第137页。
⑧ 《邓小平文选》第3卷，人民出版社1993年版，第118页。
⑨ 《邓小平文选》第3卷，人民出版社1993年版，第382页。

发展生产力”①。这些“并不玄奥”的道理使人们耳目一新，大大深化了人们对马克思主义的认识。

(2)“三个代表”重要思想对这一问题的探索和回答，强调了马克思主义与时俱进的理论品格。江泽民指出：“必须使全党始终保持与时俱进的精神状态，不断开拓马克思主义理论发展的新境界。”“与时俱进，就是党的全部理论和工作要体现时代性，把握规律性，富于创造性。”②马克思主义是工人阶级的思想武器，它的鲜明特点是理论联系实际。实践是不断发展的，作为反映实践、指导实践的马克思主义理论就需要不断创新，它不是一个僵化的封闭的理论体系，而是一个发展的开放的体系。与时俱进是马克思主义的基本理论品格。

一部马克思主义发展史，就是马克思主义创始人及其后继者，对已经改变的实践进行新的理论概括，又用创新理论指导发展了的实践的历史。创新就要不断解放思想、实事求是、与时俱进。我们要突破前人，后人也必然会突破我们。我们所处的时代，同过去相比发生了很多深刻的变化。无论从国际还是从国内看，我们都面临着许多新情况新问题，必须从理论上和实践上做出回答并加以解决。“我们必须与时俱进，继续丰富和发展马克思主义。如果因循守旧、停滞不前，我们就会落伍，我们党就有丧失先进性和领导资格的危险。”③理论创新，这是马克思主义唯物辩证法的根本要求。要使党和国家的发展不停顿，首先理论上不能停顿，否则，一切新的发展都谈不上。但进行理论创新，必须坚持两个基本要求：一是必须坚持马克思主义的立场、观点和方法，坚持马克思主义的基本原理。这一点，要坚定不移，不能含糊。二是一定要贯彻解放思想、实事求是的思想路线，坚持勇于追求真理和探索真理的革命精神。这一点，也要坚定不移，不能含糊。“这两个‘坚定不移’、两个‘不能含糊’，始终是检验我们是不是真正的马克思主义者的试金石。”④正是在这样的思想指导下，江泽民面对新的发展机遇，顺应时代潮流，在贯彻解放思想、实事求是路线中，坚持与时俱进和理论创新，提出了

① 《邓小平文选》第3卷，人民出版社1993年版，第63页。

② 《江泽民文选》第3卷，人民出版社2006年版，第537页。

③ 《江泽民文选》第3卷，人民出版社2006年版，第335页。

④ 《江泽民文选》第3卷，人民出版社2006年版，第335页。

“三个代表”重要思想。进一步丰富了中国特色社会主义理论体系的科学内涵。

(3) 科学发展观对这一问题的探索和回答,特别强调了求真务实精神。胡锦涛指出:“求真务实,是辩证唯物主义和历史唯物主义一以贯之的科学精神,是我们党的思想路线的核心内容,也是党的优良传统和共产党人应该具备的政治品格。”①在全党大力弘扬求真务实精神、大兴求真务实之风,关键是要引导全党同志不断“求我国社会主义初级阶段基本国情之真,务坚持长期艰苦奋斗之实;求社会主义建设规律和人类社会发展规律之真,务抓好发展这个党执政兴国的第一要务之实;求人民群众的历史地位和作用之真,务发展最广大人民根本利益之实;求共产党执政规律之真,务全面加强和改进党的建设之实”②。

坚持和巩固马克思主义指导地位,是党和人民团结一致、始终沿着正确方向前进的根本思想保证。同时,马克思主义只有同本国国情和时代特征紧密结合,在实践中不断丰富和发展,才能更好发挥指导实践的作用。在改革开放的新时期,在新的历史起点上,胡锦涛一再强调必须“坚持解放思想和实事求是的统一,大力发扬求真务实精神。不断深化对共产党执政规律、社会主义建设规律、人类社会发展规律的认识”③,自觉把思想认识从那些不合时宜的观念、做法和体制的束缚中解放出来,从对马克思主义的错误的和教条式的理解中解放出来,从主观主义和形而上学的桎梏中解放出来,以实践基础上的理论创新回答改革开放中提出的一系列理论和实际问题。他提出的科学发展观等一系列重大战略思想,为改革开放提供了体现时代性、把握规律性、富于创造性的理论指导,开辟了马克思主义的新境界。

2. 通过探索和回答什么是社会主义、怎样建设社会主义,深化了人们对社会主义建设规律的认识,实现了社会主义理论的新发展

① 中共中央文献研究室:《深入学习实践科学发展观活动领导干部学习文件选编》,中央文献出版社 2008 年版,第 6～7 页。

② 中共中央文献研究室:《深入学习实践科学发展观活动领导干部学习文件选编》,中央文献出版社 2008 年版,第 12 页。

③ 胡锦涛:《在纪念党的十一届三中全会召开 30 周年大会上的讲话》,《人民日报》2008 年 12 月 19 日。

新时期伊始,传统社会主义高度集权的体制已陷入山穷水复的境地。当代中国的改革开放从根本上说,就是要破除传统社会主义观念和模式。这就需要通过对社会主义的再认识,进一步探索社会主义建设的规律。30多年来中国共产党通过认识上的三个重大转变,实现了社会主义的重大创新。

(1) 从社会主义特征论到社会主义本质论。对社会主义的再认识,是在邓小平亲自倡导下进行的。邓小平多次说:“什么叫社会主义,什么叫马克思主义?我们过去对这个问题的认识不是完全清醒的。”①“什么叫社会主义,怎样建设社会主义,还在摸索之中。”②过去人们对社会主义的认识主要基于特征的描述,如消灭剥削、生产资料公有制、按劳分配、计划经济、社会主义精神文明等等。特征论的好处是一目了然,容易判别,但其并不完全科学。一是事物的特征有的是表面的,并不反映其本质;二是这种特征的描述是马克思主义经典作家在缺乏实践的条件下,基于对发达资本主义的批判而揭示出来的。基于此,邓小平对什么是社会主义的探索,也首先从认识中国国情开始,提出社会主义初级阶段理论和社会主义根本任务理论,进而通过理论探索和总结实践经验提出了社会主义本质理论。在1992年南方谈话中他响亮地提出:“社会主义的本质,是解放生产力,发展生产力,消灭剥削,消除两极分化,最终达到共同富裕。”③

此后,以江泽民为核心的第三代中央领导集体提出了要不断解放和发展生产力使“人民共享经济繁荣成果”的论断④,以胡锦涛为总书记的党中央进一步提出了“社会和谐是中国特色社会主义的本质属性,是国家富强、民族振兴、人民幸福的重要保证”的思想⑤,进一步深化和丰富了社会主义本质论。社会主义本质理论,在分析社会主义社会的基本矛盾和主要矛盾的基础上,深刻揭示了社会主义发展的根本手段和根本目的以及二者之间的内

① 《邓小平文选》第3卷,人民出版社1993年版,第63页。

② 《邓小平文选》第3卷,人民出版社1993年版,第227页。

③ 《邓小平文选》第3卷,人民出版社1993年版,第373页。

④ 《江泽民文选》第3卷,人民出版社2006年版,第17页。

⑤ 中共中央文献研究室:《深入学习实践科学发展观活动领导干部学习文件选编》,中央文献出版社2008年版,第225页。

在关系。它把生产力问题置于最高的位置，把共同富裕和社会和谐作为社会主义突出的核心，提供了对社会主义完整深刻的认识，确立了评判姓“社”姓“资”的根本标准。从根本上解决了人们对社会主义的认识问题，使人们对社会主义的认识由“特征”飞跃到“本质”，进入一个崭新的阶段。它作为对“什么是社会主义”探索的新成果，解决了社会主义建设时期最重大的理论问题，成为科学社会主义由传统理论形态向当代理论形态飞跃的重要标志。

(2) 从计划经济到市场经济。马克思主义创始人认为，社会主义不存在商品生产和市场经济，实行的是有计划的产品经济。“一旦社会占有了生产资料，商品生产就将被消除，而产品对生产者的统治也将随之消除。社会生产内部的无政府状态将为有计划的自觉的组织所代替。”①世界各社会主义国家建立以后，忽视了马克思、恩格斯论断的前提——发达国家革命的共同胜利，都把计划经济当作社会主义不可动摇的原则。列宁和毛泽东虽然对社会主义条件下的商品经济进行了有益探索，但都没有得出社会主义可以搞市场经济的结论。在改革开放的过程中，邓小平从社会主义初级阶段论出发，以无畏的创新精神提出：“计划多一点还是市场多一点，不是社会主义与资本主义的本质区别。计划经济不等于社会主义，资本主义也有计划；市场经济不等于资本主义，社会主义也有市场。”②计划和市场都是手段，市场经济是现代化大生产不可逾越的阶段。从而创立了社会主义经济理论。

中国共产党十三届四中全会后，江泽民提出要把市场经济与社会主义基本制度联系在一起。“在所有制结构上，坚持以公有制经济为主体，个体经济、私营经济和其他经济成分为补充，多种经济成分共同发展”；“在分配制度上，坚持以按劳分配为主体，其他分配方式为补充”；在经济运行机制上，“把市场经济和计划经济的长处有机结合起来”。③ 以胡锦涛为总书记的党中央进一步提出要完善社会主义市场经济体制，“完善公有制为主体、多种所有制经济共同发展的基本经济制度；建立有利于逐步改变城乡二元经

① 《马克思恩格斯选集》第3卷，人民出版社1995年版，第633页。

② 《邓小平文选》第3卷，人民出版社1993年版，第373页。

③ 《江泽民文选》第1卷，人民出版社2006年版，第203页。

济结构的体制；形成促进区域经济协调发展的机制；建设统一开放竞争有序的现代市场体系；完善宏观调控体系、行政管理体制和经济法律制度；健全就业、收入分配和社会保障制度，建立促进经济社会可持续发展的机制"①。这些富有理论创造性和实践指导性的思想，丰富和发展了社会主义市场经济理论。

社会主义市场经济理论的创立，为中国的经济改革确立了目标模式。这一理论在马克思主义发展史上第一次实现了市场经济与社会主义的结合。突破了市场经济必定是资本主义的、社会主义必然排斥市场经济的固有观念，改写了所有政治经济学的教科书，开拓了中国经济体制改革的新视野。

(3) 从小康社会到和谐社会。社会主义现代化是在中国三届人大一次会议上，由毛泽东建议，周恩来在政府工作报告中第一次正式提出的，报告说，要在20世纪末实现农业、工业、国防和科学技术四个现代化。由于当时历史条件的限制和"左"的指导思想的影响，四个现代化建设事业进展缓慢。中国共产党十一届三中全会后，邓小平提出要集中力量进行现代化建设。他根据中国国情，认为发展目标不宜订得过高，实现现代化的时间也不能太短。在这样的认识基础上，他提出了中国现代化建设的"三部曲"，即20世纪"走两步，达到温饱和小康"，21世纪"用三十到五十年时间再走一步，达到中等发达国家的水平"②。他还提出20世纪末的具体经济指标为人均国民生产总值1000美元，21世纪中叶实现人均国民生产总值4000美元；并把20世纪末的中国社会定名为"人民生活普遍提高的小康社会"③。实现小康社会的"雄心壮志"极大地激励了全国人民投身改革和建设的热情。到2001年，中国国内生产总值达95000多亿元，胜利实现了现代化建设"三步走"战略的第一步、第一二步目标，人民生活总体上达到了小康水平。

进入新世纪，以胡锦涛为总书记的党中央在深入分析中国改革发展的阶段性特征以及面临的机遇和挑战的前提下，从中国特色社会主义事业的

① 中共中央文献研究室：《十六大以来重要文献选编》上册，中央文献出版社2005年版，第465页。

② 《邓小平文选》第3卷，人民出版社1993年版，第251页。

③ 《邓小平文选》第3卷，人民出版社1993年版，第216页。

总体布局出发，在中国社会总体实现小康并开始全面建设小康社会的同时，提出了构建社会主义和谐社会的构想。明确指出，社会主义和谐社会是“按照民主法治、公平正义、诚信友爱、充满活力、安定有序、人与自然和谐相处的总要求”，由“全体人民共同建设、共同享有的和谐社会”①。

构建社会主义和谐社会是贯穿中国特色社会主义事业全过程的长期历史任务。它既是全面建设小康社会的重要内容，也是全面建设小康社会的重要条件。构建社会主义和谐社会比全面建设小康社会的要求更高、时间更长、任务更重。到2020年，中国在完成了全面建设小康社会的宏伟目标之后，还要为构建社会主义和谐社会继续长期奋斗。“同建设社会主义现代化国家要经历一个很长历史过程一样，构建社会主义和谐社会也是一个需要随着经济、政治、文化的发展而不断推进的很长历史过程”②。提出构建社会主义和谐社会的新目标，进一步深化了人们对社会主义建设规律的认识，为中国21世纪的社会主义现代化建设勾画了新的蓝图，指明了前进方向。

3. 通过探索和回答建设什么样的党、怎样建设党，深化了对共产党执政规律的认识，谱写了执政党建设理论的新篇章

如何认识、把握和运用共产党执政规律，提高党的执政能力，巩固党的执政地位，完成党的执政使命，是关系党生死攸关的大问题。邓小平在改革开放之初就提出了“执政党应该是一个什么样的党，执政党的党员应该怎样才合格，党怎样才叫善于领导”的问题③，强调要“把我们党建设成为有战斗力的马克思主义政党”，成为领导人民进行社会主义现代化建设的坚强核心④。20世纪80年代末以来，世界上一些执政几十年的大党、老党由于脱离群众、失掉民心，先后失去政权，有的甚至走向衰亡；特别是原苏联、东欧的共产党由于长期忽视执政能力建设，导致用鲜血和生命换来的人民政权毁于一旦。中国共产党十三届四中全会以来，以江泽民为核心的第三代中

① 中共中央文献研究室：《深入学习实践科学发展观活动领导干部学习文件选编》，中央文献出版社2008年版，第228页。

② 中共中央文献研究室：《十六大以来重要文献选编》中册，中央文献出版社2005年版，第700页。

③ 《邓小平文选》第2卷，人民出版社1994年版，第276页。

④ 《邓小平文选》第3卷，人民出版社1993年版，第39页。

央领导集体和以胡锦涛、习近平为总书记的党中央，高度重视党的执政能力建设和先进性建设，在全面推进党的建设新的伟大工程的过程中，丰富和创新了执政党建设理论。

(1) 提出“两大变化”和“两大课题”论断。科学判断党的历史方位，才能确定党的历史任务。中国共产党十六大报告指出：中国共产党历经革命、建设和改革的长期奋斗，已经发生了两大变化：一是“已经从领导人民为夺取全国政权而奋斗的党，成为领导人民掌握全国政权并长期执政的党”；二是“已经从受到外部封锁和实行计划经济条件下领导国家建设的党，成为对外开放和发展社会主义市场经济条件下领导国家建设的党”。① 第一个变化表明中国共产党的中心任务发生了转变，即从阶级斗争转变为以经济建设为中心，这就要求中国共产党改变领导方式，提高执政水平。第二个变化表明中国共产党的执政环境发生了巨大变化，要求中国共产党要深入研究党的执政规律和建设规律，居安思危，增强忧患意识。

历史方位的变化，使中国共产党面临新的历史课题。一是要“提高党的领导水平和执政水平”；二是要“提高拒腐防变和抵御风险能力”。② 新的历史课题向中国共产党提出了四大长期考验：即执政的考验、改革开放的考验、市场经济的考验、外部环境的考验。只有经得起历史的考验，中国共产党才能顺利实现推进现代化建设，完成祖国统一大业，维护世界和平与促进共同发展三大历史任务。“两大变化”和“两大课题”的提出表明中国共产党作为执政党的新觉醒。

(2) 提出“两个先锋队”的思想。实现党的历史任务，必须提高党的领导力，进而必须增强党的阶级基础和扩大党的群众基础。中国共产党十六大报告提出了中国共产党“是中国工人阶级的先锋队，同时是中国人民和中华民族的先锋队”③的论断。这表明了中国共产党的理论自觉。先进阶级、先进政党都只是人民群众当中的一部分，中国共产党作为中国特色社会主义事业的领导核心，必须在坚持和巩固党的阶级基础，实质是保持党的先进性

① 《江泽民文选》第 3 卷，人民出版社 2006 年版，第 536 页。
② 《江泽民文选》第 3 卷，人民出版社 2006 年版，第 568 页。
③ 《江泽民文选》第 3 卷，人民出版社 2006 年版，第 569 页。

的同时，扩大党的群众基础，把全中国人民更加紧密地团结在党的周围。唯有如此，党才能代表中国先进生产力的发展要求，代表中国先进文化的前进方向，代表中国最广大人民的根本利益，才能领导中华民族实现伟大的复兴。

(3) 加强“五个建设”，提高“六种能力”。人类进入21世纪，经济全球化和国际局势多极化的趋势在曲折中发展，科技进步日新月异，综合国力竞争日趋激烈；中国已进入发展的关键时期、改革的攻坚时期和社会矛盾频发时期。随着经济体制深刻变革、社会结构深刻变动、利益格局深刻调整、思想观念深刻变化，中国的发展既面临着前所未有的宝贵机遇，也面临着各种严峻挑战。在新的历史条件下，以胡锦涛和习近平为总书记的党中央继在关于执政理念、执政基础、执政方略、执政方式、执政体制等许多重大问题上提出一系列新观点的基础上，进一步提出：“牢牢把握加强党的执政能力建设、先进性和纯洁性建设这条主线”①，“以改革创新精神全面推进党的建设新的伟大工程”。突出强调：要“以坚定理想信念为重点加强思想建设，以造就高素质党员、干部队伍为重点加强组织建设，以保持党同人民群众的血肉联系为重点加强作风建设，以健全民主集中制为重点加强制度建设，以完善惩治和预防腐败体系为重点加强反腐倡廉建设”②。“着力提高驾驭社会主义市场经济的能力，发展社会主义民主政治的能力，建设社会主义先进文化的能力，构建社会主义和谐社会的能力，建设社会主义生态文明的能力，增强自我净化、自我完善、自我革新、自我提高能力，建设学习型、服务型、创新型的马克思主义执政党。”③党建理论的一系列创新，全面推进了党的建设新的伟大工程，使党的事业不断呈现出新的辉煌。

4. 通过探索和回答实现什么样的发展、怎样发展的问题，深化了对人类社会发展规律的认识，实现了发展观的新跨越

和平与发展是时代的主题，中国作为世界上最大的社会主义国家和发展中国家，长期面临着西方国家的巨大政治经济压力，面对着解放和发展社会生产力、增强综合国力、改善人民生活的繁重任务，解决好发展问题尤为

① 本书编写组：《十八大报告辅导读本》，人民出版社2012年版，第50页。

② 本书编写组：《十七大报告辅导读本》，人民出版社2007年版，第48页。

③ 本书编写组：《十八大报告辅导读本》，人民出版社2012年版，第50页。

紧迫。邓小平高度关注发展问题，明确提出“发展才是硬道理”①；江泽民把发展问题同党的执政理念联系起来，提出“把发展作为党执政兴国的第一要务”②；胡锦涛立足社会主义初级阶段基本国情，总结中国发展实践，借鉴国外发展经验，适应新的发展要求提出了以人为本的“科学发展观”③，从而使中国共产党对发展问题的认识达到了新的高度。30多年来，中国共产党在发展观上实现了三个跨越。

（1）从经济发展到全面发展。人是具有多种需要的社会活动主体，但只有在满足生理需要、安全需要等基本生存条件之后，才会追求自尊需要、自我实现需要、社会交往需要等更丰富更高层次的需要。不断满足人民日益增长的物质文化需求，是马克思主义政党的根本任务。改革开放之初，邓小平大声疾呼要“以经济建设为中心”，这是符合当时中国社会现状需要的。只有大力发展经济，以富裕带贫困，才能从局部到全面地解决人民的温饱问题。他在提出搞活经济的同时，还强调必须坚持物质文明与精神文明两手抓。

十三届四中全会后，随着经济社会的发展和人民民主意识的提高，江泽民及时指出：要大力“发展社会主义市场经济、社会主义民主政治和社会主义先进文化，不断促进社会主义物质文明、政治文明和精神文明的协调发展”，“推动社会全面进步，促进人的全面发展”④。21世纪初，中国经济总量已居世界前列，但经济社会发展不平衡的矛盾开始显现。胡锦涛通过分析国内外形势的新变化和中国社会发展出现的新特征，敏锐地指出：“经济发展和社会财富总量增加并不能自然实现社会和谐。如果只顾经济增长而忽视社会发展，不仅会加重经济社会发展不平衡的矛盾，最终经济发展也会难以为继。”⑤从而顺应各族人民过上更好生活的新期待，把握经济社会发展趋势和规律，及时向全党提出了“实现以人为本，全面协调可持续的科学发

① 《邓小平文选》第3卷，人民出版社1993年版，第377页。

② 《江泽民文选》第3卷，人民出版社2006年版，第538页。

③ 本书编写组：《十七大报告辅导读本》，人民出版社2007年版，第14页。

④ 《江泽民文选》第3卷，人民出版社2006年版，第574、539页。

⑤ 中共中央文献研究室：《十六大以来重要文献选编》下册，中央文献出版社2005年版，第808页。

展”①的新观念，以及中国特色社会主义经济建设、政治建设、文化建设、社会建设和生态文明建设的目标和建设物质文明、政治文明、精神文明、社会文明、生态文明的要求。中国特色社会主义五位一体的发展目标和五个文明建设的提出，表明中国共产党对社会主义发展规律有了新的认识。

(2) 从“部分先富”到协调发展。“部分先富”是中国走向共同富裕的必由之路，它符合经济发展不平衡的规律。中国是一个发展中的大国，由于历史、地理、文化等方面的原因，各个地区的经济发展是极不平衡的。各地区资源分布不同，科技教育水平不同，发展程度不同，因此，实现同步富裕是不可能的。邓小平深刻指出：“我们允许一些地区、一些人先富起来，是为了最终达到共同富裕”②。“一部分人生活先好起来，就必然产生极大的示范力量，影响左邻右舍，带动其他地区、其他单位的人们向他们学习。这样，就会使整个国民经济不断地波浪式地向前发展，使全国各族人民都能比较快地富裕起来。”③它同时严厉告诫人们“要防止两极分化”④。

事实证明，“部分先富”的政策是卓有成效的，到20世纪末，中国人民生活总体上实现了由温饱到小康的历史性跨越。但与此同时，“城乡发展不平衡、地区发展不平衡、经济社会发展不平衡的矛盾更加突出，缩小发展差距和促进经济社会协调发展任务艰巨”⑤。中国共产党的十七大审时度势，明确提出了“统筹城乡发展、区域发展、经济社会发展、人与自然和谐发展、国内发展和对外开放，统筹中央和地方关系，统筹个人利益和集体利益、局部利益和整体利益、当前利益和长远利益”⑥，促进现代化建设各个环节、各个方面协调发展，发展成果由人民共享的方针。协调发展、成果共享，有利于调动各方面的积极性，也是社会主义本质的鲜明体现。

(3) 从“和平共处”到“和谐世界”。自从世界上产生了社会主义制度以

---

① 本书编写组：《十七大报告辅导读本》，人民出版社2007年版，第15页。

② 《邓小平文选》第3卷，人民出版社1993年版，第195页。

③ 《邓小平文选》第2卷，人民出版社1994年版，第152页。

④ 《邓小平文选》第3卷，人民出版社1993年版，第195页。

⑤ 中共中央文献研究室：《十六大以来重要文献选编》中册，中央文献出版社2005年版，第697页。

⑥ 本书编写组：《十七大报告辅导读本》，人民出版社2007年版，第16页。

来，社会主义国家如何处理同其他社会制度国家的关系，成为国际关系中的一个新的理论和实践问题。十月革命后，列宁根据新的革命论和革命不能输出论，预见到社会制度不同的国家共存共处的不可避免性，提出了社会主义国家对不同社会制度国家和平共处的思想。但由于战争阴影时隐时现，这种共处不可能是持久的。新中国成立后，中国共产党提出和倡导了和平共处五项原则，但由于"冷战"的影响，这种共处只能是冷战共处。20 世纪 70 年代，邓小平根据国际格局的变化，指出世界已经进入了一个新的历史时期，和平与发展已成为世界的主题，不同社会制度国家之间的和平共处是必然的和长期的，这一论断为制定中国新时期的外交政策提供了基本原则。

20 世纪末，江泽民通过对发达资本主义国家经济、科技发展和物质文化生活水平的分析，认为其"比我们这样的发展中社会主义国家要高得多。这也是客观存在，我们不承认、不正视也不行"①。进而提出："世界各种文明和社会制度，应长期共存，在竞争比较中取长补短，在求同存异中共同发展"。这一论述为人们跳出"腐朽论"、"垂死论"的窠臼，正确认识和对待资本主义提供了新的视角。

以胡锦涛为总书记的党中央站在时代发展和人类进步事业的高度来对待当今世界一系列重大问题。从当代资本主义与世界社会主义发展和世界多样化的现实出发，敏锐洞察到求和平、谋发展、促合作已经成为不可阻挡的时代潮流，以深邃的战略眼光提出了建设"共同分享发展机遇，共同应对各种挑战"，"持久和平，共同繁荣的和谐世界"的主张。② 强调既通过争取和平的国际环境发展自己，又通过自身发展维护世界和平，努力实现和平的发展、开放的发展、合作的发展、和谐的发展；以合作者、建设者的姿态积极参与国际事务；主动地融入国际社会之中，以积极的、建设性的努力，维护和发展世界各国人民的共同利益。"和谐世界"战略思想的提出既向世界宣示了中国走和平发展道路的决心，也为中国赢得了发展的和平国际环境；同时表明中国共产党在对人类社会发展规律的认识上实现了新的跨越。

实践永无止境，创新永无止境。随着改革开放的深入发展，中国特色社

① 《江泽民文选》第 3 卷，人民出版社 2006 年版，第 79 页。

② 本书编写组：《十七大报告辅导读本》，人民出版社 2007 年版，第 45 页。

会主义道路会越走越宽广，中国共产党对四大基本问题和四大规律的认识将日益深化和成熟，将以新的思想、观点进一步丰富和发展中国特色社会主义理论体系。

（三）中国特色社会主义理论体系是对马列主义、毛泽东思想的继承和发展

中国特色社会主义理论体系，坚持和发展了马克思列宁主义、毛泽东思想，凝结了几代中国共产党人带领人民不懈探索实践的智慧和心血。它是同马克思列宁主义、毛泽东思想既一脉相承又与时俱进的科学理论体系。

1. 中国特色社会主义理论体系同马克思列宁主义、毛泽东思想是一脉相承的

中国特色社会主义理论体系，与马克思列宁主义、毛泽东思想的一脉相承主要表现为：理论基石都是历史唯物主义，最高理想都是实现共产主义，领导核心都强调必须以无产阶级政党为核心，都强调必须坚持代表最广大人民的根本利益，都强调必须与社会化大生产相联系、以公有制和按劳分配为社会主义经济制度的基础，都强调必须以人民当家做主为社会主义民主政治的本质特征，都强调必须坚持改革和完善社会主义制度和体制机制，等等。中国改革开放的进程和当今中国社会的现实充分证明，中国特色社会主义理论体系坚持了马克思列宁主义关于科学社会主义的重要思想，遵循了科学社会主义基本原则。说中国特色社会主义理论体系同马克思列宁主义是一脉相承的，这个“脉”，就是科学社会主义的基本原则。

2. 中国特色社会主义理论体系是与时俱进的科学理论体系

中国特色社会主义理论体系既坚持马克思主义基本原理和科学社会主义基本原则，又不从书本、概念和抽象的原则出发，而是一切从实际出发，以中国改革开放和社会主义现代化建设的实际问题、以中国正在做的事情为中心，坚持解放思想、实事求是、与时俱进，创造性地提出了一系列新思想、新观点、新论断，丰富和发展了马克思主义。

提出了社会主义本质思想，指出社会主义的本质是解放生产力，发展生产力，消灭剥削，消除两极分化，最终达到共同富裕，丰富和发展了马克思主义科学社会主义理论。

提出了社会主义初级阶段思想，强调这是中国在生产力落后、商品经济

不发达条件下建设社会主义必经的特定阶段,丰富和发展了马克思主义关于社会主义发展阶段理论。

提出了社会主义改革开放思想,指出改革是一场新的革命,是中国现代化的必由之路,僵化停滞没有出路,丰富和发展了马克思主义关于社会主义改革的思想。

提出了社会主义市场经济思想,强调中国经济体制改革的目标是建立社会主义市场经济体制,丰富和发展了马克思主义政治经济学理论。

提出了社会主义基本经济制度思想,强调以公有制经济为主体,毫不动摇地巩固和发展公有制经济,毫不动摇地鼓励、支持、引导非公有制经济发展,丰富和发展了马克思主义关于社会主义所有制理论。

提出了社会主义科学发展思想,强调发展是中国共产党执政兴国的第一要务,要实现以人为本、全面协调可持续的发展,丰富和发展了马克思主义关于社会主义发展理论。

提出了社会主义和谐社会思想,强调要按照民主法治、公平正义、诚信友爱、充满活力、安定有序、人与自然和谐相处的总要求构建社会主义和谐社会,丰富和发展了马克思主义关于社会主义社会建设理论。

提出了社会主义生态文明建设思想,强调必须树立尊重自然、顺应自然、保护自然的生态文明理念,着力推进绿色发展、循环发展、低碳发展,为人民创造良好生产生活环境,丰富发展了马克思主义关于人与自然关系的理论。

提出了社会主义政治文明建设思想,强调要坚持中国特色社会主义政治发展道路,发展社会主义民主政治,建设社会主义法治国家,丰富和发展了马克思主义民主政治理论。

提出了社会主义精神文明建设思想,强调要建设社会主义核心价值体系,坚持社会主义先进文化前进方向,提高国家文化软实力,丰富和发展了马克思主义意识形态建设理论。

提出了"一国两制"科学构想,强调按照"一个国家、两种制度"方针实现中国和平统一,丰富和发展了马克思主义国家学说。

提出了社会主义和平发展思想,强调奉行独立自主的和平外交政策、坚持互利共赢的开放战略,既通过争取和平的国际环境来发展自己,又通过自己的发展来促进世界和平，丰富和发展了马克思主义国际战略理论。

提出了马克思主义执政党建设思想，强调要加强党的执政能力建设、先进性和纯洁性建设，增强党的阶级基础、扩大党的群众基础，坚持科学执政、民主执政、依法执政，以改革创新精神全面推进党的建设新的伟大工程，丰富和发展了马克思主义党的建设理论，等等。

中国特色社会主义理论体系是与时俱进的，这个"进"，主要就体现在提出了以上这样一大批新思想、新观点、新论断，丰富和发展了马克思主义。

社会主义在当代中国的创新和发展，不仅丰富和发展了科学社会主义理论，开拓了马克思主义新境界，而且在世界社会主义遭受严重挫折的背景下走出了新路，为社会主义摆脱困境、向着健康方向发展提供了一个成功的范例。

二、越老朝古等社会主义国家的革新

越南共产党、朝鲜劳动党、老挝人民革命党和古巴共产党在领导本国人民取得武装反抗帝国主义侵略和殖民统治斗争的胜利后，都领导各自国家走上了社会主义道路，并确立了党在全社会的领导地位。世纪之交，当社会主义运动由于苏东剧变和资本主义在新技术革命推动下进入到经济全球化发展阶段而面临着严峻挑战时，越朝老古四国党顶住西方"和平演变"的巨大压力，克服国内经济社会发展方面存在的严重困难，在坚持马克思主义指导地位不动摇的基础上，吸取前苏东国家执政党将马克思主义教条、僵化的教训，结合时代发展与国情需要进行理论创新，有效地解答新形势下面临的现实问题，坚定地领导人民进行社会主义建设，对社会主义道路进行了新的探索和发展，走上了适合各自国情、各具特色的社会主义道路。

（一）坚持马克思主义与本国实际相结合，实现马克思主义本土化和民族化

越老朝古四国执政党认为，马克思主义必须与各国具体实际相结合，"马克思主义本土化是建设社会主义的前提条件之一"。在社会主义建设中，主张反对教条主义、形式主义，强调结合各自国情建设有本国特色的社会主义。

在长期革命斗争与建设中，越南共产党提出了马克思主义革命理论与本国革命实践相结合的胡志明思想，1991 年党的七大以后一直坚持把马列主义和胡志明思想作为自己的思想基础和行动指南。2001 年党的九大又进一步对胡志明思想进行了系统的阐述，明确指出："胡志明思想是关于越南革命基本问题的一套全面、深刻的理论和政治观点体系；是在我国具体条件下创造性运用和发展马克思列宁主义，继承和发展优良民族传统价值观以及吸收人类文化精华的产物"，是马列主义与越南实际相结合的产物，"我们党和人民决心沿着以马克思列宁主义和胡志明思想为基础的社会主义道路建设越南"。2006 年越共十大强调要创造性地运用和发展马列主义和胡志明思想，进一步认识社会主义理论及越南所走的社会主义道路，提高党的政治本领和知识水平。

1991 年苏东剧变后，古巴党在坚持马克思主义指导地位不动摇的同时，为扩大党的社会基础，召开四大，修改党章，正式将何塞·马蒂思想和马列主义并列为党的指导思想，高举爱国主义与民族主义旗帜，以缩短自己所信奉的意识形态与社会意识之间的距离，使古共的指导思想更贴近民众。1992 年的古巴宪法明确宣称："以马蒂思想和马列主义为指导的古巴共产党是古巴民族有组织的先锋队，是社会和国家最高的领导力量，它组织和指导为实现建设社会主义的崇高目标和向共产主义社会迈进的共同努力。"1997 年 10 月召开的古共"五大"再次重申古巴共产党以马克思主义、马蒂思想为指导思想，同时指出社会主义和共产党的领导是古巴唯一的选择。把何塞·马蒂思想与马克思主义相结合作为党的指导思想，突出了古共的民族性和本土化，大大加强了古共的社会基础和政治基础。

老挝人民革命党把马克思列宁主义普遍真理与老挝实际情况相结合，并将其作为党的思想基础和指导方针。1989 年 10 月老挝人民革命党四届八中全会强调："马列主义是党指导老挝人民各项革命事业的思想基础"。1991 年"五大"在党的指导思想上，在突出马列主义的普遍原理的同时，也强调吸收其他人类智慧的精华，强调要与老挝具体实际相结合。2001 年 3 月老挝人民革命党七大通过的《老挝人民革命党章程》指出：老挝人民革命党始终坚持马列主义，以马列主义作为自己的思想理论基础，并结合本国的实际条件，吸收和运用人类智慧的结晶和各国的经验。

朝鲜党在社会主义建设中突出“主体思想”，认为对待马列主义的态度既不能是教条主义，也不能是虚无主义。教条主义地运用工人阶级的革命理论，就会损害这一理论。同时，不能因为马列主义有局限性，就否定工人阶级的革命原则。主体思想继承了贯穿于全部马列主义的工人阶级的革命立场、唯物主义、辩证法的原理和科学的理论，即马列主义的一切革命原则。主体思想不是对马列主义思想的简单继承，而是对马列主义思想理论的进一步发展和丰富，是新的独特的思想。

（二）以创新精神探索具有本国特色的社会主义道路

越老朝古四国党都辩证地看待苏联模式与社会主义之间的关系，认为苏联模式的失败不是科学社会主义的失败，而是整个社会主义革命历程短暂的挫折和反复，是由于对社会主义的教条观念所造成的，并不表明社会主义和马克思主义已经过时。强调社会主义取代资本主义是不可抗拒的历史规律，不能因为苏联的崩溃而全面地否定苏联模式对社会主义探索所做出的贡献。强调社会主义国家的改革与建设，必须把马克思主义基本原理同本国的实际相结合，走自己的路，探索本国特色的社会主义发展道路。

越南共产党认为“一切民族和国家，都应以创造性的精神走自己的道路，不存在唯一的社会主义模式和样板。建设社会主义，必须结合本国的实际，正确运用马列主义的科学原理，探索适合越南国情的发展道路。”越共九大政治报告强调，马列主义不是教条，关于对什么是社会主义的认识也不可能一成不变，必须在实践中不断作出新的理论概括；要根据本国条件和环境，走自己的路，建设符合越南国情的社会主义。

老挝人民革命党认为，社会主义没有固定的、现成的和完整的模式，老挝有自己的特点，有地理、经济、社会、历史等条件造成的种种困难，不能无选择地抄袭某一个国家的模式，提出要“紧紧把握本国特点和实际，在运用马列主义理论和外部经验的同时，发扬独立、开创精神，以制定适合各个革命时期特点的政治路线及确立正确的战略和灵活的策略”。

古巴共产党认为，在建设有古巴特色的社会主义实践中，绝不能照搬与古巴国情不相符合的经验和模式。1995 年 9 月，古共中央政治局委员、国务委员会副主席、部长会议执行秘书拉赫在“经典马克思主义有效性”的国际讨论会上指出:“我们在任何书本中都找不到古巴社会主义进程所需要的描绘其未来的具体答案,在当今世界推进的任何模式中找不到,在同样努力建设社会主义的国家,如中国和越南的模式中也找不到。我们需要进行适合我们情况的改革”。就是说,要靠自己努力去“量体裁衣”,探索一条符合本国国情的发展路子。

由于国情的差异和面临的外部环境不同,四国党在探索社会主义发展模式方面各有侧重。越老两党提出以“经济建设为中心”,于1986年相继制定了实行社会主义定向的市场经济的“革新开放路线”,希望通过改革推动经济发展,为巩固党的领导地位强化国内经济基础。越共九大政治报告指出,所谓“社会主义定向的市场经济是处于向社会主义过渡时期的越南所采取的总的经济模式”①,主要任务是成功地实现社会主义定向的工业化和现代化,克服贫困和不发达状况,实现与社会主义紧密相连的民族独立、民富国强、社会公平、民主文明。国家发展的主要动力是全民大团结。这种民族大团结是建立在工人与农民、知识分子的联盟基础上的,是个人利益、集体利益和社会利益的和谐结合,是充分发挥各种经济成分和整个社会的潜力和力量。

在对本国社会主义发展阶段的认识上,越老两党都强调社会主义存在不同历史阶段,不经过资本主义制度建设社会主义,必然要经历一个长期的过渡时期。越共认为越南当前正处于社会主义过渡时期实现工业化、现代化阶段。在社会主义发展阶段上,老挝人民革命党经历了一个由脱离国情、超越阶段地向社会主义过渡,到重新认识国情,调整政策,逐步走上革新开放,为向社会主义过渡创造条件的过程。1986年11月老挝党召开了具有历史意义的“四大”。这次会议纠正了过去急躁冒进、急于求成的思想,认为老挝还处在“向社会主义过渡的初级阶段”,以后还要经过若干阶段和相当长的时间才能过渡到社会主义的道路。② 1989年1月老挝党召开四届七中全会,客观地认为老挝还不具备建设社会主义的物质基础,明确提出老挝尚处

---

① 许宝友:《越共九大政治报告的新特点》,《国外理论动态》2001年第7期。

② 陶红:《老挝人民革命党对社会主义的认识与实践》,《当代世界社会主义问题》1999年第1期。

在建设和发展人民民主制度、为逐步进入社会主义创造必要条件的历史阶段。根据两国所处阶段，越老两党把各自国家的发展模式确定为遵循社会主义方向、由国家管理的、包括外资在内的多种所有制和经济成分并存、平等竞争的市场经济。

越老两国都强调社会主义国家需要改革，不改革就不能发展，但是不能搞苏联那样的改革。将发展生产力，发展商品经济作为现阶段的中心任务，强调用科学的方法探索适合本国国情的发展道路，不断增强全民的社会主义意识和民族自主意识。老挝党1991年的“五大”指出老挝目前最迫切的任务是大力发展生产，逐步把自然、半自然经济转变为商品经济，建立农林与工业手工业、服务业相结合的新型经济结构。为能调动一切积极因素发展经济，承认非社会主义经济成分与社会主义经济成分有同等的法律地位和企业经营自主权。但是由于受本国经济发展水平和社会发育程度的限制，老挝的革新开放仍然处于由自然半自然经济向市场经济过渡的阶段。

朝古两党则根据本国情况把维护稳定作为巩固党的领导地位的中心任务，在此前提下逐步进行经济调整或改革。苏东剧变后，面对内忧外患的极度困境，朝鲜劳动党坚定走“朝鲜式社会主义道路”①，在国情认识上恪守金日成关于北方“已经进入到争取社会主义全面胜利的阶段”的论断，坚持以“先军政治”作为治国理政的基本模式。近年来，朝鲜劳动党又将先军思想拓展到经济、外交等领域，提出“先军经济路线”和“先军外交路线”，并将“先军政治”确定为朝鲜“建设强盛国家的基本战略路线”、“最符合当前历史条件的最强有力的社会主义政治模式”。随着国内社会的稳定，朝鲜党在2001年初提出要用新观念看待一切，强调“对建设社会主义的政党来说，没有比抓好经济更为重要的工作”。近年来，朝鲜在坚持传统计划经济模式的前提下，对经济管理进行局部的调整和改革。在生产领域适度放权让利，扩大企业自主权；在分配领域贯彻多劳多得的分配原则；在流通领域搞活公有经济市场、个体经济市场和社会主义物质交流市场等三类市场；在金融领域理顺价格和汇率，在外贸领域加大合作力度。

① “朝鲜式社会主义”即“主体的社会主义”，其精髓是“思想决定一切”，实行“国民经济有计划按比例发展”。

古巴共产党根据本国实际情况，始终把维护国家稳定、社会团结和巩固党的执政地位作为第一要务。古共认为古巴已经完成了从资本主义向社会主义的过渡，强调改革应该在保持稳定的前提下稳步而有序地推进，应该根据自己的地理环境和特殊的党情、国情、民情建设有古巴特色的社会主义。这种特色就是古巴社会主义革命所具有的民族独立性质。1995 年 12 月古巴领导人菲德尔·卡斯特罗访华在与江泽民会谈时说："古巴正在进行稳步的改革和开放，建设有古巴特色的社会主义。"①"古巴特色的社会主义"的根本特征是国民经济的计划性。近年来古巴采取了一系列改革开放的措施：第一，承认混合经济和私人经济的存在，积极吸引国外投资；第二，允许居民合法持有美元，并曾一度允许美元与古巴货币比索同时在市场流通；第三，恢复和扩大小商品和服务业的自由市场，缓解消费品市场上的供需矛盾，增加就业；第四，将大部分国营农场改为农业生产合作社，完善农业和工业领域国有企业的管理制度，扩大一部分效益好的国有企业的外贸自主权和外汇留成比例；第五，调整经济结构，减少蔗糖产量，重点发展旅游、镍矿、生物医药等创汇产业。这些措施虽然改变了国有经济一统天下和缺少市场调节的状况，但没有改变国有经济的主体地位和计划经济体制。②

从总体上看，越南、老挝的革新开放属于由计划经济向市场经济"转型"的模式，其差别在于市场化程度的不同；朝鲜、古巴的改革属于在计划经济体制内利用市场因素，对高度集中的指令性计划进行"改良"的模式，其差别在于利用市场因素的多少。③

（三）加强执政党建设，巩固党的执政地位

党是社会主义事业的领导核心。党能否在风云变幻的国内外形势下巩固执政地位，推动社会主义事业健康发展，关键在于能否发扬党内民主，密切党群关系，不断提高党的执政能力。越南、老挝、朝鲜、古巴等社会主义国

① 中联部研究室编：《外国政党建设的经验与教训》，当代世界出版社 2002 年版，第 34、35 页。

② 李慎明：《2007 年世界社会主义跟踪研究报告——且听低谷新潮声（之四）》，社会科学文献出版社 2008 年版，第 607 页。

③ 奚洁人：《党的先进性建设研究》，人民出版社 2007 年版，第 303 页。

家的执政党在新的形势下，在围绕历史使命和中心任务加强党的建设方面进行了许多有益的探索。

越南共产党在20多年的革新过程中，一贯坚持把党的建设作为一项关键任务，并坚持不懈自我革新、自我整顿。2006年4月召开的越共十大确定党建工作的总体目标和方向是："继续推进党的自我革新、自我整顿，保持工人阶级本色和增强先锋性，提高党的领导能力和战斗力。"

革新党就是以发扬和提高符合发展规律的因素为方向改变党的过程；吸纳、补充新的进步因素，摈弃过时、落后的东西；修正偏差。整顿党是调整党的组织、机构、人事、目标等，使之更加符合实际的过程；废除对组织的存在和发展没有作用的因素。革新、整顿党是调整、改变、废除一些过时、落后、不符合规律的因素，吸纳、发扬、改善一些新的进步的因素，使党按照符合规律的方向发展前进，不断提高党的领导能力和战斗力，适应新时期的领导任务和要求的过程。

越共认为自我革新、自我整顿是越南共产党建设、存在和发展的规律，二者辩证统一，理论来源是胡志明思想。党的自我革新、自我整顿是客观必要的，应当遵循相应的目标、原则、方针等，吸取经验教训，从政治、思想和组织上全面提高党的政治本领和政治智慧；健全和革新基层党组织的运行机制，提高党员队伍质量；严格实行党内民主集中制原则，加强党同人民的联系；革新机构设置和干部工作；革新党的领导方式。①

老挝、朝鲜、古巴等国执政党都从苏东剧变中吸取了深刻教训，十分注重从思想、组织、作风、制度和反腐倡廉等方面加强党的建设，发扬党内民主和人民民主，以不断巩固党的执政地位。

1. 重视党员民主权利，不断扩大党内民主

越老古三国党在新时期党的建设中，都把不断完善民主集中制作为党的建设的重点，把集体领导和个人分工负责作为民主集中制的一个重要原则明确写入党章或决议中，并在坚持民主集中制原则的基础上，不断扩大党内民主，以调动党员群众参与党的建设的积极性、主动性。

---

① [越]邓庭富著，闭忠实、章志刚、周望译：《自我革新自我整顿——越南共产党发展的必然规律》，《中国浦东干部学院学报》2010年第2期。

1986 年实行革新开放以后，越共十分重视从制度上加强党的建设，相继出台了一系列规章制度，如中央委员会工作制度、基层民主制度、财产申报制度、财政公开制度等等，对党内生活做出了具体规定。在制度建设中，特别重视民主集中制建设。1996 年越共八大通过的新党章规定：党的各级领导机关均由民主选举产生；党的最高领导机关是全国代表大会；党的各级领导机关实行集体领导原则；党的各项工作都必须根据每个问题的重要性交由有权限的党的机关解决；党的各项会议的决议必须根据多数意见通过。

越共在坚持民主集中制原则的前提下，尤其重视发扬党内民主，健全党的各级代表大会制度、党内选举制度、党的组织生活制度、集体领导和个人分工负责相结合的制度，以保障党内生活的民主化、制度化。在具体措施上，一是强化中央委员会对中央政治局和中央书记处工作的监督。越共在九大后制定了中央委员会、政治局、书记处新的工作制度，进一步强化了中央委员会对政治局和书记处工作的监督，规定对重大政策主张、重要干部任免、大型工程项目等均须在中央委员会集体民主讨论基础上进行无记名投票表决。二是在中央全会上实行质询制度，开创了党内民主的新形式。越共自 2002 年起在中央全会上实行质询制度，每位中央委员都可以对包括总书记在内的其他委员提出质询，也可以对中央政治局、中央书记处、中央检查委员会集体提出质询，直至得到满意答复为止。三是加强决策过程的民主参与，增强决策的权威性和党员对决策的认同感。越共六大、七大、八大、九大都提前公布党代会政治报告草案进行讨论，广泛吸收党内外智慧。四是实行中央委员和重要领导职务的差额选举和信息公开化。越共中央委员均是在全国代表大会上通过差额选举产生的。特别是越共在选举前将包括党和国家领导人在内的所有候选人的基本情况、家庭地址和电话等向全社会公开，以便于党员干部和群众直接实施监督。省委书记及所有省级干部的产生均需至少有 10％的差额比例，并在全省干部大会上进行无记名投票；每个省部级领导职位均需有 3 名后备干部，省部级以下领导职位需有 3～4 名后备干部，且后备干部的情况均向人民公开。越共十大于 2006 年 4 月召开时，代表越共 310 万名党员的 1176 名与会代表，以差额选举的方式在 206 名候选人中选举产生了 181 人组成的新一届越共中央执行委员会，其中委员 160 名、候补委员 21 名，差额率为 13％。

古巴共产党认为，民主集中制原则是保证党的意识形态一致、政治团结和行动统一的根本条件。古共四大关于党章的决议指出，要坚持民主集中制，就必须把高度自觉的纪律性与广泛的党内民主真正有机地结合起来，高度重视实行集体领导和个人负责制。在1997年古共五大上，卡斯特罗在谈及如何保证革命及其连续性的问题时说，这“不靠个人，而要靠党，靠领导集体”，强调集体领导的本身就是发扬党内民主的重要体现。古共五大通过的党章对民主集中制原则有三个方面的明确规定，即所有党的领导机构，从基层到最高机关，均由民主选举产生，并且有义务定期向选举它们的机构及上级机关汇报工作并对其负责；所有机构、基层组织及其成员的行动服从党的纪律；党的机构及基层组织做出的决定是其本身必须要执行的，其下属机构及成员也必须执行。

古共在坚持民主集中制的前提下，不断扩大和发展党内民主。一是在严格执行党内不允许存在宗派主义和派别活动的原则的同时，允许党内讨论问题观点多元化，以保证讨论和发表意见的充分自由。二是在干部工作中实行干部委员会制度，强调集体作用，主张由群众广泛参与，反对干部任免仅由某个部门和少数人说了算。干部工作委员会由一些社会活动家及有关方面群众代表组成，负责解释干部政策、讨论干部工作和监督干部。这项制度保证了群众对选拔任用干部能够更好地表达自己的意愿，使干部工作部门能更多地听到群众的意见，减少和防止干部任免工作上的失误和偏差。省级党委换届时，书记、委员提名均经过本省全体党员讨论。干部委员会制度较好地发扬了党内民主，也是对干部的一种有效监督。三是坚持和完善“申诉委员会制度”，以保障党内民主和公正。该委员会独立行使职权和开展工作，不受同级党委领导，只对上级部门负责。四是非常重视广大党员的民主权利，在党的每项重大决策确定和实施以前，都首先在广大党员中进行讨论，征求意见，待意见统一后再对决策加以确定和实施。古共四大的主要文件《号召书》，不仅在61.5万党员中进行广泛而深入地讨论，而且还吸收350万党外群众对文件进行了认真讨论，共提出了100多万条意见。古共召开五大时，提前5个月公布党的政治文件草案，全国共有650万人参加了大讨论。古共五大代表的产生，没有预设的人选，完全是通过党内民主自下而上层层选举产生的。这些都生动地显示了古共党内民主的发扬光大。

老挝人民革命党认为,组织工作是保证党的战略目标能够顺利实现的非常重要的一项工作,要加强组织建设,坚持和发展民主集中制原则。2001年老挝人民革命党七大通过的新党章关于民主集中制原则的规定有五个方面,即党的各级领导机构必须由同级党的代表大会或党员代表大会选举产生,党的各级领导机关采取集体领导与个人分工负责相结合的制度;党的各项决议和各级选举都必须由多数票通过,党员有充分发表意见的权利;党的各级委员会应向党的同级委员会例行会议、特别会议、代表大会和党的上一级委员会汇报工作并对它负责,按时向下级党组织和党员通报必要的情况;在不违背党的路线、政策和决议及国家法律的情况下,各级党组织有权决定自己职权范围内的各种问题;党的各项决议应得到严格执行,个人服从组织,少数服从多数,下级服从上级,全党服从中央。强调在坚持民主集中制的基础上发扬党内民主。

2. 关心群众利益,密切党群关系

马克思主义政党的性质、宗旨决定了共产党必须代表绝大多数人民的利益,密切与广大人民群众的血肉联系。在苏东剧变后面临西方世界的“和平演变”威胁、世界社会主义运动处于低潮的时期,越老朝古四国执政党能够在国家经济发展水平还不高的情况下,关注人民利益和群众疾苦,注重社会公平,保障广大人民群众能够维持一定的生活水平、享受到一定社会福利,从而密切了党群关系,巩固和扩大了党的群众基础。

随着革新开放的发展,越南在经济社会转型期,出现了利益分配不公、贫富差距扩大、地区经济发展不均衡、就业压力增大等问题。为了保持社会有序和政治稳定,越共八大、九大政治报告一再强调“社会公平”是越南社会主义的重要理想目标之一,并采取了一系列具体的政策措施。对那些违法经营获取暴利的,严厉查处,没收非法所得;对合法的超常规巨额收入,则通过税收加以调节,通过完善市场经济体制来铲除分配不公的经济根源。同时采取多种消除饥饿、减少贫困的措施,努力缩小贫富差距,建立国家对收入差距和社会公平进行宏观调控的有效机制。为了解决地区经济发展不均衡问题,缩小城乡差别和地区差距,越南逐步实行倾斜政策,加大中部和北部山区、少数民族地区的资金投入,帮助贫困地区进行交通、能源、通讯等基础设施建设,改善农民生产和生活条件。同时引导较富裕地区与落后地区的联合协作，携手共进。为减轻就业压力，越南采取国家、社会和个人共同努力的办法拓宽就业渠道。在社会保障方面，采取形式多样的社会救助，在农村推行“米保障”①这种特殊的社会养老保险制度；在医疗方面实行全民医疗保障制度，推进医疗保险，对于收入水平低于一定标准的老百姓，提供一种只能用来看病的代金券；在教育方面，随着经济增长不断加大国家对教育的投入，坚决反对教育“商业化”，对贫困学生建立救助机制，努力实现教育公平。

古巴过去在经济上，尤其是在石油、粮食上，长期依赖苏联东欧国家；苏东剧变后，援助中断，给古巴造成极大困难，出现了经济的全面危机。古共认为，党最好的思想政治工作就是使自己的人民有饭吃。老百姓没有饭吃，就是最大的意识形态问题。为了发展经济，1991 年 10 月古共“四大”之后古巴走上了经济改革和对外开放的道路。古共把改革开放的重点始终放在解决群众生活的燃眉之急。为了克服苏联解体后古巴粮食供应出现的极度困难，1991 年古共“四大”制订了大力发展食品的计划，增加对农业的投入，大力推广农业科技成果，选择优良品种，兴修水利和完善灌溉系统，合理使用土地，发展牧业和养殖业等，以解决食品供应问题。1997 年古共“五大”再次强调“芸豆比大炮更重要”，必须把食品生产搞上去，以改善人民的生活。经过艰苦的努力，近些年来古巴人民食品供应的紧张状况得到了缓解。由于能源供应的异常紧张，为尽量解决人们乘车难的问题，古巴政府规定，所有的公车只要有空位并顺路，就必须允许群众搭乘，对拒载的予以严肃处理。

近些年来，古巴在美国的封锁下，经济虽然十分困难，但仍坚持实行全民的免费医疗、免费教育，每年国家拿出国内生产总值的 9％和 11％分别用于公共卫生事业和教育事业。全国城乡居民终生公费医疗，治疗和医药等全部免费。由于享有良好的医疗卫生条件，古巴人均寿命 75 岁，名列世界前茅。古巴的教育体系也较完备。全国适龄儿童入学率达 100％，在完成六年小学教育后，99％的学生可接受中等教育，学杂费一律全免，校服也由国家免费发送。虽然国有企业改革使不少职工下岗，但是政府规定，职工下岗四

① “米保障”是一种以实物换保障的模式，农民每年缴纳 4 担大米，年老后每年可领取 6 担大米。

年内领取原工资的60%，再就业时其工资不得低于原工资的80%，以保证他们的基本生活水平。①

古共领导经常深入基层，与群众直接沟通，体察民情，了解情况。古共中央明确规定，每个政治局委员每年至少六次率视察组到地方视察。视察组每到一个地方都要召开干群联系会议，听取意见，指导工作，回来后撰写视察报告，并在党报上公开发表。党的省市级领导干部也必须经常深入生产第一线，帮助解决各类问题。古共省市级领导干部在与基层群众接触时，能叫出许多普通群众的姓名，人们也习惯直呼他们的名字，干群关系十分融洽。领导人与群众进行面对面的交谈，无疑便于沟通思想，有助于党的路线方针政策得到广大民众的认同和拥护。古共还设立了群众意见调查中心，定期了解民情民意，向领导机关和有关部门提供信息，便于中央及时掌握广大民众的思想动态，有针对性地进行舆论引导，做好思想政治工作。在卡斯特罗亲自提议和指导下，古巴还成立了由青年联盟中央组织的一支约有3.5万名青年(其中盟员占60%)的专门从事社会工作的专职队伍。古巴共产主义青年联盟中央委员、"青年社会工作者"国家计划协调人恩里克·戈梅斯·卡贝萨斯曾自豪地说："全国200万个家庭中的每一个小孩的身高、体重可以说都装在我们心中。自从2003年以来，已有8.6万个有特殊困难的小孩得到了我们的特别救助。"②组建"青年社会工作者"队伍，不仅填补了政权机关工作的空缺，有效解决了许多需要解决的社会问题，密切了党和政府与广大人民群众之间的关系，而且锻炼了从事这项工作的青年，培养了一批忠于社会主义事业的接班人。

朝鲜和老挝党也都十分注意加强与人民群众的联系，要求领导干部经常深入基层，调查研究，面对面与群众沟通交流，了解群众愿望，关心群众疾苦；注重维护社会公平，保障社会成员基本的教育、医疗、住房等需求。要求党员干部与人民群众同甘共苦，廉洁奉公，保持艰苦奋斗本色，不搞特殊化。这些措施的实施，密切了党同人民群众之间的血肉联系，保证了经济社会的

---

① 中共中央党校党建教研部课题组:《古巴共产党密切党群关系的基本做法和经验》,《当代世界与社会主义》2006年第4期。

② 李慎明:《2007年世界社会主义跟踪研究报告——且听低谷新潮声(之四)》,社会科学文献出版社2008年版,第609页。

稳定发展。

3．深入持久地开展反腐败斗争，保持党的纯洁性和战斗力

越南、老挝、朝鲜、古巴四国党都非常重视反腐倡廉建设，特别是越南和古巴党把反对党内腐败、加强廉政建设作为党进行自身建设的重要内容，通过一系列严厉打击措施以改善党的形象，提高群众对党的信任度。

革新开放以来，越南的经济建设取得了重大成就，人民生活得到改善。但与此同时，党内腐败现象日益猖獗，引起党群关系的紧张。针对党员干部中贪污腐败泛滥的情况，越共始终把反腐败斗争当作一项重要的任务，全党上下一致行动，增强反腐斗争的合力。早在1990年1月，越共中央书记处就发出了第64号指示，6月下旬越南部长会议颁布第240号决定，在全国范围内部署“开展反腐败斗争”。为加强领导，1992年11月越共中央专门成立了反贪污走私委员会，中央各部委和各级地方政府都成立了反贪污走私的常设机构，并制定了一系列规章制度和措施。虽然反腐败工作陆续取得了一些阶段性成果，但腐败现象总体上仍呈上升态势。有鉴于此，1994年1月召开的越共第七届中央委员会届中代表大会将腐败现象列为越南面临的“四大危机”之一，并在“八大”上被正式确认。① 1994年3月越共中央书记处发出关于加强反官僚、反贪污腐化的“双反”斗争的指示，要求各级党委和政府把“双反”斗争作为一项重要和紧迫的工作来抓，从中央到地方，从领导机关到职能部门，相互配合，共同行动。自1997年年初以来越南党和国家领导人更加强调反腐败，采取了一系列惩治腐败的具体措施。

一是依靠法律防腐治腐，加强廉政法制建设。早在1996年12月，越南国会就颁布了《反腐败法草案》，草案对各种腐败行为作了具体定义，并提出了相应的惩处规定。该草案公布以后，对遏制腐败现象曾起到了一定作用，但由于这部草案存在严重缺陷，使得银行、财政、交通、土地交易、进出口、人道主义援助、外贸等领域走私犯罪依然猖獗。基于此，越南加快立法步伐，于1997年5月通过了修改后的《刑法》。1998年3月又相继颁布了《国家公务员法》、《厉行节约、反对浪费法》和《反贪污法》，并采取法律制裁、行政处分、经济处罚综合治理措施，惩治贪污腐败。

---

① 林明华：《越南反腐败20年》，《世界知识》2007年第3期。

二是建章立制，依靠制度防腐治腐。在反腐败斗争的实践中，越南政府逐渐意识到，建立一个完整、严密而合理的规章制度可以起到防患于未然的效果。首先，2002 年越共九届六中全会制定了关于党员 19 条不准的规定以及各级干部用车、住房、电话等标准的规定。其次，实行干部、公务员的财产登记制度。干部、公务员要登记个人房产、地产、商业资产情况（近 15 年的财产）及其配偶和子女在国外自费留学的经费来源。被提名或被推荐担任党、国家和群众团体各级领导的候选人，须在选举前向选民、祖国阵线汇报自己当前的财产和收入。第三，提高反腐败机构人员的工资和福利待遇，比其他部门的同级干部高出 15%，并设立了国家监察基金，用于监察干部的生活补贴。第四，制定领导干部责任制度。越共九大提出各级党委的主要领导人对本单位、本地方出现贪污腐败承担连带责任的规定。对于发生重大贪污腐败问题、造成严重后果的地方和单位，不管领导者是否参与其中，都要追究党委主要领导人的法律责任和纪律责任。

三是建立健全监督制约机制，从机制上防腐反腐。越共在反腐败斗争中还十分重视运用各种监督形式对党和政府及其公务人员进行多层次、多方位的监督。一是党内监督。越共六大成立了党内监督机构——中央监察委员会和地方各级监察委员会。委员会的成员由同级党的全体委员会会议选出，且受同级党委和上级监委的双重领导。二是人民监督。设立“人民监察员”制度；加入亚洲反腐行动计划，加强与国际组织的反腐合作。三是新闻媒体监督。越南媒体每年披露的各类案件均超过百起，且往往从发现线索时起就进行曝光并进行全程追踪，对许多案件的调查处理发挥了积极作用。

从 1993 年越共加大反腐败力度以来，反腐败的一个重要特点是直接抓大案要案、抓高层官员的腐败现象，强调“反腐无禁区”。先后查处了原中央委员、政府能源部部长武玉海，原中央委员、卫生部部长范双等数十起案件。这些大案要案起到了一定的震慑作用。自 1996 年后的 5 年中越南共查处了近 7 万名犯有贪污腐败罪行的共产党员，其中包括 100 多名政府高级官员。2001 年越共九大以来，已处分了近 1% 的党员，其中 30% 是各级党委委员。多名中央政治局委员和中央委员受处分或被开除，一批政府部门和地方省市高官或被革职或被推上法庭。

古巴共产党总结国内外政党建设的经验教训，清醒地认识到腐败丧权、廉洁兴党，要巩固党的执政地位，必须不惜任何代价根除腐败。古共中央要求各级党组织包括省、市党委和各基层支部，每月讨论一次防止和反对腐败问题，发现问题要及时纠正。古共的反腐败措施首先是加强对领导干部的制度约束。1996 年 7 月古共颁布了《国家干部道德法规》，对党和国家工作人员规定了 27 条戒律，规定高级干部除非公务，即使自己有外汇也不能去旅游饭店消费；领导干部装修房子即使是用自己的钱也要经过批准；政治局委员、部长不得更换新型汽车；部以上干部及其家属不能在企业兼职或担任名誉职务；不允许高级干部子女经商；不允许企业领导人把家属和亲戚安排在本企业工作，等等。①

其次，古共十分重视监督的作用，建立了一整套监督机制。一是进行组织监督。2001 年设立了审计监察部和中央、省、市三级申诉委员会，对腐败和违纪现象进行严厉惩处。中央、省、市三级申诉委员会，分别在同级党的代表大会上选举产生。其职责是受理对党员和党员干部违纪行为的举报以及审理对违纪党员和党员干部有关处分的申诉。该委员会做出的决定同级党委无权否定或修改。建立全国审计办公室，从属财政部领导，但拥有审计自主权；各省省委下设专事监督的审计局。设立对公车私用行为的专门监督机构，经常在旅游区登记公车的车牌号码，进行跟踪处理。设立全国群众举报委员会，直属古共主管党务工作的政治局委员领导，以加大对干部的监督力度。二是加强群众对党政干部，包括政治局委员的监督。上至政治局委员，下至基层单位领导人，都要接受所在社区“保卫革命委员会”的管理，参加“保卫革命委员会”组织的集体活动和公益劳动。“保卫革命委员会”有义务向党政干部所在单位报告他们及其家属和子女在社区的表现，对其年度考核、任用和提拔也有发言权。

古共对腐败和违纪行为绝不迁就姑息，坚决将腐败分子撤职或查办。古共规定，领导干部贪污受贿金额在 300 美元以上，不论其职位高低，坚决免除其领导职务，需要法办的就要法办。1989 年 11 月古巴政府公布了打击经

① 中共中央党校党建教研部课题组：《古巴共产党密切党群关系的基本做法和经验》，《当代世界与社会主义》2006 年第 4 期。

济犯罪和贪污腐化措施后，一次就逮捕了 500 名罪犯。1994 年古巴共处分了 3 万名党员，占党员总数的 4.5%；1999 年处分党员 34000 人；2000 年处分党员 43539 人。特别是在住房和家属问题上犯了错误的党员，因为违反了从政道德而常常会受到从严处罚。2003 年受党纪处分的党员有 38420 人，占全国党员总数的 4.4%，其中开除党籍的有 10046 人，多数是领导干部。古共对腐败分子的严厉处罚，对防止腐败现象的产生起到了震慑作用，大大提高了党的威信。

老挝人民革命党在 1992 年党的五届五中全会上明确提出了反腐败问题，通过了《反贪污腐败条例》。1993 年 6 月成立了中央反贪污委员会并在各省设立了相应的反贪机构。1996 年党的六大和 2001 年党的七大都强调对有贪污、受贿、以权谋私行为的干部要坚决进行纪律处分或依照法律处置，以保持党的纯洁性，提高党在人民民主政治制度中的核心领导作用，增强人民群众对党的信任。2003 年，老挝人民革命党七届六中全会罢免了有严重经济问题的波乔、甘蒙两省的省委书记兼省长。

越老朝古四国党在苏东剧变和资本主义发生新变化的时代条件下，围绕革新开放和经济建设，进一步加强党的思想、组织、作风、制度、反腐倡廉和执政能力建设，全面提高了党的领导能力和战斗力，从而推动了各国社会主义事业的不断发展。以越南为例，1991～2005 年，越南经济的年平均增长率达 7.5%，在世界各国中仅次于中国，居第二位；①经济的发展，促进了人民群众生活水平的提高、社会的稳定和党的执政地位的巩固。

三、非执政的共产党对社会主义的新探索

无论是发达国家、发展中国家的非执政共产党，还是独联体及东欧地区的共产党，在资本主义新变化和苏东剧变的严重冲击下，都遇到了生存环境恶化的危机，但它们大都顶住各方面的压力，顽强地生存了下来。它们在新形势下对苏联社会主义模式进行了深刻的反思，结合全球化时代资本主义在经济、政治和意识形态等各方面的发展变化，依据本国的现实环境，对其

① 奚洁人：《党的先进性建设研究》，人民出版社 2007 年版，第 323 页。

党纲、党章和理论、政策进行了不同程度的调整。通过反思和调整，一些国家共产党的党员数量和政治影响力较苏东剧变初期有了显著的增加和提高，有的还成了在本国有一定群众基础和影响力的政治力量。

（一）对当代资本主义新变化的基本判断及对苏东剧变的认识

面对当代资本主义新变化的挑战和20世纪末国际共产主义运动的挫折、失误，非执政的共产党清醒地意识到，要想在新的历史条件下走出困境并获得发展，就必须对当代资本主义的发展变化及历史命运进行科学的分析判断，对苏东剧变进行科学的认识，在此基础上才能制定应对的方略，探索出适合本国情况的发展道路。

1. 对苏东剧变的认识和反思

大多数非执政的共产党在对社会主义发展道路的探索中，受苏联社会主义模式的影响比较大，它们大都追随苏联共产党的领导，以斯大林模式为“样板”，苏东剧变对其影响极大。在新形势下，它们深刻认识到要走出困境，就必须弄清并正确分析苏东剧变的原因，在此基础上才能正本清源，拨乱反正，继续前进。因而冷战后各国共产党对社会主义的探索首先表现为在对“苏联模式”和苏东剧变深刻反思基础上的重新认识。

发达国家共产党普遍认为，苏东剧变是僵化、教条地对待马克思主义，甚至背离马克思主义的必然结果，并不意味着马克思的社会主义、共产主义理想的失败。大多数发展中国家非执政的共产党认为，苏东剧变既有内因，又有外因，但内因是主要的。内因是这些国家的领导人违背马列主义的基本原则，忽视了党的作用，搞官僚主义，脱离了人民群众，没有把经济搞上去等；外因是西方的“和平演变”和以美国为首的北约对苏东国家保持长期军事压力等。独联体及东欧地区共产党认为，苏东剧变的原因非常复杂，其中党内原因、政治原因和戈尔巴乔夫的错误是主要的，如对马列主义教条化，用资产阶级自由主义思想来歪曲马列主义，忽视党的建设等。这些党认为苏东剧变不是社会主义本身的危机，而是被扭曲的社会主义建设理论的失败，特别是斯大林模式的失败。但在对苏东剧变的性质和原因上各党也存在着具体认识上的差异。

法国共产党强调斯大林主义是“对1917年十月革命希望的可怕歪曲”，

认为苏联模式的主要弊病在于严重缺乏真正的政治讨论、广泛的民主和自行管理,“国家干涉主义”、“官僚极权主义”和“粗暴的平均主义”盛行,从而背离了马克思主义;由此,从过去长期肯定苏共的经验转向在总体上否定战后苏联的“社会主义”。葡萄牙共产党认为正是在政权建设、民主、党的作用等方面背离了共产主义的主要原则,同时实行一种“过分国家化的经济”,导致国民经济畸形发展,积累与消费失调,并且忽视人民生活水平的提高,才导致了苏联模式的失败。希腊共产党则指出前苏联和东欧国家普遍忽视社会矛盾的解决,低估生产力与生产关系的辩证统一和相互作用,片面执行与资本主义“和平共处”的路线,实行阶级和意识形态调和的政策,从而滋生了推动执政党蜕化变质和遭受和平演变侵蚀的土壤。日本共产党对原苏联的政治、经济模式和大国主义、霸权主义进行了批判,认为苏联解体不是社会主义的失败,而是与社会主义道路背道而驰的霸权主义、官僚主义和专制主义的破产。对这样党的解体,日共“举双手欢迎”;同时,这也将使整个共产主义运动从大国主义和霸权主义及追随它的错误中解放出来,为世界共产主义运动的前途开辟出了新的自主的发展条件。①

印度共产党把苏联解体的原因归纳为五点:苏联社会主义模式造成的深刻危机;戈尔巴乔夫的改革在理论和实践上所犯的重大错误;苏共脱离群众,未能恢复活力并发挥应有作用;毫无限制的“公开化”造成的思想混乱;民族主义和分离主义等。南非共认为苏联模式存在严重弊端,苏联“产生了一个靠行政命令运转的党政体制”,“出现官僚主义控制和严重违反社会主义公平原则”的现象,“忽视了民主程序,个人崇拜统治了领导层及全党和全国”。这种社会主义是“没有民主的社会主义”。

俄共认为,体制的官僚化、民族主义势力的抬头、军备竞赛、经济状况的恶化是导致苏联解体的最重要原因。乌克兰共产党认为,社会主义在苏联失败的原因在于,导致资本主义复辟的路线以“改革”、“完善社会主义”的幌子,强加给党和人民。轻视革命理论、将马列学说教条化或庸俗化以及对马列主义实质进行歪曲,使党的思想理论基础模糊不清,给社会主义造成了巨

① 韦定广、孙勇:《面对全球化挑战的发达国家共产党》,《社会科学研究》2004年第2期。

大的破坏。苏联党和国家最高领导层的变质、叛卖不仅致使苏共丧失国家权力并垮台，也导致苏东社会主义失败和作为统一国家的苏联解体。

在对苏东剧变进行深刻反思的基础上，非执政的共产党纷纷强调，要同一切有可能使马克思主义发生“异化”的思想彻底决裂，真正着眼于根据未来社会的本质来发展马克思主义、社会主义。虽然苏东剧变使国际共运处于低潮，但只要吸取经验教训，坚持斗争，加强国际联合，共产党人和世界人民就一定能够开创社会主义战胜资本主义的新道路。

2. 对当代资本主义新变化及其本质的基本判断

当代资本主义新变化集中反映为由信息革命和新自由主义思潮扩散等因素推动的资本主义全球化及其对人类的生产方式、生活方式、思维方式、社会规范、文化和价值认同等产生的深刻影响。因此，对资本主义全球化及其本质的认识和判断，成为非执政的共产党制定正确的方针政策和战略策略的前提。

发达国家共产党身处资本主义社会，一方面深切感受到资本主义发生了新变化，资本的力量比过去更加强大，资本主义“已进入全球化的新阶段”；另一方面也深刻认识到资本主义本质及其贪婪性、掠夺性并未改变，全球化是资本主义全球化，世界正处于资本主义进行前所未有的全面扩张阶段。发展中国家、独联体及东欧地区多数非执政共产党改变了资本主义是“垂死的”传统看法，认为在资本主义制度下，社会生产力还有一定的发展余地，资本主义仍是世界的主导力量和人类的最大威胁，坚信社会主义将最终取代资本主义。

首先，在对全球化性质的认识上，西方发达国家共产党认为当代全球化主要体现为资本主义的全球扩张，是资本主义发展的一个新阶段。西方发达国家披着“新自由主义”的外衣加紧对发展中国家进行经济、政治和文化的渗透，将自身的价值观念、行为准则、经济模式、政治模式等视为唯一正确的东西向全世界推广，使越来越多的发展中国家陷入世界体系的“边缘”，从而加剧了世界的动荡和不稳定。针对这种情况，各国共产党均强调由资本主义主导的全球化给世界造成了严重后果，如不平等加剧、进步力量受到削弱和瓦解、全球生态环境遭到破坏等等。主张联合一切力量，改变经济全球化的方向，以能确保各国人民共同发展的全球化来取代资本主义全球化。

在这方面，法国共产党的主张最具代表性。法共指出，全球化有着鲜明的“双刃剑”特征，一方面它是“一个符合人类文明进步的自然现象”，促进了社会文明的飞速发展，体现了时代的客观要求；另一方面全球化“却被资本家力量用来实行统治和增加金融利润，因而成为无数灾难和衰退的根源”。法共进一步指出：“我们现在经历的是资本主义的全球化”，资本主义主导的这一进程是造成整个社会动荡、混乱和危机的根源；因而法共愿同一切反对资本主义全球化的力量一道，将对人的关注置于金钱之上，争取另一种全球化进程，即“用旨在获得各国人民共同发展的合作的全球化来取代现有的金融和唯利是图的全球化”①。

日本共产党对全球化的认识也相当明确。日共一针见血地指出，经济全球化的实质就是建立最有利于西方发达国家的经济秩序，满足以美国为中心的跨国公司和国际金融资本对利润的无限追求，因而有必要对跨国公司的行为进行控制，通过建立一个国际共同体来反对跨国公司和国际金融资本的肆虐，实现国际经济秩序的平等与公正。美、英等国共产党将高度垄断性跨国公司对整个社会与世界的统治视为当代全球化和当代资本主义的重要特征。与许多西方学者强调跨国公司正日益失去民族性而成长为相对独立的全球行为体提法不同的是，这些国家的共产党人更注重强调跨国公司利益与母国利益的一致性。事实上虽然跨国公司的原动力来源于生产要素的全球优化配置，但其最终目的仍然是为了通过实现资本利润的最大化来满足母国资产阶级的贪婪欲望。世界上实力最为雄厚的500家跨国公司中的绝大多数都是由西方发达国家操纵和控制的，它们凭借自身所构建起来的不平等不合理的国际经济体系对发展中国家进行盘剥，并逐渐演变成为西方在全球推行“新殖民主义”的一种新的剥削载体，那种全球化会使所有人都受益的说法是不符合实际的。西班牙共产党指出，全球化带有“帝国主义的特征和意识形态色彩”，是“当代资本主义的扩张方式”；它不仅造成了南北差距的日益扩大、贫富分化的加剧，还造成了战争和暴力冲突的扩大化，侵害了发展中国家的权益，破坏了世界秩序，引发了当今世界的政治不

① 曹松豪：《法共二十九大用“新共产主义”取代“法国色彩的社会主义”的提法》，《国外理论动态》1997年第16期。

稳定和经济危机。意大利重建共在 2002 年 4 月五大纲领文件中指出，全球化完全是无政府主义和无法控制的。全球化带来经济连续增长和幸福生活的神话不可挽回地破灭了。基于这种判断，意重建共认为反全球化运动具有深刻的意义，主张通过发起反全球化运动来纠正其弊端，遏制资本的贪婪，促使全球化的成果惠及大多数人。

在资本全球化的情况下，发达国家共产党普遍认识到，反对资本主义的左翼力量只有加强国际联系与合作，建立反对资本主义的全球性网络，使反对资本主义的斗争也实现国际化，斗争才能奏效。意重建共全国书记贝尔蒂诺蒂指出，全球化使那种在世界上某个地区或某个国家单独建立社会主义的可能性消失了，或者说，在资本主义全球化的今天，社会主义要么是全球性的，要么是根本不存在的。葡共认为，资本主义长时间不会消失，要战胜资本主义和帝国主义需要很长时间，需要共产党力量的合作，并依赖本国劳动人民实现这种目标。葡共现在要建立共产党团结阵线来反对资本主义，除加强共产党组织间的合作外，还应加强欧盟中左翼力量联盟。资本主义发展到了全球化的新阶段，改变它只有一种形式，就是进行全球性的斗争。

发展中国家、独联体及东欧地区多数非执政共产党普遍反对发达国家主导的经济全球化。认为经济全球化加剧了社会的贫富分化，弱化了国家主权，给发达资本主义国家奴役发展中国家提供了便利。全球化成为发达资本主义国家强化其世界统治的借口，它们企图在全球化的幌子下，以“价格剪刀差、窃取脑力和知识以及债务奴役作保障的不等价经济交易方式继续统治整个世界”。印共(马)认为，随着发达国家倡导的全球化进程的加快，贫富差距将进一步扩大。为推动全球化，帝国主义正寻求通过扩大北约和在全球进行军事干预，把帝国主义秩序强加给全世界。在全球流动的金融资本正在侵犯各国的国家主权。

俄共主席久加诺夫认为，当今世界处于帝国主义全球化的钳制中，全球化是伴随人类历史发展的一个客观、必然的过程，也是一个渗透在个体、社会集团、阶层、阶级、民族、文明的活动及其相互关系之中的社会进程。虽然全球化是全人类共同的发展过程，但目前，它是由资本主义或者高度发达的资本主义国家集团主导的。因而，从国际角度看，社会主义要走向新的国际主义，当务之急是建立反对全球化的广泛联盟。

其次，在对当代资本主义本质的认识上，发达国家共产党一致认为全球化使资本主义的寄生、不公正与不人道的特性日益明显，因而并未改变资本主义的剥削本质和历史命运。发达国家共产党在实践中认识到，伴随着冷战后全球化的拓展，当代资本主义已经变成全球性的资本主义，其垄断性、掠夺性、侵略性更加强烈。美国共产党承认当代资本主义出现了一些新特点，认为垄断化、集团化、全球化是资本主义发展的最新趋势，但帝国主义的本质没有根本变化。资本主义的基本矛盾仍在起作用，为利润而生产，追逐利润的最大化是资本主义经济的动力。生产的社会化和生产资料资本主义私人占有制之间的矛盾仍然是资本主义的万恶之源，它造成了失业、贫穷、经济危机和战争。美国资本主义正越来越多地通过其以往的经济实力和当前的军事实力从世界其他地区榨取其帝国主义"贡金"，因而越来越具有寄生性，其经济基础正日趋薄弱。因而酝酿资本主义经济危机的矛盾仍然存在。人民群众消费力的有限性和资本主义投资的无政府本质，使得全球性的生产过剩的经济危机成为可能。①

日共认为，以美国为首的资本主义世界的政治、经济和社会矛盾正在加深，"资本主义狭窄的框架已无法驾驭高度发达的生产力"。经济萧条和危机、南北问题、地球环境问题将是资本主义在21世纪无法解决的世界性问题，暴露出这个体制的"矛盾和边缘"状态。葡萄牙共产党指出，全球化是当代资本主义的新特征，资本主义侵略剥削的本性并未改变，其更加深刻的矛盾也无法解决，因而，建设新社会的共产主义理想仍保持着活力。加拿大共产党也指出，在全球化条件下，垄断资本以大型跨国公司和国际银行的形式更加"国际化"，加强了对国际市场和资源的争夺，因而对工人阶级的压迫和剥削进一步加剧。希腊共产党认为资本主义新变化和苏东剧变并没有改变我们时代的特征，当今世界仍然处在从资本主义向社会主义过渡的时代，从历史发展的趋势来看，资本主义正在失去现实性，社会主义的生命力和适应性正在涌现。

---

①　张志军：《20世纪国外社会主义理论、思潮及流派》，当代世界出版社2008年版，第196页。

发展中国家、独联体及东欧地区非执政共产党在认识到资本主义新发展的同时，仍坚持社会主义最终必将代替资本主义，认为社会主义和资本主义之间的矛盾仍是当代社会的主要矛盾。叙利亚共产党（巴格达什派）认为，当代世界的矛盾仍是社会主义同资本主义之间的矛盾，只有社会主义的最后胜利才能使这一矛盾得到解决。塞浦路斯劳进党认为，现代资本主义构成社会制度发展的特殊阶段。由于社会主义对资本主义的压力，资本主义在保持其制度存在的前提下，能够废除过时的形式。但是资本主义仍面对其自身无法克服的矛盾，它无法解决新旧社会矛盾及其他方面的问题。印共（马）认为在发达资本主义国家里，科技进步使生产力大幅度提高，但并没有相应增加就业，却使收入差距急剧拉大。随着剩余价值率提高，工人遭受的剥削更加严重，科技进步成为集中财富和资产的工具，使财富日益集中到少数个人和跨国公司手中。失业增加，工作越来越不稳定，收入与财富差距日益拉大，成为资本主义的显著特征。随着新技术的发展，资本主义生产力继续发展，但资本主义仍是一种剥削压迫和不公正的制度。

俄共认为，今天的资本主义是这样一种社会，那里的物质和精神生产从属于最大限度地搜刮利润、积累资本、追求无限膨胀的市场法则。一切都在变为商品。金钱是衡量所有事物的唯一准则。这就决定了资本主义特殊的、挥霍的性质。它把生产首先看做是对人的全面剥削和对自然资源的全面掠夺。劳动与资本间矛盾的界限已超出发达国家的国界在全球扩展。资产阶级式的社会生活已濒临其可能的极限。连其最狂热的拥护者也承认，资本主义生产方式不仅已到了其内部的临界线，而且到了其自然的临界线，资本主义的矛盾在全球化的形势下在进一步加深。

基于以上认识，各国共产党在对世界前景的判断上普遍认为：全球化并未改变当代资本主义的命运，其固有矛盾非但没有消除，而且正随着全球化进程的加速以新的形式向全球拓展。因此，“资产阶级的灭亡和无产阶级的胜利是同样不可避免的”①，社会主义在今天仍然具有强大生命力。美国共产党主席萨姆·韦伯直言不讳地说：“现在比十年、二十年、甚至三四十年以

---

① 《马克思恩格斯选集》第 1 卷，人民出版社 1995 年版，第 284 页。

前更加需要社会主义。”①但也都深刻认识到，新形势下实现社会主义、共产主义的道路比原来预想的将更加漫长、曲折、复杂，把资本主义必然灭亡的历史趋势理解为“马上灭亡”或“很快灭亡”是不切合实际的。意重建共指出，超越资本主义、向共产主义过渡的进程，比科学社会主义的创立者及本世纪共产主义运动最伟大的领导人所预计和设想的要更加漫长和曲折，他们或多或少地低估了资本主义的发展潜力与自我调整能力，高估了最初的过渡经验的潜力。② 因此，从资本主义向共产主义的过渡，应当被看作一种充满高低曲折的更长的历史进程。葡共认为，在21世纪，共产党人必将开创社会主义战胜资本主义的道路，但这一道路比预想的将更加长期、曲折和复杂。

（二）对社会主义的发展道路和实现形式进行了不懈的探索

大多数非执政的共产党过去长期以苏联模式为“样板”，致使其政策主张严重脱离本国具体实际，其威信也随着苏东剧变而下降。在新形势下，它们深刻地认识到，要重新赢得人民群众的信赖，就必须从本国国情出发，制订符合人民利益和需要的目标任务和政策主张。因此，苏东剧变后，非执政的共产党都非常注重把马克思主义的基本原理同本国具体实际相结合，积极探索适合本国国情的社会主义发展道路和实现形式。

在对社会主义发展道路的认识上，发达国家共产党认为社会主义没有固定的模式，应积极探索适合本国情况的社会主义发展道路。美国共产党指出，必须根据本国的“传统、历史、文化、环境”，走一条不同于世界上其他国家、主要反映美国发展和特殊环境的社会主义道路。有鉴于此，美共将美国特色的社会主义界定为“权利法案社会主义”③。美共认为，《权利法案》代表着民主与个人权利，这些权利已经深深地根植于美国的历史、传统和文化之中。如若背离《权利法案》中体现的精神，美国人民就不会拥护美共倡导的社会主义。美共全国书记韦伯强调指出，美国的社会主义道路要按照美

① 吕薇州：《西方国家共产党对社会主义的新探索》，《理论视野》2002年第5期。

② 王子昌、李明祥：《发达国家共产党对社会主义的新看法》，《当代世界与社会主义》2004年第4期。

③ 黄宏志：《美国共产党的社会主义权利法案》，《国外理论动态》2000年第1期。

国的情况制定符合自己的纲领、政策，追寻美国的历史和价值观，也就是说我们要建设具有美国特色的社会主义。日本共产党也明确表示他们不会以任何自称是社会主义的国家为模式，而是要在不放弃社会主义、共产主义大方向，在不偏离科学社会主义理论基础的前提下，采取更加符合日本国情的方针政策，争取在全面继承和发展自由和民主的基础上，实现"日本式的社会主义"。2004年日共二十三大明确提出了"在资本主义框架内进行民主改革"的日本式社会主义路线，主张建立"民主而富裕的社会主义日本"。

在西欧，法国共产党提出的"新共产主义"理论主张颇具代表性。在1996年召开的二十九大上法共提出，在资本主义与马克思设想的共产主义之间不存在一个社会主义过渡阶段，因此放弃马歇时代长期使用的"法国色彩的社会主义"，代之以"新共产主义"的提法，主张实行"共产主义变革"。2000年3月法共三十大决定把法共建设成为一个"21世纪的新型共产党"，通过新党章以及《关于"共产主义计划"的决议》，提出"新共产主义计划"的基本主张。此后法共三十二大(2003年)、三十三大(2006年)重申了"新共产主义"变革路线。法共称"新共产主义"理论是"21世纪共产主义观"。主张要与历史上共产主义的中央集权传统相决裂，争取实现国家的民主化和公民的监督。认为法共的共产主义目标不再只是替人民和个人创造幸福，而是要推动他们行动起来，自己去争取自身需要和追求美好未来，建立一个摒弃资本主义价值观的世界，促进人类文明的进步。"新共产主义"的基本理论观点和主张，无论是从社会发展的目标到共产党的革新，还是从反思过去社会主义运动的历史到批判现今的资本主义，再到重新考虑斗争的方式和手段，都展示了一种新的姿态和面貌。① 法共这一理论代表了目前欧洲发达资本主义国家共产党理论变化的总体趋势，对其他国家共产党理论和政策也产生了潜移默化的影响。当今欧洲有些共产党也赞成法共提出的"新共产主义"，如西共、意重建共等对"新共产主义"都有一定的表述。

绝大多数发展中国家、独联体及东欧地区非执政共产党都强调，实现社会主义的方式和步骤千差万别，社会主义应根据形势变化不断革新和发展，

---

① 姜辉:《从欧洲共产主义到新共产主义——欧洲发达资本主义国家共产党的理论嬗变》,《马克思主义研究》2001年第3期。

探索社会主义道路必须从本国实际出发。巴西共产党认为，一个国家不能照搬别国模式，社会主义的单一模式是违背科学的。党的纲领应考虑到国家特性、历史形成、人民斗争传统以及新生的工业无产阶级等内容，也应考虑到经济发展的阶段和世界格局中各种战略力量的相互关系。尽管从总的方面来讲，科学社会主义在各国是一样的，但它在每一个地方的具体实现要考虑地区与国家的特性。秘鲁共(团结)总书记拉弗也强调要从自己的现实出发，以真正马克思主义的思想来分析这一现实，真正建设秘鲁式的、可行的社会主义。

摩尔多瓦共产党人党在肯定马列主义、正确评价"十月革命"、严厉批判"戈尔巴乔夫式改革"的基础上，系统地提出了其社会主义理论。其内容包括"新阶段论"、"革新形态的社会主义"目标和"两个政治阶段论"。具体讲即"社会主义和资本主义的斗争并未历史性地结束，而是进入了一个新的阶段"，摩共将通过"泛民主主义阶段"和"复兴社会主义阶段"，建立"形式上更新的、符合当代生产力条件、生态安全和社会任务要求的社会主义"。

在社会主义实现形式上，发达国家共产党大多由暴力斗争方式转向合法斗争途径。目前除极少数共产党外，绝大多数发达国家共产党都已经放弃了暴力斗争方式，不再提无产阶级专政，转而主张在现有资本主义社会框架内通过议会斗争和其他合法斗争方式，改造现行资本主义社会，逐步实现向社会主义的自然过渡。法国共产党在其"新共产主义"理论中提出了"超越资本主义"的主张。前法共总书记罗贝尔·于在1999年出版的《共产主义的新规划》中论证了"超越资本主义"的变革理论，他指出：超越资本主义既不是放弃向另一种社会过渡的目标，也不是通过颁布法令突然消灭资本主义，而是一种"崭新的革命观念"，是一种"社会变革进程的观念"，"它不是通过将现有的社会打个落花流水，而是在斗争中，依靠发展现有社会的成果、需求和潜力来否定乃至取消剥削、异化和资本主义统治"，过渡到新的社会组织。法共要"通过法国人民的运动和民主的力量，沿着新型革命的道路即一种人道的、公民的和互助的现代革命的道路前进"①。法共还在行动中进一步提出了诸如实行左翼进步力量变革联盟、参加左翼联合政府、发展公民

① The Twenty－ninth Congress of PCF. http://www.pcf.fr.

干预、推进合作的全球化等一系列主张，表现出寻求符合法国国情的共产主义道路的革新精神。

葡萄牙共产党也突出强调通过和平手段和民主途径实现社会主义的必要性，并指出“21 世纪在葡萄牙实现社会主义的道路就是为深化民主而斗争的道路”，所以葡共必须全力执行建设“先进民主”（即政治民主、经济民主、社会民主和文化民主）的斗争纲领，这将为实现社会主义的目标创造有利条件。西班牙共产党提出实现社会主义的道路应是民主、和平的，主张通过左翼联盟进行民主变革，在民主和自由中走向社会主义。它不主张先夺取政权后再进行变革，而主张应从现在起就团结社会的大多数对国家机构和社会进行变革，争取通过政治和社会运动实现对现有社会的取代。2004 年召开的日本共产党第二十三次全国代表大会强调日共将参政和建立民主联合政府摆在更加突出的位置，把实现资本主义范围内的真正的独立和民主作为当前的任务。认为这是日共在新时期对日本革命道路的最新选择。① 日共将通过市场经济进入社会主义，走一条贴近日本民众的更加灵活的现实主义道路。

鉴于美国有着深厚的民主传统，美国共产党认为，在美国可以不通过暴力手段，而是通过和平途径，利用民主立宪方式实现社会主义。只有让社会主义的形象和内容彻底民主，才能够使美国民众真正信服社会主义；“民主是社会主义的核心和本质特征”，没有正确对待民主、正确对待美国的民主传统和社会主义民主本质的态度，就不可能想象在美国引导人民走上社会主义道路。因此，美共表示：“权利法案社会主义”的核心是民主，美共无论是开展民主斗争还是阶级斗争都必须高举民主旗帜，为维护和扩大人民民主权利而斗争；在绝大多数美国人没有通过投票表决等和平手段要求实现社会主义之前，美共不会去建立社会主义。

希腊共产党认为，反帝反垄断民主革命有两种可能的形式：和平方式和非和平方式。和平方式是反帝反垄断民主革命的主要斗争形式，也是希共在现阶段的工作重心。但希共认为，非和平的斗争方式是不能完全排除的。希共要求在日常的反帝反垄断民主斗争中，要时刻为可能爆发的暴力革命

① 柴尚金：《在实践中不断探索科学社会主义理论》，《当代世界》2006 年第 2 期。

做好准备。在这方面要加强马克思列宁主义的理论学习、强化工会和青年干部的培训工作，增强全体劳动者激进阵线和农民激进联盟两大组织的斗争力量。

发达国家共产党在苏东剧变后的新探索，进一步推动着资本主义条件下社会主义理论和实践的多元化发展。

发展中国家多数共产党认为，目前不具备革命形势，通过暴力革命夺取政权不现实。因而纷纷放弃过去坚持的武装夺取政权的道路，主张通过议会选举、在现有政治制度下进行议会民主斗争、与国内左翼力量联合以及开展无产阶级的国际合作等多种斗争形式来扩大党的影响，最终实现社会主义。斯里兰卡共产党认为应当充分利用各种建立在普选基础上的民主体制，不仅利用它发动群众，而且通过它来实现自己的政治目标。印共也主张通过和平手段过渡到社会主义。巴西共产党主张，无论在执政还是在社会活动中，都应采取说服的方法来推行它的主张。拉美地区一些曾经从事武装斗争的左翼政党也放下了武器，试图通过与政府谈判，争取更大程度地参与本国政治活动。目前只有极少数共产党或一些共产党内的少数派别仍主张激进的斗争方式。

独联体及东欧地区的共产党普遍主张在多元化的民主框架内循序渐进地、和平实现社会主义。在政治上承认多党制，注重利用合法手段进行斗争，绝大多数共产党不再提暴力革命，表示要做议会型政党，强调将在宪法和法律范围内为劳动者的权利而斗争，通过党在国家权力机关中的代表实施自己的政策，竞争策略更加灵活务实。在经济方面，多数共产党主张实行社会市场经济，承认包括私有制在内的多种经济成分，但反对经济全面资本主义化。①

（三）非执政的共产党的变革与转型

共产党是社会主义、共产主义事业的领导力量。共产党有没有生命力、影响力和感召力，关键在于党能不能根据时代条件的发展变化，及时调整路

① 张志军：《20世纪国外社会主义理论、思潮及流派》，当代世界出版社2008年版，第217页。

线、方针和政策，实现自身变革与转型，即法共所说的实现“共产党的革新”。法共强调，为了“超越资本主义”，实现“共产主义新规划”，必须革新共产党，探讨21世纪共产党组织形式等的变革。苏东剧变后，非执政的共产党适应自身生存发展新形势的需要，在党的阶级构成、运行机制等方面进行了一系列变革和探索。

1. 在党的阶级构成上，纷纷扩大了党的阶级基础。西方发达国家共产党根据阶级结构的变化，开始由工人阶级政党向“全民党”转变。在全球化背景下，发达国家传统产业工人队伍日渐萎缩，共产党如果仍一味突出其“无产阶级先锋队”性质，势必导致“关门主义”。因此，除希腊共产党继续强调是“工人阶级先进的、有觉悟的、有组织的队伍”外，现在其余共产党虽然仍宣称它们是工人阶级的政党，要为工人阶级的利益而奋斗，但同时又表示代表所有劳动者的利益，是其他社会阶层，特别是工薪者的群众组织。日共认为，“日本共产党是工人阶级的党，同时是日本国民的党，是为了独立、和平、民主主义、国民生活和日本进步的未来而努力以及对所有的人开放门户的党”①。法共从新共产主义理论出发，提出要按多元化来革新共产党，使法共成为一个新型的共产党，一个“现代的、开放的、充满活力的、民主的共产党”，以适应法国社会的新需要。认为今天的共产党不仅仅是工人阶级的政党，还必须是其他社会阶层，特别是工薪者的群众组织。葡共则宣称是“工人阶级和所有劳动者的先锋队”，明确提出要“把志同道合的劳动者尽可能多地吸收到党的队伍中来”。意重建共也宣布它是一个新的群众性党，是“意大利工人阶级、劳动者，所有男女、青年、知识分子和公民的一个自由的政治组织”，是意大利现实生活中一支生机勃勃的对抗性政治力量。

多数发展中国家非执政共产党在坚持阶级性质的同时，强调代表利益的广泛性。印度共产党党章规定，印共“是印度工人阶级的政党，是工人、农民、其他劳动人民、知识分子和一切为社会主义和共产主义而奋斗的人的志愿组织”。尼泊尔共产党(联合马列)在党纲中规定，尼共(联)“是尼泊尔无产阶级、劳动阶级的政党”。塞浦路斯劳动人民进步党党章规定，劳进党是塞浦路斯工人阶级和劳动人民的先锋队组织。巴西共产党在党纲中也规

① 《日本共产党章程》(2000年11月24日修改)http://www.jcp.or.jp.

定，巴西共产党是“工人阶级有觉悟的先锋队和国家与劳动人民利益的忠实代表”，“是为社会主义建立和建设而斗争的领导力量”。也有少数党仍坚持传统观点，如南非共产党仍坚持“社会主义的工人阶级政党”性质，认为“党应通过民主手段和同其他政党在意识形态上的竞争来使自己被接受为先锋队”。

独联体及东欧地区的共产党虽然仍沿用共产党的名称，但大多数不再提“无产阶级先锋队”，而是强调党代表的是“工人阶级、农民、知识分子及所有劳动人民的利益”，党不再是工人阶级一个阶级的政党。俄罗斯共产党纲领规定，俄共捍卫工人阶级、农民、知识分子和所有劳动人民的利益，为“俄罗斯社会主义道路的发展而斗争”。白俄罗斯共产党在1997年10月党代会上通过了新的党纲、党章。白俄共章程规定：“白俄罗斯共产党是白俄罗斯共和国公民自愿联合的政治组织”。哈萨克斯坦共产党党章规定，哈共“是为实现党的纲领目标，在自愿基础上联合哈萨克斯坦公民的政党”。塔吉克斯坦共产党党纲规定，塔共是工人、农民和其他劳动阶层的政党，它在个人自愿的基础上吸收工人、农民、知识分子、社会各劳动阶层及所有主张自由、平等，坚持社会主义和共产主义的公民为该党党员。塔共代表和捍卫所有劳动人民的利益，不论他们的出身、民族、性别、宗教和信仰。

2. 在党的运行机制方面，从实行民主集中制转变为强调民主运行体制。非执政的共产党大都是按照苏联共产党的模式建立和发展起来的，在党内形成了高度集中的权力体制。20世纪70年代，奉行“欧洲共产主义”的各国党严厉批评苏共将民主集中制变成了“组织集中制”、“官僚集中制”，而侧重强调党内民主。苏东剧变以后，大多数非执政共产党抛弃了苏共的建党模式，逐步确立了党内民主的基本原则。

多数发达国家共产党不再遵循传统的民主集中制，而是强调民主、自由和多样性。法共在1994年初的二十八大上，用“民主的运转原则”取代过去长期执行的“民主集中制”，并在二十九大重申了党内生活多样性原则，指出党的民主运转是实行新共产主义和建立新型共产党的一个重要内容；认为法共不仅可以容忍和接受多样性，而且应当承认多样性是一种与民主政治观念不可分割、为法共发挥新作用和公民干预服务的财富。

需要指出的是，虽然大多数西方国家共产党对民主集中制采取否定的态度，但在实践中它们并不否定必要的集中。此外，那些继续坚持民主集中制的党，则重点强调其民主的方面，并对民主集中制作了新的解释。例如，希腊共产党强调“在坚定贯彻民主集中制原则的前提下，加强党内民主和集体决策与运作”。日共二十二大仍坚持民主集中制原则，但是删除了“少数服从多数，下级服从上级”的提法，并把党员“无条件服从”党的决议，修改为“自觉服从”党的决议。美共二十八大对民主集中制作出了新解释，指出：“由于过去僵化和教条主义地理解民主集中制，对党产生了不良影响，在今后，党建应以灵活性、集体性、团结和互相承诺为目标，致力于争取全体党员支持全党民主地制定政策，而不是以纪律来强迫少数人接受。”①

一些发展中国家非执政的共产党既坚持集中又扩大民主。印共(马)、南非共产党、叙利亚共产党(巴格达什派)、叙利亚共产党(费萨尔派)、巴西共产党等都坚持在党的各级组织中实行集体领导，所有党员享有相同的权利和义务，反对个人崇拜和个人决策方式，确认统一框架内的多元化，捍卫思考自由、勤奋、相互尊重各种意见的基本原则。

独联体及东欧地区的共产党大都主张在广泛发展基层组织民主的同时，加强党的集体领导制度。1995年初，俄罗斯共产党“三大”通过的新纲领提出坚持民主集中制原则，同时，允许党内有不同的政纲和派别存在。捷克一摩拉维亚共产党取消了无产阶级专政和民主集中制等原则，强调党要在集体讨论和决定、遵循自治原则和党内广泛民主的基础上开展工作。②

3. 在对党的指导思想和奋斗目标的认识上更加具体和务实。在党的指导思想上，由于自身经历、历史传统和所处环境的不同，发达国家和发展中国家非执政共产党、独联体及东欧地区的共产党的认识有较大不同。

西方发达国家共产党除希共、葡共等少数党继续强调以马列主义为指导思想和理论基础外，多数发达国家共产党仅提马克思主义或马克思的理论，主张党的指导思想来源多元化，强调必须重视本国的一切进步思想和革命传统，应当从实际出发深化和发展马克思主义。

① 姜琳:《美共二十八大全力推进权利法案社会主义》,《当代世界》2005年第11期。

② 中共中央组织部党建研究所课题组:《国外主要政党关于党内民主建设的理论与实践》,《当代世界》2009年第6期。

西班牙共产党认为，要根据历史变化来理解马克思主义和共产主义。共产主义拥有自己的历史财富、多元的传统和文化，随着形势的发展应不断补充新的内容。马克思的一切论点并非都是有效的，应根据变化了的形势来继承和发展马克思主义。西共的指导思想应是发展中的马克思主义，其中不包括列宁主义，因为列宁主义后来被教条化了，被“斯大林主义”化了。法共主张“既超越马克思，又回到马克思”；既不能固守马克思主义的传统理论，又要坚持马克思研究分析问题的方法。指出法共的“新共产主义”是一条“同苏联主张的、现已死亡的共产主义毫无关系”、“比马克思思想更新的”新共产主义道路。新共产主义的思想，既不是19世纪的思想，也不是工业革命时代的思想，而是信息时代的思想。意大利重建共为把党建设成一个广泛的替代性左翼，在思想理论上主张多元化理念，主张要“回归马克思”，重新将马克思作为基本参照，要批判地吸收马克思理论的精华；要肯定为意大利共产主义的独特性和自主性做出了巨大贡献的葛兰西的思想；要与斯大林主义作彻底决裂，继承20世纪社会主义遗产，摆脱“现实社会主义”的负面遗产，以辩证而不是简单排列的方式将劳动、人类、环境这三大现代社会理念紧紧地结合起来。美共虽仍然认为马克思主义是历史性的和不可替代的，仍然将美共定义为马克思列宁主义政党。但同时也认为，党的思想应当适应新的条件并吸纳新的经验；美共的社会主义观，不是刻在石头上的，而是随着时间而变化，要用新的斗争经验来丰富马克思主义理论。

多数发展中国家非执政共产党仍然强调坚持以马列主义为指导，但也认识到，在坚持以马列主义为行动的科学指南的同时，必须根据不断发展的形势加以具体运用。印共认为马列主义的科学原理仍然适用，资本主义必然被民主和人道的社会主义所代替。但同时强调要把马列主义科学原理同印度具体情况相结合。南非共产党党章规定，该党以被历史经验证明为放之四海而皆准的马克思列宁主义基本原理为指导，领导工人阶级实现民族和社会解放。这些基本原理是由马克思、恩格斯和列宁所创立并由其他伟大的革命家丰富完善的。南非共自成立时起一直坚定地把马列主义作为党的指导思想。但在苏东剧变后的一段时间，党的领导层在这个问题上也曾有过动摇。经过争论，党又回到了坚持马列主义基本原理的立场上来。

印共(马)自成立之初就反对照抄照搬外国的社会主义革命和建设模

式。在长期斗争和建设实践中，该党对社会主义的认识逐渐深化。苏东剧变后，该党一方面认为，不能因为苏联解体和社会主义在东欧国家的失败就否定马列主义原理的有效性。“那些以右的或‘左’的形式出现的修正主义以及社会民主主义都不能算作是创造性地运用马列主义”；另一方面，又强调要适时转变思想观念，主张用发展的眼光看待马克思列宁主义，放弃了那种认为社会主义革命胜利、取得国家权力以后，社会主义就会直线发展的简单化认识。

独联体及东欧地区的共产党宣称，既是原执政共产党的历史继承者，但又是一个不同于原来的新型共产党。它们认为既要创造性地发展马克思主义，同时要重视继承和汲取本国一切进步思想和革命传统。俄共在指导思想上逐步淡化了诸如党的先进性、阶级性等问题，而特别强调民族主义和国家主义意识，提倡指导思想多元化。乌克兰共产党宣称，“马克思恩格斯列宁的学说是乌克兰共产党的思想和理论基础”，同时强调“这一学说要随着新的任务、新的条件和实际情况的变化不断地与时俱进”①。哈萨克斯坦共产党认为，要创造性地发展马克思、恩格斯、列宁的遗产以及进步的社会思想成就，为在哈萨克斯坦建立一个立足于科学社会主义原则基础上的自由和公正社会创造条件。

在对党的奋斗目标的认识上，无论是西方发达国家、发展中国家非执政的共产党，还是独联体及东欧地区的共产党都仍坚持社会主义和共产主义目标，但都更加具体和务实，且在对社会主义、共产主义的认识和界定上有所变化。法共二十九大提出的“新共产主义”理论高度肯定马克思“自由人联合体”思想，强调共产主义应是“男女自由、联合和平等”的社会，共产党人的奋斗目标就是要建立一个人人自由平等、团结互助、充分尊重个人能力和个人发展的社会。认为在资本主义社会和马克思设想的共产主义社会之间不存在社会主义的过渡阶段。共产主义既是一个目标，又是达到这一目标的必经之路，二者密不可分。“新共产主义”作为“21 世纪共产主义”实际上是一种全体人民参与的“超越资本主义”的实践，是一个“超越资本主义”的历史进程，其目标是实现民主和对所有权力的社会占有。这些“共产主义”

① 陈爱茹：《坚持奋斗的乌克兰共产党》，《党建》2010 年第 1 期。

的目标在现阶段通过努力就能够实现。

日本共产党用“共同社会”取代了原党章中的“共产主义社会”字样，将党的奋斗目标由原来的“通过社会主义革命在日本建立社会主义，进而实现共产主义社会”修改为现在的“最终实现没有剥削、压迫和战争，人与人的关系是真正平等和自由的共同社会”。① 美共原党章规定“党的目标是社会主义社会”，在2001年修改为“党为人民利益和权力而奋斗，最终目标是用社会主义社会代替资本主义社会，建立工人阶级所领导的，具有广泛人民基础的政府”。2005年美共二十八大通过了题为《美国的社会主义道路：团结起来争取和平、民主、就业和平等》的新党纲草案，进一步深化了美共始于苏东剧变后的理论与战略调整，全面地论述了美共关于“权利法案社会主义”的观点。认为“权利法案社会主义”旨在把人民和自然置于利润之上，它的目标是建立一个民主、平等、和平的国家；并阐述了“权利法案社会主义”三个发展阶段的进程，把党的日常斗争和建立社会主义社会的长远目标结合起来，且对未来社会主义社会的一般特征作了概括，因而更具操作性。

多数发展中国家非执政共产党都强调要坚持社会主义目标，如印共指出，“印度共产党坚定地为创立一个公正的社会主义社会的目标而奋斗”。目的是将印度建设成为世俗的、民主的、人道的和公正的社会，并主张通过和平手段过渡到社会主义，最终建立社会主义和共产主义。但他们同时也认识到，向社会主义过渡需要经过不同的阶段，不能一蹴而就。巴西共也认为，以共产主义为目标建设社会主义是包含若干个阶段的复杂过程，巴西从资本主义到共产主义过渡的整个历史阶段将经历三个基本阶段：从资本主义到社会主义的初步过渡；完全社会化；社会主义的全面建设并向共产主义逐步过渡。

独联体及东欧地区的共产党虽然仍坚持以社会主义、共产主义为奋斗目标，认为共产主义是世界文明发展的自然历史进程，是社会进步的客观条件，是全人类的未来，但在内容的界定上更加具体和务实，主张建立的应是“以社会公正、集体主义、自由平等为原则的社会主义”。俄共称其主要奋斗

① 张志军：《20世纪国外社会主义理论、思潮及流派》，当代世界出版社2008年版，第185页。

目标是“建立社会公正、集体主义、自由与平等的社会主义社会，捍卫苏维埃式的真正人民政权，巩固多民族的联邦国家”。白俄共主张要通过合法途径恢复苏联和社会主义制度，建立公正的无产阶级社会，主张社会公正、人道主义、爱国主义和国际主义，实现作为人民政权和自治最高表现形式的社会主义民主，使人民过上和平、稳定、物质和精神富足的生活。其理想和战略目标是消灭人剥削人的现象和确立以所有人自由发展为条件的每个人自由发展的社会制度（共产主义）。

此外，在党如何发挥作用以及如何看待共产党革新的问题上，各国共产党也有新的认识。如法共指出，共产党过去让群众跟随自己，团结在自己周围，这种做法已不符合法国人民对法共的期待。因此，法共必须同这种“向导党”和“先锋党”的做法实现决裂，成为一个“对法国人民有用”的党；共产党要同全体公民一道，共同思考和探索，共同制定和实现奋斗目标。法共认为革新共产党并不是转变为社会民主主义政党，共产党的革新，并不是与社会民主主义趋同，也不是社会党化，二者在性质上和对待资本主义的态度上都是不同的。社会党等社会民主主义政党只是在现有框架内对资本主义进行“改造”和“塑造”，不能提出对付资本主义统治和支配的结构性措施，而共产党是与新资本主义进行斗争，提出了具体的解决方案，来否定它的逻辑必然性，实际上击退它，用另外一种制度来代替它，是一支毫不含糊的批判资本主义的力量。

尽管受各种因素的制约，非执政的共产党在今后相当长的一段时期内仍将面临巨大的困难和压力，短期内难以走出低谷。但也毋庸置疑，它们正由过去过分依赖苏共的党逐渐转变为独立自主制定自身理论和政策的党；由过去在很大程度上教条地对待马克思主义的党，转变为在实践中自觉地创造性地运用马克思主义的党；由过去信奉苏联社会主义模式的党转变为积极探索适合本国国情的社会主义道路的党；由过去单纯依靠中下层雇佣劳动者的党转变为向全社会各种认同其主张的群体和个人开放的党；由权力高度集中的党转变为更加民主的党。总之他们正在由传统的共产党向现代意义上的政党转变。① 它们基于形势变化所做出的不懈探索和努力，不仅为低潮中的社会主义运动带来了复兴的可能和希望，而且也在一定意义上，给社会主义国家共产党在新的历史条件下如何加强党的建设、如何建设社会主义提供了有益借鉴。

① 韦定广、孙勇：《面对全球化挑战的发达国家共产党》，《社会科学研究》2004年第2期。

第十章 全球金融危机与当代世界的走向

1991年12月25日，当印有锤头和镰刀的苏联国旗在深深夜幕中倏然降下时，全世界的资产者都在奔走呼号、弹冠相庆“共产主义大失败”，资产阶级政客和“学者”更是按捺不住内心的喜悦，挥毫泼墨大书“历史的终结”，仿佛资本主义不再有风险和灾变，可以永世长存了，整个世界都在向右转。

然而，资产者欢庆胜利的盛宴未散，余音未落，一场席卷全球的金融海啸便疯狂袭来了。那位在《历史的终结》中曾断言“美国模式优于任何发展模式”的政客，面对“客观事实”也不得不低下高傲的头颅，承认“西方自由民主可能并非人类历史进化的终点”。看来，历史的发展如同马克思所说具有自身的规律，历史的走向是不以人们的意志为转移的。面对这场由美国次贷危机引发的世界性金融危机，人们在探究其对实体经济的深刻影响的同时，也在努力思索其产生的深层根源，探究其对当代资本主义和世界社会主义运动的影响。

一、国际金融危机的性质及爆发的原因

2008年9月15日，拥有158年历史的美国第四大投资银行雷曼兄弟控股公司宣布申请破产保护，同一天，美国银行正式宣布收购美国第三大投资银行美林集团，这标志着由2007年3月开始的次贷危机引发的美国金融危机全面爆发。美国金融海啸爆发后，在不到一个月的时间里，就通过各种传导机制向主要发达经济体扩散，一场国际金融危机，在2008年10月迅猛爆发。根据IMF的估算：2008年第4季度全球的工业生产和贸易增速，若按照年率计算，降幅高达45%，几乎呈现自由落体式下降，创下二战以来的历史纪录。根据各国/地区GDP统计的结果：2008年第4季度GDP增长速度

（按照环比年率计算）纷纷创下战后纪录，OECD国家整体降幅超过6%。其中美国为－6.2%、日本为－12.1%、欧盟为－5.9%、冰岛为－3.6%、韩国为－20.8%。进入2009年初，随着危机的进一步扩大和深化，整个世界经济增长率下滑、陷入衰退，国际金融危机又演变放大为世界性经济危机；据世界银行报告显示，全球GDP在2009年降低了2.2%，世界贸易额在2009年大幅下降了14.4%。

2009年11月20～22日在印度新德里举行、由印共（马）和印共联合主办的第十一次共产党和工人党国际会议，对这场“国际资本主义危机”进行了热烈的讨论，最后通过了《德里宣言》。《德里宣言》对危机的严重性及资本主义国家工人阶级和劳动群众的状况作了总的估计：“目前的危机可能是自1929年以来最尖锐、最广泛的危机，袭击了所有领域。不计其数的工厂被关闭。农业和农村经济正处于困境，加重了全球数以百万计的种植业者和农场工人的贫困和痛苦。数百万人失业而无家可归，失业增长到前所未有的程度，官方估计将突破5000万大关。不平等现象正在全球加剧——富人越来越富，穷人越来越穷。十多亿人在忍饥挨饿，占人类的1/6。青年、妇女和移民是首当其冲的受害者。”

同时，各国共产党和工人党的代表对各自国家工人阶级和劳动群众在危机时期的生活困境也作了具体的论述：在西欧的德国，官方统计的2009～2010年度的冬季失业人数已经超过500万，但如果加上统计数据中被刻意隐瞒掉的数字，真正的失业人数或许已经超过了600万；在这个富裕的国家，1/3的孩子不得不在贫困的环境中成长；超过1/3的劳动力必须在恶劣的工作条件下工作，而且这种趋势正在增长。在北欧的丹麦，该国的总人口为500万，而失业人数已经超过10万。在东欧的匈牙利，跨国公司的产值几乎占匈牙利GDP的70%，2009年匈牙利的GDP与前一年同期相比减少了7%～9%，失业率大约是10%，人们失去了资源、储蓄，越来越多的人生活在贫困之中。在横跨欧亚两洲的土耳其，官方公布的失业率是15%左右，而真正的失业率却是25%左右，政府还试图大幅度削减社会生活保障金。在北美的加拿大，失业率在继续上升，2009年底将超过10%。在美国，年轻人的失业率尤为惊人，16～24岁之间的年轻人只有约45%的人拥有工作；美国的大多数人是通过他们的雇佣者得到医疗保险的，由于失业，约有4000万人将得不到医疗保险，而且这个数字每个月还会上升。在印度，少数亿万富翁的财富相当于印度 GDP 的 25%，而印度 77%的人口(8.4 亿人口)每天的收入却不足 20 卢比，普通民众几乎不能满足基本需求，就更不用说获得医疗保健和教育了；超过 15 万的农民为摆脱负债和破产的悲剧而自杀。①

对于这场 20 世纪 30 年代大萧条以来最严重的金融及经济危机的性质及产生的原因，国内国外、政界学界各种观点众说纷纭。当然，不同的人从不同的阶级立场、不同的审视角度出发，得出的结论是不尽相同的。西方资产阶级政府和一些学者看到的是技术操作层面、治理理念和运行模式、管理体制层面上的问题，而马克思主义者和共产主义政党则认为这是资本主义制度不可克服的矛盾导致的必然结果。

(一) 西方政府和一些学者侧重分析危机的直接原因

资本主义国家政府大多将美国次贷危机引发的全球金融危机归咎为“金融市场上的投机活动失控”、“不良竞争”、监管缺位或“借贷过度”，甚至某些金融大鳄的贪欲所致，并希望通过政府救市，“规范”资本主义现行体制、机制，以达到解决危机、恢复繁荣的目的。

国内外的一些学者见仁见智，发表了大量见解，其中不乏真知灼见。一是认为，美国的消费模式、金融监管政策、金融机构的运作方式，美国和世界的经济结构等因素，是金融危机的基本成因。二是认为，房地产泡沫是金融危机的源头祸水，金融衍生品过多掩盖了巨大风险，金融监管机制滞后造成“金融创新”犹如脱缰之马，是金融危机爆发的直接原因。三是认为，金融危机是某些金融大亨道德缺损所致。四是认为，金融危机是美国新自由主义市场经济治理思想和运行模式的严重危机。当然也有人从资本主义弊病，从资本的逐利本性和金融资本的贪婪性来分析金融危机的成因，在一定程度上涉及了资本主义根本制度问题。但是总的来看，多数的普遍的解释停留在现象层面、非本质层面上，即技术操作层面、治理理念和运行模式、管理体制层面上，如超前过度消费、房地产泡沫、金融衍生品泛滥、金融创新过

① 聂运麟、刘卫卫、杨成果：《第十一次共产党和工人党国际会议述评》，《当代世界与社会主义》2010 年第 3 期。

"欧洲的社会主义结束了，东欧经济体向西方资本主义开放，从而使西方能够将危机'转嫁'给东欧国家。这在德国是最明显的，东德的工业企业被关闭，使其西德的同行能够生存下来。同样的事情也发生在其他前社会主义国家。正是这些国家感受到了危机的破坏性影响，生产下降了30%～50%，这样，遭受破坏的就不是西欧资本主义国家。"①在整个90年代和新千年的初期，危机不断发生，然而每一次帝国主义都能够将危机"转嫁"给周边的增长区域——先是亚洲"四小龙"，后来是拉丁美洲。"战争和大部分消费者的乐观情绪推动了生产，每次市场恢复了一点点，他们便把它称作'历史性'的繁荣，就这样持续了20年。现在已没有边缘区域可以转嫁危机了：东欧已被粉碎，拉丁美洲已拒绝新自由主义，东南亚本身受到危机的严重冲击。现在美国、欧洲和日本都充分感受到危机的痛苦。"亨利克坚定地认为："现在已经很清楚，这不是什么'特殊'的危机，而是一次经典的、一般性的危机，是资本主义的生产过剩危机。"②

《德里宣言》集中反映了各国共产党和工人党的观点，强调指出经济危机是资本主义所固有的制度性危机。宣言指出："这场危机并非是由于少数人的贪婪或缺乏有效的监管机制而引起的过失。几十年来在全球化的过程中，利润最大化这个资本主义存在的理由急剧扩大了国家之间和国家内部的经济不平等。其必然后果是，世界绝大多数人的购买力下降了。因此，目前的危机是一个制度性危机。这再次证明了马克思主义的分析：危机是资本主义制度本身所固有的。""它表明资本主义的主要矛盾正在激化，这个矛盾就是资本主义生产的社会性和资本家私人占有制之间的矛盾。"③

（三）这场危机的爆发再次验证了马克思"两个必然"结论的科学性

苏东剧变后，随着世界社会主义运动陷入低谷，资本主义社会仿佛变成了令人向往的"天堂"，马克思的"两个必然"结论也随之成为西方资产阶级学者嘲讽的对象。在资本主义"最终胜利论"的鼓噪下，国际共运内部也出

---

① 聂运麟、刘卫卫、杨成果：《第十一次共产党国际会议述评》，《当代世界与社会主义》2010年第3期。

② 同上。

③ 同上。

现了对马克思主义科学性的怀疑和理想信念的动摇。正是在这种背景下，许多有着悠久历史的大党、老党相继改旗易帜或宣告解散，在逆境中坚持斗争的一些共产党可谓步履维艰。此次危机的发生，彻底粉碎了“历史终结论”的幻想，再次验证了马克思主义的生命力所在，给困境中的各国共产党以极大的振奋和鼓舞。

事实证明，资本主义的基本矛盾依旧在全球化形态下发生作用，经济危机的爆发是其基本矛盾激化的必然产物。马克思在《资本论》中明确指出：“一切现实的危机的最后原因，总是群众的贫困和他们的消费受到限制，而与此相对比的是，资本主义生产竭力发展生产力，好像只有社会的绝对的消费能力才是生产力发展的界限。”①资本主义经济在社会化生产与生产资料私人占有这一基本矛盾的支配下，一方面是生产和商品供给出现无限增长的趋势，另一方面是资本剥削日益加重，广大劳动者的贫困不断加深，有支付能力的社会购买力增长缓慢甚至停滞，这种状况必然导致周期性的经济危机。这次危机之所以首先从资本主义最发达的美国爆发，并不是偶然的，它具有历史的必然性。因为正是在美国，资本主义的基本矛盾，即生产社会化与生产资料资本主义私人占有的矛盾表现得最突出也最典型。

美国资本主义有四个显著特点：一是经济活动主要靠市场机制调节。尽管自“罗斯福新政”，尤其是自二战以来，美国历届政府（无论是民主党还是共和党）都奉行了一定的国家干预政策，但是，相对于其他国家而言，美国政府干预的程度较低、范围较小，是经济自由化程度较高的国家。在美国全部经济活动中，受政府影响的仅占 1/4 左右，其中很大部分又是以维护市场秩序、建立市场规则为目的的。

二是股票和证券市场对经济影响较大，股东的利益至高无上。美国是一个以自由企业制度为基础的西方市场经济国家，股票和证券市场在美国社会起着非常重要的作用。包括政府债券、企业债券以及股票等在内的有价证券价格的变动，不仅是反映经济状况、传播经济信息的主要指标，而且也是资本转移和生产要素重组的重要形式。在 20 世纪 90 年代中期，美国就有 52%的家庭直接或者间接地持有股票，持股人数达 5000 余万人，人均持

---

① 《资本论》第 3 卷，人民出版社 2004 年版，第 548 页。

股额达1.45万美元。因此股票和证券市场的波动对经济有直接影响。在美国企业制度的典型是公司制，股东的利益至高无上。公司的目标是尽可能获得最大赢利，而对劳动者则关注不够。对整个国家来说，股票市场是最终衡量公司业绩与成败的核心指标，股票指数是衡量国民福利的主要标准，股票市场价值的最大化就意味着全社会福利的最大化。在美国企业中投资主要是通过金融股票市场而不是银行来进行的，金融股票市场对企业的投资占到了80％。

三是不平等现象突出，社会贫富分化问题严重。美国是发达资本主义国家中两极分化最严重的国家之一。美国虽然创造了长期的经济繁荣，但大多数美国人却很难从中受益。美国国内不平等的程度与拉丁美洲国家相似，超过了任何一个欧洲国家。据《纽约时报》2008年10月5日报道，美国最富有的20％的人年均收入达168170美元，几乎是收入最低的20％人口的15倍，后者的年均收入仅为11352美元。纽约市1％最富有的人的收入占纽约市总人口收入的37％，64名亿万富翁拥有财富达3440亿美元，比2年前该城市亿万富翁的综合财富高出469％。在所谓"效率优先"政策的主导下，近二三十年来，美国社会的两极分化不断加剧。美国企业高管与普通员工的工资差距，从40∶1扩大到了357∶1。20世纪70年代之后的30年中，美国普通劳动者家庭的收入没有明显增加，而占人口0.1％的富有者的收入增长了四倍，占人口0.01％的最富有者家庭的财富增加了7倍。①。

四是个人主义恶性发展。美国文化源于盎格鲁一撒克逊传统，是欧洲文明与美洲荒原的结合，个人主义是其文化价值观的核心。在这种文化背景下，美国人强调个人的独立性、创造性，注重个人的自由发展，表现出"西部牛仔"式的个人自由主义精神。美国社会的全部经济关系都是以个人为核心构筑起来的。在其社会财产所有权结构中，其中个人以股权形式拥有的财产占全社会财产的80％以上；政府的干预和调控必须严格地保证个人财产的独立性和转移自由，政府还要创造一个政策环境，使人们能够发挥自己的专长。在美国社会中政府将微观决策权全部交给了个人、家庭和企业，

① 何秉孟：《当代资本主义的新发展：由国家垄断向国际金融资本垄断过渡》，《红旗文稿》2010年第3期。

以鼓励人们的竞争力和创造性。

这种建立在个人自由和功利主义基础之上的资本主义，虽然有助于个人能力乃至经济活力的充分发挥，但其过分强调个人利益的利己主义的一面却严重损害了社会的整体利益，导致经济社会发展的危机和动荡。

美国资本主义的上述特点与世界发展变化的时代条件相结合，使美国必然成为全球金融和经济危机的肇事者。20 世纪 70 年代中期以来，随着和平与发展成为时代主题，世界上发生了三件对人类社会的发展颇具影响力的大事：一是发生了以信息技术为代表的新科技革命；二是以私有化、市场化、自由化（尤其是金融自由化）和全球一体化这“四化”为核心内容的新自由主义理论，逐步取代凯恩斯主义而成为美英等发达资本主义国家的主流经济学理论，至 20 世纪 90 年代初，以“华盛顿共识”的出笼为标志，新自由主义最终蜕变为美国国际金融寡头集团的意识形态和政策；三是布雷顿森林国际货币金融体系崩溃后，取而代之的是汇率形成机制的“市场化”、资本流动乃至资本运作的“自由化”，并逐步形成了以美元霸主为主要内容的当代国际货币金融体系。信息技术和网络技术的发明与广泛应用，为国际金融垄断资本的全球扩张，以及金融的虚拟化和病态膨胀提供了技术支撑；新自由主义则成为国际金融垄断资本向全球扩张及其制度安排的理论依据；当代国际货币金融体系为美国国际金融垄断资本全球扩张提供了最重要的杠杆或平台。在资本增值内力的驱动下，美国资产阶级借助有利的时代条件，使经济加速金融化，逐步完成了由“圈地”向直接“圈钱”的演化；实体经济日益空心化，金融极度虚拟化、泡沫化。

实际上这次金融危机，是美国统治者为了迎合资本追求利润最大化的需要、维护美国的生活方式和价值理念的有意所为。2000 年网络泡沫破灭后，美联储变本加厉地采取扩张性的货币政策，从 2001 年 1 月至 2004 年 1 月，12 次降息。美国的基准利率从 5.98%下调到了 1.00%，房地产市场迅速膨胀，次级房贷市场空前火爆。另外一个措施，就是鼓励各种衍生工具的发展，而且对衍生工具采取放任不监管的方式。导致各种投机行为滋生蔓延。当初格林斯潘采取这些措施时，他不会不明白这样做的后果，他之所以还要做，是这种制度的要求。引起全球金融海啸的美国次级贷款的规模实际上仅有 4000 亿美元左右，为什么能量如此之大呢？关键在于美国的各种金融机构对这4000亿进行重新包装，在此基础上创造出高于其数十倍的债券和金融衍生品，美国放纵资本贪欲的结果造成了各种金融投机泡沫的无限膨胀，使金融衍生品规模高达600多万亿美元，比美国14万亿的国内生产总值高出四五十倍，比世界各国国内生产总值总和高出近十倍，从而能产生震撼世界的能量。

当代资本主义新变化突出地表现为资本全球化。从表面上看，当代资本主义借助全球化进程在世界范围推进社会化大生产，似乎获得了基本矛盾一定程度的缓和与自身衰亡的延缓。但从实质上看，一方面，市场经济的全球扩张在实现全球资源优化配置的同时，也把其固有的盲目性、滞后性等弱点全球化了，进而加大了资本主义经济在全球层面崩溃的可能。这次始自美国的金融危机爆发后，能够迅速波及西方国家、第三世界国家，乃至波及全球；美国闯祸，全世界买单，一起遭殃，就是全球化的效应。另一方面，全球化的发展也使资本主义经济扩张在地域上达到了极限，在没有发现新的可供人类生存发展的新的星球的今天，资本的增值、商品贸易放量、生产扩大等都很难通过开辟新的处女地得以实现。在这种情况下，资本主义的命运就更多地取决于全球市场能在多大程度上容纳资本主义调节其生产关系以适应生产力的高度发展。一旦这种能力达到饱和，不管资本主义愿不愿意，它都必然要发生向社会主义的转变。更何况，当代资本主义所表现出的全面社会化的特征，以及本次金融危机中各国政府直接干预市场，采取变相国有化的重大措施，都蕴含着资本主义的部分质变和社会主义的肯定因素。这些都充分显示了马克思“两个必然”结论跨越时空的生命力，证明它依然是当代世界发展的“必然趋势”。

二、世界社会主义在全球金融危机后总体呈现复苏趋势

由美国刮起的“金融飓风”横扫了整个资本主义世界，宣告了以私有化为核心的新自由主义的破产，促使人们对资本主义制度进行反思，提升了马克思主义的影响力，社会主义的价值观念和经济方式重新受到关注。西方国家的民众打着“资本主义行不通”的标语，高喊“我们不为危机买单”的口号走上街头抗议。一时间，马克思“复活了”，《资本论》成了畅销书。就连英

国路透社也在2008年10月15日的报道中说：随着华尔街金融危机的爆发，我们过去熟知的资本主义正濒临末日，马克思当年的预言也得到了验证。①

这场危机对资本主义制度无疑是一次沉重的打击，而对于无产阶级及其政党而言，则是极大的鼓舞，引燃了他们复兴世界共产主义运动的希望之火，为整个世界共产主义运动走出低谷提供了机遇。在共产党人看来，资本主义危机不仅宣告了新自由主义神话的破灭，而且暴露了资本主义作为一种社会制度的内在局限性，再次揭示了社会主义取代资本主义的历史必然性。俄共领导人久加诺夫道出了今天世界共产党人的心声："历史的风再次吹向了我们的风帆！""社会主义不是意识形态专家的任性要求，而是人类进步的自然的、必不可免的阶段。金融市场的崩溃给美国和全世界带来了前所未有的后果。这就是转折点。共产党人对社会主义理想和人民政权取得胜利的信念、对世界所有左翼力量的团结和战斗协作的信念也随之增强。"②

危机爆发后，各国共产党迅速做出反应，纷纷发表声明表明立场，用马克思主义观点揭示危机的根源，从理论上阐释社会主义替代资本主义的历史必然性。与此同时，根据新的形势变化，从思想理论、行动策略、队伍建设和国际联合等方面进行积极的调整，以期抓住这一历史机遇，推动世界社会主义的顺势发展，从而使处于低谷中的世界社会主义显露出了勃兴的一线曙光。

（一）经济危机暴露了资本主义制度的弊端，削弱了资本主义的力量

苏东剧变后，资本主义开动强力的意识形态宣传工具，极力妖魔化社会主义。一时间，资本主义仿佛再不是被马克思早已科学揭示了的已成为生产力发展桎梏的正被社会主义所取代的落后生产关系，而成了万世不易的千年王国。经济危机的爆发，暴露了资本主义制度不可克服的严重弊端，使资本主义世界的乐观情绪荡然无存。危机发生后，主要资本主义国家的经济出现大幅度衰退，其程度堪与1929～1933年的大危机相比。大量企业和

① 高桂云、戚桂锋：《西方资本主义经济危机与当代世界社会主义》，《当代世界与社会主义》2009年第2期。

② 刘淑春：《金融危机爆发以来国外共产党的新动态》，《红旗文稿》2010年第4期。

金融机构倒闭，工人失业，在职工人工资和福利下降。而且金融危机已严重损害了实体经济，突出表现在消费和投资减少，房地产市场和劳动力市场进一步恶化。英国托马斯·查尔斯公司进行的一项调查结果显示，有170万英国人因还不起债而面临破产，英国的失业大军人数已经攀升到238万，创下14年来最高纪录。危机大大减弱了资本主义国家的经济实力，也使得其国内矛盾更加尖锐，社会动荡不安，政府威信和合法性基础遭到质疑，资本主义遭受到二战以来最大程度的全面性危机。

2009年11月9日英国广播公司(BBC)公布了对27国民众的调查结果，这次民意调查询问了全球27个国家2.9万人的意见，对资本主义的悲观超出想象，仅有11%的人认为资本主义在正常运行，有23%的受访者认为资本主义存在致命弱点，世界需要新的经济制度；有51%的受访者认为自由市场经济的资本主义系统需要规范和改革。在27个国家中，15个国家有半数以上认为大企业应该归国家所有或由国家控制多数股份，而这个观点最强烈的支持者恰恰来自曾经试验“休克疗法”的国家：俄罗斯有77%的受访者赞同这一观点，乌克兰有75%。调查还显示一些社会主义元素像“均分财富”很吸引人。多达22个受访国家人民支持政府均分财富。此次民调主办方之一“全球扫描”公司主席米勒对法新社表示：“这说明随着1989年柏林墙的倒塌，资本主义并没有取得看上去的压倒性胜利。这一点在过去12个月里尤其明显”。报道称，这次全球金融危机对前东欧社会主义国家的巨大冲击使得很多人开始对资本主义市场经济产生怀疑。

对资本主义认同感最悲观的是法国人，有43%的人表示对资本主义经济制度完全失去信心，认为需要彻底抛弃。紧随其后的是墨西哥和巴西。在被西方标榜为民主典范的印度，每3个人中，就有一个认为资本主义存在致命弱点，需要用一种新的制度来代替它。英国《经济学家》称，所有人都在谈论“撒切尔—里根”时代，这个被西方尊崇为资本主义的黄金时代已结束。法国总统萨科齐也说“市场自我规范的时代已结束”，说明国家力量在崛起，而私人资本力量在萎缩。一向以“自由”标榜于世的资本主义大旗“不仅千疮百孔，它的旗杆也近乎被折断了”。在英国《每日快报》、《太阳报》等网站上比比皆是的是诸如“我们的经济体制要崩溃了吗”这样满怀惶恐和抱怨的留言。西方媒体担心地指出，一场“反资本主义风潮”正尾随金融风暴席卷而来。①

经济危机的暴发，暴露了资本主义制度自身无法克服的严重弊端，帮助世界人民认清了资本主义的真正面目。人们逐渐认识到，资本主义不是世界历史的最后选择，资本主义制度也不是尽善尽美的；资本主义尽管经过多次调整变得更加成熟，也对历史发展起过重要作用，但它存在许多无法克服的制度缺陷。这次金融危机使社会主义也获得了一个重新被认识的机会。事实再次证明了社会主义作为一种制度其存在的价值和必然性，其对资本主义的替代，不是一种历史的偶然，而是一种合理的选择和社会历史发展的必然。许多人开始抛弃意识形态的偏见，用客观的眼光来看待社会主义，从而使社会主义重新为人们关注和向往，削弱了资本主义的影响力，打破了西方国家进一步“和平演变”社会主义的梦想。

（二）金融危机爆发后马克思主义的影响力进一步扩大

当代资本主义新变化导致的苏东剧变，使社会主义力量大减、元气大伤，总体上陷入低潮，开始调整改革，韬光养晦，积聚力量，再图发展。世界资本主义失去了强大对手，也失去了控制，便借助全球化向全世界扩张，开始向工人阶级和劳动群众疯狂进攻。特别是这次金融危机爆发后，各国资产阶级政府和雇主纷纷解雇工人、降低工薪、加重剥削，把危机转嫁给劳动群众；与此同时深陷危机的各国资产阶级政府和学者却找不到解决危机的办法，情急之下，不得不重新捧读马克思的《资本论》以觅良方。喧嚣过去、尘埃落定，当人们冷静思考人类未来时，发现除了马克思主义、社会主义，至今还没有其他更好的主义能够解释和说明、能够解决人类面临的问题，于是马克思主义和社会主义又回到了人们心中，在世界范围内重新受到重视，其感召力和影响力开始不断提升和扩大。

金融危机宣告了新自由主义经济政策的破产，使人们再一次深刻认识到了资本主义制度的致命缺陷。马克思主义著作尤其是《资本论》再次成为人们学习的热点，销量在全球范围内急剧攀升。据中国新闻网1月9日报

① 纪双城等：《27国民众质疑资本主义——BBC民调显示，51%的人认为资本主义系统需要变革》，人民网2009年11月11日。

道，日本东方出版社推出的根据马克思《资本论》改编的漫画成为最炙手可热的书籍。该书首印2.5万册，上市不过10天便已售罄，并且挤进了畅销书榜单。① 就连西方一些国家政要、学术精英也开始重新审视《资本论》的价值，试图从马克思主义著作中寻找出能够合理解释经济危机的理论根源。时任法国总统的尼古拉·萨科齐还让人给他拍摄了一张翻阅马克思著作《资本论》的照片。在加拿大多伦多约克大学知名政治学研究教授利奥·巴尼奇看来，"这标志着此次危机范围之广、破坏力之大，已使全球资本主义和其卫道士们陷入了意识形态的恐慌"②。

马克思主义之所以复兴，在美国普林斯顿大学伍德罗·威尔逊学院历史及国际关系教授哈罗德·詹姆斯看来，"或许是目前这场危机的一个必然结果"，"表明人们普遍认为资本主义已经从根本上破产"。③ 利奥·巴尼奇则认为，其原因在于马克思主义是一个强有力的认识工具，人们可以用它来理解当前金融危机导致的混乱局面，正如他所说，"他（指马克思——引者注）精准地预见到引发今天全球经济危机的一些致命因素：在由竞争的市场、商品生产和金融投机组成的世界里，他所称的'矛盾'是固有的。"④美国著名政治评论员克里斯托弗·希钦斯也认为，全球金融危机证实了马克思关于"美国的资本主义制度将陷入停顿并开始腐朽，由于疯狂投机，底特律汽车城有可能停止生产汽车……"等预言，"如今这一切都变成了活生生的现实"。⑤ 因此，虽然"柏林墙倒塌和苏联共产主义的崩溃已经快过去20年了"，"马克思和恩格斯当年抨击19世纪中叶的资本主义经济体系的某些批评言论在150年之后……仍然不绝于耳"⑥就不是什么不可理解的事情了。事实上，苏东剧变后、这次金融危机前，面对全球化条件下资本主义的贪婪

---

① 黄文炜：《东方时报：日本人开始热爱共产党》，中国新闻网2009年1月9日。

② [加拿大]利奥·巴尼奇：《十足现代的马克思》，美国《外交政策》双月刊2009年5/6月号。

③ [美国]哈罗德·詹姆斯：《马克思主义的复兴》，《土耳其周刊》2009年1月3日。

④ [加拿大]利奥·巴尼奇：《十足现代的马克思》，美国《外交政策》双月刊2009年5/6月号。

⑤ [美国]克里斯托弗·希钦斯：《卡尔·马克思的复仇》，美国《大西洋月刊》2009年4月号。

⑥ [英国]托尼·巴伯：《红色警报》，英国《金融时报》2009年5月16日。

扩张和对劳动群众的盘剥，广大人民群众和有识之士已开始表现出对马克思关于资本主义制度本性论断的穿越时空的深刻洞察力的钦佩之情。如英国剑桥大学文理学院在推选谁是人类纪元第二个千年的“千年第一学人”时，投票结果马克思位居第一。2000 年马克思被英国评为“世纪伟人”。2005 年英国广播公司(BBC)进行了“谁是现今英国人心目中最伟大哲学家”的调查，结果显示，卡尔·马克思以 27.93%的得票率荣登榜首。因而，金融危机发生后出现新一轮“马克思热”是必然的。如同敏锐地意识到马克思主义与当前时代的相关性“将被重新发现”的约翰·卡西迪这位《纽约客》经济专栏作家所说：“只要资本主义存在，马克思的著作就值得阅读。”基于此英国作家 F. 惠恩表示相信：“马克思有可能成为 21 世纪最有影响力的思想家。”①

（三）金融危机的发生，扩大了发达国家共产党的政治活动空间

冷战结束以来，受右翼势力打压和自身斗争策略的影响，发达国家共产党的政治活动空间一直遭受挤压。金融危机发生后，西方国家经济衰退、失业剧增，群情激奋，法国、英国、希腊等许多国家的民众纷纷走上街头示威游行，表达对生活每况愈下的担忧，抗议资产阶级政府偏袒富人的救市计划。在此情况下，各国共产党立即行动起来，通过各种途径扩大共产党在本国的影响力。危机爆发后，主要国家如英国、美国、法国、德国、俄国、葡萄牙等国共产党先后召开代表大会，制定了党在应对经济危机中的一系列策略、方针、政策。一方面从马克思主义基本立场、观点出发揭示出危机爆发的根本原因源自于社会化大生产与生产资料资本主义私人占有之间的矛盾，从而使人们认识到资本主义制度的弊端和缺陷。另一方面，从本国实际情况出发，针对危机提出了本党的解决方案。同时，各国共产党还积极利用各种途径宣传自己的主张，扩大社会主义的影响。

法国共产党通过舆论讨伐、举行集会、抗议示威等形式，积极宣传自己在这场危机中的政治立场。经济危机对法国经济社会产生了破坏性影响，

① [美国]克里斯托弗·希钦斯：《卡尔·马克思的复仇》，美国《大西洋月刊》2009 年 4 月号。

到 2008 年 11 月底法国失业人数已达 206.8 万人，2009 年法国经济增幅为 -1.8%，失业率攀升至 9.8%。然而法国政府制定的刺激经济计划却只青睐拯救银行和汽车制造业，有关民生的购买力和就业问题则搁置一边；企业雇主则纷纷裁员或调低雇员薪资，把危机转嫁给职工群众，导致人们工作和生活压力越来越大，心理恐慌日益严重，悲观情绪四处蔓延。在此情况下，法共积极站在工人群众一边，为维护民众利益而斗争。2008 年 9 月 18 日，法共就时任总统萨科齐对当前经济局势所作的含糊其辞的解释表示抗议。10 月 1 日，法国左派四大政党首脑集体磋商，敦促在法国参议院和法国国民议会就日趋严重的经济形势展开讨论。10 月 13 日，法国共产党发表宣言，就当前严峻的经济形势，提出自己的解决方案和针对资本主义体制进行深化改革的建议。与此同时，为应对危机，法共还发起组织了多场集会和游行示威。例如，9 月 27 日，法共分别在巴黎和马赛组织了 15000 名共产党员参加的示威活动，提出了要求政府停止向投机者提供金融支持，要求政府将资金转向支持实体经济，要求政府设法恢复国民的购买力等游行口号，将矛头直指法国政府。伴随金融危机的深化，法共于 11 月 19、20 日发起了 8 万人参加的“保卫公立学校”的游行活动；11 月 22 日发起了“反对政府操纵和支持邮局私有化”的游行活动；11 月 25 日发起了“争取住房权”的全国性游行示威。12 月 11～14 日，法共在危机形势下召开了党的第三十四次代表大会，会议深入讨论了当前的世界经济形势，阐述了法共应对危机的策略主张，号召全党在这场金融甚至是社会、环境、民主的危机面前，“应该意识到自己的重要责任，并汇集所有力量，全力应对危机，重建一个新世界”。在法共和其他左翼力量的推动下，法国工人游行、罢工和示威活动的规模和影响越来越大，2009 年 1 月 29 日，在八大工会号召下法国各地共发生了 200 多场示威游行，邮政电信、学校医院、交通运输、能源电力、银行法院、博物馆剧院，就连平时很少走上街头的私营企业员工也加入游行大军，全国有近 250 万人参加，尤其是一些中小城市几乎半数人口出动。米其林轮胎公司总部所在地克莱蒙费朗市只有 13 万人口，29 日参加游行人数达到约 6 万。① 此次罢工人数之众和跨行业之广都创下新纪录。2010 年 9 月 7 日为反对政府

① 新华网 2009 年 2 月 2 日。

推出退休制度改革方案，百万法国工人又一次走上街头示威游行①，官方数字显示有110万私营和公共服务行业工人走上巴黎、里昂、马赛等城市的街头，但工会指出，参加罢工的实际人数高达250万人。

俄罗斯联邦共产党通过媒体、集会等渠道，积极阐明自己对当前经济危机的看法，宣传教育群众认清危机的实质和历史发展的方向。2008年10月18日，即在俄政府首次宣布出台救市计划之前，俄共领导人根·久加诺夫在接受电视《新闻》频道的采访时就指出，“这场金融—经济危机擦亮了许多人的眼睛”，“埋葬了资本主义的货币主义模式”。11月7日，俄共在全国组织了纪念十月革命91周年的庆祝活动，统一提出宣传口号，号召共产党人把纪念十月革命与反对资本主义、宣传社会主义结合起来。在莫斯科有几千人参加游行和集会，久加诺夫在集会上说，“今天，历史本身再次使我们认识了伟大的俄国革命的正确性，严重的经济危机席卷了世界资本主义体系，社会主义的选择注定要来敲门……我们对未来充满信心”。11月30日，俄共第十三次代表大会专门通过了关于经济危机的决议，提出“克服经济危机的关键在于改变政治方针”，大会通过的新纲领申明，20世纪资本主义和社会主义之间的原则争论没有结束，尽管革命运动出现暂时的退却，但“当今时代仍是从资本主义向社会主义过渡的时代”。

希腊、西班牙、日本等国共产党也都通过发表声明、组织游行示威等多种方式阐明自己的主张，扩大党的影响。2008年10月2日，希腊共产党中央委员会就经济危机发表声明，指出“危机现象是资本主义不可避免的经济命运”，“任何管理性政策都不可能解决其固有的腐朽性”。10月21日，希共在雅典等希腊主要城市参与发起罢工游行，抗议希腊政府私有化计划及其针对养老金体系进行的改革，示威者高举“不要给资本家钱”等标语口号，谴责政府280亿欧元的金融救市计划。全球经济危机爆发后，西班牙共产党通过其全国性马克思主义研究机构——马克思主义研究会组织了多场报告会和研讨会，邀请西班牙和拉美马克思主义学者就“马克思的资本主义经济危机理论”、“经济危机下的工会运动”、“经济危机与西班牙资本主义的局限性”等主题进行研讨。日本共产党在金融危机发生后，通过各种途径向政府

① 郑若麟：《法国全国大罢工反对提高退休年龄》，《文汇报》2010年9月9日。

施压以维护青年工人的利益，要求取消临时合同，使所有人都能拥有一份真正的工作，且工资达到工会同意的水平。从而拉近了与青年工人的距离，使党的社会影响力大增，2007 年 9 月以来，已经有 1.3 万人申请加入日本共产党，平均每月增加 1000 名新党员，其中二三十岁的年轻人占 20%，四五十岁的中年人占 60%，党员总数已达 40 万人，成为发达国家中最大的共产党。"日共机关报《赤旗》的读者，在去年短短的半年时间里增加了 1.8 万人"。以致日本《东方时报》发文感叹："日本人开始热爱共产党"①。

（四）中国应对金融危机的出色表现增强了人们的社会主义信心

20 世纪 30 年代的那场大危机和大萧条，迫使西方国家由自由放任的理论政策转向凯恩斯主义，推动国家垄断资本主义的兴起，并由此显现了以苏联为代表的社会主义制度及体制的优越性，促进了社会主义由一国到多国的发展。这次国际金融危机同样对西方国家的思想理论产生了巨大的冲击，对资本主义的生存发展产生了深刻的影响，动摇了资本主义的根基。在此次各国携手共同应对国际金融危机的过程中，社会主义中国以一个"负责任的大国"形象展现在世人面前。中国政府深入贯彻科学发展观，转变发展方式，调整经济结构，关注民生、扩大内需的一系列措施取得的了巨大成效，令世界刮目相看；无论是 GDP 增长"保 8"目标的提出，还是 G20 峰会上中国领导人对世界的庄严承诺，都在世界人民心目中树立了中国共产党人的良好形象，从而赢得了各国人民的尊重，彰显了以中国为代表的社会主义制度及体制的优越性，增强了人们的社会主义信心，给世界社会主义运动提供了新的发展机遇和动力。

社会主义中国作为世界的一个组成部分，由于经济全球化和世界一体化的发展，对外要与资本主义世界交往，因而在全球金融危机中不可能独善其身。经济危机发生之初，曾对中国造成极大影响。危机直接减少了中国对美国、日本和欧盟的出口。中国外贸出口下降明显，部分工厂关闭，2000 多万在城市打工的农民工被迫返回家乡。为了克服困难，中国政府提出保增长，保民生，保稳定的策略，投入 4 万亿人民币刺激内需，实施产业结构调

---

① 黄文炜：《东方时报：日本人开始热爱共产党》，中国新闻网 2009 年 1 月 9 日。

整和振兴计划,加大国内基础设施建设,加大科技支撑,提高社保水平。这些措施,使得中国不仅很快渡过了难关,带头走出了危机的阴霾,而且对世界各国抵御和战胜危机带来积极影响。据统计,2009 年中国成了世界上唯一一个在金融上相对稳定,同时 GDP 增长率还能保持 8%以上的国家,这在各国经济增长很少乃至负增长的状况下,不能不说是一个奇迹。不仅如此,中国还带头与世界各国商讨克服危机的方法和途经,陆续参与召开了中美、中欧等高层论坛和国际会议,并在 20 国大会上提出了“同舟共济、应对危机”等倡议。胡锦涛指出:我们应当树立信心,携手合作,“同舟共济,应对危机”①。他还督促各个发达国家应当承担责任,帮助不发达国家克服金融危机造成的困难和问题。他在中美、中欧高层论坛上,把重点放在全球经济复苏、金融改革、能源安全等全球性问题土。尽力把沟通代替猜忌、合作代替对抗、和平代替战争等这样一些新的国际关系思维,介绍给与会各国,受到普遍赞扬。因而,人们在质疑“美国模式”优越性的同时,对于取得举世瞩目伟大成就的“中国模式”则表现出越来越浓厚的兴趣。在《大趋势:改变我们生活的十个新方向》的作者约翰·奈斯比特这位被称为拥有“魔力水晶球”的预言家看来,“中国模式”将以难以令人置信的力量影响整个世界,正如他所说:“我认为中国的发展模式是更好的,中国是一辆跑得更快、性能更好的车。在西方人看来,中国这辆车可能是很复杂的,或者是不符合他们驾驶观念的车,他们在面对这辆车的时候可能有一点头晕目眩,但是从整个世界的角度来说,我建议应该获取新的发展模式。”②

中国之所以能经受住国际金融危机惊涛骇浪的冲击而保持平稳、较快的发展,一是依赖于我们经过长期建设所奠定的雄厚的综合国力和国际影响力,二是依赖于中国社会主义制度,尤其是国有企业和国有金融机构发挥了重大作用。如果没有社会主义国家强有力的宏观调控能力及其突出民生的国策,中国就不可能克服经济危机。而这恰恰就是社会主义的优势所在。从社会主义和资本主义应对金融危机能力的比较中,我们可以看出,社会主

① 胡锦涛:《携手合作 同舟共济——在二十国集团领导人第二次金融峰会上的讲话》,《人民日报》2009 年 4 月 3 日。

② 吴波、翁天兵:《奈斯比特:中国模式将会改变世界》,《广州日报》2009 年 9 月 7 日。

义具有明显的克服危机的能力，比资本主义具有更强的生命力和更广阔的发展前景。金融危机使得中国的国际地位更加突出，使中国特色社会主义大放异彩。中国的成功经验为世界社会主义提供了一个良好的榜样，增强了人们的社会主义信心。

（五）世界社会主义力量在国际格局中的地位进一步提升

两极格局解体后，美国凭借强大的经济、政治、军事、科技实力，一直企图建立由其主宰的单极世界。金融危机对发达资本主义国家产生了巨大的冲击，极大地削弱了资本主义势力在全世界范围内的影响力。虽然现在世界经济已经表现出复苏的趋势，但相对于发展中国家而言，发达国家的复苏道路会更加艰难。据国际货币基金组织（IMF）《世界经济展望》（秋季报告）预测，2013 年世界经济增速为 2.9%，不及 2012 年的 3.2%。发达经济体整体增速从 2012 年的1.5%降至 1.2%；其中，美国经济增速从 2012 年的 2.8%回落到 1.6%；欧元区继续萎缩，降幅从 2012 年的 0.6%略降至0.4%；日本维持 2%的增速；而新兴市场和发展中经济体整体增速则为 4.5%。① 在本次国际金融危机中，美国、欧盟、日本等发达资本主义国家受到重创，尤其是对美国在整个世界政治、经济格局中的地位产生了很大的冲击力，以至于美共主席萨姆·韦伯认为：美国金融市场的危机对美帝国主义在 21 世纪独霸世界的企图来说无异于当头一棒。再加上伊拉克灾难、全球对新自由主义和结构调整政策的愤怒、世界各地新全球力量的出现（首先是中国），这次金融危机标志着美帝国主义的霸权危机进入新的阶段，单极世界进入灭亡期。② 法国前总统萨科齐也承认，由于世界政治经济力量对比的变化，建立单极世界是不可能的，“因为中国、俄罗斯等新兴国家的崛起正对美国的地位构成挑战”；同时“多极化的世界政治经济格局迟早要在货币层面上得到体现，多极化的世界不能建立在单一储备货币的基础上”，“美元无法继续

---

① 肖莹莹：《年终经济观察：2013 年世界经济八大关键词》，中国新闻网 2013 年 12 月 22 日。

② 杨成果编写：《美国共产党论美国金融危机的根源与出路》，《国外理论动态》2009 年第 2 期。

垄断国际储备货币的地位”。①

社会主义国家在经济危机中经受住了考验，尤其是以中国、越南、古巴为代表的社会主义国家在危机中向世界展示了社会主义制度的优越性，率先走上了复苏的道路。中国作为一个崛起的新兴社会主义大国正在世界舞台上扮演着越来越重要的角色，对国际政治经济旧秩序产生了巨大的冲击力。金融危机之后，中国等社会主义国家在世界政治、经济格局中必将会起着举足轻重的作用。世界经济金融危机爆发以来，中国、巴西、俄罗斯、印度和南非被认为是新崛起的金砖国家，要求进一步改革现有世界经济金融秩序。中国人民银行行长周小川发表文章提出，“国际货币体系改革的理想目标”即“创造一种与主权国家脱钩、并能保持币值长期稳定的国际储备货币”。该建议得到俄罗斯、阿根廷、巴西、委内瑞拉、印度尼西亚等国的支持，也得到了联合国和国际货币基金组织的呼应。阿根廷中央银行行长马丁·雷德拉多在接受新华社记者采访时表示，阿根廷支持中国关于国际储备货币改革的建议，他指出，在一个日益多极化的世界，全球不应该只依赖某单一货币作为国际储备货币。美元在金融危机风暴中受到很大削弱，需要寻找其他货币作为储备货币的选择。阿根廷将与中国一起在二十国集团和其他国际组织框架内寻求新的储备货币。2009 年 3 月 29 日他与中国人民银行行长周小川签署了中阿两国货币互换框架协议，以减少双边贸易中对美元的依赖性。

中国、巴西等新兴经济实体向不公正的国际金融秩序发出了挑战。惯于为美国政府帮腔的《泰晤士报》在一篇专栏文章中抱怨道，“中国向美国 50 年历史的全球经济主导地位发出挑战，这将被视为中国意图充分利用经济衰退横扫西方所造成的经济实力大转移”。在伦敦 G20 峰会召开之际，英国《经济学家》则公开提出“在新世界秩序中，中国如何看世界，世界又如何看中国”的问题。文章说，“如今的地缘政治是两极事务，只有美国和中国够得上分量。这样，在伦敦召开的不是 G20 会议，而是 G2 峰会。这不仅令刚刚摆脱布什单极政治的欧洲人担心，而且令日本人感到恐慌，因为日本长期对

① 马骏骎：《G20 峰会在即美元储备地位再遭质疑》，《每日经济新闻》2009 年 8 月 28 日。

他们的亚洲对手持有偏执态度。……世界不是两极，而且可能永远不会变成那样——西方和中国自身都需要为此而调整。G20是一个机会，给予中国比在G7和G8这些小俱乐部中所能获得的更大的全球决策权”。① 世界主流观点普遍认为，G8将走入历史，而以中国为首的新兴经济体未来将能发挥更大影响力，世界经济正在构造“新秩序”。高盛集团国际副董事罗伯特·霍马茨认为，“这是一个时代的结束”，而另一个时代将从此开始。德国《世界报》则干脆高呼：“G7已死！G20万岁！”②国际秩序的大变局正悄然来临。《经济学家》等媒体的言论未免带有夸大其词和偏见的成分，但这些话也客观地反映了西方人不得不承认中国崛起的复杂感情和酸楚感觉。随着中国、越南、古巴等社会主义国家在经济复苏中所表现出的强劲态势，社会主义在世界政治、经济格局中的地位也必然会进一步得到提升。

（六）世界社会主义、左翼力量逐步走向联合

随着金融危机的爆发并蔓延到全世界，使人们日益认识到世界各国共产党以及左翼力量加强联合的必要性和重要性，共产党及左翼力量联合斗争趋向越来越明显，而且这种联合逐渐从议会斗争转向议会外斗争，从国内联合朝着地区、国际联合斗争等更深、更广的领域发展。法共34大是法国国内左翼力量团结的一次集中展示。法国主要的左翼力量，如绿党、“公民与共和运动”、“革命共产主义联盟”、“工人斗争”的代表、反全球化运动阿塔克以及作为农民领袖、反资本主义斗士的约瑟·博维的众多支持者均出席代表大会。以致有评论认为，所有左翼力量“兄弟般地”出席会议，“表明它们之间并不存在根本性的政治分歧”③。比费在大会最后尤其指出，“在斗争的关键时期（指经济危机），所有左翼力量需要团结起来”。她向与会的全体左翼力量发出呼吁，号召适应斗争形势的需要，建立一个“捍卫自由和民主的

① 李鸿文：《G20峰会前先爆发一场货币战争》，《中国青年报》2009年3月27日。

② 李永辉：《“G时代”的国际新秩序：变局与变数》，《现代国际关系》2009年第11期。

③ Francis Dubois and Pierre Mabut. French Communist Party Congress Reveals Advanced Crisis，世界社会主义网站 http://www.wsws.org/articles/2009/jan2009/pcf—j10.shtml.

进步阵线”①。2008年意大利重建共7大的一项重要内容就是寻求“与反对资本主义”的各派左翼力量进行合作。重建共强调，要“积极参与反资本主义全球化的世界运动，加强与共产党和进步政党以及所有革命运动的合作与关系”。重建共尤其重视欧洲范围内的左翼联合斗争，其未来几年的发展目标，是致力于在欧洲左翼党和欧洲议会组织“欧洲联合左翼—北欧绿色左翼”(GUE/NGL)内部加强共产党和左翼力量的团结，以建立一支能够替代欧洲社会党的左翼力量。

西欧其他共产党的新一届党代会，也大都把左翼联合作为大会讨论的一个主要议题，且讨论重点更多地着眼于地区、国际联合层面。例如，希腊共报告具体分析了当前国际共产主义运动中仍然存在的危机，指出党在未来几年的行动道路是致力于支持国际共产主义运动的重组，尤其是推动那些信仰需要进行推翻资本主义斗争以及实现社会主义—共产主义的马列主义政党之间的合作与联合行动。

由于各国共产党具有加强联合的共同意愿，因而在印度新德里举行的由48个国家的57个共产党的89名代表参加的第十一次共产党和工人党国际会议在其会议文件中，没有先例地列出了“背景资料”，专门介绍了各国共产党为重振国际共产主义运动和使所有共产党和工人党聚集在一起所做出的不懈努力：在1993年，印度共产党(马克思主义)首次进行了这种尝试，举办了“当代世界形势与马克思主义有效性”的国际研讨会，有21个政党与会，成功地使各与会方在捍卫社会主义事业和争取实现社会主义的斗争方面恢复了信心。从1998年开始，希腊共产党承担起组织共产党和工人党国际会议的责任，连续主办了七次国际会议，就世界的重大发展变化交换观点和分享斗争经验。参加会议的政党的数量持续增长，反映了马克思主义的重要性和有效性不断增强。此后先后在葡萄牙首都里斯本、白俄罗斯的明斯克和俄罗斯的莫斯科、巴西的圣保罗举行了第八、第九、第十次会议；第十一次会议在新德里；第十二次会议在非洲大陆举行，由南非共产党主办，从而使会议地点涵盖了世界各大洲。

---

① Marie－George Buffet. 34èmecongrès：Discours de Clôture de Marie George Buffet，Dec. 17，2008，法国共产党网站 http://www. pcf. fr/spip. php? article3310.

英国共产党主席格里菲斯在大会发言中，论述了当前加强国际共产主义运动团结的重要性。他指出："当垄断资本家及其代言人在全球范围内通过一系列的机构来进行全面磋商和采取行动的时候，各国共产党为了工人阶级及其家庭、全人类、我们生存在其中的星球的利益，也有义务这样做。需要在全球范围内增进共产党和工人党之间的亲密关系，加强组织上的相互合作和相互协调。共产党和工人阶级的国际化是我们最大的潜力之一。"许多国家的共产党，如卢森堡、丹麦、德国、西班牙、加拿大等国的共产党建议：国际共产主义运动应该达成一致的行动纲领，用共同纲领来推动和巩固国际共产主义运动。第十一次共产党和工人党国际会议的有关文件也明确要求各国共产党在反对帝国主义的斗争中采取联合行动，加强国际共产主义运动的团结与合作。

此外，在这次金融危机前后，拉美地区左翼力量迅速崛起，并在一些国家的政治舞台上占据重要地位。左派政权或中左联合政权，在拉美国家中已占居多数。委内瑞拉前总统乌戈·查韦斯公开提出"建设 21 世纪社会主义"，他的革命主张和执政理念，获得了委内瑞拉和拉美其他国家许多人的拥护，影响日益扩大。由委内瑞拉统一社会主义党（PSUV）发起和主办，2009 年 11 月 19～21 日，在委内瑞拉玻利瓦尔共和国首都加拉加斯举行了左翼党第一次国际会议，来自 39 个国家的 55 个左翼政党团体的 150 多名代表与会。会议讨论了帝国主义所带来的威胁、美国在哥伦比亚建立军事基地、洪都拉斯政变、资本主义危机和经济衰退以及建设"21 世纪社会主义"等问题。11 月 20 日晚，委内瑞拉前总统、委内瑞拉统一社会主义党主席乌戈·查韦斯在左翼党第一次国际会议上倡议成立"第五国际"。查韦斯表示，成立"第五国际"，团结世界各国进步力量和左翼政党与团体的时刻已经到来，应当借助"第五国际"组织的社会主义运动来应对当前资本主义系统性危机所引发的挑战。第三条道路已经失败，而"第五国际"应当是真正的左翼组织，能够应对帝国主义和资本主义危机的挑战。为将成立"第五国际"落到实处，会议还专门通过决议成立了筹备委员会。各国共产党以及左翼力量的联合行动必将发展壮大反对帝国主义和资本主义阵线的力量，有利于推动世界社会主义运动的发展进程。

三、低潮中世界社会主义的发展战略

在国际金融危机冲击全球的时刻，各地的资本家及其政府最关心的不是如何帮助人民尤其是在危机中遭受失业等困苦的工人渡过难关，而是倾心于如何维护资本对劳动的绝对占有地位，以达到控制和剥削本国和其他国家劳动阶级的目标，自然的反对资本主义的呼声也就变得日益高涨。金融危机无疑为发达国家共产党摆脱当下的发展困境提供了难得的机遇，“左翼终于获得巨大的发展契机”。但是也不能否认，金融危机对世界社会主义来说的确“既是机遇也是挑战”。我们不能仅仅因为在这次危机中西方工人罢工游行活动和发达国家共产党政治活动空间的扩大，就认定世界社会主义运动已经走出低谷。这是因为一方面发达国家共产党在西方政治生活中的“边缘化”处境并没有得到彻底改善，世界左翼政党在现在的世界政治格局中尚未成为主流；世界社会主义依旧势单力薄，“资强社弱”的局面没有从根本上得到改变。另一方面，社会主义国家在危机中也受到巨大影响，面对如何应对危机并向民众进行解释，使之进一步坚定走社会主义道路信心的问题。特别是西方发达国家会因为中国经济的快速发展和在危机中的出色表现，借所谓“增长与责任”原则之类冠冕堂皇的由头，通过各种途径向中国转嫁危机。在后危机时代，在一定时期内世界社会主义仍将处于低潮，因而各国共产主义政党必须立足党情、把握机遇、制定出适合现实状况的战略并加强与其他左翼政党和组织的联合斗争，才能促进世界社会主义的复兴和发展。

（一）世界社会主义运动仍将在低谷中前行

金融危机给美国等西方发达资本主义国家以深重打击，特别是使权力盛极至巅峰的美国，陷入了一场罕见的困局。奥巴马政府不得不推进战略收缩、经济调整和政治减负。美国和西方国家遭遇的困局和进行的调整无疑给社会主义国家和发达国家共产党带来发展的机遇，但我们也应看到，美国和西方国家虽然遭遇了严峻的挫折和困难，但并没有出现衰落的迹象，而世界社会主义运动虽然有所发展，但仍然没有走出低谷。金融危机在给社会主义国家和发达国家共产党带来发展机遇的同时，也隐藏着严峻的现实挑战。

1. 金融危机并没有暴露出资本主义衰亡的迹象

金融危机使美国和西方国家陷入了罕见的困局，奥巴马政府不得不调整战略，尽早从伊拉克撤退，放弃用军事手段改造大中东的设想，调整在欧洲和亚洲的战略态势。在经济上对美国的发展模式进行改革，加强对市场的监管，改变消费方式，开发新能源。在政治上，要求其他大国和国际组织在国际事务中承担更大的责任，为美国的霸权减负。这些虽然再一次宣告了“资本主义最终胜利”论的谎缪，但也同时说明资本主义尚有很强的自我修复能力，并不会马上终结。特别是，随着发达国家一系列救市措施的实施，当前经济复苏的迹象已经开始显现。如近期国际市场美元的走软、大宗消费品销售的增长、国际黄金价格的飙升和道琼斯股指的连创新高，都预示着全球经济开始回暖。欧美发达国家借助经济全球化进程，将原本一国范围内存在的各种矛盾向其他国家扩散，从而有效避免了国内矛盾的激化。另一方面，资产阶级为了挽救自身命运，而不得不把生产力当作社会生产力来看待，在资本主义制度允许的范围内使生产关系向着社会占有的方向进行渐进式调整，从而减缓了自身的衰亡。

2. 社会主义在同资本主义的竞争中尚未获得认同的优势

由于斯大林社会主义模式的缺陷和苏东剧变，加上资本主义意识形态的宣传以及资本主义经历了一段长期平稳的发展，资本主义的影响根深蒂固。与此同时，从世界层面看，社会主义国家的确还尚未形成具有说服力并且公认合理的社会主义模式和榜样；因而在此次金融危机中，社会主义没有产生巨大的影响力和感召力。

在经济全球化日益加深的今天，世界各国家、经济实体的联系越来越紧密，任何全球化参与主体都不可能置身事外、免受影响。作为世界经济主体重要组成部分的社会主义国家在不同程度上摆脱计划经济而实行了与本国实际相适应的市场经济模式来发展本国经济，其金融系统也都不同程度地处于开放之中，因此，世界社会主义国家在本次金融危机中也受到了不同程度的冲击，尤其是对外贸易依存度较高的中国、越南等国受到的冲击更大。尽管中国经济总体发展迅速，在经济危机中表现突出，但是由于存在诸多自身问题，从总的形势来看，社会主义并没有取得同资本主义的比较优势，其他现存的社会主义国家，发展前景和现状也并不令人满意。尽管这些国家的GDP总量上升很快，但是，美国等发达资本主义国家在经济方面的优势更加明显。在国际货币基金组织等重要的国际性机构中，发达资本主义国家还牢牢控制着领导权，国际政治经济秩序依然是有利于发达资本主义国家。从科技文化方面看，美国等大国掌握着影响和决定未来的战略性科学技术，它们的创新能力和成果转化机制仍然占据明显优势，文化霸权地位一时还难以撼动。另外，发达资本主义国家拥有良好的生态、成熟的市场和社会管理机制、完善的社会保障制度等，这些都对普通民众具有很强的吸引力。

社会主义中国毫无疑问已经是世界经济大国，但中国经济“大而不强”，主要表现在经济发展的科技含量低、自主创新能力弱、金融体制不健全、人均GDP尚处于世界后列。此外，中国国内包袱还很沉重，包括存在着人数可观的低收入群体、收入差距大、地区发展不平衡、环境污染严重等等。这种现状在未来10年左右很难改变。当下美国等西方国家之所以看重中国，无非是想借助中国的力量来应对这场自上世纪30年代大萧条以来空前严重的危机，并不是真的要与中国建立“超级伙伴”，在这一点上我们必须保持清醒的头脑。美国的霸权地位在短时期内是难以撼动的。美国的文化和国家制度所赋予的自我调节能力、创新能力、对世界人力和物质资源的利用能力，既是美国过去取得成功的关键，也是未来美国在一定时期内避免走向衰落的保障。建国200多年来第一次选举产生了黑人总统，仅此一点就令世人难以低估美利坚民族的调整和应变能力。美国等西方国家一旦渡过当前的危机，在不远的将来有可能开始新一轮的力量扩张，因而在未来一定时期内，在两大制度的较量中资本主义仍将占据优势。

3. 共产党在发达国家政治生活中的“边缘化”处境尚未改变

金融危机发生后，各国共产党借助各种场合充分表达了自己的政治主张，但它们当下的最大困境依然是合法性资源匮乏，在西方民众心目中难以得到更多的政治认同。究其原因，一是苏东剧变的阴影依然笼罩着西方社会主义运动。卢森堡共产党代表阿里·吕克尔在第十一次共产党和工人党国际会议上明确指出：“具有重大战略意义并给各国共产党和全世界的共产主义运动带来巨大损失的社会主义的失败，至今仍对欧洲大陆有着非常严重的影响。反共产主义的思想清洗无处不在，这不仅仅存在于几个星期前我们所目睹的所谓纪念‘柏林墙倒塌’的宣传活动中，而且还存在于资产阶级的社会结构、学校和资产阶级的大众媒体中。”①

二是资产阶级政府的福利政策等使工人阶级产生了既不满意现状又安于现状的政治意识。荷兰共产党代表威廉·凡克拉任伯格认为欧洲的社会福利政策弱化了经济危机对工人的影响，“荷兰许多工人还能够量入为出，甚至有时沉溺于生活中的许多美好事物，比如去剧院、听音乐会、去博物馆、出国度假等等，逃避现实世界的现象在不断增长。工人阶级的相当大部分倾向于继续过这种有点质量的生活，而对于这一生活背后的进程却不感兴趣”。② 因而，“当今工人阶级的政治意识比过去几十年前差了很多，虽然有些工人正在改变对资本主义的认识并开始了完全不同的思考。然而，在大多数工人眼里，资本主义仍然在为他们提供比较舒适的物质生活，所以他们看不出有任何理由需要寻求其他的经济秩序”③。

三是资本主义各国共产党尚没有形成适合自身发展需要的理论与策略。如同卢森堡共产党代表阿里·吕克尔所说：“直到今天，共产主义运动仍然对社会主义失败的原因、社会主义运动的经验和成就、社会主义运动的缺点和不足、社会主义建设时期的社会矛盾等缺乏基本的分析和共识；同时，有关社会主义替代方案的标准和特征、社会主义生产力的发展、社会主义市场的发展、各种不同的经济管理方式、行之有效的社会主义计划、社会主义生产资料所有制的形式、政权机构建设和司法机制建设，以及在经济和社会中捍卫人民群众当家做主地位的途径等方面，也都缺乏应有的共识。”④由于种种原因，当前在资本主义发达国家，虽然共产主义政党的生存空间和社会影响有所扩大，但广大民众对其政治信任程度和期望值普遍不高，因而其在政党选举中得票率仍然较低，尚未改变政治“边缘化”的处境。

---

① 聂运麟、刘卫卫、杨成果：《第十一次共产党和工人党国际会议述评》，《当代世界与社会主义》2010 年第 3 期。

② 同上。

③ 同上。

④ 同上。

此外，拉美国家、地区的社会主义以及左翼势力虽然日益壮大，但组织化程度相对较低，对于怎样走社会主义道路、怎样宣传教育群众、怎样坚持马克思主义指导地位、怎样加强党组织建设仍然存在许多亟待解决的问题。从全球范围来看，“资强社弱”的局面在未来一定时期内不会从根本上得到改变，社会主义在全世界范围内走出低谷，再次凯歌行进仍然任重而道远。

（二）世界社会主义的未来发展战略

此次经济危机虽然重创了资本主义，但是从总体上看，当今世界还没有形成社会主义变更的主体力量，资本主义在相当长的一段时间内还会发展存在下去。社会主义国家还将与资本主义国家长期共存；两种制度长期互动、和平共处的局面仍将持续。在全球范围内“资强社弱”的局面在未来相当长时期中将难以改变，社会主义还将在低谷中艰难前行。在这种大背景下，无论是社会主义国家的执政党，还是非执政的共产党都必须根据自身状况和面临的任务制定适合社会主义事业发展需要的战略策略，加强联合、共同战斗，才能推进世界社会主义运动走出低谷，由低潮走向新的高潮。

1. 推进马克思主义本土化、时代化、大众化

马克思主义是共产党的指导思想。但马克思主义理论毕竟是19世纪人类认识的最高成果，它只有随着时代和实践的发展而发展，才能永葆旺盛的生命力，才能够超越国界、跨越时空，成为亿万人民认识世界、改造世界的锐利武器。如同胡锦涛所说：“马克思主义只有与本国国情相结合、与时代发展同进步、与人民群众共命运，才能焕发出强大的生命力、创造力、感召力。”①在后金融危机时代，各国共产党人必须积极推进马克思主义本土化、时代化、大众化，加强对人民群众的理论武装，才能推动世界社会主义的健康发展。

在各国革命、建设和改革的伟大实践中，马克思主义本土化、时代化、大众化是同一个过程。本土化是前提，它反映的是马克思主义在各国的具体化、民族化；只有同各国国情和民族传统相结合，马克思主义才能成为生动、

① 胡锦涛：《高举中国特色社会主义伟大旗帜为夺取全面建设小康社会新胜利而奋斗》，《人民日报》2007年10月25日。

具体、鲜活的理论，才能在各国生根、开花、结果。时代化是灵魂，它反映的是马克思主义随着世界的发展变化，与时俱进的历程；只有与时代发展同进步，马克思主义才能不断焕发生机与活力。大众化是目的，它反映的是马克思主义在各国武装群众、改造世界、改变人民命运的程度；只有与人民群众共命运，马克思主义才能产生不竭的生命力、创造力、感召力。本土化、时代化、大众化虽然具有不同的内涵，但三者密切联系，互为条件，相互促进，共同推动着社会主义事业的历史进程。

（1）不断推进马克思主义本土化。马克思主义本土化，就是把马克思主义的基本原理同本国革命、建设、改革、发展的具体实践相结合，同各国的传统文化相结合，创造出具有本国特色的马克思主义。马克思主义本土化的要旨是实现马克思主义在各国的具体化、民族化，包括三层含义：一是使马克思主义在各国具体化。把马克思主义应用到各国的具体环境、具体斗争中去，而不是把它当作抽象的教条到处套用。二是使马克思主义理论形态民族化。赋予马克思主义理论以各国的民族特色和民族形式，使其具有本国作风和本国气派。三是使各国革命和建设的经验马克思主义化。用马克思主义指导各国革命和建设的实践活动，并使各国革命和建设的丰富经验上升到马克思主义的理论高度，创造出具有本国特色的新理论，丰富和发展马克思主义。

具体化、民族化是马克思主义的本质特征和基本要求。马克思主义是19世纪40年代西方社会实践的科学总结，一经形成就必然具有理论抽象性，它在各国的运用必须实现从抽象到具体的转换，即通过一定的民族形式使之“本土化”，变为指导本国革命和建设的理论、方针和政策；同时，马克思主义作为一种外域的思想理论，也只有具体地借重各国的民族文化，特别是思维方式、行为方式、价值观念等文化因子，才能获得立足之地并进而发挥主导作用。

马克思主义本土化是一个动态发展的历史过程，同时是一个理论创新的过程。在后金融危机时代，推进马克思主义本土化，就是要坚持运用马克思主义立场、观点、方法准确把握世界发展大势，准确把握各国基本国情，准确把握党的建设和工人运动实际，及时总结党领导人民创造的新鲜经验，围绕低潮时期如何开拓社会主义革命和建设的道路，如何在错综复杂的国际国内环境中加强党的建设、扩大社会主义的感召力和影响力，如何推进世界社会主义从低潮走向新的高潮等重大问题，不断做出新的理论概括，增强理论的说服力，丰富发展马克思主义理论，为推动世界社会主义的发展提供强有力的理论指导。

（2）不断推进马克思主义时代化。马克思主义时代化，就是把马克思主义立场、观点、方法同时代特征、时代主题和日新月异的国内外实践发展相结合，与时俱进地发展马克思主义。任何理论都是时代的产物，都是人类一定历史阶段的认识成果，都要受到当时经济、政治、社会、科技、文化等方面发展水平的制约。再伟大的思想和理论，都不可能是超时空、超历史而一成不变的。正如恩格斯所指出的："每一个时代的理论思维，从而我们时代的理论思维，都是一种历史的产物，它在不同的时代具有完全不同的形式，同时具有完全不同的内容。"①

时代化是马克思主义的灵魂和理论品格。作为对世界历史和社会实践进行客观、科学研究的理论，马克思主义推动着时代的发展，同时，马克思主义本身也总是随着时代、实践和科学的发展而不断发展。时代化的内涵主要有三个方面：一是在推动世界格局变化、时代变迁的过程中，密切关注时代风云变幻，不断从世界历史的最新发展中汲取新的营养，始终引领时代发展方向。二是随着自然科学和社会科学的发展，不断修正错误的东西、剔除过时的东西，与时俱进地形成新的结论、补充新的内容。三是在指导社会实践的过程中，不断接受实践检验，并把亿万群众创造的新鲜经验上升为科学理论，进一步丰富和发展马克思主义。作为不断发展着的理论，马克思主义的每一次历史性飞跃，都带有深刻的时代烙印，都是马克思主义者在认真考察时代特征、准确把握时代脉搏、深刻洞察时代趋势的基础上，以直面现实的勇气不断开拓创新的结果，都体现了与时俱进的精神。

密切结合时代特征，不断推进马克思主义时代化，是马克思主义政党的首要任务。任何理论都有着历史的局限性，不能要求前人解释今天的事情。马克思主义政党只有洞悉时代发展变化大势，站在时代前列，不断推进马克思主义时代化，才能制定出符合时代发展要求的理论、方针、政策，从而领导

① 《马克思恩格斯选集》第4卷，人民出版社1995年版，第284页。

社会主义事业取得胜利。邓小平同志在深刻总结当代社会主义经验教训的基础上明确指出："绝不能要求马克思为解决他去世之后上百年、几百年所产生的问题提供现成答案。列宁同样也不能承担为他去世以后五十年、一百年所产生的问题提供现成答案的任务。真正的马克思列宁主义者必须根据现在的情况，认识、继承和发展马克思列宁主义。"①

当今世界正处在大发展大变革大调整时期。世界多极化、经济全球化深入发展，科技进步日新月异，国际金融危机影响深远，世界经济格局发生新变化，国际力量对比出现新态势，全球思想文化交流交融交锋呈现新特点，发达国家在经济、科技等方面仍占优势，综合国力竞争和各种力量较量更趋激烈。当下的全球金融危机既为发达国家共产党摆脱发展困境提供了难得的机遇，同时资产阶级政府应对危机能力的增强，也给发达国家共产党重新走向复兴带来了严峻挑战。西方民众对共产党的不信任情绪尚未消除，发达国家共产党在西方政治生活中的"边缘化"处境还没有得到根本改善。社会主义国家虽然成功抵御了新近的金融危机，但自身尚存在许多亟待解决的矛盾和问题。在汹涌澎湃的时代大潮面前，各国共产党人必须以宽阔的视野、宽阔的思路、宽阔的胸襟，认识和把握世界发展的大势，在复杂多变的时代局势中保持清醒的头脑，探索和把握规律性的东西，做好马克思主义时代化的文章，开辟马克思主义发展的新境界。

（3）不断推进马克思主义大众化。马克思主义大众化是指将马克思主义的基本原理由抽象性到具体化、由学术性到通俗化、由少数领袖人物的理念到成为广大人民群众的共识、成为认识世界和改造世界的思想武器的过程。其含义主要有两个方面：一方面指理论要面向大众，通过宣传教育，使马克思主义群众化。另一方面指采用通俗的语言和老百姓喜闻乐见的形式，譬如传播方式上的生动化、形象化、生活化、简明化等，使马克思主义理论及知识为广大群众所认同、理解与吸纳并转化为行动的指南。

大众化是马克思主义的本质属性和目的所在。其一，实践品格是马克思主义最重要和最根本的品格。以往的哲学家只是以不同方式解释世界，而马克思主义则强调通过实践认识世界、改造世界。改造世界的实践是亿

① 《邓小平文选》第3卷，人民出版社1993年版，第291页。

万人民群众的实践，马克思主义只有大众化，才能掌握群众、教育群众，指导群众改造世界的实践。其二，马克思主义是科学的理论体系，必须通过开展马克思主义的启蒙教育和宣传普及工作，使之走向大众化。其三，马克思主义是关于全人类自由解放的学说，只有落实到人民大众的实践中去，才能变为现实的物质力量；当人民大众确实消化和理解了这种科学理论，并转化为投身革命、建设和改革的内在动力时，我们的奋斗目标才会顺利实现。

大众化不是自发的活动，而是一种自觉的社会实践。推进马克思主义大众化，一方面需要广泛利用大众传播媒介，如网络、电视、电影、报刊等，把马克思主义的基本理论化为大众的文化理念，渗透到大众的生活中，潜移默化地引导人们，真正达到马克思主义入耳、入脑、入心的传播效果，使之真正内化为人民群众的政治信仰和行为准则。另一方面需要一批热心大众化的马克思主义理论工作者共同参与；为此，需要培养造就一支高素质的马克思主义理论队伍，担当起推进马克思主义大众化的历史任务。

推进马克思主义大众化，是当今时代发展和世界社会主义事业的必然要求。从世界范围来看，随着苏东剧变，世界社会主义运动转入低潮，特别是西方文化的全球性影响以及多元化发展，从总体上讲，马克思主义的确遭遇了一定程度的信仰危机。充分发挥马克思主义引领时代发展方向的作用，必须进一步推进马克思主义大众化。回望历史，每次资本主义重大危机，往往会导致工人运动和社会主义运动的高涨。然而，在当下的金融危机中，虽然广大人民群众表达了对资本主义制度的极为不满，但却并没有因此而产生对社会主义的热切向往之情。究其原因，一方面在于社会主义榜样力量的缺失，另一方面更为重要的是人民群众缺乏马克思主义的理论武装，对世界发展前景和世界历史发展趋势缺乏深刻的了解。在后金融危机时期，各国共产党只有不断推进马克思主义大众化，以马克思主义的最新成果宣传群众、教育群众、武装群众，并使之转化为人民大众进行社会主义革命和建设的强大动力，才能推动世界社会主义的发展。

2. 执政的共产党应坚持社会主义基本价值，向世人展现社会主义的优越性

中国、越南等共产党执政的社会主义国家，改革开放以来取得了长足的发展进步，特别是在全球金融危机中，从容应对，成功抵御了金融危机的冲

击。但是也必须承认，现有的社会主义国家在同资本主义的竞争中，远未取得公认的优势。众所周知，中国是现有社会主义国家中发展最快、成绩突出、影响最大的国家，但客观地讲即是中国在经济社会发展上也仍有许多不尽如人意的地方。

中共十一届三中全会以来，中国经济进入了从计划经济到市场经济转轨的过程，与此同时，中国社会也开始了从传统农业社会向现代工业社会转型的过程。这一过程所处的世界背景和中国自身的历史背景，决定了中国社会的转型处于一个非常特殊的历史时期。即不是在西方工业文明方兴未艾、朝气蓬勃之际来实现由传统农业文明向现代工业文明的社会转型和现代化，而是在西方工业文明已经高度发达，以至于出现自身的弊端和危机，并开始受到批判和责难而向后工业文明过渡之时才开始向工业文明过渡的。因而，中国社会在发展市场经济和解决工业化、城市化的课题的时候，还要在全球化的背景下去应对后工业化的挑战，解决后工业化的课题。

经过30多年的改革开放，中国社会已经发生了举世瞩目的变化。经济稳定增长、人民总体生活水平不断提高，政府社会管理与公共服务水平也在不断提升。但与此同时，随着改革的深入，工业化、信息化、城市化、市场化、国际化的推进，社会经济成分、组织形式、就业方式、利益关系和分配方式日益多样化。在旧的矛盾并没有完全解决的同时又出现了一系列新的矛盾：出现了城乡、区域、经济社会发展的不平衡，经济增长的资源环境代价过大，以及劳动就业、社会保障、教育卫生、居民住房、安全生产、司法和社会治安等方面关系群众切身利益的一系列矛盾和问题。

突出的问题是由于某些政策的偏差，甚或对社会主义基本价值的偏离，出现了社会财富分配的严重不公和贫富差距拉大的趋势。改革初期获得一些利益的弱势群体，在社会转型的过程中日益成为改革代价的承担者。利益分配格局的不公平，使社会中的不少人成为相对利益受损者。他们便将导致自己不利地位的原因归为不公正的社会规则、他人对不公正社会规则的钻营以及创立这些规则的政府。从而使公众的政治信任不断流失，对政府的不满情绪和不信任感有了相当程度的增长。特别是那些在社会转型中的弱势群体及个人，不仅对现有公共权力缺乏认同，甚至产生了一种抗拒意识。集中表现为，一是集体上访数量剧增；二是重大群体性事件频繁发生，呈现出社会矛盾网络化、网络舆论放大化、个人问题社会化、经济问题政治化、对抗程度暴力化的倾向。群体性事件的不断发生，表明了公众与政府之间出现了一定程度的关系紧张，在很大程度上起着削弱政府合法性基础的作用，同时也表明公众政治信任水平的下降。

衡量一个社会进步与否，不仅仅有财富的标准，还要有公平、正义、平等的标准。社会公平是社会进步与和谐的重要标志，而分配合理是社会公平的重要内容，贫富悬殊是最大的不公平。社会主义国家在改革开放的过程中，必须始终坚持社会基本价值，制定公正的社会政策，维护公平正义。社会基本价值是凝聚人心、增强信任、实现社会团结一致的基础。改革开放以来，中国经济快速发展，人民生活总体达到了小康水平；与此同时，随着政府改革的推进，政府绩效也有了一定的提升。可为什么公众对政府的信任度却依然走低呢？究其原因，在于公众不仅期望政府履行自身职能，而且希望政府坚持社会基本价值，维护社会正义、公平与机会平等。有鉴于此，社会主义国家在转型期，在进一步深化改革、推动经济不断发展的基础上，必须更加彰显民主和平等。一要制定公正的社会政策，妥善协调社会各方面的利益关系。有差别的社会政策将会人为地制造社会矛盾，损害社会信任和政治信任。政府应着眼于提高全体公民的福利水平，必须为所有的公民提供均等的机会，以维护社会公平，不能让社会中的特定群体永远成为受益者或利益受损者。二要致力于维护经济平等，避免不同社会群体之间收入差距过分拉大。政府一方面要抑制某些部门或团体的过高收入，坚决取缔非法收入，同时要注意扶弱济贫，为社会中的弱势群体（比如农民、失业工人）提供倾斜性社会政策。经济平等有利于增强不同社会群体间的社会联结，提升公民的信任倾向，进而为社会信任和政治信任的孕育奠定基础。三要推进公民有序政治参与健康发展。公民有序政治参与是民主政治的本质要求，是培养政权合法运行深厚群众基础的前提条件。要不断丰富民主的形式，健全一系列具体制度，以保障更多公民有机会参与政治。应加强信息公开制度建设，满足公民的知情权；加强公民政治参与的制度化、程序化建设，进一步健全和完善选举制度、听证制度、公民参与立法制度、公民批评制度、建议制度、对公职人员评价监督制度、陪审制度等。政治参与有利于培育公民的规则意识和宽容意识，可以提升其影响政治过程和政治结果的自信心，使其产生主人翁意识，进而提升其对整个政治共同体的信任。

社会主义国家在改革发展过程中，必须在推动经济快速发展的基础上，自始至终坚持社会主义基本价值，坚持人民群众的社会主体地位，坚持经济、政治、文化、社会和生态文明建设全面发展，坚持物质文明、精神文明、政治文明、社会文明、生态文明一起抓，坚持让全体人民共享改革发展成果，坚持共同富裕的社会主义生产目的。只有这样才能体现出人民当家做主的社会主义社会本质特征，才能向世界展现出社会主义制度的优越性，才能增强社会主义的影响力和感召力。

3. 非执政的共产党应保持自身特性，明确行动纲领，扩大党的影响力

此次二战后资本主义世界波及范围最广、影响最大的经济危机，对非执政共产党的理论政策发展和斗争实践产生了很大影响，它充分暴露了资本主义的制度弊端，推动各国共产党对资本主义和社会主义相关问题进行更加深刻的理论反思，更加坚定了各国党对社会主义替代资本主义必然前景的认识。

经济危机爆发后，各国共产党积极投入到各种形式的反资本主义斗争中，一是参与或大力推动反对政府处理经济危机政策以及寻求薪酬和福利保障的罢工抗议活动。法共、意大利重建共、葡共、希腊共等绝大多数西欧共产党积极投入到国内的罢工游行活动中，大力宣扬其政治主张，深刻揭露政府反危机政策的实质。

二是通过发表联合声明等方式，彰显各国共产党在抗议行动中的共同立场。如在 2009 年 6 月的欧洲议会选举中，包括西欧主要共产党在内的欧洲 19 个共产党联合署名发出呼吁，反对欧盟的新自由主义和军事主义政策，要求建立一个合作、社会进步、平等、促进环保、尊重民主、团结与和平的欧洲。7 月，针对欧洲安全与合作组织在日常议会会议上通过的一个题为《分裂的欧洲重新团结起来》的新反共决议，西欧主要共产党纷纷在国内进行抗议活动，同时还开展共同行动，联合其他地区共产党发表了一份由 69 国共产党署名的声明阐明自己的立场，呼吁所有工人阶级摈弃意识形态差异，团结起来反对这一断然的反共信号，“因为历史已经证明，反共攻击往往预示着

对人民的社会和民主权利进攻的开始"①。

三是主办或参与左翼国际会议，共商应对资本主义危机的斗争策略。如葡萄牙共产党 2009 年 5 月份在里斯本组织召开主题为"为建立一个和平与合作的欧洲而奋斗：反对军事主义、反对《里斯本条约》"的国际研讨会，来自塞浦路斯、捷克共和国、法国、德国、希腊和西班牙的共产党和进步政党代表出席。11 月，各国主要共产党、工人党参加了在印度德里召开的第 11 次世界共产党和工人党国际会议，解析经济危机产生的原因、实质和后果，探讨资本主义的社会主义替代策略，等等。②

这些措施虽然拓宽了共产党的活动空间，但是总的来看对于推动世界社会主义运动的复兴来讲成效并不明显。多数共产党的言语批判较多，实际行动力不够。英国《卫报》为此撰文认为，激进左翼已经失去了"金融危机所带来的政治机会"③。这种说法未免失之武断，却也在一定意义上揭示了共产党面临的困境。原因在于由于种种主客观情况的制约，非执政的共产党并没有为革命形势的到来做好思想和组织上的准备。匈牙利共产主义工人党主席格尤拉·瑟默清楚地认识到了这一点，认为："我们的主要任务，是为革命形势的到来做好准备。历史经验证明，如果主观条件在恰当的时刻不成熟，那么真正的革命形势就不会发挥作用。"④第十一次共产党和工人党国际会议通过的《德里宣言》也指出："帝国主义由于苏联解体和这场危机之前的繁荣期而对工人阶级和人民的权利发动了前所未有的攻击。与此相伴随的是狂热的反共产主义的宣传，不仅在个别国家宣传，而且在全球和国际论坛上进行这种宣传，包括欧盟、欧安组织和欧洲委员会等。面对这些无情

① Joint statemen to f69 communist and workers'parties on the anticommunist resolution of OSCE, Aug. 21, 2009. 葡萄牙共产党网站国际网页 http://www.international.pcp.pt/index2.php? option=com_content&do_pdf=1id=325.

② 于海青：《西欧共产党发展变化的几个新动向》，《马克思主义研究》2010 年第 6 期。

③ Andy Beckett. Has the left blown its big chance of success? Guardian, Aug. 17, 2009, http://www.guardian.co.uk/politics/2009/aug/17/left-politics-capitalism-recession.

④ 聂运麟、刘卫卫、杨成果：《第十一次共产党和工人党国际会议述评》，《当代世界与社会主义》2010 年第 3 期。

的攻击，我们的斗争迄今主要是防御性的，是为了保护我们以前赢得的权利。"①《德里宣言》认为："今天的事态证明，我们需要发动一次进攻，不仅是为了保护我们的权利，而且是为了赢得新的权利。不仅是为了赢得少数几项权利，而且是为了拆除整个资本主义的大厦——冲击资本主义的统治，实现社会主义的替代制度。"②为此就必须加强共产党的思想和组织建设。"虽然危机是资本主义制度本身所固有的，但是资本主义制度不会自动崩溃。若没有共产党领导的反击，反动势力将会得到加强。在资本主义制度下，任何改革都无法消除剥削。资本主义必须被推翻。这就要求加强工人阶级领导的人民斗争。"③

历史机遇总是为有准备者提供的。资本主义必然与危机相伴。面对历史提供的机遇，非执政共产党的未来命运归根到底掌握在自己手中。而其能否保持自身特性、制定并实行正确的行动纲领，则成为影响其未来走向的关键所在。

（1）非执政的共产党需要在现代政党转型中始终保持共产党的自身特性。20 世纪 90 年代以来，面对全球化的严峻挑战和日益激烈的政党竞争，有些党在变革调整中迎合议会斗争需要，着意淡化党的意识形态特色和身份标志，政党政治发展的一个重要趋势就是呈现出各类政党政策调整的"左右趋同"。这在以下五个方面表现得尤为突出：第一，在队伍构成上纷纷打破传统的阶级界限向"全民党"转变，并将越来越多的重心转移至争取日益扩大的中间阶层的支持上；第二，都将自由、责任、人的尊严、团结、互助、法治、民主等作为自己基本价值体系的核心价值观，并突出强调维护社会公正和尊重个人权益的重要性；第三，在社会政策上，普遍把实现经济增长和充分就业、提高人民生活水平和社会保障程度作为施政重点，并注重加强对社会不同阶层利益的整合，努力展示其贴近大众、捍卫国民利益的一面；第四，主动加强自身与国家的渗透和融合，积极推动政党职能由以往阶级斗争的工具向参与国家、社会、经济、社区管理转变，并广泛建立各种决策专门研究

① 聂运麟、刘卫卫、杨成果：《第十一次共产党和工人党国际会议述评》，《当代世界与社会主义》2010 年第 3 期。

② 同上。

③ 同上。

机构，为本党相关政策的制定提供服务；第五，在政策宣传上重视向全社会开放，尤其重视利用因特网、多媒体等现代信息工具，扩大与党内外各阶层群众和各种社会团体的对话与交流，努力缩小并消除与群众之间的隔阂。由此不难看出，其他政党的政策调整对共产党的政治空间造成了巨大挤压，挤占了共产党原有的“核心阵地”①。因此，共产党如何在这种压力下寻求自身理论的突破，并始终保持自己的政党特色，就成为能否赢得未来激烈政党竞争的关键。

从近20年的发展动态看，除少数党外，非执政的大多数共产党的理论政策尚缺乏自身特色和特性，缺乏连续性、稳定性。各党的激进抑或温和取向，受外部环境以及党内关系影响很大。这次金融危机爆发以来，西欧各国共产党开始有意识地向传统回归，更加强调共产党特立独行的立场、纲领和政策。这种激进化转向显然是经过苏东剧变后的发展与探索，各党针对理论政策变革中存在的问题，进行深刻反思和相应调整的结果。在现阶段，这种更加凸显共产党左翼色彩和身份特征的转向，与党的自身发展以及当前国际国内斗争形势相适应，有利于巩固党的存在，扩大党的社会影响。非执政的共产党在反对资本主义的左翼阵营中，不能把自己混同于一般左翼政党，或做社会主义运动的尾巴；应该旗帜鲜明地表明自己的特性，提出自己的理论纲领，举起自己的旗帜，对其他左翼力量采取既联合又斗争的立场，引领左翼力量向着社会主义方向发展前进，这样才能逐步扩大党的凝聚力、战斗力和感召力。

（2）非执政的共产党需要对自身角色和奋斗目标准确定位。过去受苏共思维模式的影响，非执政的共产党在政治生活中长期以“先锋党”、“领导党”自居，在组织生活中集中有余而民主不足。在实践中它们逐步发现，这些原则不仅难以得到民众认同，而且与左翼联合的现实相违背，后来多数共产党都在各自的实践中悄悄放弃了这些原则。美共明确指出：“党迟早会成为工人阶级和人民运动的唯一和不可挑战的领导者的概念已经过时，这也

---

① 孙勇、李申：《发达国家共产党的生存现状及其未来前景》，《当代世界与社会主义》2010年第1期。

是从苏联挫折中得出来的建设社会主义的经验教训。"①法共也强调，共产党过去让群众跟随自己，团结在自己周围，这种做法已不符合法国人民对法共的期待；因此，法共必须同这种"向导党"和"先锋党"的做法决裂。但是，在新的斗争形势面前，共产党究竟对自身角色如何定位，对其未来发展可谓起着至关重要的导向作用。

政党，尤其是共产党应该是工人阶级的先锋队和有组织的队伍，无论阶级基础和群众基础怎样扩大，党的角色定位和组织原则都不应动摇。近些年来，非执政的共产党反思苏东剧变的经验教训并根据时代的变化以及党的处境和任务，在党的建设中强调推进党内民主，这既顺应了政党政治发展的大潮流，也与选举政治的要求相适应；对于完善党的自身形象、扩大党的成员数量和群众基础不无裨益。但同时我们应看到，一些党却由此走向了另一极端。在西欧一些共产党中产生了否认党的先锋队性质，过于强调民主而忽视集中的问题。否认自身的先锋队性质，必然导致角色地位的混乱，模糊了共产党与其他左翼政党的区别，动摇了党存在的根基；泛化民主而缺乏必要的集中统一和权威，将会使党涣散无力，内部派别斗争激烈，无法采取有效的统一行动。一段时间以来以法共为代表的一些共产党党的地位下降、党内团结等相关问题层出不穷，很大程度上就是因为没有处理好自己的角色定位，没有正确处理好民主与集中的关系。对无产阶级政党来说，角色定位攸关生死，集中和民主同等重要。扩大阶级基础和群众基础，不能忘记自身的先锋队性质；推进党内民主建设，不应简单地放弃民主集中制，而应根据时代变化的要求去探寻、发现如何更准确地定位自己的角色、更好地实现民主与集中相结合的方式和方法。

此外，无论在发达国家还是在发展中国家，党在确立共产主义远大理想之后，如何科学、合理、准确地定位现阶段的奋斗目标，把远大理想与现阶段的具体任务结合起来，始终走在时代和实践斗争的前列，分阶段、有步骤地扎扎实实地推进社会主义运动的发展，也是当代非执政的共产党无法回避、必须加以认真研究解决的重大问题。

---

① 孙勇、李申：《发达国家共产党的生存现状及其未来前景》，《当代世界与社会主义》2010 年第 1 期。

4. 全世界共产党和左翼力量联合斗争，推动社会主义从本土化走向全球化

加强各国共产党之间、共产党同其他各种左翼力量之间的联系和沟通，以及在相关问题上的协调行动和共同斗争，对于世界社会主义的恢复与发展具有十分重要的意义。正如美共所指出的："在当前全球政治经济高度集中的情况下，那种认为仅仅依靠工人阶级的力量便可以挑战资本主义制度的观念是错误的，其结果只会对社会主义事业造成巨大伤害。"①因此，美共认为，党必须进行思维方式和行动方式上的重大调整，加强同包括反种族压迫运动、妇女运动、环境运动、移民和青年运动以及劳工运动等在内的所有进步成员的联系，建立广泛的政治联盟；在一些观点主张上的分歧，不应该影响共产党与它们进行对话和采取共同行动。只有加强共产党与左翼力量的联合，并在左翼联盟内部处理好既团结又斗争、既妥协又抗争的关系，共产党才能发挥先锋队的作用，推动世界社会主义走出低谷、走向复兴。

（1）进一步加强国内左翼力量的联合斗争。在这次全球金融危机中，许多阶级、阶层的群众都不同程度地受到损害，彼此对资本主义追求利润最大化的金融投机行为极为愤恨，这直接影响到他们的政治观点和政治态度，从而给各国共产党团结和联合各种社会力量创造了良好条件。因而各国共产党都充分利用这一时机，加强左翼的团结与联合斗争。

在西欧发达资本主义国家，过去以法共和意大利重建共为代表的西欧共产党左翼联合更多地表现为争取议会斗争胜利的左翼选举联盟或合作。正是通过与社民党的选举合作，法、意两党在发达资本主义国家社会主义运动处于低潮的背景下仍然能够参与政府。但这种以选举合作为目标的左翼联盟并不稳固。在议会政治实践中，共产党与社会党的政治联盟往往因政见分歧而宣告结束。法共和意重建共面临着重新选择和制定联盟政策的局面。通过实践经验总结，法共开始转向探索建立一个左翼进步力量联盟的可能性，提出这应是建立在"尊重分歧、观点明确和有透明度"基础上的联盟，它是一个在公民之间、在公民同左翼政党之间建立的"进步联合公约"，

① 孙勇、李申：《发达国家共产党的生存现状及其未来前景》，《当代世界与社会主义》2010年第1期。

其目的在于联合包括社会党、绿党、左翼激进党和群众运动发起反对右翼的斗争，以建立一个新的多数派和真正实行改革的政府。在全球金融危机爆发后的法共 34 大上，所有左翼力量"兄弟般地"出席会议，充分展示了法国国内左翼力量的团结①，标志着法共从选举同盟转变为进步力量创新式联盟的左翼联盟设想的初步实现。近年来，意大利重建共也提出了超越共产主义左翼与社会民主主义左翼，重建"替代性左翼"的多元左翼联盟的倡议，开始了从选举同盟向左翼力量联盟斗争的过渡。

随着经济危机向全球的蔓延，正如共产党人所预料的那样，新一波的反共浪潮也开始抬头，意在遏制反资本主义的左翼运动的兴起和社会主义的复兴。2009 年 7 月，在立陶宛首都维尔纽斯举行的欧洲安全与合作组织会议通过了所谓《分裂的欧洲重新统一：鼓励 21 世纪在欧安组织框架内保卫人权和公民自由》的决议，该决议把二战的起因归结为《苏德互不侵犯条约》，认为斯大林主义和纳粹主义对第二次世界大战的爆发负有同样的责任，否认苏联在战胜德国法西斯、解放欧洲中的功绩，实际上是将共产主义与法西斯主义相提并论，加以谴责。决议还支持欧洲议会关于把 8 月 23 日（即《苏德互不侵犯条约》签订日）命名为"斯大林主义与纳粹主义受害者纪念日"的决定。这一决议理所当然地遭到欧安组织共产党议员的抗议②。这一事件充分说明资产阶级绝不会对无产阶级政党反对资本主义的行动袖手旁观，他们必然会利用自己的强势地位和手中掌握的经济、政治、文化的各种手段对无产阶级政党及左翼力量开展的社会运动进行打压。为有效反对新自由主义全球化的强势发展、垄断资本的霸权扩张以及国内右翼势力的攻击，共产党及左翼力量必须致力于实现广泛的政治社会融合，将各种反资本主义的、社会主义的、环境保护主义的以及共和主义的力量纳入左翼联合的社会斗争实践中，加强团结、联合斗争，才能抵御资产阶级的进攻，维护劳工阶级和广大人民群众的利益，推进社会主义事业的发展。

（2）加强国际联合和协调行动，努力振兴世界社会主义运动。2008 年

---

① 于海青：《西欧共产党发展变化的几个新动向》，《马克思主义研究》2010 年第 6 期。

② 刘淑春：《金融危机爆发以来国外共产党的新动态》，《红旗文稿》2010 年第 4 期。

的国际金融危机爆发以来，从美国到西欧、从日本到澳大利亚，全世界的资产阶级政府都联合起来，采取一切“救市”措施挽救资本主义制度，使其免于灭亡；同时千方百计把危机转嫁给劳工阶级并极力防范和抑制劳工阶级反对资本主义的斗争。这说明，在全球化时代，在资产阶级全球联合的条件下，无产阶级和劳动群众在实现国内联合的同时，必须实现国际的联合，才能对抗资产阶级的联合进攻，推进世界社会主义进程，使社会主义逐步由本土化走向全球化。

一是加强共产党、工人党的国际团结。鉴于苏共“大党主义”及共产国际的某些错误做法在世界社会主义运动中的消极影响，20世纪中后期以来，各国共产主义政党较多地强调要独立自主地探索本国革命和建设的道路，实现了社会主义从一种模式到多种模式的飞跃，促进了世界社会主义运动的多样化发展。但也不可否认的是，一些党从一个极端走向另一个极端，由否定社会主义革命和建设的统一模式，到否定共产主义政党的统一理论基础、社会主义运动的统一原则和必要的国际联合斗争，导致人们的思想混乱、信仰缺失以及政党内部和世界社会主义运动的组织涣散，极大地削弱了世界社会主义的力量。在当下的全球金融危机中，在国际资产阶级的联合进攻面前，世界社会主义运动之所以软弱无力，这不能不说是一个重要原因。

当代经济全球化运动在把生产的社会性扩大到全球范围的同时，使资本主义的各种矛盾也在全球范围内积聚、扩大。资本主义的基本矛盾在国际垄断资本通过市场手段向全球扩张的过程中，将演化出一系列具体的矛盾，如跨国公司的严密组织和科学管理与世界市场的盲目扩张和混乱之间的矛盾，各国国民经济的宏观调节与全球经济的无计划和缺乏调节之间的矛盾，世界生产能力的无限扩大趋势与世界市场容量有限之间的矛盾，各跨国集团以及不同国家之间的矛盾等。在传统的国家干预手段日益失效，不可能有“世界政府”进行干预的情况下，这些矛盾的尖锐化，将导致世界经济总供给和总需求之间，以及世界经济各部门、各领域之间的失调，进而引发全球性的经济动荡和危机。① 只要资本主义制度存在，经济危机就不可避

① 刘昀献：《国际垄断资本主义论》，河南人民出版社2004年版，第472页。

免，资本主义必将在一次次危机的打击下，逐步走向死亡。然而人民群众不满资本主义并不一定就会向往社会主义。要使广大群众拥护和向往社会主义，还需要共产党进行广泛深入的马克思主义和社会主义宣传教育工作。共产党是社会主义事业的领导核心。在全球化时代加强全世界无产阶级和劳动群众的联合斗争，其基本前提是各国共产党和工人党必须团结起来，通过讨论协商，制定出推进世界社会主义运动的共同战略和行动纲领，以协调和指导各国工人阶级和广大劳动群众反对资本主义的共同斗争。20 世纪末以来世界共产党、工人党已逐步走上联合斗争的道路。从 1998 年开始已经先后召开了 15 次共产党、工人党国际会议，就共同关心的重大问题协调立场，商讨对策。随着各国共产主义政党联合斗争的不断加强，世界社会主义运动必将焕发出新的生机和巨大活力。

二是加强共产主义政党同全球左翼力量的联合斗争。社会主义事业是全世界工人阶级和劳动群众的共同事业。在全球化时代，只有全世界劳动群众的联合斗争才能战胜国际资产阶级的联合进攻。无论是社会主义国家的执政党还是非执政的共产主义政党必须以宽阔的胸襟，联合各种反资本主义的左翼力量共同为社会主义而斗争。当前尤其要正确认识和对待共产党通过议会选举上台执政和拉美左翼的崛起及查韦斯“21 世纪社会主义”问题。

冷战后，一些共产主义政党在坚持马克思主义和社会主义方向的前提下，主张走本国特色的革命道路，在多党竞争的民主制度内，通过议会斗争方式实现社会主义。苏东剧变后，摩尔多瓦共产党 2001 年通过选举上台执政，2005 年在大选中又获胜连续执政，成为原苏东地区第一个通过合法选举上台执政的共产党。塞浦路斯劳动人民进步党的前身是共产党，劳进党总书记赫里斯托菲亚斯在 2008 年 2 月举行的第六届总统选举中当选总统，劳进党成为执政党。尼泊尔共产党（毛主义）与摩共、塞劳进党通过议会选举上台不同，结合自身斗争实际通过武装斗争和议会道路相结合的方式，在 2008 年 4 月尼泊尔举行的制宪议会选举中赢得多数席位，并被授权组织尼泊尔联邦民主共和国第一届政府，从而成为执政党。从这些成功事例可以看出，当今共产党通过选举上台执政，已不是理论假设，也不是个别特例，而是客观事实。在当代资本主义发生了很大变化，和平与发展已成为时代主题的形势下，我们不能固守过去的理论原则和经验来判定这些党的实践，对议会斗争也不能一概否定，应按照马克思主义观点，在具体的历史条件和社会背景下，实事求是地评价这些共产党的实践探索及其思想成果，应鼓励人们探索走向社会主义的本国道路。① 与此同时，社会主义国家执政党应该积极团结和联合这些党，支持和帮助这些党的理论和实践探索，使它们能够走出一条不同于传统共产党走向社会主义的新路。

在当前国际金融危机不断蔓延的背景下，拉美左翼发展势头不减，进一步削弱了资本主义，壮大了社会主义。在 2009 年 3 月的萨尔瓦多总统选举中，萨尔瓦多法拉本多·马蒂民族解放阵线总统候选人毛里西奥·富内斯当选为新总统，使得拉美地区又增加了一个由左翼政党执政的国家。目前拉美左翼、中左翼政党先后执政的国家已上升到 14 个，他们是古巴、委内瑞拉、玻利维亚、厄瓜多尔、尼加拉瓜、巴西、智利、乌拉圭、阿根廷、萨尔瓦多、巴拉圭、秘鲁、哥斯达黎加、危地马拉。这一系列国家的左翼、中左翼政党或社会运动在大选中获胜，是拉美左翼崛起的重要标志。

这些左翼政党上台后，开始进行一系列改革，如政府将没收的闲置和被非法占有的土地，无偿地分配给无地农民，通过土地改革以求“耕者有其田”；逐步对一些企业和银行实行国有化，并让员工入股参与企业管理；开展全民教育，彻底消灭文盲，建立“社会主义”价值观。委内瑞拉前总统查韦斯看到“玻利瓦尔革命”的改革措施不足以完全消除贫困和“拯救”委内瑞拉时，便把目光投向了社会主义，提出并极力推进“21 世纪社会主义”。目前，拉美左翼纷纷接受并高举“21 世纪社会主义”这面大旗，在拉美形成了一股要求改变新自由主义发展模式、走“21 世纪社会主义”道路的政治社会思潮。② 此外，拉美还有 20 多个非执政的共产党，共有党员 40 万左右，其中巴西共产党人数最多(约 20 万左右)，成为执政联盟的一员。拉美左翼还创办了圣保罗论坛，每年约有 60 多个拉美和加勒比地区的左派政党和组织参与。由巴西劳工党发起的与达沃斯会议(世界经济论坛)分庭抗礼的世界社会论

① 柴尚金:《对当前世界社会主义运动三大热点问题的看法》,《当代世界与社会主义》2009 年第 2 期。

② 柴尚金:《对当前世界社会主义运动三大热点问题的看法》,《当代世界与社会主义》2009 年第 2 期。

坛，已成为一个国际性的左翼、非政府组织的交流平台。这两大论坛已成为拉美和世界左派活动的主要舞台，对推动世界左翼运动发展发挥了一定的作用。

拉美左翼是世界社会主义中的独特现象，那么应该如何看待拉美左翼和查韦斯的“21 世纪社会主义”呢？我们需要站在科学社会主义的立场来分析这一现象并决定采取何种态度。当年马克思对巴黎公社的分析，对我们今天如何看待拉美左翼具有重要的参考价值。巴黎公社有形形色色的社会主义者参加，蒲鲁东、布朗基等社会主义者是主要参与者，马克思主义者并没有领导这次革命，但马克思还是认为巴黎公社是工人阶级的政权，是真正意义上的社会主义革命。对于拉美左翼和查韦斯的“21 世纪社会主义”，我们也应像马克思一样用宽广的胸怀来看待这种现象。委内瑞拉、玻利维亚、厄瓜多尔等拉美国家正在兴起新的社会主义运动，我们不能因为在这些国家的左翼运动中，共产党没有发挥很大作用就不承认其社会主义性质。应该说拉美国家试图以“21 世纪社会主义”替代“新自由资本主义”，反映了社会主义对资本主义世界中那些追求社会进步的人们的吸引力和生命力，也表明新世纪世界社会主义运动在多样性中的不断发展。

在当今世界社会主义依然处于低潮的情况下，共产主义政党应该积极支持和鼓励各国人民根据自身国情和社会发展状况而进行的独立探索，团结一切可以团结的人，联合全世界的左翼力量，建立起反对资本主义的国际统一战线，形成浩浩荡荡的反对资本主义的大军，唯有如此，才能赢得反对资本主义斗争的不断胜利，推动世界社会主义从低潮走向新的高潮，进而使社会主义从本土化走向全球化。

参考文献

1.《马克思恩格斯选集》(1～4卷),人民出版社1995年版。

2.《马克思恩格斯全集》第46卷(上),人民出版社1979年版。

3.《马克思恩格斯全集》第46卷(下),人民出版社1980年版。

4.《资本论》(1～3卷),人民出版社2004年版。

5.《列宁选集》(1～4卷),人民出版社1995年版。

6.《列宁全集》第35卷,人民出版社1985年版。

7.《毛泽东选集》(1～4卷)人民出版社1991年版。

8.《邓小平文选》(1～3卷),人民出版社1993、1994年版。

9.《江泽民文选》(1～3卷),人民出版社2006年版。

10. 中共中央文献研究室:《十六大以来重要文献选编》(上册、中册),中央文献出版社2005年版。

11. [英]唐纳德·萨松:《欧洲社会主义百年史》(上册、下册),社会科学文献出版社2008年版。

12. [美]詹姆斯·麦格雷戈·伯恩斯:《民治政府——美国政府与政治》,中国人民大学出版社2007年版。

13. [美]保罗·克鲁格曼著,刘波译:《萧条经济学的回归和2008年经济危机》,中信出版社2009年版。

14. [美]威廉·波纳,安迪森·维金著,沈丽英译:《清算美国》,中信出版社2009年版。

15. [美]乔恩·厄尔斯特等编:《资本主义的替代方式》,重庆出版社2007年版。

16. [英]安德鲁·格林著:《放纵的资本主义》,东方出版社2009年版。

17. [英]锡德尼·维伯等著:《资本主义文明的衰亡》,上海世纪出版集团 2005 年版。

18. [古]非德尔·卡斯特罗著:《全球化与现代资本主义》,社会科学文献出版社 2000 年版。

19. [印]萨拉·萨卡著:《生态社会主义还是生态资本主义》,山东大学出版社 2008 年版。

20. [瑞典]霍刚·吉古斯著:《变化中的北欧国家创新体系》,知识产权出版社 2006 年版。

21. [美]阿伦·利普哈特著:《民主的模式》,北京大学出版社 2006 年版。

22. [法]米歇尔·福柯著,莫伟民译:《词与物:人文科学考古学》,生活·读书·新知三联书店 2001 年版。

23. [加]艾伦·伍德著,尚庆飞译:《新社会主义》,江苏人民出版社 2002 年版。

24. [美]詹姆斯·H·米特曼著,刘得平译:《全球化综合征》,新华出版社 2002 年版。

25. [美]莱斯特·瑟罗著,周晓钟译:《资本主义的未来》,中国社会科学出版社 1998 年版。

26. [美]理查德·尼克松著,刘炳章等译:《抓住时机——美国在只有一个超级大国的世界上面临的挑战》,新华出版社 1992 年版。

27. [俄]叶夫根尼·普里马科夫著,焦广田等译:《大政治年代》,东方出版社 2001 年版。

28. [美]托马斯·K·麦格劳著,赵文书等译:《现代资本主义——三次工业革命中的成功者》,江苏人民出版社 1999 年版。

29. [法]埃曼纽·托德著,李旦等译:《美帝国的衰落》,世界知识出版社 2003 年版。

30. [美]J. K. 吉布森—格雷汉姆著,陈冬生译:《资本主义的终结——关于政治经济学的女性主义批判》,社会科学文献出版社 2002 年版。

31. [德]马克斯·舍勒著,罗悌伦等译:《资本主义的未来》,生活·读书·新知三联书店 1997 年版。

32. [英]戴维·柯茨著,耿修林等译:《资本主义的模式》,江苏人民出版社 2001 年版。

33. [法]弗朗索瓦・沙奈著,齐建华译:《资本全球化》,中央编译出版社 2001 年版。

34. [英]戴维・赫尔德等著,杨雪冬译:《全球大变革——全球化时代的政治、经济与文化》,社会科学文献出版社 2001 年版。

35. [英]佩里・安德森等著,张亮等译:《西方左派图绘》,江苏人民出版社 2002 年版。

36. [美]丹・希勒著,杨立平译:《数字资本主义》,江西人民出版社 2001 年版。

37. [俄]阿・切尔尼亚耶夫著,徐葵等译:《在戈尔巴乔夫身边六年》,世界知识出版社 2001 年版。

38. [美]戴维・施韦卡特著,李智、陈志刚译:《反对资本主义》,中国人民大学出版社 2008 年版。

39. [美]大卫・格里芬著,马季方译:《后现代科学》,中央编译出版社 1998 年版。

40. [美]比尔・克林顿:《希望与历史之间:迎接 21 世纪对美国的挑战》,海南人民出版社 1996 年版。

41. [荷兰]佛克马、伯顿斯:《走向后现代主义》,北京大学出版社 1991 年版。

42. [法]萨特:《存在主义是一种人道主义》,上海译文出版社 1988 年版。

43. [美]彼得・德鲁克:《后资本主义》,台湾时报文化出版企业有限公司 1994 年版。

44. [美]马尔库塞:《受欲与文明》,上海译文出版社 1989 年版。

45. [美]詹明信:《晚期资本主义的文化逻辑》,生活・读书・新知三联书店 1997 年版。

46. 世界知识年鉴编辑委员会:《世界知识年鉴 2006/2007》,世界知识出版社 2007 年版。

47. 世界经济年鉴编辑委员会:《世界经济年鉴 2006/2007》,世界经济年鉴出版社 2007 年版。

48. 中华人民共和国国家统计局:《国际统计年鉴 2006/2007》,中国财政经济出版社 2007 年版。

49. 徐崇温:《当代资本主义新变化》,重庆出版社 2004 年版。

50. 严书翰、胡振良:《当代资本主义研究》,中共中央党校出版社 2004 年版。

52. 靳辉明、罗文东:《当代资本主义新论》,四川人民出版社 2005 年版。

53. 李惠斌、李朝晖:《后资本主义》,中央编译出版社 2007 版。

54. 靳辉明、谷源洋:《当代资本主义与世界社会主义——当代资本主义新变化及其未来走向》(上册、下册),海南出版社 2004 年版。

55. 肖枫:《社会主义向何处去——冷战后世界社会主义运动大扫描》,当代世界出版社 1999 年版。

56. 刘昀献:《国际垄断资本主义论》,河南人民出版社 2004 年版。

57. 陈学明:《20 世纪哲学经典文本——西方马克思主义卷》,复旦大学出版社 1999 年版。

58. 李琮:《当代资本主义论》,社会科学文献出版社 2007 年版。

58. 应克复:《西方民主史》,中国社会科学出版社 2003 年版。

59. 甄炳禧:《美国新经济》,首都经济贸易大学出版社 2001 年版。

60. 陈筠泉、殷登祥:《科技革命与当代社会》,人民出版社 2001 年版。

61. 王缉思:《美国年鉴—2005》,中国社会科学出版社 2006 年版。

62. 马啸原:《西方政治制度史》,高等教育出版社 2000 年版。

62. 顾俊礼:《欧洲政党执政经验研究》,经济管理出版社 2005 年版。

62. 李慎明、王逸舟:《2006 年全球政治与安全报告》,社会科学文献出版社 2006 年版。

63. 曹义恒、曹荣湘:《后帝国主义》,中央编译出版社 2007 年版。

64. 刘吉、金吾伦:《信息化与知识经济》,社会科学文献出版社 2002 年版,

65. 李慎明:《2007 年世界社会主义跟踪研究报告——且听低谷新潮声(之四)》,社会科学文献出版社 2008 年版。

66. 奚洁人:《党的先进性建设研究》,人民出版社 2007 年版。

67. 张志军:《20 世纪国外社会主义理论、思潮及流派》,当代世界出版

社 2008 年版。

68. 赵曜主编:《中国特色社会主义理论体系读本》,红旗出版社 2008 年版。

69. 顾海良著:《中国特色社会主义理论体系研究》,武汉大学出版社 2008 年版。

70. 罗文东主编:《中国特色社会主义理论体系新论》,人民出版社 2008 年版。

71. 吴江:《社会主义前途与马克思主义的命运》,中国社会科学出版社 2001 年版。

73. 董崇山:《社会资本主义论》,中国经济出版社 2004 版。

69. 向文华著:《斯堪的纳维亚民主社会主义研究》,中央编译出版社 1999 年版。

70. 高放:《政治学与政治体制改革》,中国书籍出版社 2002 年版。

71. 高峰等著:《发达资本主义国家的所有制》,清华大学出版社 1998 年版。

72. 陈宝森:《当代美国经济》,社会科学文献出版社 2001 年版。

73. 范若愚、江流主编:《科学社会主义概论——中国社会主义基本问题》,中共中央党校出版社 1983 年版。

74. 李会滨主编:《社会主义:20 世纪的回顾与前瞻》,华中师范大学出版社 1999 年版。

75. 张雷声:《资本主义的社会矛盾及其历史走向》,安徽人民出版社 2000 年版。

76. 靳辉明主编:《社会主义历史、理论与现实》,安徽人民出版社 2000 年版。

77. 黄宗良、林勋健主编:《冷战后的世界社会主义运动》,北京大学出版社 2003 年版。

78. 钱时惕:《科技进步与世界经济发展》,河北大学出版社 2000 年版。

79. 周弘、沈雁南:《2000－2001 年欧洲发展报告》,社会科学文献出版社 2001 年版。

80. 复旦大学马克思主义研究中心著:《资本主义发展的历史进程研

究》,上海人民出版社 2001 年版。

81. 李景治:《当代资本主义的演变与矛盾》,中国人民大学出版社 2001 年版。

82. 周新城、关雪凌著:《苏联东欧国家的演变及其历史教训》,安徽人民出版社 2000 年版。

83. 王广信、赵丽娜:《当代世界经济》,人民出版社 2002 年版。

84. 高原:《科学社会主义》,湖北人民出版社 1985 年版。

85. 宋则行、樊亢:《世界经济史》(下卷),经济科学出版社 1998 年版。

86. 胡连生,杨玲:《当代资本主义的新变化与社会主义新课题》,人民出版社 2000 年版。

87. 樊美筠:《中国传统美学的当代阐释》,中国社会科学出版社 1997 年版。

88. 聂运麟、刘卫卫、杨成果:《第十一次共产党和工人党国际会议述评》,《当代世界与社会主义》2010 年第 3 期。

89. 王伟光:《运用马克思主义立场、观点和方法,科学认识美国金融危机的本质和原因——重读〈资本论〉和〈帝国主义论〉》,《马克思主义研究》2009 年第 2 期。

90. 何秉孟:《当代资本主义的新发展:由国家垄断向国际金融资本垄断过渡》,《红旗文稿》2010 年第 3 期。

91. 高桂云、戚桂锋:《西方资本主义经济危机与当代世界社会主义》,《当代世界与社会主义》2009 年第 2 期。

92. 刘淑春:《金融危机爆发以来国外共产党的新动态》,《红旗文稿》2010 年第 4 期。

93. 李永辉:《“G 时代”的国际新秩序:变局与变数》,《现代国际关系》2009 年第 11 期。

94. 于海青:《西欧共产党发展变化的几个新动向》,《马克思主义研究》2010 年第 6 期。

95. 柴尚金:《对当前世界社会主义运动三大热点问题的看法》,《当代世界与社会主义》2009 年第 2 期。

96. 孙勇,李申:《发达国家共产党的生存现状及其未来前景》,《当代世界与社会主义》2010 年第 2 期。

97. 刘昀献:《对 20 年来中外学者关于当代资本主义发展阶段观点的评析》,《新华文摘》2008 年第 17 期。

98. 刘昀献:《谈马克思主义中国化时代化大众化》,《求是》2010 年第 5 期。

99. 齐兰:《垄断资本全球化问题理论探讨》,《教学与研究》2003 年 8 期。

100. 李琮:《当代资本主义发展中的若干问题》,《当代思潮》2002 年第 6 期。

101. 高放:《马克思主义面临当代发达资本主义的挑战》,《马克思主义与现实》2003 年第 3 期。

102. 成保良:《现代资本所有制形式和资本主义发展阶段》,《当代经济研究》2005 年第 9 期。

103. 罗文东:《超国家垄断资本主义:对当代资本主义的一种理论分析》,《当代世界与社会主义》2006 第 5 期。

104. 韦定广、孙勇:《面对全球化挑战的发达国家共产党》,《社会科学研究》2004 年第 2 期。

105. 柴尚金:《在实践中不断探索科学社会主义理论》,《当代世界》2006 年第 2 期。

106. 何毅亭:《论中国特色社会主义理论体系》,《光明日报》,2007 年 11 月 15 日。

107. 严书翰:《中国特色社会主义理论体系的几个问题》,《中共中央党校学报》2009 年第 1 期。

108. 王伟光:《科学发展观是中国特色社会主义理论体系的创新成果》,《求是》2008 年第 2 期。

109. 张雷声:《马克思主义与中国特色社会主义理论体系》,《马克思主义研究》2009 年第 2 期。

110. 韩庆祥:《中国特色社会主义理论体系的哲学基础》,《毛泽东邓小平理论研究》2009 年第 3 期。

111. 徐崇温:《中国特色社会主义理论体系形成和发展的思想前提》,

《中国特色社会主义研究》2009 年第 2 期。

112. 秦刚:《中国特色社会主义理论体系的源流》,《中共中央党校学报》2009 年第 1 期。

113. 刘昀献:《关于社会主义历史命运的思考》,《河南大学学报》2001 年第 1 期。

114. 王亦楠:《跨国垄断:资本主义发展的新阶段》,《求是》2002 年第 1 期。

115. 刘昀献:《当代中国的政治信任及其培育》,《新华文摘》2010 年第 1 期。

116. 黄素庵:《如何正确认识当代资本主义经济》,《国际问题研究》1994 年第 2 期。

117. 顾海良:《关于"如何认识资本主义发展的历史进程"问题》,《教学与研究》2001 年第 6 期。

118. 李琮:《当代资本主义发展中的若干问题》,《当代思潮》2002 年第 6 期。

119. 柳瑟青:《邓小平国际垄断资本论研究笔记》,《现代国际关系》2001 年第 7、9、11 期。

120. 李长久:《关于当代资本主义的几个问题》,《太平洋学报》2002 年第 2 期。

121. 赵汇:《关于资本主义发展阶段的划分与论争》,《教学与研究》2002 年第 11 期。

122. 李长久:《跨国公司:全球化中值得关注的经济现象》,《求是》2002 年第 10 期。

123. 王子昌、李明祥:《社会党国际重建以来的发展历程及政策调整》,《当代世界与社会主义》2005 年第 5 期。

124. 刘昀献:《论 20 世纪以来西方主流意识形态的演变及其功能》,《新华文摘》2004 年第 16 期。

125. 王治河:《论后现代主义的三种形态》,《国外社会科学》1995 年第 1 期。

126. 鲁从明:《是国家垄断资本主义还是社会资本主义》,《经济研究》1989 年 4 期。

127. 白先愚:《发达国家共产党衰落的原因和教训》,《科学社会主义》2003 年第 3 期。

128. 何方:《世界早已进入和平与发展时代》,《世界经济与政治》2000 年第 4 期。

129. 钟哲明:《马克思主义与我们的时代——兼谈“全球化”问题》,《马克思主义研究》1998 年第 5 期。

130. 肖枫:《社会主义时代主题国际格局》,《当代世界与社会主义》2000 年第 3 期。

131. 张之沧:《后现代文化观》,《江苏社会科学》2002 年第 3 期。

132. Vivienne Shue. Ruleas Repertory and the Compound Essence of Authority, Modern China, V01. 34, No. 1, January 2008.

133. Prasenjit Duara. History and Globalization in China's Long Twentieth Century, Modern China, vol. 34, No. 1, January2008.

134. Ivan Szelenyi. A Theory of Transition, Modern China, V01. 34, N0. 1, January 2008.

135. Kang Xiao Guang, Han Hong. Graduated Controls: The State - Society Relationship in Contemporary China, Modern China, Vol. 34, No. 1, January 2008.

136. Nan Lai Cao. Social Conflicts and Modes of Action in China, The China Journal, Issue 59, January 2008.

137. Stanley Lubman. Journalists' Reflections on China's Future, The China Journal, Issue 59, January 2008.

138. Song Yongyi. A Glance at the Underground Reading Movement during the Cultural Revolution, Journal of Contemporary China, vol. 16, No. 51, May2007.

139. Batesand Martin Kleiber. China's Space Odyssey, Foreign Affairs, vol. 86, No. 3, May—June2007.

140. Warren I. Cohen. Chinese Lesson, Foreign Affairs, vol. 86, No. 2, March - April 2007.

141. Chang Tai Hung. Mao's Parades: State Spectacles in China in

1950s, The China Quarterly, No. 190, June 2007.

142. Elizabeth J. Perry, Merle Goldman. Changing Meanings of Citizenship in Modern China, Cambridge, Ma and London: Harvard University Press, 2007.

143. SusanL. Shirk. China Fragile Superpower: How China's Internal Politics Could Peaceful Rise. Oxford University Press, 2007.

144. Albert M. Capitalism vs. Capitalism. Four Walls, Eight Windows Publications, 1992.

145. Amin A. Post—Fordism, Basril Blackwell Ltd, 1994.

146. Balcerowicz, L. Socialism, Capitalism, Transformation, Central European University Press, 1995.

147. Barr, N. The Economics and the Welfare State, Oxford University Press, 1998.

148. Bergez, P. L. & others. To Empower People, The AEL Press, 1996.

149. Bergez, S. & Dove R. National Diversity and Global Capitalism, Cornell University Press, 1996.

150. Blair, M. M. Ownership and Control, Brookings Institution, 1995.

151. Blair, T. New Britain: My Vision of a Young Country, Fourth Estate, 1996.

152. Bowman, S. R. The Modern Corporation & Political Thought: Law, Power and Ideology, Pennsylvania State University, 1996.

153. BrianJ. L. Berry, Edgar C. Conkling, D. Michael Ray. The Global Economy in Transition, Prentice Hall, Inc. , 1997.

154. Brzejinski, Z. The Grand Chessboard, Basic Books, 1997.

155. Castells, M. The Rise of the Network Society, Blackwell Publishers, 1996.

156. Cowan, R. S. A Social History of American Technology, Oxford University Press, 1997.

后　记

《当代社会主义的历史走向》一书是国家哲学社会科学基金“当代资本主义新变化对世界社会主义发展的影响”的结项成果。本书力求从新科技革命和经济全球化的视角，对资本主义和社会主义发展的历史进程进行宏观、总体的研究，全景式地展现当代资本主义新变化对世界社会主义发展的严峻挑战及积极影响，以最新的材料丰富马克思主义“两个必然”的思想，廓清人们思想上的迷雾，坚定人们的社会主义信念，推动社会主义转换发展模式和战略，巩固发展社会主义制度，促进世界社会主义的复兴。

本书认为，资本主义作为人类历史上最后一个存在阶级对立的社会制度，在它存在的合理性和自身历史进步性消失之前，在其内部矛盾的推动下，必然会经历一个产生、发展、变化并最终被社会主义取代的漫长过程。社会主义与资本主义相伴而生，资本主义的每次重大变化都推动世界社会主义出现新发展。新科技革命和经济全球化的发展，使当代资本主义在经济、政治、文化诸方面发生了巨大变化，资本主义新变化一方面给传统社会主义理论和现实社会主义实践带来重大挑战，导致了苏东剧变，使世界社会主义运动跌入了低谷；另一方面也使社会主义浴火重生，促进了人们的思想解放，促进了社会主义理论创新，促进了社会主义模式的多样化，促进了东西方文化的交流，促进了各国共产党和左翼运动的国际联合。21 世纪的社会主义将从本土化走向全球化，世界社会主义将逐步走出低谷走向新的复兴。

本书在写作过程中，查阅了大量国内外学者的相关研究成果，从中吸取了许多宝贵的思想材料，在此仅致诚挚的谢意。

本书的写作、出版，得到国家哲学社会科学基金的资助和高放教授、李忠杰教授、林炎志教授、韦定广教授、滕世宗教授等国内同行专家的指教。

河南大学出版社张云鹏社长对本书的出版给予高度重视和大力支持，责任编辑贾怀廷同志对本书的编辑工作付出了艰辛的劳动。在此一并表示感谢。

本课题的研究既十分重要而又异常艰难，它涉及面广，热点难点问题多，加之作者的视野和水平有限，因此书中难免存在错漏之处，热忱欢迎专家和广大读者指正。

刘昀献

2013 年 1 月 18 日

于上海绿地康桥新苑寓所